秦皇岛长城地域明清方志丛书

燕山大学中国长城文化研究与传播中心◎主编

弘治永平府志

万历永平府志

燕山大学出版社
·秦皇岛·

图书在版编目（CIP）数据

弘治永平府志；万历永平府志 / 燕山大学中国长城
文化研究与传播中心主编． -- 秦皇岛 ： 燕山大学出版社，
2025. 1. --（秦皇岛长城地域明清方志丛书）． -- ISBN
978-7-5761-0749-4

Ⅰ．K292.23

中国国家版本馆 CIP 数据核字第 2024G5824A 号

弘治永平府志　万历永平府志

燕山大学中国长城文化研究与传播中心　主编

出 版 人：陈　玉	责任编辑：柯亚莉
封面设计：方志强	责任印制：吴　波
出版发行：燕山大学出版社 YANSHAN UNIVERSITY PRESS	地　　址：河北省秦皇岛市河北大街西段 438 号
邮政编码：066004	电　　话：0335-8387555
印　　刷：涿州市殷润文化传播有限公司	经　　销：全国新华书店

开　本：710mm×1000mm　1/16	印　张：38.5　　字　数：590 千字
版　次：2025 年 1 月第 1 版	印　次：2025 年 1 月第 1 次印刷
书　号：ISBN 978-7-5761-0749-4	定　价：193.00 元

出版说明

　　长城是中华民族的代表性符号和中华文明的重要象征。秦皇岛域内的长城最早可以追溯至北齐时期，如今保存最为完好的是明长城，东起山海关老龙头，西到青龙满族自治县城子岭口，秦皇岛域内汇集了明长城精华的地段。典籍文献中保存了很多有关长城的记述，其中的重要文献就是明清地方志。秦皇岛地区的明清方志中，记载了长城地区的攻防战略、驻守长城将士的丰功伟绩、长城居民的生活状态、长城主题的文学作品等内容，有些内容与正史的记载不尽相同，这为我们了解、研究长城史和中华民族共同体形成史提供了不一样的视野和角度。

　　本丛书名为"秦皇岛长城地域明清方志丛书"，收录整理明清时期永平府、山海关、卢龙县、抚宁县和临榆县等今秦皇岛长城地域的地方志共 13 种。本丛书为燕山大学中国长城文化研究与传播中心主编，在征得整理者同意的前提下，采用了已有的点校本。分别是：2001 年中国审计出版社出版的董耀会主编、康占忠和阎醒之副主编的《秦皇岛历代志书校注》，1999 年天津人民出版社出版的山海关旧志校注委员会编的《山海关历代旧志校注》，2007 年中国文史出版社出版的李利峰编注的《抚宁县志校注》。以上校注本都由秦皇岛本地作者点校，且都成于 20 世纪末 21 世纪初，在当时资源不丰富，经费紧张，技术不发达的情况下，古籍的搜求、整理和出版极为不易，因此甫一出版便成为格外珍贵的研究资料。相比之下，在今天的信息化时代，古籍资源大量数字化，为古籍的获取和整理出版提供了很大的便捷性，但考虑到一般读者的阅读需求和推动古籍普及的需要，我们认为仍有必要修订这些旧志。

为尊重整理者的成果，现将本丛书原点校者姓名列之如下：

弘治十四年《永平府志》，原点校者：齐家璐、李岚；

万历二十七年《永平府志》，原点校者：李岚；

嘉靖十四年《山海关志》、康熙九年《山海关志》，原点校者：张椿林、司凤岐、刘金玉、何福成、高颖；

万历三十八年《卢龙塞略》，原点校者：齐庆昌；

康熙十八年《永平府志》（附康熙十二年《续补永平志》），原点校者：王继汾；

康熙五十年《永平府志》，原点校者：王凤华；

乾隆三十九年《永平府志》，原点校者：齐庆昌；

光绪五年《永平府志》，原点校者：康群、谢煜；

康熙二十一年《抚宁县志》、光绪三年《抚宁县志》，原点校者：李利峰；

乾隆二十一年《临榆县志》、光绪四年《临榆县志》，原点校者：张椿林、司凤岐、刘金玉、何福成、高颖。

本次修订，改正了原点校本的若干错误，统一删除了注释，并将旧志的插图影印后放在正文相应位置。限于编者水平，书中难免仍有舛讹之处，欢迎读者批评指正。

燕山大学出版社

2024 年 12 月

总目录

弘治永平府志..........................001

万历永平府志..........................205

永平府志

明·弘治十四年

‖ 目　录 ‖

永平府志序 ....徐穆 007

序 ....张廷纲 009

永平府修辑志书文移 010

新修志书凡例 011

卷之一

疆域 018

建置沿革 019

郡名 020

星野 021

形胜 021

山川 022

风俗 025

城池 026

桥梁 027

里社 028

卷之二

户口 030

土产 030

贡赋 031

马政 034

屯田 035

卷之三

公署 037

职官 042

铺舍 044

仓库 045

卷之四

人物 046

孝行 053

贞节 054

尚义 056

义官 057

卷之五

兵制 059

宦迹 062

坛壝 064

祠庙 065

关营 066

楼阁 068

卷之六

冢墓 070

漏泽园 070

寺观 071

古迹 073

卷之七

学校 078

卢龙县 079

迁安县 079

抚宁县 080

昌黎县 080

滦州 080

乐亭县 081

山海卫学 081

进士 081

乡举 084

岁贡 090

卷之八

宦迹 102

知府 105

同知 106

通判 107

推官 108

经历 108

知事 108

照磨 109

检校 109

知州 109

州同知 110

判官 110

吏目 111

知县 111

县丞 113

主簿 114

典史 115

教授 115

学正 115

教谕 116

训导 116

卷之九

集诗 118

卷之十

集文 162

永平府志后序 203

后序 204

永平府志序

　　永平府，号夷齐阙里。汉魏以后，为戎马战争之场，且尝陷于夷狄。故其民率武力是竞，文艺诗书，鲜克从事，官其地者，亦皆吏材将种。日用所急，非簿书之为务，则刀槊之相娱，其于考订古今，尔意文事，固势有未暇，亦力有弗能也。我太祖高皇帝扫清幽夏，胡虏遁归，太宗文皇帝从都北平，兹地遂为畿辅望郡。列圣相承，休养化导，人皆弃干戈，习俎豆，新化罩，敷旧染，尽涤俗，兴礼让。家有诗书，骎骎有中州故国之风，斯固兹郡之幸。而我祖宗列圣，盛德大业之覆被，深仁厚泽之沾涵，亦于是可仰见焉！郡宜有志，在昔无闻。弘治甲寅，郡守吴侯实被命来兴废补弊，问俗齐民，遂慨然有志而未敢辄专。既而年谷屡登，庭宇无事，乃白于抚按重臣，礼聘大行人郡人张君廷纲、滦州儒学正丰城吴君祺相与纂辑。再更岁年，始成编帙，乃以评来请序其端。予闻郡县有志，犹家之有谱，国之有史，虽小大不同，而所系皆重。但乐于因循者不肯为，疲于奔命者不能为，甚者以催科为善政，以管牍为能事，几何？不视为不急之务，而莫之屑为也哉！况兹郡在今，如发蒙出坎，晋昼观光，风俗人才，复异往昔，其在作新，尤不可缓。侯，政事之暇，他务未遑，而汲汲搜辑古今，用垂永久，岂非千载一时之会也哉！后之人览疆域则知我圣祖开创之大业；观建置则知我神宗规恢之大猷；考古今之成迹，则有以知华戎之大势，战守之大略；读夷齐之遗事，则有以知君臣之大义，兄弟之大伦。是志之作，虽主一郡，而所以示天下之大要者有立也。侯，名杰，字廷臣，江都人，以衣进士科，官谏垣，徊翔中别三十年，为政平易质直，上下咸宜。其于是志尤切惓惓；同守淳安邵侯遉，又尝躬勤校阅，自始议至襄事，用力居多；通守夏邑孙侯骥、交城胡侯纬、推守朝邑周侯瑄，亦皆有助成之美，故并序以表之。

弘治十四年岁次辛酉秋七月既望赐进士及第、翰林院编修、文林郎吉水徐穆序

序

　　永平，古名郡。旧有志作于永乐初年，时远废失。后之仕者，未之究意。弘治甲寅，维扬吴侯廷臣奉命来守兹郡，下车之初首以志访，而无所考，深以为恨。值时多艰，兴废补弊，而不暇为。越弘治庚申，政通人和，百废皆举，乃进廷纲于堂，偕滦州学正吴祺而告之曰："郡无志，则一郡事迹淹没无闻，甚非为政之道。近得一编，历岁既久，传写舛讹，残缺尤甚。盍为撤旧而维新是图？"廷纲唯唯承命。因取史传，参以诸书及古今人物诗章文字，有足征者，较其舛讹，芟其繁芜，厘为十卷，总三十六类，增以小叙，括古准今，庶几一郡事迹粗备矣。志成，复谋诸同寅贰守淳安邵侯弘道，重加订正，□锓持以传□。予宜序以识。予惟经载道，史载事。道者，事之理；事者，道之迹，合经史而参考之，则道与事有足征矣。然则郡之有志，其诗章文字，载道之辞也；山川、形胜、城郭、风俗，与夫名宦、人物，载事之辞也。合一志而参考之，则道与事彪分胪列，一览在目，兼经史而具有之，为政者不于是焉考之，则无以谙其俗而措诸政，此志之有关于风教，不轻而重也，较然矣。粤稽成周之制，职方氏既掌天下之图，而邦国四方之制，则小史外史实领之。盖志之所在，王道存焉。兹志之成，非直一郡之道与事，因之可考；而一代之道与事，由之可考，岂徒文具云乎哉！第廷纲之寡闻谫见，挂一漏百，不足以蔽一郡之事迹，聊以塞吴侯之请，然于国家化民成俗之意，邦人启沃景行之私，昭代文献沿革之实，则未必无小补云。

　　弘治十有四年龙集辛酉仲冬长至日丁丑，赐进士第、行人司行人、奉敕布告安南使，赐一品服郡人张廷纲谨序

永平府修辑志书文移

直隶永平府为修辑志书事。照得本府僻在东北一方，所属滦州并迁安等五县。境内又有永平等七卫及沿边关营寨堡，东至山海，北至边墙，西至丰润县，南至大海，地方广阔，军民杂处。考自前代，圣如夷齐，贤如韩愈，将如李广，不可枚举，肆我国朝尚书如张文质，侍郎如杜谦，其他或居藩臬重臣，或任郡邑良吏，表表在人耳目；至于忠臣孝子，义夫节妇，代不乏人。又如衙门之沿革，风俗之淳浇，官宦之贤否，人才之盛衰，钱粮之赢缩，关寨之废兴，地产之美恶，惟有所志，斯有可考，今皆散亡，漫无纪述，诚为一郡缺典。只今时岁颇丰，词讼颇简，本府欲乘此余暇，设法措备纸札，礼请致仕行人张廷纲、滦州儒学学正吴祺总任其事。及通行所属州县，转行儒学堂印教官，各带老成知事生员，或二名、三名，各将州县及境内卫所衙门兴废沿革，与夫善可为法，恶可为戒，古今名贤碑刻及诗文等项有关风教者，逐一公心考校送府，再加评订。务合众论之公情，用为方来之信史，未敢擅便，拟合就行。为此合行备由申呈，照详定夺示下，以凭遵奉施行。

新修志书凡例

一　修志凡例一遵《一统志》，大要从祝氏《方舆胜览》，其事实沿革，间有小异及新增者，详具于编，传信也。

一　旧志所载事由，经史考摅未备者，略加修润；事涉传闻，援引有据者，必考所出；其无据不经者删之，恐传疑也。

一　古今诗文，以昭一代文明之盛，旧志甚略。今旁搜博采，一以关世教者为本，词致足称者次之，辞事纰谬者删而不载。

一　孝义贞节，人道大闲，理宜具载。今志惟以事闻于上报旌者录之，余不敢泛入，遵时制也。

一　庙宇寺观，一以载在祀典，有功于民，事出于古及洪武以前者录之，新所创立者不录，谨淫祀也。

一　古今人物名宦，旧志甚略。今参古准今并耳目所及者，一一增入；寡闻謏见多所脱遗者，以俟后之君子。

一　郡志之作，以端教化、励风俗为本，故虽穷乡下士，有一行之善、一事之义，必谨录之，示激劝也。

一　政令之施，恩泽之布，有关本郡、有切民生者，必详录之，示垂后也。

一　本郡京师北门，其兵制之详、防御之谨，可以捍外卫内，有益于兵民者，皆附益之，不忘危也。

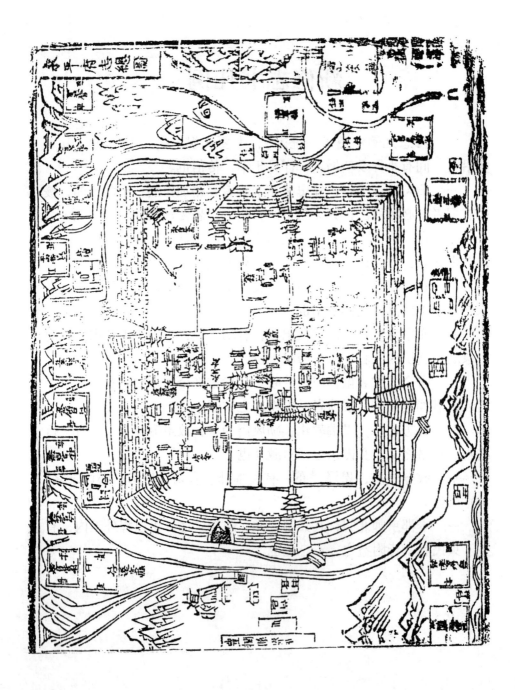

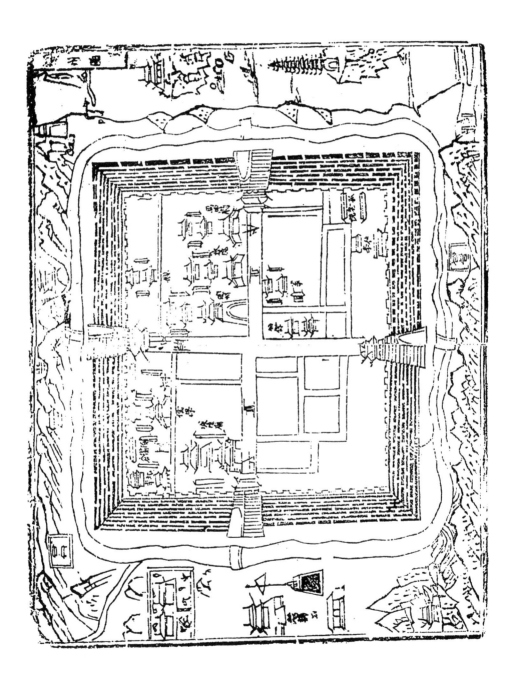

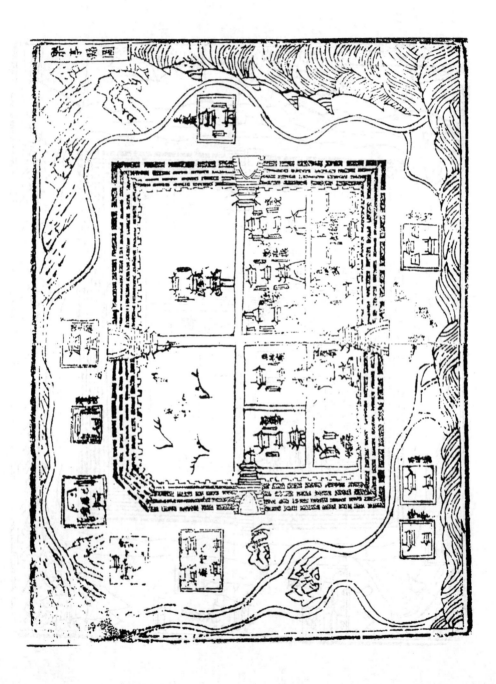

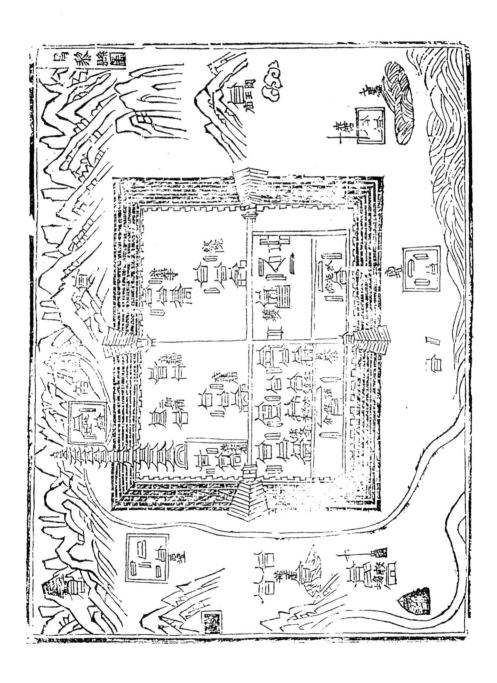

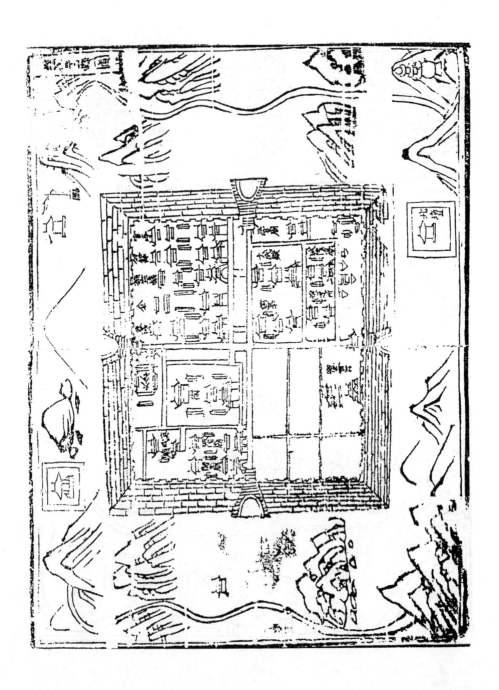

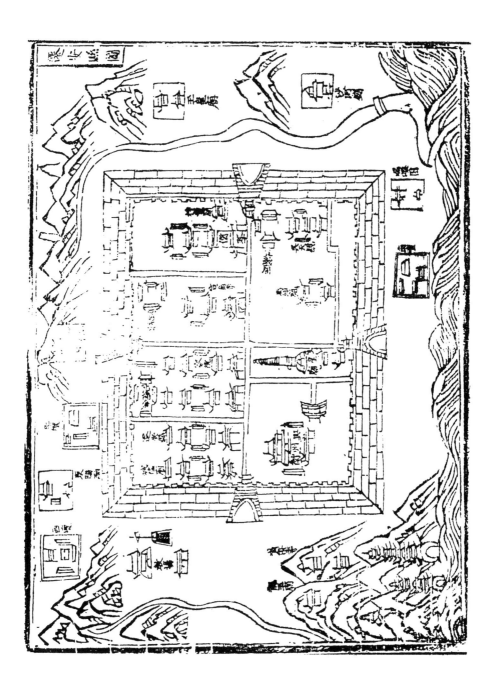

‖ 卷之一 ‖

疆 域

　　昔《禹贡》九州先定疆域，所以正疆界限封域也。然历代损益不同，广狭亦异，兹一以今日所统为定云。

　　本　府　东西广三百里，南北袤二百五十里。东至山海关一百八十里，西至义丰驿一百三十里，南至海一百六十里，北至桃林口六十里；东到抚宁县七十五里，西到丰润县一百六十里，南到乐亭县一百二十里，北到边墙七十里；东南到昌黎县七十里，东北到界岭口一百二十里，西南到滦州四十里，西北到迁安县四十五里。自府治至京师五百一十里，南京三千九百里。

　　卢龙县　东西广七十里，南北袤一百二十里。东至抚宁县界三十五里，西至迁安县界六十里，南至昌黎县界六十里，北至桃林营六十里；东到山海关一百八十里，西到滦州四十里，南到大海一百六十里，北到边墙七十里。

　　迁安县　东西广一百里，南北袤七十五里。东至卢龙县界三十里，西至遵化县界七十里，南至滦州界四十里，北至白羊峪关三十五里；东到卢龙县四十五里，西到丰润县一百四十里，南到滦州七十里，北到建昌营四十里。

　　抚宁县　东西广七十五里，南北袤九十里。东至山海界六十里，西至卢龙县界三十五里，南至昌黎县界二十里，北至边关七十里；东到山海关一百五里，南到昌黎县五十里，西到卢龙县七十五里，北到界岭口七十里。

昌黎县 东西广九十里，南北袤一百二十里。东至抚宁县界二十里，西至滦州界七十里，南至乐亭县界八十里，北至卢龙县界四十里；东到皮家堡三十里，西到滦河岸七十里，南到沙程庄九十里，北到张家庄二十里。

滦　州 东西广一百五十里，南北袤一百五十里。东至昌黎县界五里，西至丰润县界一百二十里，南至海一百一十二里，北至卢龙县界七里；东到昌黎县七十里，西到丰润县一百四十里，南到蚕沙河一百一十里，北到卢龙县四十里。

乐亭县 东西广二十五里，南北袤七十五里。东至昌黎县界二十里，西至滦州界一十五里，南至海四十里，北至昌黎县界三十里；东到昌黎县九十里，西到开平卫一百四十里，南到海四十里，北到卢龙县一百二十里。

建置沿革

凡郡邑，地里无增损而建置有沿革。历代以来，或彼此之分合，或大小之升降，迨至我朝分天下为府州县，而地里之广狭，官秩之崇卑，因之用纪于志，以见古今创制之意。

本　府 按《禹贡》冀州之域，初虞分冀州东北为营州，此即其地。商为孤竹国。周属幽州。春秋时为山戎、肥子二国地，秦汉为辽西、右北平二郡地。汉末为公孙度所据。魏改卢龙郡。北燕置平州及乐浪郡。后魏改乐浪为北平郡。隋改为平州，寻废州为郡。唐复改平州，天宝初改北平郡，乾元初复为平州。五代、唐为辽兴军。金升为南京，天会初复为平州，升兴平军。元改兴平府，中统初升为平滦路，大德中改永平路。本朝洪武二年，改为永平府，属北平布政司。永乐中，直隶京师，领州一、县五。

卢龙县 附廓，古肥子国。汉为肥如县，属辽西郡。北齐属北平郡，又析置新昌县。隋开皇中省肥如入新昌，后为卢龙郡治，唐武德初，移平州治此，为卢龙县。辽、金、元俱仍旧。本朝因之。编户一十五里。

迁安县 在府城西北四十五里。汉为令支县，属辽西郡，东汉以后废。辽始于令支废城迁定州安喜县民于此，置安喜县。金大定中，改为迁安县，属平州。元至元初，省入卢龙县，寻复置。本朝因之。编户二十九里。

抚宁县 在府城东七十五里。本汉骊城县地，属右北平郡，东汉以后废。辽初置新安镇，属平州。金大定末，升抚宁县。元至元初，省入昌黎县，寻复置，省昌黎、海山入焉；后复析，置昌黎县。本朝因之。编户一十七里。

昌黎县 在府城东南七十里。本营州地，在平、辽二郡间。后魏为辽西郡地，属平州。隋开皇初，置营州；大业初，罢州置辽西郡。唐初，复为营州。金皇统初，为广宁县；大定间，改为昌黎县，属平州。元至元中，省入海山县，寻复置，并海山入焉。本朝因之。编户二十七里。

滦 州 在府城西南四十里。汉为石城县地。东汉为海阳县地，晋属辽西郡。后魏因之。隋唐为北平平州之境。五代时，契丹始析其地，置滦州，在卢龙塞南，因滦河而名。金、元仍为州，领义丰、乐亭二县。本朝洪武二年，以义丰省入。编户六十七里，领县一。

乐亭县 在府城南一百二十里，本卢龙县地。唐开元中，析置马城县。五代时，契丹属滦州。金大定末，又析置乐亭县。元初，改置溟州，寻废，复为乐亭县，属滦州。本朝因之。编户二十七里。

郡 名

郡邑之说，或以山，或以川，惟时所命，不能皆同。然考古可以验今，述前可以垂后，固不容以少略也。

本　府　孤竹古名；北平秦名；卢龙县魏名；乐浪北燕名；平滦元名。

卢龙县　见府志下。

迁安县　令支汉名；安喜东汉以后名。

抚宁县　骊城汉名；新安东汉以后名。

昌黎县　营州古名；辽西后魏名。

滦　州　石城汉名；海阳东汉名。

乐亭县　卢龙古名；马城唐开元中名。

星　野

按《周礼》保章氏以天有二十八星，地有九州，故所封封域，皆有分星下应于地。然天道高远，未易推测，故略及之，以备志家之体。

本　府　《禹贡》冀州之域。旧志云："舜受尧禅，以冀州地广，分东北医无间之地为幽州，永平属焉。"《天文志》云："尾箕为析木，乃燕之分野。"尧命和叔宅朔方，曰幽都；舜肇十有二州，分燕以北为幽州；又《周礼·职方》，东北曰幽州。然则本府实幽州之地，分野当在尾之七度云。

形　胜

山川之形胜，天造地设，非人力所能为也。古者建国迁都，未尝不依险阻，况今日兹郡密迩天府，实东北之藩篱，华夷之界限。其所系尤非细故，故特备志焉。

本　府　连接边郡《隋·地理志》，山如龙形《元和志》：平州有卢龙镇，山如龙形，四塞险固，东北雄邦《地志集略》：肥水之西，洞山之北，赤山之东，方山之南，广二千余里，四塞险固，实东北之雄邦也。北方之险有卢龙、飞狐、句注为首，天下之阻，所以分别内外《晋句注碑》，负山带河，为形胜之地《辽·地理志》，地连青、幽《元志》，东表碣石，西界滦河。大河在其南，群山限其北《皇明重修城楼记》。

卢龙县 见府志下。

迁安县 左环分水，右据尖山，滦河经其南，关塞倚其北。

抚宁县 东跨山海，西接滦江，镇山拥边徼之杂，沧海渺幅员之广。昔人有诗云："古今人渡关门险，南北山分海路斜"。

昌黎县 北负碣石，南临沧海，隃关控游徼之胜，边塞列重关之阻。

滦　州 地势盘礴，风气攸聚，虎山峙其南，横山障其北，滦河经其东，金泉注其西，地脉肥饶，甲于他邑。

乐亭县 东连碣石，西接滦河，□□□□□，□□奠其北，土地有膏腴之□，山川□□□之胜。

山　川 井泉溪洞附

名山大川，一方之望，所从来远矣。况风气脉胳，聚散融结，或钟于人，或泄于物，皆足以为世道之资。故谨志之，弗敢略也。

本　府 平山即府治后堂，以其与府城南山相等，故名。阳山在府城东南一十五里，峰峦高耸，下多溪谷，西有李广射虎石。**笔架山**在府城南一十五里，山巅有石如笔架然。洞山在府城西一十五里，其山产铁，有冶。**双子山**在府城西北二十里，山有孤竹长君墓。**周王山**在府城西南二十里，滦河中水夹流其下。**马鞭山**在府城西北二十里，山有孤竹少君墓。**团子山**在府城西北二十五里，山有孤竹次君墓。**灰山**在府城东南二十五里，上有龙王庙，下有龙潭。**裂坡山**在府城西南二十五里，下有龙潭，岁旱，居民于此祈雨。**北安山**在府城东北三十里。**龙山**在府城南四十里。燕慕容皝表以柳城西北龙山之下，为福地是也。**桃林口山**在府城北六十里，昔有人于此种桃树数百株，久而成林，故名。**都山**在迁安县城北自五十里，高耸秀拔，都山莫及，上多林木，积雪盈巅，春夏不消。远望之，皑皑如初雨然。**岚山**在迁安县南三十里。天虽晴霁，气发如蒸，故名。**黄台山**在迁安县南三里，佛寺栖于上，滦水经于下，清雅可爱，其状如台，故名。**蟒山**在迁安县东北二十里，世传山东有穴，穴极深，中有大蟒出没为害，官军射杀之。**龙泉山**在迁安县南□五里，上有龙泉寺，山半有泉，清冽可爱，号曰圣泉，遇旱祈雨有成。**佛面山**在迁安县北五十里，其山高峻，人迹罕至，远望如佛像，又名达摩谷。**团山**在迁安县东二十里，山峰团秀，远望如覆釜。**牛山**在迁安县东二十里，山上有石，其状如牛。**贯头山**在迁安县西三十里，众山连属，望之如贯珠然，故名。**尖山**在迁安县西四十里，其山峭拔突出，如立锥然，故名。**晒甲山**在迁安县东二十里，故老相传，汉李广出征，军士遇雨，甲湿，止此晒之。**裂头山**在抚宁县东北九十里，群山之中，一峰尖耸，名前裂头；延东十余里，六七峰相连，极东又一尖峰，名后裂头。两峰巍峨相峙。**茶芽山**在抚宁县东北二十里，山顶有洞，洞中有水，号圣水池。**黄崖山**在抚宁县东北四十里，形势陡峻，盘据峙立，上有古寺。**觉山**在抚宁县东北一百里。又北二十里，一山相似，名后觉山。山上下皆有僧寺。**兔耳山**在抚宁县西七里，双峰尖耸，状类兔耳，山顶有潭，常有云罩其上。**连峰山**在抚宁县南四十余里，登高望之，海天一色，又呼为莲蓬山。**牛头山**在抚宁县东南三十余里，形似牛头，即牛头崖营。**团云山**在抚宁县东北九十里，高出群山，四时云气变动无常，以是著名。**紫荆山**在抚宁县东南二里，下临洋河，上有八蜡庙。**云峰山**在抚宁县东北五里，山上有数峰，联属如云。**冯家山**在抚宁县东南二十五里，又一山南峙，两峰秀耸，巍然可观。**两山**在昌黎县东北八里，两山相峙，故名。**锯齿山**在昌黎县北十五里，山形如锯齿然。**水岩山**在昌黎县北十五里，一名西岩山。山中有深洞，石壁间出泉，冬夏不竭。**道者山**在昌黎县西北二十里，上有古寺。元宋纲诗云："兹山介平营，特与太古存。碣石拱其侧，水岩何足论。东北医无闾，罗列为弟昆。"**五峰山**在昌黎县北十二里，上有五峰尖拔。**横山**在滦州北五里，山之首泄于河，巨石峙立，湍流拆冲，为州砥障。后人凿其崖，取捷以达于府。山之下有潭极深，鱼鳖攸聚，号偏凉汀。汀之上有寺，因石为佛以居之。今增筑一亭，以为游晏之地。游者辄留，题以纪其胜。**岩山**在滦州南五里，形如虎踞，崖若屏列，中有数十洞，人莫敢入，有寺址存焉。**芹菜山**在滦州西南十五里，山之下有陂塘产莲，花方盛开时馥郁可爱。**墓子山**在滦州西十里，山巅有石冢。**上山**在滦州西三十里，山极高大，下有洞，洞与道平，长数十里，直抵迁安县界，人无敢入，莫测其所有。**紫金山**在滦州北三里，弘治五年，知州潘龄建八蜡庙于上。**止马山**在滦州西十五里，世传唐太宗征辽尝止马于此。**偏山**在滦州西北七十里，涧谷逶迤，草木丛茂，山之下产榛栗梨枣，居民利之。**白云山**在滦州西七十里，山有龙潭。岁旱，乡人祷之辄雨。**卸甲山**在滦州南五里，世传唐太宗征辽时，在此卸甲，故名。**唐山**在滦州西百一十里，上有姜将军墓。**马头崖**在抚宁县北二十里，苍耸如马首，故名。**秦皇岛**在抚宁县东七十里，有山在海中，世传秦始皇求仙尝驻跸于此。**望海岗**在抚宁县东三十七里，登此可以望海，今有小石碑为识。**银峒峪**在抚宁县西南四十里，曾出银矿。**祥云岛**在乐亭县西南三十五里。**滦河**在府城西十里，源出口北开平，至卢龙县南与漆河合流，经滦州至乐亭县分南地派入于海。元宋本诗云："滦河上游狭，涓涓仅如帘。偏岭下横渡，复逸行都外。颇闻会众潦，既远势滂沛。虽为禹贡途，独与东海会。乃知能自政，天壤无广大。"**漆河**在府城西门外，源自口北，入桃林口，流入迁安县，东北为青龙河，东流为漆河，与滦河合入于海。**肥如河**在府城北。**滦撒河**在迁安县西北一百□十里。**长河**在迁安县北九十里。**横河**在迁安县北一百里。**三里河**在迁安县东三里，其源出□新寨巫，流经卢沟堡，入于滦河。**青龙河**在迁安县□□四十里，源口外，经桃林口入滦河。**宽河**在迁安县北，有金洞。**沙河**在迁安县西北二十里，源自赤岭东，流至刘□庄与石河合，过七家岭驿，至院头与王家河合，流至新庄又合潮河入于海。**白羊河**在迁安县东北四十里。其源出自口外，东南入于穴河。**阳河**在抚宁县东八里，源出口北列坨山，流经县东南入于海。**渝河**在抚宁县东二十里，源出古瑞州南，流至莲峰山入于海。**张果老河**在抚宁县东五十五里，世传果老骑驴尝陷此河。**溯河**在滦州西二十里，南流入海。**清水河**在滦州南二十里，南流入海。**七里海**在昌黎县东南三十里，源自□海，宽广七里，延三十里，或深或浅，有鱼菱，海滨之民衣食赖焉。**绿洋沟**在乐亭县西南四十里。**双龙池**在抚宁县南八里，傍有龙王庙。岁旱，于此祷雨辄应。**冷池**在迁安县北。**龙鲜水**在府治东，源出辽西新平县马山东，流入封大水，地志云：封大水于海洋县南入于海。**阳乐水**在府治东，源出阳乐县西南，入大沮水，谓之阳口。**沮水**在府治北，出肥如县东北，沮溪有二渠，号小沮水、大沮水，下流相合入于滦河。**谯楼前井**在府治南，每天将雨，有气自井中出，居民遇旱则占雨候。**横山井**在滦州，俗名龙井或云井，通偏凉汀。**汤泉**在府城北一十二里，有泉，温暖如汤，饮之或可愈疾，今淤塞。**温泉**在抚宁县东北七里，泉常温，浴之可愈疾。**峰山泉**在滦州西九十里，山有石，圆耸，中一孔，泉出不竭。**卑耳溪**齐桓公北征孤竹国，将至卑耳溪，见一人长尺许，具冠，右祛衣，走马疾前导。管仲曰："登山之神有俞儿，霸王之君兴，而登山之神见，且走马前导，左祛衣示前有水，今右祛衣，示右方涉也。"及至溪，从左方涉，其深及冠；从右方涉，其深至膝。桓公拜曰："仲父之圣至此。"今不知所在。按《春秋》，庄公三十年齐人伐山戎。《史记·齐世家》云：山戎伐燕，桓公救燕，遂伐山戎，至于孤竹，命燕君纳贡于周，诸侯闻，皆从之。疑即此时也。**尖山洞**在抚宁县东南二十里，昔有学道者于此修炼。**石佛洞**在昌黎县西八里，深二丈余，故老相传云：昔有僧人修养其中，值元末兵乱，遂敛其迹。**临河洞**在昌黎县南八十里，崖分八字，切近深潭，由小径而入，其中昏黑，人所难寻。匍匐而进，四壁有孔，宛如户牖，明亮可爱。故老云，辽金元时民避兵其中，居既久，有以纺绩为业者，故又名织罗。

风　俗

相嘘而为风，相染而为俗。始则习于耳目，久则沦于骨髓。为政者善因其势而化导之，则今未必不复于古，薄亦未尝不归诸厚也。

本 府 自商以来，皆属中国。至晋，辱于夷狄，始终数百年。人性劲悍，习于戎马见《地里志》。逮至国朝，为畿内重地，耳濡目染，风俗丕变。士尚学术，农勤稼穑，人好礼让，有古夷齐之风出《乐亭县学记》。男耕女织，士诗书，浇漓丕变为淳厚出《纪风俗歌》。人尚义勇，节俭务农出《皇明一统志》，孝义为先，质朴相染，勤于栽植，趋于稼穑同上。人多刚猛而尚才勇出《文庙记》，士习于家，农耕于野出《重修城池碑记》。

城 池

《易》称王公设险以守其国，《书》称慎固封守以康四海。是城池也者，兵恃之以固，民恃之以安。况兹郡为畿内重地，尤不可忽而不之志也。

郡 城 周围九里十三步，高三丈，阔二丈。旧惟土城。洪武四年奏准，指挥费愚等廓其东而大之，易土以砖。**城四门**东曰高明，西曰镇平，南曰得胜，北曰拱辰。**门各有楼**其制相埒，岁久颓敝。景泰二年，巡抚都御史邹来学、总兵官宗胜、左参将胡镛奏准重修，又于东埠高处置三楼，以望峰火。城外泊岸，岁久水激而圮。弘治十年，知府吴杰重修，岸实而城固，功倍于前。**卢龙县**见府志下。**迁安县城**周围五里，高二丈一尺，池深一丈二尺。旧惟土城。景泰二年，都御史邹来学以边塞逼临，不堪保障，包以砖石。儒学旧在东门外，成化四年，教谕胡宪奏准，增筑新城以包之，其规模制度加旧之半。东城旧无券门。弘治十二年，知县张济增建。**抚宁县城**周围一千一百五丈，高一丈五尺。旧有土城二座，在洋河东二里，名阳乐城，实本县故基。洪武十一年，知县娄大方因山寇扰掠，率吏民避兵兔耳山。寇平，请于朝，即山之东南以为县治。永乐三年，建抚宁卫于东土城内。成化初，都御史李秉以卫、县异处，应务不便，彼此土城，仓卒不备，遂相地制宜，廓东南而大之，增筑土城，包以砖石。同知刘遂、指挥陈恺、百户郝名、医官陈中分领其事，肇工于成化三年九月，讫工于四年五月。城门四座，敌台一座，月城四座，焕然一新。

弘治七年，雨水坍塌。知县李海、指挥使陈勋重修。**昌黎县城**周围四里，高二丈。旧惟土城。弘治八年，知县殷玘包以砖土，建楼二座，高一丈五尺；雉堞一千一百座，高四尺；城外凿池，深阔各一丈。**滦州城**周围四里一百步，高二丈七尺，阔一丈。金阿保机筑土城以居其民。岁久圮坏。景泰二年，都御史邹来学等奏准重修，遂易以砖，四面各立一门，门外凿池深三丈。同知杨雄实综理之。成化二十二年，知州李智增立四楼，以望烽火。弘治壬子秋，阴雨弥旬，墙复颓坏，同知孔经重修。**乐亭县城**周围五百五十三步。旧惟土城，岁久圮坏。成化乙酉，都御史阎本命知县元弘易土以砖，高二丈，广一丈。成化壬寅，知县李瀚又建立四门，每门设二铺，以防守之。弘治己未，知县田登建楼，设堞翼以女墙。城外旧有池，深、阔各二丈。

桥　梁

　　桥梁所以代舟楫通往来，固王政之不可废者，详志于篇，以俟长人者有所考而加葺焉。

　　本　府　**漆河桥**在府城西一里，俗呼为小河桥。春夏济以舟楫，秋冬水落。架木为桥，上实以土，可通车舆。**滦河桥**在府城西十里，俗呼大河桥。奔流急湍，漫延汇积，比之小河桥不啻十七八。旧二河与滦撒河共船二十只，每船水夫十名，每名工食价银一十二两。及岁造两河桥梁，所费不赀，多为利徒所侵，率皆科扰州县，民甚病之。弘治十年，知府吴杰到任，访知前弊，每船革去水夫五名，岁省银一千二百两。推官周瑄又躬理桥梁之务，每冬初督造，以通车舆，夏初拆卸，以防水潦。桩木则储之于官，秋秸散旧易新以备用。数年以来，无复科扰之劳，民不告病而事恒以集。**永济石桥**在府城南关厢，正统六年建。**板桥**在府城南门外，处常则设之，以便往来；处变则去之，以防不测。**木桥**亦名吊桥，在府城西门外。**滦阳桥**即撒河桥，在迁安县西北一百五十里。洪武间比船为梁。永乐初，官置船以渡。**青龙桥**在迁安县东北七十里。**三里桥**在迁安县东三里，路通本府。**十里**

桥在迁安县东南十里。**洋河桥**二处，一在抚宁县西二里，一在县南二里。至冬，河水寒冱，建桥以通舆马。**渝河桥**在抚宁县榆关店西。**海阳桥**在抚宁县海阳城东。**栖霞桥**在抚宁县北二里。**虹桥**在昌黎县南八里，金时所建。**槐家店桥**在昌黎县西南五十里。**柳河桥**在昌黎县西二十里，今废。**石桥**在滦州南门外，弘治十年知州吕镒建。**溯河桥**在滦州西南二十余里，金时所建。**岩山桥**在滦州南五里，上有石柱二，其色上红下碧，刻云：金时建。**八里桥**在滦州西南八里，金时建。**榛子镇桥**在滦州西北九十里，傍有石幢，金时建。**清水河桥**在滦州南二十五里，金大定时建，有碑记。**唐山桥**在滦州西一百里，唐太宗建。**公安桥**在滦州南一百里。**砖窑店桥**在滦州南八十里，唐时所建。**解家桥**在乐亭县南三十五里。

里 社

里社之设，所以定民数，别著迁也。里有长，社有名，以之定赋，以之给役。故不容于不志也。

卢龙县旧十五里，今存里七，屯四。 凤头乡社、大河南社、南堂社、北赤峰社、台上社、周王庄社、在城社；丰润屯、丰隆屯、丰稔屯、丰成屯。

迁安县旧二十九里，今存社十六，屯六。 陶村社、黄北社、爪村社、北平南社、岚山社、贯头山社、沙南社、曲河社、夹河社、太平寨社、长岭峰社、望都庄社、林河社一里、林河社二里、林河社三里、在城社；丰廪屯、丰赡屯、嘉祥屯、嘉应屯、丰谷屯、丰登屯。

昌黎县旧三十一里，今存社十六，屯十一。 两山社、团林社一里、团林社二里、沙程社、赤崖社、槐套社、会东社、静安社、石门社、安峰社、刘平保社、葛家庄社一里、阳山社、顺德社、葛家庄社二里、在城社；嘉颖屯、延昌屯、禧福屯、兴善屯、兴宁屯、归厚屯、康乐屯、安和屯、正业屯、永受屯、宜春屯。

抚宁县旧二十一里，今存社十二，屯五。 宣北社一里、宣北社二里、宣南社、良仁庄社、山西社、洋河社、张家庄社、万家庄社、回安社、海阳社、在城社一里、在城社二里；兴福屯、富饶屯、富实屯、歌欢屯、庆福屯。

滦　州社四十一，屯二十六。　横山营社、何家寨社、古马社、长港社、北柳河社、连清社、桥头社、赤堠社、李家庄社、黄家疃社、梅相社一里、梅相社二里、孩古社、狗儿庄社、姚家庄社、长春社、花港社、松梁社、偏山社、宜安社、柏家庄社一里、土屋儿社、法宝社、柏家庄社二里、官催社一里、官催社二里、柏家庄社三里、曹家口社、榆子林社、王冢坨社一里、康家庄社、倚城社、王冢坨社二里、义丰社、于宁社、司家庄社一里、周南社、在城社、司家庄社二里、独莫城社一里、独莫城社二里；长乐屯、长庆屯、丰野屯、风淳屯、兴利屯、永登屯、平原屯、余庄屯、富庄屯、崇本屯、崇道屯、乃积屯、嘉贞屯、惇本屯、广布屯、广益屯、普利屯、丰腴屯、高平屯、康家屯、富聚屯、兴庆屯、嘉祐屯、务本屯、新编一屯、新编二屯。

乐亭县社十八，屯九。　黄瓜口社、沙程社、称坨社、冯家庄社、千金社、黑崖子社、高家庄社、吴家林社、大家坨社、商家堰社、酱家河社、胡东社、白沙峰社、次榆坨社、火烧佛社、嵩林儿社、在城社一里、在城社二里；庆宁屯、力本屯、禾登屯、时登屯、富有屯、九有屯、赋饶屯、美化屯、致顺屯。

‖ 卷之二 ‖

户 口

户口之籍，所以稽生聚之登耗，验抚字之得失，旧籍繁多，不能遍举，兹特志其见在云。

卢龙县 民户一千二百九十，军户三百九十六，杂役户五十二；男子己未成丁六千八百三十，妇女三千八百四十六。

迁安县 民户一千九百七十七，军户一千一百六十九，杂役户六十二；男子己未成丁一万五千五百七，妇女七千八百二十五。

抚宁县 民户一千八百三十，军户八百四十四，杂役户一百三十四；男子己未成丁一万六千一百十三，妇女八千五百三十。

昌黎县 民户二千四百四十八，军户九百十三，杂役户一百四十一；男子己未成丁二万七千一百七十，妇女二万九千二十九。

滦 州 民户六千四十五，军户二千五百二十一，杂役户三百八十六；男子己未成丁五万六千四百五十六，妇女二万九千二十九。

乐亭县 民户二千二百四，军户九百四十八，杂役户二百四；男子己未成丁二万九千六百三，妇女一万三千四百三十六。

土 产

土产之著，所以用□之道分地之利也。古云：有土此有财，有财此有用。故《禹贡》别九州之域，著所产之宜，以制任土作贡之意，书之于志，以见一方之所产云。

谷 类 粱、粳、糯、稻、黍、稷、大麦、小麦、黑豆、芝麻、荞麦、蜀秫、苏子、绿豆、黄豆、白豆、赤豆、黎豆、豌豆、杂豆、稗子。

果 类 梨、栗、榛、枣、杏、李、桃、葡萄、接桃、胡桃、黑枣、柿、西瓜、白檎、莲蓬、樱桃、白果、楸子。

菜 类 芹、苋、葱、韭、白菜、胡荽、冬瓜、王瓜、甜瓜、稍瓜、萝卜、芥菜、茄、蒜、莙荙、菠菜。

木 类 椿、槐、榆、柳、桑、松、柏、椴、楸、杨。

药材类 黄精、柴胡、黄岑、桔梗、苍术、天花粉、防风、知母、麻黄、地黄、芍药、葳灵仙、甘草、牵牛、皂角、紫苏、木通、天南星、大黄、苦参、荆芥、半夏、升麻、地骨皮。

豢养类 猪、羊、牛、马、驴、骡、犬、猫、鸡、鹅、鸭、鸽。

禽 类 莺、乌、鹊、雁、雉、鸽、鹧鸪、野鸡、鹌鹑、凫、鸦、天鹅、鹁鸠、野鸭、鸳鸯、逃河、鹭鸶、啄木。

兽 类 虎、豹、豺、狼、獾、熊、兔、猿、狐、貉、鹿、獐、野豕、山羊、麂、狍。

鱼 类 鲤、鲨、鲈、鳜、鲫、鲂、鲇、鲛、鳜、鳝、鳅、白鱼。

海 错 虾、蟹、鳖、蛏、蛤蜊、蛎、带鱼、车螯、银鱼。

杂 产 红花、丝、绵、布、纸、盐、煤、绢、麻、绵花、白蜡、靛。

贡 赋

贡赋之设，上以供军国之需，下以均输纳之法。历代制度不同，要亦不出贡助彻之遗意也。国朝任土产以为贡，验田亩以起科。田有高下而赋因之，物有生植而贡随之。谨书于志，以见时制之善云。

卢龙县 官地二十三顷九十九亩六分五厘，民地一千四百一十一顷七十九亩五分八厘九毫。夏税七百七石七斗三升二合九勺六抄，秋粮一千六百五十一石二斗八升三合一勺五抄。马草二万六千五百一束三分。人丁丝绢九十四匹二丈五尺五寸，农桑丝绢一十八匹。课钞：本色钞一千九十一贯，折色钞二千□百八十二贯。食盐钱钞：本色钞八千一十三贯，折色铜钱一万六千二十六文。黄历日纸二百六十张，白历日纸八百二十张。肥猪八口，绵羯羊一十五只。鸡一百五十六只，鹅二十九只，牛犊一只。榛子一千一百四十七斤，红枣八十八斤。土碱一百四十八斤。松子三百二十九斤。水和炭四千一百十八斤。白真黄牛皮八张，白硝山羊皮二十八张，白硝绵羊皮九张，白匐驴皮前截十截，白绵羊毛九十七斤。杂草六百斤，蜀秸一百一十二束，芦苇六十束，蒲草四十束，荆条五百二十五斤。

迁安县 官地一十三顷十八亩三分四厘，民地二千五十三顷五分七厘五毫。夏税一千四百三十六石五斗三升九勺五抄，秋粮三千三百六十一石三斗七升九合四勺五抄。马草四万五千五百四十五束四分九厘五毫八系。人丁丝绢二百八十七匹，农桑丝绢三十三匹一寸一分二厘九毫。课钞：本色钞四千六百七十七贯四百一十文，折色铜钱九千三百五十四文八分二厘。食盐钱钞：本色钞一万七千五百九十二贯，折色铜钱三万五千一百八十四文。黄历日纸五百八十五张，白历日纸二万一千六百一十五张。肥猪四十一口，绵羯羊四十只，大尾绵羯羊一只，祭猪二口。鸡三百三十七只，鹅五十六只，牛犊二只。榛子四千七百二十四斤，红枣一百九十五斤，尖头榛四十一斤。土碱一千四十斤。松子七百二十五斤。水和炭九千六十斤。白真黄牛皮一十七张，白硝山羊皮六十五张，白硝绵羊皮一十九张，白匐驴皮前截二十二截，白绵羊毛二百一十六斤。杂草一千二百斤，蜀秸四十六束，蒲草九十束，芦苇一百二十六斤，荆条一千一百六十五斤。

抚宁县 官地四顷六十一亩，民地一千四百一顷五十三亩四分五厘。夏税八百四十一石八斗七升五合五勺，秋粮一千九百六十三石八斗九升一合八勺。马草二万二千四百二十四束九厘八毛。人丁丝绢一百六十一匹，农桑丝绢一十四匹一丈四寸一分。课钞：本色钞三万七千六百七十九贯六百五十文，折色铜钱七万五千三百五十九文。食盐钱钞：本色钞一万六千三百八十三贯，折色铜钱三万二千七百六十六文。黄历日纸四百五十张，白历日纸一万六千六百九十五张。肥猪三十三口，绵羯羊三十只，大尾绵羯羊一只。鸡二百五十八只，鹅四十四只，牛犊二只。榛子三千六百五十斤，红枣一百五十斤，尖头榛子三十五斤。土碱六百五十斤。松子五百七十斤。水和炭七十斤。白真黄牛皮三张，白硝山羊皮五十张，白甸驴皮前截一十七截，白绵羊毛一百六十六斤。杂草一千斤，蓇秸一百九十束，芦苇一百束，荆条九百斤，蒲草七十五束。

昌黎县 官地一十五顷三十七亩三厘八毫，民地一千八百八十四顷五十一亩五分二厘。夏税一千四百三十八石八斗四升八合五勺五抄，秋粮三千三百五十七石三斗一升三合四勺四抄。马草三万七千九百一十六束七厘□系。人丁丝绢二十八匹八尺一寸九分。课钞：本色钞一千七百五十二贯二百文，折色铜钱三千五百四文四分。食盐钱钞：本色钞二万六千六百八十二贯，折色铜线五万三千一百五十六文。鱼课钞：本色钞二千一百四十一贯七百文，折色铜钱四千二百八十三文四分。黄历日纸七百一十五张，白历日纸三万六千五百二十五张。肥猪五十一口，绵羯羊四十八只，大尾绵羯羊二只，祭猪二口。鸡四百一十只，鹅七十只，牛犊三只。榛子五千九百九十七斤，红枣二百三十八斤，尖头榛子五十二斤，松子八百八十八斤。水和炭一万一千一百一十七斤。白真黄牛皮二十一张，白硝山羊皮一百八十张，白硝绵羊皮二十四张，白甸驴皮前截二十七截。杂草一千六百斤，蓇秸三百三束，白绵羊毛二百六十六斤，芦苇一百五十六束，蒲草一百一十束，荆条一千四百二十斤。

滦 州 官地三十顷八亩八分五厘，民地五千八百三十八顷二十五亩六分七厘。夏税三千七百七十七石八升二合八勺，秋粮八千八百三十二石六斗九升二合七勺。马草一十万九千二百八十束八分一厘三毫五系。人丁丝绢七百七十二匹，农桑丝绢九十匹二丈三尺五寸七分。课钞：本色钞六千六百八十贯八百文，折色铜钱一万三千三百六十一文六分。食盐钱钞：本色钞五万五千五百九十九贯，折色铜钱一十一万一千一百九十八文。鱼课钞：本色钞五万五千五百九十九贯，折色铜钱二千四百三十六文。黄历日纸一千七百七十五张，白历日纸六万五千八百二十张。肥猪一百二十二口，绵羯羊一百二十一只，大尾绵羯羊三只，祭猪二口。鸡一千二十九只，鹅一百五十一只，牛犊七只。榛子一万四千九百八十五斤，红枣五百九十一斤，尖头榛子一百二十斤，松子二千二百斤。水和炭二万七千五百八十八斤。白真黄牛皮五十张，白硝山羊皮一百八十五张，白硝绵羊皮五十九张，白甸驴皮前截六十七截，白绵羊毛六百六十五斤。杂草四千斤，蜀秸七百四十六束，芦苇四百束，蒲草二百七十五束，荆条三千五百五十斤。

乐亭县 官地一十三顷四十四亩一分，民地二千四百五十四顷一十七亩八分。夏税一千七百九十四石一斗二升四合八勺，秋粮四千一百八十六石五斗五升七合三勺。马草六万二千七十四束九分七厘三毛六系。人丁丝绢三百一十八匹六尺五寸，农桑丝绢五十八匹一丈八尺二寸五分。课钞：本色钞四千三百四十八贯七百六十文，折色铜钱三千五百四文四分。食盐钱钞：本色钞三万二百四十六贯，折色铜钱六万四百九十二文。鱼课钞：本色钞一千六百七十七贯四百文，折色铜钱三千三百五十四文八分。黄历日纸七百一十五张，白历日纸二万六千五百二十五张。肥猪五十一口，绵羯羊四十八只，大尾绵羯羊二只，祭猪二口。鸡四百一十只，鹅七十只，牛犊三只。榛子五千九百九十七斤，红枣二百三十八斤，尖头榛子五十二斤，松子八百八十八斤。水和炭一万□千□百一□□斤。白真黄牛皮□□一张，白硝山羊皮八十张，白硝绵羊皮二十四张，白甸驴皮前截二十七截，白绵羊毛二百二十六斤。杂草一千六百斤，蜀秸三百三束，芦苇一百五十六束，蒲草一百一十束，荆条一千四百三十斤。

马 政

马政之设，甲兵之大，用兆之成。周丘甸所出，汉则牧于民而用于官，唐则牧于官而给于民，宋则有官马、户马、戎马之制。国朝斟酌损益，立为定规。畜于民而秣饲以时，验于官而部辖有法，以是而课殿最，以是而考能否，则马政修而缓急有备矣。书之于志，以见我朝蕃育之盛云。

本　府　领州一县五，养马数多，设通判一员，以总理之。州县各设判官、县丞一员，以分理之。民养马者，免其地亩税粮之半。弘治八年，太仆寺卿彭礼以"种马生息无穷，人民地土有限"具实奏闻，定为种马之额。本府所属共额养种、儿、骒马四千六百七十匹。养儿马一匹，免粮地五十亩，骒马一百亩。其骒马两年一驹，以为备用，并补种之需，不复以驹作种，民甚称便。

卢龙县　马厂一所，种儿马六十三匹，种骒马二百五十二匹。牧马草场五处，共地六十七顷五十六亩。

迁安县　马厂一所，种儿马一百二十九匹，种骒马五百一十六匹。牧马草场六处，共地二百一顷七十五亩。

抚宁县　马场一所，种儿马七十七匹，种骒马三百八匹。牧马草场二处，共地四十五顷六十四亩。

昌黎县　马厂一所。马房十间，弘治十二年主簿霍敦建。种儿马一百二十九匹，种骒马五百一十六匹。牧马草场一十处，共地一百五十三顷。

滦　州　马厂一所，种儿马三百六十匹，种骒马一千四百四十匹。牧马草场二十四处，共地六百二十一顷二十二亩。

乐亭县　马厂一所，种儿马一百七十六匹，种骒马七百四匹。牧马草场五处，共地五十顷六十四亩七分。

屯　田

屯田之设，乃且耕且守之良法，养兵息民之要道，昉自赵充国之屯金城，至许下渭滨盛矣。国朝酌古准今，定一代之制度，并边则以兵，内地则以民；无事则同力以耕，有警则戮力以战，仓廪实而武备修。志之以见制法之良焉。

本　府　领州一县五，原无壮夫。正统末，胡虏寇边，金设壮夫二千五百名守御城池，初以守备官领之，民多苦其侵渔。天顺初，知府周晟奏准，定委本府同知兼理其事，于府城河西创立教场一所，每岁十月朔为始，合操练习武艺，至次年二月中，驻操屯种务农。盖即古者寓兵于农之遗意也。

教场，东西广二百五十步，南北袤一百四十步，计地一顷四十五亩，环植柳为界。演武厅三间，年久倾颓，弘治十一年，同知邵逵重修。旗台一座。厨房三间，弘治十一年重修。

卢龙县　壮夫八十一名，屯田八十一顷，子粒豆四百五石。

迁安县　壮夫二百三十九名，屯田二百三十九顷，子粒豆一千一百九十五石。

抚宁县　壮夫一百七十名，屯田一百七十顷，子粒豆计八百五十石。

昌黎县　壮夫四百□名，屯田□□顷，子粒豆一千九百八十五石。

滦　州　壮夫一千二百一十名，屯田一千一百八十八顷，子粒豆五千九百四十石。

乐亭县　壮夫四百名，屯田三百九十七顷，子粒豆一千九百八十五石。

卷之三

公 署

官以治民，署以居官。公署也者，非但为发号听政之所，而尊卑等级之分寓焉。故下至驿递，亦详载之，不敢厌其繁也。

府 治 在旧城内，洪武二年建，正统十二年知府张茂重建，成化二年知府周晟增建。府厅五间，后厅五间，厢房六间，经历司三间。照磨所三间，洪武三十二年裁革，三十五年复设。戒石亭一座。仪门三间。外门五间。承发司一间。司典吏房东西各十九间。土地堂一间。榜房十五间。知府宅一所。同知宅一所。通判宅二所。推官宅一所。经历宅一所。知事宅一所。照磨宅一所。检校宅一所。吏舍三十间。大润库在府治内西。厅房三间。库房南北各三间。

清军厅 在府治仪门南。先是，其局不专一事，同知邵逵严加禁约，遂专为清军之所，内外有限册籍归。正厅三间。东厢房二间。前门一间。司狱司在府治仪门外西，洪武三十二年裁革，洪武三十五年复旧。狱六间，前此最为逼仄，知府郑岑增建，复加板于地，以避暑湿，后推官周瑄时加检录，囚无久滞者。

申明旌善二亭 在谯楼南。

巡抚公馆 在府城外东南二里，正统十三年巡抚都御史邹来学奏设，知府张茂督建。正厅三间，后厅三间，中厅三间。仪门三间。外门一间。厢房二十二间。

察 院 在府治东南二百五十步，洪武初建，景泰四年知府米瓀重建，弘治十一年知府吴杰以旧制卑隘，鞫狱不便，遂增建之，视昔有加。正厅五间。后堂五间。东西司房各五间。中门一间。大门三间。

太仆寺公馆 在府城外东南二里，洪武初建，景泰五年本府通判刘儆成重建。正厅三间。后厅三间。东西司房各二间。大门一间。中门一间。

粮储公馆 在府治东一里，景泰三年知府张茂重建。正厅三间。后厅三间。东司房二间。东厨房二间。大门一间。中门一间。

社　学 在城隍庙后，成化九年知府王玺建，主事张弼纪其事，弘治十二年知府吴杰重修。正厅三间。东西厢房各五间。大门一间。

属官衙门：

税课司 在府治前，洪武初建，弘治十二年知府吴杰重建。医学在府治南，洪武七年初建，弘治十二年知府吴杰重建。阴阳学在府治南，洪武七年初建，弘治十二年知府吴杰重建。僧纲司在府城外东南，旧名开元寺，洪武五年建，景泰五年太监赵宗奏请敕赐隆教禅寺。

滦河马驿 在府城南二里，洪武三年建。正统十年驿丞令名以旧制卑狭，渐次增修，弘治十二年驿丞孙济川重修。正厅三间。后厅三间。厢房前后四间。中门三间。鼓楼一座。仓廒六间。库房三间。厨房二间。卷房三间。马房十二间。马二十二匹。马夫二十二名。驴四十头。驴夫四十名。铺陈库子六名。馆夫八名。先是，本府所属六驿馆夫六十三名，每年该银三千余两。弘治七年，知府吴杰到任，革去三十名，止金三十八名于州县下，则人户派丁应役均徭，内出银一千二百两，解府收贮，分为四季，各驿按季领回支销，约计岁省银一千八百两。草场一所，在驿东南。

芦峰口驿 在府城东六十里。正厅五间。后厅五间。中门三间。鼓楼一座。库房三间。厨房三间。马房十间。马二十一匹。马夫二十一名。驴四十三头。驴夫四十三名。铺陈库子三名。馆夫六名。草场一所，在本驿东南。

东关递运所 在府城东二里，天顺间大使陈华修建，行人张廷纲记其事，弘治十二年大使李通重修。正厅三间。中门三间。鼓楼三间。厢房十间。车二十辆。车夫二十名。牛八十只。牛夫八十名。防夫四十名。

新店递运所　在城西六十里。正厅三间。后厅三间。厢房三间。大门三间。车十五辆。车夫十五名。牛六十只。牛夫六十名。防夫二十名。

永丰仓　在府治东一里城下。正厅二处各三间，仓廒一十六座，共五十六间。门厅三间。大门一座。草场一所，在府治东南城下。

山海仓　在山海关城西南。正厅三间。仓廒十三座，共六十二间。大门一座。草场一所，在本仓东南。

界岭口仓　在府城东北一百二十里。正厅三间。仓廒九座，共二十七间。大门一座。草场一所，在本仓前。

刘家口仓　在府城北六十里。正厅三间。仓廒一十座，共三十间。大门一座。草场一所，在本营南。

卢龙县　在府治北一百步，永乐中重修。正厅三间。抱厦三间。戒石亭一座。幕厅一间。土地庙一间。东西司典吏房各四间。狱房三间。知县、主簿、典史公廨各一所。社学在县治南关厢街西。养济院在县治南关厢二里，岁久颓圮，弘治十一年知县吴杲重修。桑枣园二处，一在城东，一在小河西。

迁安县　在府城西北四十五里，洪武初建，弘治十一年知县张济重建。正厅三间。后厅三间。戒石亭一座。幕厅三间。东西司典吏房各三间。狱房三间。大门三间。仪门三间。知县、县丞、主簿、典史公廨各一所。申明亭在县治东二十步。总铺在县治南。

察院在县治东五十步。正厅三间。后厅三间。仪门一座。前门一间。

太仆分寺在县治东，弘治十二年，同知邵逵以旧制狭隘，邀知县张济重新修建。正厅三间。后厅三间。厢房前后五间。中门一间。大门三间。医学在县治西。阴阳学在县治南。僧会司在县治东。道会司在县治东南隅。社学在县治西二十步，弘治十一年知县张济建。养济院在县治东北隅，景泰六年知县费永宁建。

七家岭驿在县治南五十里，今移建沙河。正厅三间。厢房东西各三间。后厅三间。耳房二间。仓房三间。厨房三间。鼓楼一座。马房东西十间。马一十九匹。马夫一十九名。驴四十四头。驴夫四十四名。铺陈库子三名。馆夫六名。草场一所，在本驿南。

滦阳马驿在县西北一百二十里。正厅三间。后厅三间。耳房二间。厨房三间。仓房三间。中门一座。鼓楼一座。马房六间。马十匹。马夫十名。驴十头。驴夫十名。铺陈库子二名。馆夫四名。草场一所，在本驿西。

三屯营仓在县西北一百二十里，弘治十二年九月初六日户部郎中何文缙奏设。正厅三间。仓廒四座。大门一座。草场一所，在本营南。

抚宁县　在府城东七十里，成化十七年知县姜镐重建，弘治十一年知县刘玉重修。正厅三间。耳房二间。抱厦三间。幕厅一所。东西司典房十间。后堂三间。东西厢房四间。戒石亭一座。仪门三间。狱房一处。知县、县丞、典史公廨各一所。申明亭在县治西。

察院在县治西，成化三年同知刘遂建。正厅三间。后堂三间。厢房前后一十二间。仪门三间。大门三间。

太仆分寺在县治东，弘治十二年知县刘玉修。正厅三间。后堂三间。厢房六间。仪门一座。大门一座。医学在县治东，成化三年训科陈中建。阴阳学在县治东，成化三年训术张奎建。僧会司在县治南，成化三年僧会文顾建。社学在县治南。养济院在县治东南。桑枣园在县城西五里。

抚宁县仓在县治西，成化三年都御史阎本奏设，同知刘遂督建。正厅三间。仓廒□座。大门一座。草场□□□□□□下。

山海库在山海城西北，原隶本县。成化十八年闰八月二十九日裁革，弘治十年三月十九日户部为盘诘事奏准复设。正厅三间。库房三座九间。大门一座。

榆关马驿在县东四十里。正厅三间。后厅三间。厢房二间。鼓楼一座。马一十一匹。马夫二十一名。驴四十头。驴夫四十名。铺陈库子三名。馆夫六名。草场一所，在本驿北。

西关递运所在县治东南，成化三年都御史阎本奏设，同知刘遂督建。正厅三间。后厅三间。厢房东西四间。车十五辆。车夫十五名。牛六十只。牛夫六十名。防夫二十名。

昌黎县 在府城南七十里，正统中知县王玺重建，弘治四年知县白纯道重修。正厅三间。后厅三间。戒石亭一座。幕厅一间。仪门三间。东西司典房十间。狱房一所。土地祠一间。知县、县丞、主簿、典史公廨各一所。吏舍一十五间。申明亭二间。

察院在县治东北一百步，洪武间主簿李恒创，知县杨禧重修。正厅三间。后厅三间。东西厢房六间。仪门三间。大门三间。厨房三间。

太仆分寺在县治西，洪武初创立，景泰五年本府通判刘佽成重修。正厅三间。后厅三间。耳房前后九间。中门一间。大门三间。医学在县治北，洪武十七年设。阴阳学在县治北，景泰五年知县王懋改建。僧会司在县治北崇兴寺，洪武十五年设。养济院在县治东南，景泰四年知县王懋建。桑枣园一所，在县城西。

滦　州 在府城西南四十里，正统十三年知州刘升修，弘治十年知州吕镒增修。正厅三间。后厅一处六间。穿堂三间。吏目厅三间。东厅三间。司典吏房东西十间。戒石亭一座。仪门三间。小门二间。狱房一所。榜房六间。谯楼三间。知州、同知、判官、吏目宅各一所。申明亭在州南二十步。

察院在州东五十步，弘治十一年知州吕镒重修。正厅三间。东西厢房各四间。后厅三间。厨房三间。西厢房三间。前门三间。中门三间。

太仆分寺在察院东，弘治十一年知州吕镒、判官王泽重修。正厅三间。后厅三间。厨房二间。耳房二间。前门四间。中门三间。

公馆在州治南五十步。正厅三间，扁曰皇华。后厅三间。厨房二间。耳房二间。前门一间。中门一间。

税课局在州治西，正统初裁革，正统十一年复设。医学在州治西，洪武三十五年建。阴阳学在州治西，洪武三十五年建。僧正司在州南城外广福寺，洪武三十五年建。社学在州治南。养济院在社学东。桑枣园在州城西关外。

乐亭县 在滦州南九十里，洪武初知县王文贵建，后章似兰、刘晟、于继贤继修，成化十九年知县李瀚改建。正厅三间。后厅三间。幕厅三间。册房三间。司典吏房东西六间。戒石亭一座。仪门三间。大门三间。库房二间。榜房一十二间。狱房一所。土地祠一所。知县、县丞、主簿、典史公廨各一所。申明亭在县治西。

察院在县治东，洪武三年知县王文贵建，成化癸卯知县李瀚重修。正厅三间。后厅三间。前厢房六间。后厢房四间。中门一座。大门一座。医学在县治北，洪武三十五年开设。阴阳学在县治西南，成化二十三年建。僧会司在县治西一百二十步，洪武三十五年开设。

太仆分寺在县治西一百步，永乐中县丞王名建，成化间知县袁宏重修。正厅三间。后厅三间。前厢房六间。后厢房四间。中门一座。大门一座。

巡检司在新桥海口，去县三十里，洪武中开设。桑枣园二所，在县城北一里。

职 官

职官者，朝廷设官有事于兹郡者也，公移文案，吏不无与于其间，故并志之。

本 府 知府一员，同知一员，通判二员，一员旧管府事，成化十七年改注管粮一员，永乐中添设管马，推官一员，经历、知事、照磨、检校各一员，司典吏三十九名。大润库大使一员，攒典一名。司狱一员，狱典一名，儒学教授一员，训导四员，司吏一名。永丰仓大使一员，副使一员，攒典一名。山海仓大使一员，副使一员，攒典一名。界岭口仓大使一员，副使一员，攒典一名。刘家口仓大使一员，副使一员，攒典一名。税课司大使一员，司吏一名。医学正科一员，阴阳学正术一员，僧纲司都纲一员，副纲一员。道纪司原设今革。滦河马驿驿丞一员，驿吏一名。芦峰口驿驿丞一员，驿吏一名。迁安马驿驿丞一员，驿吏一名。东关递运所大使一员，司吏一名。新店递运所大使一员，司吏一名。

卢龙县 知县一员，主簿一员，永乐中添设管马，典史一员，司典吏一十三名，儒学教谕一员，训导二员，司吏一名。

迁安县 知县一员，县丞二员，一员管县事，一员永乐中添设管马，主簿一员，典史一员，司典吏一十三名，儒学教谕一员，训导二员，司吏一名，医学训科一员，阴阳学训术一员，僧会司僧会一员，道会司道会一员，七家岭驿驿丞一员，驿吏一名，滦阳马驿驿丞一员，驿吏一名，三屯营仓副使一员，攒典一名。

抚宁县 知县一员，县丞一员永乐中添设管马，典史一员，司典吏一十三名。儒学教谕一员，训导二员，司吏一名。医学训科一员，阴阳学训术一员，僧会司僧会一员，榆关马驿驿丞一员，驿吏一名。西关递运所大使一员，司吏一名，山海库大使一员，攒典一名。

昌黎县 知县一员，县丞二员，一员管县事，一员永乐中添设管马，主簿一员，典史一员，司典吏一十八名，儒学教谕一员，训导二员，司吏一名，医学训科一员，阴阳学训术一员，僧会司僧会一员。

滦　州 知州一员，同知一员，判官二员，一员管州事，一员永乐中添设管马，吏目一员，司典吏二十一名，儒学学正一员，训导三员，税课局大使一员，司吏一名，医学典科一员，阴阳学典术一员，僧正司僧正一员。

乐亭县 知县一员，县丞二员，一员管县事，一员永乐中添设管马，主簿一员，典史一员，司典吏一名，儒学教谕一员，训导二员，司吏一名，医学训科一员，阴阳学训术一员，僧会司僧会一员，新桥海口巡检司巡检一员，司吏一名。

铺 舍

铺舍之设，所以传王命、通公符，不可缺也。或者视为不急，而不加之意焉，则于宣上达下之体，不亦有所妨乎？

本 府 总铺在府治南二十步。

卢龙县 国家铺在县东十里。第二铺在县东十八里，双望铺在县东三十里，石梯子铺在县西十里，白佛店铺在县西二十里，赤峰铺在县西三十里，周王庄铺在县南二十里，分水岭铺在县西北十五里。

迁安县 总铺在县治南十五步。沙河铺在县治东一十五里，□□口铺在县南四十里，沙窝铺在县西南三十里，黑崖子铺在县西南四十里，马坡铺在县西南五十里，岳榆树铺在县西南六十里，灰岭铺在县西北一百二十里，迁阳铺在县西北一百六十里，孩儿岭铺在县西北一百八十里。

抚宁县 总铺在县治东二十步。横山铺在县东五里，白石铺在县东一十五里，张果老铺在县东五十五里，丰台铺在县东六十五里，迁安镇铺在县东八十五里，绿湾铺在县西五里，芦峰口铺在县西十五里，义院岭铺在县西二十五里。

昌黎县 总铺在县治东十步。石堠子铺在县西十里，柳河铺在县西北二十里，梭头湾铺在县西北三十里，营城铺在县西北四十里，訾家庄铺在县西北五十里，红花店铺在县东北一百二十里。

滦 州 总铺在州治南二十步。大柳树铺在州东十里，佃子铺在州西七十里，十里桥铺在州西八十里，榛子镇铺在州西九十里，狼窝铺在州西一百里，铁城坎铺在州西百十里，深河铺、马坡头铺俱在抚宁县东，刘家庄铺在州北十里，马城铺在州南二十里，长宁铺在州南二十里。

乐亭县 总铺在县治西十步。曹家庄铺在县北十里，定流河铺在县西北三十里，团山铺在县东北一百里。

仓 库

仓库之设，所以谨储蓄、备兵荒、给上下、时敛散，于时政尤为急务，于时弊亦号多门，用志于此，庶守官者可考见云。

本　府　永丰仓在府治东一里望高楼下。东盈仓在永丰仓东，原隶本府，今革除。山海仓在山海关城内。界岭口仓在府城东北一百二十里。刘家口仓在府城北六十里。儒学仓在本学内。滦河马驿仓在本驿内。芦峰口驿仓在本驿内。迁安马驿仓在本驿内。大润库在府治内。建昌营仓在府城北七十里。五重安营仓在府城西北九十里。青山驻操营仓在府城西北一百二十里。台头营仓在府城东北七十里。石门寨营仓在府城东北一百二十里。黄土岭营仓在府城东北一百三十里。

卢龙县　预备仓在府城南二里，圹寂难守，弘治十二年知府吴杰即东盈仓旧基鼎新创建仓廒，门墙极为完固。儒学仓在本学内。

迁安县　预备仓在本县内。儒学仓在本学内。七家岭驿仓在本驿内。滦阳驿仓在本阳内。三屯营仓在本营内。

抚宁县　抚宁县仓在县西，成化三年都御史阁本奏设，同知刘遂督建。预备仓在县治内。榆关驿仓在本驿内。儒学仓在本学内。山海库在山海城北，原隶本县，成化十八年闰八月二十九日裁革，弘治十年三月十九日复设。

昌黎县　预备仓在县治西南五十步。儒学仓在本学内。

滦　州　济留仓在州治内，弘治十年知州吕镒重修。预备仓在州治西一里，弘治十二年，知州吕镒、判官毛瀚增建。儒学仓在本学内。

乐亭县　预备仓在县治南二十步。际留仓在县治南二十步。儒学仓在县治南，即际留仓。

卷之四

人 物

兹郡人物，自伯夷、叔齐，清风高节，足以立万古人臣之极，作万古懦夫之气，盖卓乎不可尚已。自是以降，或以武功显，或以文学著，皆流芳简册，歆动后人。入国朝来，德泽益深，教养益至，人材之出，视昔加多，是用详著于篇，以起后贤高山仰止之心云。

[商]

伯夷、叔齐 孤竹君之二子。其父将死，遗命立叔齐。父卒，叔齐逊伯夷。伯夷曰："父命也。"遂逃去。叔齐亦不肯立而逃之。国人立其中子。其后武王伐纣，夷齐叩马而谏。武王灭商，夷齐耻食周粟去，隐于首阳山，采薇而食。作歌曰："登彼西山兮，其采薇矣。以暴易暴兮，不知其非矣。神农虞夏忽焉没兮，我安适归矣。吁嗟徂兮，命之衰矣！"遂饿而死。按《史记·列传》索隐，孤竹君，殷汤所封，相传至夷齐之父，姓墨胎氏，名初，字子朝。伯夷名允，字公信，叔齐名智，字公达，夷齐其谥也。

[汉]

田 畴 右北平人，好读书，善击剑，躬耕养亲。曹操北征乌桓，先遣使辟畴。畴趣治严。门人曰："昔袁君礼命五至，君义不屈；今曹公一来，而君若恐弗及，何也？"畴笑曰："此非君所识也。"遂随使者至军，拜议郎。

公孙瓒 辽西令支人，仕为郡书佐。郡守刘道器之，妻以女，□坐事征诣廷尉，徙日南。瓒具馔祭其先人。祝曰："日南多瘴气，或恐不还矣，先人辞于此。"再拜而去。道遇赦，还。瓒举孝廉，为辽属国长史。光和中，将兵击张纯于渔阳，以功迁骑都尉，封都亭侯属国长史，皆乘白马。乌桓畏之，更相告曰："避白马长史。"

[三国]

程　普　右北平土垠人，初为州郡吏，有容貌、计略，善应对。从孙坚出征。坚卒，复随孙策，拔庐江，下秣陵，皆有功。遂为吴郡都尉，迁零陵太守。策卒，辅孙权讨平不服，官至荡寇将军。子咨封高侯。

韩　富　辽西人，以便弓马有膂力，幸于吴孙坚，从征伐，犯危难，陷敌擒虏，为别部司马。后与周瑜拒破曹操，与吕蒙袭取南郡。封都亭侯，迁至昭武将军。

[晋]

公孙凤　字子鸾，隐于昌黎之九城山谷，弹琴吟咏，陶然自得。详见《晋史》。

[南北朝]

韩　秀　昌黎人。父仕魏，为宜武将军都尉。秀聪敏才辨，有文学，累官至青州刺史，有政声。

屈　遵　昌黎人，博学多才艺，仕魏为中书令，后以开拓功，赐爵信都侯，寻加昌黎公。

卢鲁元　昌黎人。父副鸠仕魏为中书令。鲁元宽和雅度，工书有文采，累官至襄城公，卒谥曰孝。

卢　丑　昌黎人，魏太武监国，以博学入侍经帷，后以师传旧恩，赐爵济阴公，位尚书加散骑常侍。

韩麒麟　昌黎人，魏孝文时，拜齐州刺史，在官不尚刑法。太和中，京师大饥，麒麟表陈时务甚切，为人恭慎，恒置律令于坐傍。临卒之日，唯有俸绢数十匹，其清贫如此。追封燕郡公，谥曰康。

韩显宗　麒麟子，有才学。魏太和初举秀才，对策甲科，除著作郎，后兼中书侍郎。性刚直，面折廷诤，后与崔逸等参定朝仪。

段　永　滦州人，晋幽州刺史匹磾之后，魏正光末，避地洛阳，拜东平将军。时贼魁元伯生攻陷城壁，孝武遣娄昭讨之。昭请以五千人行，永进曰："在速不在众，若星驰电发，出其不意，精骑五百人足矣！"帝然之，命永代诏以五百骑，倍道兼进，果讨平之。

窦　瑗　阳洛人，年十七荷帙从师，游学十年，仕魏为太常博士，从尔朱荣东平葛荣，封容城伯。乞以让兄叔珍，叔珍由是积官至廷尉卿。孝武时，释奠开讲，瑗为摘句。累迁太宗正卿。官虽通显，贫窘如初，清操为时所重云。

[隋]

窦卢通　昌黎人。祖长魏，柔玄镇大将。父宁，柱国太保。通弘厚有器局，历夏、洪二州总管，所在并称宽惠。卒谥安。

窦卢勣　通之弟，聪悟有才识，为渭州刺史，甚有惠政。华夷悦服，致有白乌玉浆之瑞，民为之谣曰："我有丹阳，山出玉浆；济我民夷，神鸟来翔。"累功封楚国公，卒谥襄。

窦卢毓　勣之子。汉王谅出镇并州，毓以妃兄为长史，累功授仪同三司。及炀帝即位，谅谋不轨，毓谏不从，语留守朱涛曰："王构逆，吾辈岂可孤负国家邪？当出兵拒之。"后为谅所害。诏赠大将军，封正县侯，谥愍。子愿师，袭仪同三司。

[唐]

田弘正　初名兴，卢龙人。性忠孝，好功名。起楼聚书至万余卷。唐宪宗时为魏博节度使，封沂国公。元和间，诏命史官韩愈撰其先庙碑铭。

周　宝　卢龙人，曾祖侍选为鲁城令。安禄山反，拒战死之。祖光济，左赞善大夫。父怀义，工部尚书。宝仕武宗朝，为检校工部尚书，节度泾原，务力耕，聚粮二十万斛，号良将。中和初进同平章事，兼天下租庸副使，以功封汝南郡王。

李惠登　昌黎柳城人，为平卢军裨将。安禄山乱，从董秦泛海，后为隋州刺史。兴利去害，为政清静，居二十年，田亩辟，户口增，人歌舞之。累迁御史大夫。卒赠洪州都督。

李光弼 昌黎柳城人。郭子仪荐其能，授河东节度使。后累功进封临淮郡王，卒谥武穆。光弼用兵，谋定而后战，能以少击众。唐室中兴，世推其功云。

韩　愈 字退之，昌黎人，自晋韩恬入后魏，为玄菟太守，恬曾孙播徙昌黎棘城，故公尝自称昌黎人。李翱作公行状，亦云昌黎某人。皇甫湜作公神道碑，乃云其上世尝居南阳，而旧史亦云昌黎某，是世为昌黎人。自其曾祖任曹州司马，因家于河阳，而子孙不复在此。今昌黎县有韩氏祖坟及文公祠在焉。公生三岁而孤，随兄会贬官岭表，兄卒，鞠于嫂郑氏。当元和间，以文章倡天下，法度森严，抵轹晋魏，上轧汉、周、唐之文，天下学士仰之，如泰山北斗。累官至考功郎中、知制诰、刑部侍郎。以谏迎佛骨，贬潮州刺史。既至潮，以表哀谢，宪宗感悟，欲复召用。皇甫镈素忌愈直，即奏言："愈终疏狂，可且内移。"改袁州。宰相李逢吉因台参之事，使愈与李绅交斗，遂罢愈为六部侍郎。长庆四年卒，赠礼部尚书，谥曰文。宋元丰元年，诏封昌黎伯。

韩　会 愈宗兄。按柳子厚《先君石表阴先友记》云：韩会，昌黎善人，清言有文章，名最高。然以故多谤，至起居郎。贬官，卒。

韩　衡 昌黎人。按柳子厚《先君石表阴先友记》云：韩衡，昌黎之善士也。

慕容善行 昌黎人，与博陵崔仁、师弘农、刘颛等，俱被征为修文学士。

[宋]

郭　琼 卢龙人，初仕契丹，后归汉，历团练防御。周初，知宗正少卿事。宋初，以右领军卫上将军致仕。琼虽起卒伍，而尊礼儒士，孜孜乐善，盖武臣之贤者也。

姚内斌 卢龙人，初仕契丹，后归周，为汝州刺史，吏民诣阙举留。入宋，从平李筠，后为庆州刺史。在郡十数年，西夏不敢犯塞，以其武猛，号为姚大虫。子承赞，为阁门祗侯，死于阵；承鉴，殿中丞。

陈思让 卢龙人，初仕后唐及晋，以累功官坊州刺史。入汉周历官刺史、团练使，从世宗北征，为关南都部署、宋加检校太傅。卒赠侍中。

[辽]

赵思温 卢龙人，少果锐，膂力兼人。仕平州刺史，迁汉军都团练使。伐渤海，力战拔扶余城，身被数创，太祖亲为调药。后以功擢检校太保、保静军节度使，卒赠太师卫国公。

张　毅 平州昌黎人，仕辽为张兴军节度使。后平州军乱，毅抚定乱者，州民推毅领州事，后辽败，毅以平州归宋。败金将阇母于抚宁兔耳山。诏加泰宁军节度使。及金将斡离不袭破平州，遣人以纳叛责宋，遂诏王安中杀毅以畀之。

[金]

刘敏行 平州人，自太子校书郎迁肥乡令。岁饥盗起，民不敢出城耕种。敏行白州，借军护民，日夜躬亲巡逻，民遂安业。九迁为河东路转运使。

赵兴祥 思温六世孙。父瑾，辽静江军节度使。兴祥初以父任入官，后仕金。天眷初，累官同知宣徽院事，迁至太子少傅，封申国公。

赵　质 思温裔。大定末，举进士不弟，隐居燕城南教授。章宗尝幸其斋舍，见壁间所题诗，赏其志趣不凡，召至行殿，命之官，固辞。章宗益奇之，赐田千亩，复之终身。

赵思文 平州人，累官至礼部尚书。时朝廷多难，思文在间关羁旅中，未尝堕于非礼，时人称之。

王元粹 平州人，为南阳酒官。有诗名，诗见《中州集》。

[元]

姚　枢 平州柳城人，有王佐才，世祖召至，首陈帝王治平大经，世祖嘉纳，自是内修外攘之政，咸委任焉。累官至翰林学士承旨，卒谥文献。子炜，官至平章政事。

姚 燧 枢之从子。少从许衡游，以真知实践为事，为文闳肆该博，有西汉风。累官至翰林学士承旨。所著有《国统离合表》《牧庵集》。

陈 颢 卢龙人，官集贤殿大学士，政事无不与闻，科举之行，颢赞助之力居多。每侍仁宗燕闲，辄取圣经所载大经大法有切治体者陈之，每见嘉纳。颢先后居集贤署，好荐拔士，类有讦之者，曰：吾宁以谬举受罚，蔽贤诚所不忍。卒谥文忠，追封蓟国公。子孝伯、敬伯俱仕有名。

崔 煜 迁安人，任辽阳行省郎中，因平章程思中作乱，据永平剽掠乡民，煜领兵保障之，且孝于其亲。后官至参政。

张 勔 字勉之，昌黎人，翰林院编修，累官至大学士。

周 宏 迁安人，官无极、宁昌、昌黎三县尹。在昌黎时，程思中作乱，宏率其民赴永平城拒守，城陷被执，宏不屈，七日不食，骂不绝口而死。

任 询 字君谟，号南麓先生，滦州人。正隆间，擢进士弟，其文行宦业具在《中州集》。其真草字书，气完力劲，世宝传之。晚年历北京监铁使。寺观名额多其所书，好事之家多有藏其墨迹者。

卑仲吉 字庆仲，滦州人。大德间为滦州节度使、金吾上将军，兼授金虎符兵马都元帅。公先居间时艰，食民将豺狼，日令家人掘蒐茈以食，有贷者倒囊与之。州牒令监迁安园栗，凡求者即资之，园为之空。公素与巡检许枚善。枚死，父年耄无所归。公载之家，事甚谨，及终还其葬，时人义之。及为监军，公拊案叹曰："大兵之后荐成饥馑，生人嗷嗷，没于涂炭。吾即为郡，矧可坐视其死呼？"乃慨然鞭牛躬耕垄上，与百姓同劳苦，妻孥亦令蚕绩以自给。于是郡人化之，争务勤本。

吉巨昌 滦州人，蕴大志，捐小节，与万石山卑元帅、古冶杨公相友善。当癸酉之后，天降鞫讻，人罹疫疾，强凌弱、众暴寡，甚者毙于砧鼎。君慨然叹曰："若是哉！使吾属靡有孑遗矣！"乃与杨公暨亲邻昆弟等谋，相率萃为保五，出入相友，守望相助，疾病相扶持，赖之全活者不啻数千。

王仲添 滦州人，大德间为卑元帅副统，胆略过人。时金主南奔汴梁，燕之蕞鄙，信安水军张进婴城固守，时出没杀伤俘虏，封境骚动，寝食不宁。公与士卒同甘苦，训练兵农，且耕且战，为持久之计。敌人入寇，报至城下，公与都统赵简松引兵逆战，小却。简松陷入敌军不得出，公顾不见，遂突入阵中，击刺所向，众皆披靡，以简松出独殿而归，虽中流矢，必战罢而后取，在军中谈笑，无自伐之色。戊子四月，敌人复至，公在围中，以寡御众，鏖战至晚，无怯懦之气，力尽而死。

[国朝]

习 成 卢龙人，洪武中以才能擢用，历升湖广按察司佥事。

温 厚 乐亭人，洪武中领乡贡。累官至都察院左佥都御史。

史 怡 乐亭人，永乐初以守城有功，授户部郎中，官至江西布政司左参政。

李 乐 乐亭人，永乐中由国子生拜监察御史。有声于时，迁任山东按察司副使。

祖 述 昌黎人，永乐中由太学生擢嘉定知县，在任廉谨，累迁福建布政司右参政。

万 信 昌黎人，由监生官至开封知府，在任屡有异政。详《皇明一统志》。

王 翱 滦州刘家庄人。年五岁，值元季兵乱，随父徙居盐山，遂占籍焉。永乐乙未举进士，任大理寺正，累官至吏部尚书，升太子太保。卒谥忠肃。为人端方强毅，清白俭约，雄才雅望，为时名臣。

刘 宣 卢龙卫人，举进士，任翰林院编修，累官至南京工部尚书。才德时所推重。

张文质 昌黎人，谨厚有容，不妄言笑。举进士，任工科给事中，累官至太子少保、礼部尚书。

周 斌 昌黎人，由进士任监察御史，以劾忠国公石亨骄恣不法，出知江阴县，在任多惠政，邑人立祠肖像祀之。后擢守开封。未几，转陕西参政，军民老稚万余人遮道请留。复白于提学副使刘昌，记其遗爱，立石以颂德。

崔 碧 昌黎人，由进士任监察御史，当官謇謇绰有能声，后升山东按察司金事。

李 胜 永平卫人，由进士任监察御史，有声于时，升河南按察司金事。按历郡邑所至，凛然摘发如神，冤滞多所平反。

王 锐 迁安人，由进士任崇明县尹。□□□□，遇事□□，升彰德知府，擢右副都御史。

李 和 迁安人，由进士任礼部主事，谨慎详密，行事不苟，历三司郎中，升河南参政。

杜 谦 昌黎人，早失恃，事继母甚谨，不咈父意，时以孝状元称之。比长，举进士，官工部主事，转仪曹正，即出参两浙大政。历方伯，入尹京兆，亚卿冬官，廉能经济，所至有声，推恩赠其父敏、祖复祖皆侍郎，子孙科第婵联，人咸谓忠孝所感云。

阎 鼐 滦州人，由进士任监察御史，弹劾无所避。尝巡两浙，禁中官之暴横，清银矿之奸弊，大忤当道，谪广西平南县尉。复起，知诸城县而卒。

王 济 滦州孩古社人。曾祖善甫，洪武初从戎河间，子孙遂家焉。至济举成化丁未进士，任户部主事，升员外郎、郎中。

孝 行

孝为百行之首，古者求忠臣于孝子之门，良以是也。前志未备，故前代能尽此者，无所于考。入国朝来，则一以曾蒙旌门者志焉。若穷檐僻地，名未著于人，事未闻诸朝者，尚或遗之，然亦在各自尽其心焉耳，不系乎此也。

[元]

李彦忠 卢龙人，性至孝。父丧，庐墓八年，不至家，至治忠旌之。

庞 遵 卢龙人。母病肿三年不能起，忽思食鱼，遵求于市不得，归途叹恨。渡河，忽有鱼跃入其舟，持归作羹以献，母食而病瘥。

李元璋 字宝臣，滦州人，官吏部尚书。事父母甚谨，公余拱立父侧，命之退，然后退；温清覸首，曲尽其礼。亲有疾，饮药必尝之而后进。

路进兴 字通举，滦州人。大德间随伯颜丞相和林迤北破贼兵要不忽儿，矢石不避，累获大功，受救牒印绶，官赐敦武校尉。后辞印求归奉母，尽菽水之欢。寻母以老病故，馈粥缟素，哀毁逾礼。

[国朝]

朱 辉 卢龙庠生。母程氏病故，昼夜号泣，柴毁骨立。及葬庐于墓侧，蓬头跣足，负土成坟。及期，白狼驯扰不去，又有燕巢庐下，两乳十子并谷秀两岐之异。成化二十年，奏闻旌表。

蒋 盛 迁安庠生。父丧，庐墓三年，有司奏闻旌表。

韩 瑛 迁安庠生。遭母丧，哀毁逾礼，及葬，庐墓三年，产瑞芝数本，有司奏闻旌表。

侯 显 昌黎人，国子生，尚气节，贵朴素。遭父母丧，俱庐墓侧，有鸠巢于舍，芝生于冢。有司奏表其闻。

贞 节

士尝学问知义理，至临大节或乃失之。女妇生长闺阃，未习诗书，乃有矢节自持，终身不二，固君子之所喜谈而乐道者，况旌门之典照耀无极，是又安可不志而使之泯泯无传哉！

[金]

周 氏 滦州李伯通妻。年十六适伯通，生一子，名易。金末，伯通监丰润县，元兵攻丰润，不知所适，周与子被虏，谓偕行者曰："万一受辱，生不如死。"即自按于堙。主者怒，拔佩剑三刃其体，得不死，遂携易间关至汴，绩纺以自给，教易读书有成。

[元]

王　氏　昌黎民李贤卿妻。年十八夫故，纺绩以养舅姑，誓不他适，始终人无闲言。至正十五年，有司奏闻旌表。

董　氏　滦州南麓先生五世孙任椿妻。未三十而夫逝，厉冰霜之操，慕共姜之风，抚育诸孤俱至成立，乡党推服，有司申闻旌表。

[国朝]

宋　氏　卢龙王宗仁妻。从夫避兵铧子山，夫妇为军所虏，行至玉田县，有窥宋氏色美，欲害宗仁者。宋氏顾谓夫曰："我不幸至此，必不以身累君。"言讫，遂携一女投井，死时年二十九。

李　氏　卢龙民吕文秀妻。年二十二，文秀病故，遗孤在哺，比长亦故。李氏孀居无托，惟以针工绩纺自持，始终不污。天顺八年，奏闻旌表。

杜　氏　卢龙生员李达妻，侍郎杜谦之姊。年二十五达故，遗孤二岁。杜氏抚育成人，持守妇道，始终无玷。天顺八年，奏闻旌表。

孙　氏　卢龙民刘俭妻。年二十六俭故，誓不再醮，孝奉翁姑，抚育幼子，守节四十余年，始终不渝。成化二十年，奏闻旌表。

叶　氏　卢龙民王铭妻。年二十三铭故，零丁孤苦，孀居四十年，日以纺绩为事，教子成人。成化二十年，奏闻旌表。

周　氏　卢龙民李泽妻，年二十五泽故，无子。周氏告天剪发，誓守贞节。姑安氏年七十余，久患风痹，不能动履。周氏候起居侍汤药十余年，无一毫怠志。后安氏故，殡送以礼，曲尽妇道。成化二十年，奏闻旌表。

高　氏　抚宁民金禧妻。年二十五禧故，子镛方二岁。高氏勤事女工，俭以足用，供镛读书。后镛官光禄寺署正。有司奏闻旌表，复以子贵受赠，享年九十，无疾而终。

王 氏　抚宁民乔润妻。年二十六润故，男嵩在抱。王氏操守妇道，抚子成立。充邑庠生，官山东长山县知县。王氏守节始终不渝，有司奏闻旌表。

李 氏　抚宁民姚斌妻。年二十七斌卒，男政在襁褓，誓不他适，竭力绩纺，供政读书。后政举永乐丁酉乡贡，累官两浙盐运使。宣德己酉，有司奏闻旌表，复以子贵赠太宜人，年六十五，无疾而终。

刘 氏　昌黎民白瑛继室。年二十瑛卒，前室子聪二岁，刘氏视如己出，奉姑教子，纺绩以资日用，始终无二。有司奏闻旌表。

吴 氏　滦州民王弘妻。未二十而弘卒，居孀数十年，奉姑教子，远近称之，无间言。有司奏闻旌表。

孙 氏　乐亭民宋昇妻。年二十七昇没，家贫，二孤俱在襁褓，昼织夜纺，以给衣食，抚二子至于成立，后二子相继而亡，抚育遗孙亦至成立，年八十余而终。天顺癸未奏闻旌表。

崔 氏　永平卫赠镇抚杨成妻。年二十六而成故，二子兴、旺俱在怀抱，崔日以纺绩为业，教子成立，守节三十年。宣德三年，奏闻旌表。

尚　义

输财之令虽出一时之宜，然薄义啬施，齐民恒性，有能捐己所有，以济时艰，固有司所加礼也，他若振乏恤孤，举丧娶婺，尤为末俗所难，可不志乎？

[元]

程　锐　滦州人。家资饶裕，因拆河水深，艰于济渡，乃捐己资为石桥一座，至今人便之。

[国朝]

马　麟　卢龙在城人。景泰三年，洪水潏没，斗米百钱，盗贼大作，麟出粟八百石，以助赈济。诏旌表其门。

　　杨玘、宋会、董全、周清　俱迁安人。景泰二年，岁大饥，各出粟八百石，以助赈济。诏旌表其门。

　　许　敬　抚宁宣北人。景泰三年，纳粟八百石赈济。诏旌表其门。

　　才震　信兴　俱昌黎人。景泰二年，纳粟八百石赈济。诏旌表其门。

　　谢　福　滦州□□人。景泰三年，出米八百石□□赈济。诏旌表其门。

　　姚清、徐俊、石敬　俱乐亭人。景泰三年，各出粟米八百石赈济。诏旌表其门。

　　李　福　滦州普利人。天顺间与马城靳我理交。我理家极贫，福资之葬父母昆弟四丧，及我理卒，又为买棺卜地以葬之。虽素不相识者，福亦资举十余丧。

　　吴思文　滦州在城人。家世优裕。景泰间，值岁饥馑，思文为糜粥以济饿莩，赖全活者甚众。

　　徐　礼　滦州法宝人。资产甚厚。每遇隆冬盛寒，见贫无衣者，辄施予之，用以卒岁，明岁复如之，久而不倦。

　　刘　甫　乐亭人。自国初至今，八世同爨，凡内外婚姻丧祭之礼，必公平周溥。弘治十二年，巡按御史张黼嘉其贤，命知县田登具礼物奖励，以激薄俗。

　　李　杰　迁安庠生。初，聘里人陈氏女，未娶，女病癖目瞽。人皆欲杰更聘之。杰曰："聘时无此，吾舍之，殆将安归？"竟娶之，相待如宾。陈氏后以病卒，教谕胡宪以其事白于提学御史阎禹锡，奖誉再三，命书于旌善簿。

义　官

　　牛成、周辅、周弼、商端、乐宽、任通、韩举、乐宏、王能、田鉴、张琦、宋麒、张兴、柏栋、乐可大俱卢龙县人。**张绪、朱鉴、翟甫胜、刘继、王聪、张纲、卢达、燕振、张纪、韩举、郭胜、杨昱、**

卢玉、刘纶、王溥、赵礼、刘甫、冯英、赵宁、李实、姚海、马升、赵兴、曹玘、王文有、宋厚俱昌黎县人。杨玘、李聪、史广、任友、任学、剧士原、麴增、韩宁、朱锐、任纪、剧名、韩秉、张瀚、张晟、马名、马秀、马滦、张纪、崔森、王植、刘铭、韩卿、麴钺俱迁安县人。王镛、王鹏、马昇、马云、田云、李旺、张潮、张瓒、贺纪、胡荣、巩端、呼刚、丁昌、周仲兴、徐伯林、马镗、姚锐、乔鉴、李宪、徐钺、朱芳、刘世资、韩镇、丁嵩、贺庆、张显、金华、胡浩、王镗、王钦、姚名俱抚宁县人。王忱、冯祥、王信、王宪、王宣、张俭、李文、许英、李宗、金暹、陈经、杨垣、高宝、陈祐、赵文聪、陈英、阳信、王聪、翟经、刘玉、王仪、崔昶、吉永、张原、郭甫增、王海、刘旺、徐义、卢锐、王继斌、吴宣、陈瑶、陈秀、陈璋、张甫受、齐增、黄金、谢表、谢深、王景春、周宗、孟恕、张忠、陈逊、李资良、唐富、石雄、王佐、张宝、高甫友、刘伦、侯聚、董敖、陈铭、杨富、赵昂、萧鼐、陈珣、张锦、魏洪、魏林、耿臣、邸敖俱滦州人。赵登、王英、李宽、郁瑾、马晟、刘玘、齐刚、李聪、高暹、王深、马文义、王富、程宏、李宁、赵奈、安得顺、刘迪、马昱、郭宣、陈铭、牛淑良、李明、刘睿、张敖、杨斌、焦继宗、郭珍、刘鉴、吴让、李睿、张得山、王文、吴俊、王宣、王继、苑进、刘斌、曹林、沈广、徐让、刘友、石敬俱乐亭县人。

‖ 卷之五 ‖

兵 制

兵制之设，所以卫民命，壮国威。《易》严以律之戒，《诗》重戍守之功，自古帝王未有弛兵备而能久安长治者也。我国家承平百四十年，而于兵备尤切惓惓，况兹郡为东北重地，宜其将参阃幕，纤悉必备，志之以见今日备卫之严、治安之本云。

守备厅 在府治南五十步。先是，守备俱本卫举充，率无厅事。弘治十一年，兵部请命署都指挥佥事王瑾来，乃旨于巡抚都御史洪钟准于官地创建，由是发号禀令各得其所，上下之间体统截然。正厅三间。中门一间。大门三间。左右厢房六间。三卫官幕次二间。军牢直宿房二间。马房四间。官宅一所，在正厅后。正堂五间。周围厨库等房一十一间。书房三间。教场在府北城外。演武厅三间。

永平卫 在永备厅南，洪武四年建，正统七年本卫指挥程晟重修。正厅三间。两耳房四间。东西司房六间。经历厅三间。镇抚厅一间。八千户所每所厅各三间。门房一间。百户所十处。仪门三间，弘治十四年指挥使程鹏重建。大门三间，弘治十二年指挥使李端建。旗纛庙一所三间，在卫堂东。门房一间。狱房四间。杂造局官厅前后六间。匠作房一十间。库房八间。中门一间。大门一间。原额官二千四百二十一员。旗军四千六百名。今官一百八十七员。署都指挥佥事一员。指挥使六员。指挥同知九员。指挥佥事一十员。经历一员。知事一员。卫镇抚二员。正千户二十一员。副千户四十七员。百户八十三员。署所镇抚事百户四员。所镇抚一员。吏一十七名。屯地二百三十九顷五十六亩。屯种舍余四百三十九名。该米二千七百四十一石七斗九升八合五勺粟米一千四百二十六石七斗九升八合五勺，黑豆一千三百一十五石。谷草二千三十一束。

东胜左卫 在守备厅东北，旧属山西行都司，永乐元年移建于此，成化十五年指挥使张钢重修。正厅三间。东西司房六间。经历厅三间。镇抚厅三间。狱房三间。大门一座。左、右、中、前、后五千户所各三间。杂造局六间。作房十间。旗纛庙三间。原额官一百二十三员。指挥使一员。指挥同知三员。指挥佥事七员。经历一员。知事一员。卫镇抚二员。千户二十七员。正千户七员。副千户一十八员。百户五十四员。所镇抚二员。吏一十四名。旗军五千六百名。总旗三名。小旗一十一名。军士五千五百八十六名。屯地四百八十二顷五十亩。屯种军舍余丁九百六十五名。该征子粒米豆五千八百四十七石四斗六升七合。

卢龙卫 在守备厅南，永乐四年建，成化十九年指挥使李玉重修。正厅三间。东房三间。东西司房六间。经历厅三间。架阁库房三间。镇抚厅三间。左、右、中、前、后五千户所各二间。带管千百户所二间。预备仓二间。杂造局一十间。官厅三间。匠作房一十间。将军庙一间。额设官吏：指挥使二员，指挥同知二员，指挥佥事八员，卫镇抚二员，经历一员，知事一员，正千户一十一员，副千户二十一员，百户四十六员，所镇抚一员，吏一十五名。军余屯地四百八顷五十亩，该米四千九百二石米二千四百五十一石，豆二千四百五十一石。谷草九百七十八束。舍余屯地一顷八亩。该米一十石八斗。地亩草七十九束。

兴州右屯卫 在迁安县城，旧在口北大宁，永乐三年移建于此。正厅三间。后厅三间。东西司房六间。仪门三间。大门一间。经历厅三间。卫镇抚厅三间。左、右、中、前、后五千户所各五间。旗纛庙一间。狱房三间。军器局一所，在县城内东北隅二百步。教场一所，在城外西北三百步。演武厅三间。额设官吏三十五员名。指挥使一员。指挥同知二员。指挥佥事四员。经历一员。知事一员。镇抚二员。正千户五员。副千户九员。吏一十名。屯地。

抚宁卫 在抚宁县城内西北，永乐三年建，成化四年指挥使陈恺重修。正厅三间。经历厅三间。镇抚厅三间。仪门三间。六房东西六间。大门三间。后厅五间。东房三间。预备仓三间。杂造局一所。教场一所。演武厅三间。左、右、中、前、后五千户所及带管八百户各门房一间。所厅三间。额设官吏：指挥使三员，指挥同知五员，指挥佥事一十员，卫镇抚一员，所镇抚一员，正千户一十六员，副千户二十五员，百户四十三员。旗军二千三百一十一名。屯地四百三十顷。屯种军舍丁八百六十名。该征米豆五千一百六十石。

开平中屯卫 在滦州西石城废县。旧在口北大宁沙岭，后调真定府，永乐初移建于此。正厅三间。东西司房六间。经历厅三间。镇抚厅三间。仪门三间。大门三间。预备仓三间。左、右、中、前、后五千户所各一间。额设官吏：指挥使二员，指挥同知二员，指挥佥事五员，经历一员，正千户七员，副千户一十二员，百户三十二员，卫镇抚一员。吏一十四名。原额军五千六百七十七名。屯田地二百七十八顷。屯粮三千三百四十八石。谷草六百六十束。

山海卫 在山海关城中，洪武十四年创建。正厅五间。中厅五间。仪门三间。前门三间。东西司房各十间。经历厅三间。西幕厅三间。卫镇抚厅一所。军器局一所。中前、后、中左、中右、山海、中前、中后八千户所各一间。旗纛庙三间。神枪库三间。教场一所。演武厅三间。递运所在卫治东北。

察院正厅三间，后堂三间，前门三间。

守备官厅在卫治东北，正统八年设都指挥一员，守备山海关城。正厅三间。公廨一所，都指挥陈善建。

镇东公馆在山海关东门内，宣德九年设兵部主事一员守镇。正厅三间。南北廊各九间，成化十三年主事吴志创建。鼓楼在卫治东，成化七年重修。钟楼在卫治西。镇东楼在东门城上，天顺三年重修。迎恩楼在西门城上，天顺七年重修。靖边楼在城东南角，成化十三年重修。靖思楼在镇东公馆后，成化二十三年主事吴志建。望海亭在海口关城上。望洋亭在观海亭东，成化八年建。

山海卫儒学在卫治西，正统七年创建。大成殿五间。东西庑各五间。戟门三间。棂星门三间。号房东西各六间。教官宅一所。观德厅一所。额设训导一员。

宦 迹

刘广洋 任永平卫指挥同知，洪武中胡虏寇边，奋勇力战，为流矢所中而殁。

郭 亮 直隶合肥人。任永平卫前所千户。永乐初，东军攻永平，亮设谋运奇，摧锋破敌，保有城池，地方以宁。封成安侯。

吴买驴 金山人。永乐初以蕃部归附，有翊戴功，封清平侯。

赵 中 任永平卫千户。永乐初，有翊戴功，封忻城侯。

李 忠 任永平卫指挥同知。永乐中，镇守永平、卢龙、东胜左、兴州右、前、抚宁、开平中七卫地方，隶北京留守，行在后军都督府。

陈景先 任永平卫指挥使。永乐间，中官刘通怙势擅权，潜谋不轨，景先周旋其间，多方开谕，卒沮其谋。开设沿边墩台，以望烽火。升都督总兵，镇守蓟州迤东地方。

王 彧 由行伍从征迤北，累立奇功，升都指挥。沿边设立关营塞堡，联络相制，胡虏远遁，边鄙靖宁。又建府城南沙河石桥，至今人便之。升都督，卒。

赵 胜 迁安人。任永平卫指挥。归并武成后，□□荆襄平满，四克平川、贵州、都匀等寇，升都督，进伯爵。

宗 胜 京卫指挥。任参将，同总兵官应城伯孙杰守备，修理长城墩台及府、卫、州、县城池楼橹。升都督，充总兵，镇守是方。

胡 镛 任永平卫指挥佥事，精韬略，善干济，守备本城三卫。正统十四年，虏寇犯边，巡抚都御史邹来学保升参将，修治沿边关、营、寨、堡、长城、墩堑。寻升都督佥事，镇守蓟州迤东地方。

高　瑛　迁安人。任武成中卫指挥使，器识弘深，文武兼济，为当道者所知，推选总理五军等营，评议将材居第一等。奉敕守备归德、武平等处地方，寻升署都指挥佥事，总督扬州等处备倭，复举充右参将，分守燕河营等处地方。公勤干济，介胄之士归心焉。

白　琮　山后人，任金吾左卫指挥佥事。刚方不屈，智勇过人，尤长于骑射。升署都指挥佥事，奉敕协同参将分守燕河营等处地方，寻升右参将，分守马栏谷等处。

李　端　任卢龙卫指挥使。都御史邹来学以将材举，升署都指挥佥事，守备天津三卫，转辽东都司军政。

罗　政　任永平卫指挥同知，提督燕河等营地方。正统十四年，都御史邹来学保升署都指挥佥事，守备本城三卫。

谷　登　任永平卫指挥使，提调五重安等营。骁勇有为，精于骑射。天顺中，通政使张文质举升署都指挥佥事，领敕守备山海。

陈　宣　任永平卫指挥同知，提调界岭口等关，干济有为，升署都指挥佥事，领敕守备山海关。

胡　瀚　镛之子，任永平卫指挥佥事，守备永平、卢龙、东胜左、兴州右、抚宁五卫地方。寻升署都指挥佥事，领敕守备德州，升湖广靖州参将。

罗　纲　政之子，任永平卫指挥同知。刚毅有为，兼通文事，代胡瀚守备三城五卫，都御史屠勋更调，守备蓟州等城。

郭　英　任蓟州卫指挥使，守备本城。都御史屠勋更调，守备永平等五卫，升福建都司署都指挥佥事。

王　瑾　任金吾左卫指挥佥事，兵部举升署都指挥佥事，守备永平等城。

郭　鋐　任金吾右卫指挥使，素有材略。弘治十四年，兵部推荐领敕守备永平等城。

程　鹏　任永平卫指挥使。

李允昇　任卢龙卫指挥使。

张　宪　任东胜左卫指挥使。

李　宣　任永平卫指挥同知。

陈　辅　任卢龙卫指挥同知。

吴　鋐　任东胜左卫指挥同知。

陈　勋　任抚宁卫指挥使。

坛　壝

坛壝之设，虽则事神，亦以为民也。故祀事不容不修，作志不容不纪。

本　府　风云雷雨山川坛在府城南三里南山之麓，洪武初建，正统十二年卢龙县知县胡琮重建，成化六年知府王玺重修，年久倾圮，弘治十一年知府吴杰撤而新之。坛基一所，横五十四步，直三十三步。神库三间。神厨三间。宰牲房三间。洗牲地一所。斋宿房三间。

社稷坛在府城西三里，洪武初建，正统十二年卢龙县知县胡琮重建。年久倾圮，弘治十一年知府吴杰撤而新之。坛基一所，横五十五步，直三十三步。神厨三间。神库三间。宰牲房三间。洗牲地一所。斋宿房三间。

郡厉坛在府城北四里，洪武初建，正统十二年卢龙县知县胡琮重建，年久倾圮，弘治十一年知府吴杰撤而新之。坛基一所，横四十步，直三十六步。神厨三间，神库三间，宰牲房三间。

卢龙县　见府志下。

迁安县　风云雷雨山川坛在县城西南一里。神厨三间。宰牲房三间。斋宿房三间。社稷坛在县城西一里。神厨三间。宰牲房三间。斋宿房三间。邑厉坛在县城北一百步。神厨三间。

抚宁县　风云雷雨山川坛在县城东南二里。社稷坛在县城西二里。邑厉坛在县城西二里。

昌黎县　风云雷雨山川坛在县城南。神厨三间。库房三间。宰牲房三间。洗牲地一所。社稷坛在县城西一里。神厨三间。库房三间。

宰牲房三间。邑厉坛在县治北门外二百步。

滦　州　风云雷雨山川坛在州城南二里。神厨三间。库房三间。宰牲房三间。斋宿房三间。社稷坛在州城西一里。神厨三间。库房三间。宰牲房三间。斋宿房三间。郡厉坛在州城北一里。厨房三间。库房三间。

乐亭县　风云雷雨山川坛在县城南八十步。神厨三间。宰牲房三间。斋宿房三间。社稷坛在城西北一百步。神厨三间。宰牲房三间。斋宿房三间。邑厉坛在县城北九十步。神厨三间。宰牲房三间。

祠　庙

神能为民御灾捍患，则祀之；前代名贤烈士为后人所师慕者，则祀之。若非本郡所得专祀为前代所立者，亦姑志之。

本　府　城隍庙　在府治东南三百步，洪武九年同知梅珪改紫阳观建，永乐二十二年民人萧宏等重建，成化七年知府王玺增建香亭，弘治二年知府王问重修。

土地庙　在府治仪门外西。

清节庙　旧在府治西北十八里漆河之滨，即古孤竹国城，祀伯夷、叔齐也。宋封伯夷为清惠侯，叔齐为仁惠侯。元封伯夷为昭义清惠公，叔齐为崇让仁惠公。旧庙久废。本朝洪武九年于城东北隅重建，有司每岁春秋仲月祭焉，岁久庙坏祀废。景泰五年知府张茂复于孤竹城重建祠宇。成化七年知府王玺奏准赐额"清节"，降以祝文，定为春秋二祭。大学士淳安商辂记其事。弘治十年知府吴杰重新祠宇廊庑厨库，绘缔神像，环绕以墙，植木于外，命人居而守之。行人张廷纲作记。

真武庙　在府治东南旧东门城上。洪武四年同钟楼建，成化十五年守备胡瀚修，弘治十年守备指挥罗纲、郭英重修。

武安王庙　在府治东南四百步。洪武九年同知梅珪建，岁久颓败，正统四年指挥金事胡镛修，弘治十年守备指挥郭英重修。

荧惑星君庙 在府治北隅。洪武二年创建，正统十年民人黄季安修，成化十五年守备指挥胡瀚重修。

龙王庙 在府城西南十里。旧在滦河中流石山上，正统十二年知府张茂建。

马神庙 在府城南二里。

姜将军庙 在滦州西唐山之麓。将军仕唐清泰间，镇碣石之右城。时有蛟为民害，将军斩之，人怀其惠，立庙以祀焉。

八蜡庙 三处：一在滦州北三里紫金山上，弘治五年知州潘龄建；一在抚宁县东南三里紫荆山，成化间创建；一在乐亭县西一里。

显功庙 在山海城西北隅，成化七年建，大学士商辂记其事。

天妃庙 在山海城南十里南海口，洪武间因海运建，天顺八年重修。

文昌祠 在府治北二百步，正统十年民人黄季安建，成化十五年守备指挥胡瀚重修。

东岳行祠 在府城南三里，永乐三年成安侯郭亮建，正统十年卢龙卫指挥李端增修，岁久倾圮，弘治十一年居民任通等重修。

韩文公祠 在昌黎县治北二百步，洪武六年县丞李良因旧址重建。

关 营

严保障，防不测，则有赖乎关；联什伍，时简教，则必在于营。况兹郡连接边境，密迩胡虏，抚镇大臣经营规画，当平居无事之时，为思患预防之计，即古者戍守之遗意也。是固可弗志耶？

本 府 一片石关 在府治东北一百八十里，左右皆峻山，山下有石城，城边有关，新砌以砖，券门三空，周围三十丈九尺，关口新建城一座。

界岭口关 在府治东北一百二十里，左右山上旧有砖城二座，山下有石城，城边有关，新砌以砖，券门二空，周围一十二丈三尺，高四丈一尺。

刘家口关 在府治北六十里，旧置城，山上山傍有关，以碎石堆砌，新砌以砖，周围一十二丈，高二丈七尺。

冷口关 在府治北八十里，山上旧有砖城，山下有关，石基砖城，券门二空，周围二十丈，高二丈五尺。

董家口关 在府治西北一百八十里，关傍皆大山，旧以石砌之，新砌以砖，券门三空，周围三十六丈，高三丈九尺，关口新建城一座。

李家峪关 在府治西北二百里，关傍俱大山，旧以石砌之，新修石基砖砌，券门二空，长六十一丈五尺，高二丈五尺。

山海关、徐流口关、河流口关、石门子关、星星峪关、白道子关、山桑峪关、白羊峪关、苇子峪关、五重安关、花场峪关、新开岭关、搽崖子关、义院口关、大岭关、长峪口关、平顶峪关、榆木岭关、水门寺关、城子峪关、大毛山关、寺儿峪关、小毛山关、三道关、小河口关、角山关、北水关、大青山关、旱门关、南海口关、西阳口关、南水关 以上俱旧设有城。

箭杆岭关、烂柴沟关、拿子峪关、城子岭关、庙山口关、无名口关、黄土岭关、大安口关、罗汉洞关、火烧城寨、孤窑儿寨、重峪口关 以上旧俱有关无城，弘治十三年巡抚都御史洪钟檄参将高瑛、白琼创砌石城，以备守望。

灰窑峪寨、横山寨、沙岭寨 以上三寨原无，弘治十三年巡抚都御史洪钟檄参将白琼创立，寨堡环砌石城，添设官军以守之。

长峪口驻操营 石城在府城北一百六十里，周围二里，高一丈，立四券门，竖楼于上，以望烽火。

黄土岭营 石城在府城东北一百六十里，周围二百五十步。

石门寨营 石城在府城东北一百四十里，周围二里，高一丈八尺。

驸马寨营 石城在府城东北一百一十里，周围二里，高二丈。

平山营 在府城北一百八十里，以石为基，成化三年巡抚都御史阁本、总兵官宗胜添设创建，陶砖包营，周围三里，高三丈。

台头营　石城在府城东北一百三十里，周围二里，高二丈。

界岭驻操营　石城在府城东北一百二十里，周围二里，高二丈。

燕河营　石城在府城北五十里，周围二里，高二丈。

桃林营　石城在府城北五十里，周围二里，高二丈。

刘家营　石城在府城北四十里，周围二里，高二丈。

徐流营　石城在府城北四十里。

建昌营　砖城在府城北八十里。宣德间镇守太监刘通筑土为城。正统初少监郁永陶砖包砌，高三丈，列东、西、南三门竖楼于上，以望烽火。弘治十一年太监张忻以旧城狭隘，用裴家窝官地，易换邻城军民毕富等地二顷余，起盖营房千余间，以居军士。

五重安营　石城在府城北一百八十里，周围二里，高二丈五尺。

太平寨营　石城在府城北一百二十里，周围二里，高二丈五尺。

青山营　石城在府城西北一百三十里，周围二里，高二丈。

青山驻操营　石城在府城西北一百五十里，周围二里，高二丈。

滦阳营　在迁安县北一百六十里，原滦阳县，今废为营。

赤洋海口营　在府城东南一百里，以下三营俱在海边，时有倭夷出没，每营设官军五十一员名以备之。

新桥海口营　在府城南一百八十里。

牛头崖营　在府城东南一百余里。

楼　阁

楼阁亭榭，耸一郡之观瞻，峙一方之胜概。然可以节昏晓，可以望烽火，岂直供游乐惬登眺而已哉！噫，创于昔者，固不敢废于今；成于今者，尚冀毋忘于后哉！

本　府　鸣远楼　即旧鼓楼，在府治仪门东南十五步。洪武初建后，台址倾圮，栋宇朽腐。正统壬戌知府李文定、推官杨浑重建，砌石为基，作楼二层，高可十丈，更鼓、刻漏壶皆备焉。年久倾颓。弘治十四年知府吴杰偕同知邵逵、通判孙骥、推官周瑄重新修建，视昔有加。自正统壬戌至此，盖六十年而斯楼始一新之，是固有待者矣，岂偶然之故哉！

钟　楼　在府治东南二百步。洪武初创，因旧东城门楼为之。岁久倾颓，景泰五年知府米瓘重建。

城门楼　东曰高明，南曰得胜，西曰镇平，北曰拱辰。洪武四年建，后为东军所攻，倾颓。景泰二年提督军务左都御史邹来学同总兵官宗胜、左参将胡镛、守备都指挥罗政、知府张茂督工重建。

望高楼　在城东北之最高处，古无之。景泰二年都御史邹来学、总兵官宗胜、左参将胡镛、守备罗政、知府张茂建楼，以望烽火。其规模宏壮，构制华丽，备载大学士陈循记。

望海楼　在抚宁县东南。

镇东楼　在山海关。

碑　亭　在府治东南四十步。景泰三年知府张茂建树重修城楼碑。

文会亭　在府治西北，下临漆河。

濯清亭　在滦州东，滦河之傍。金时所建，因其水极清，故以名，亭今遗址尚存。

金泉亭　在滦州西二里，泉水清冽，因金人建亭于上，故名。岁久湮废，弘治三年知州潘龄凿池种莲，复筑亭于其上，后莲花盛开，有并蒂双花之瑞，因改曰瑞莲亭。

别故亭　在瑞莲亭西，有别故河人，送行者多止此饮饯叙别，故名。弘治三年知州潘龄建。

偏凉亭　在滦州北五里，即偏凉汀。

观海亭　在南海口。

山海亭　在山海关镇东楼左。

‖ 卷之六 ‖

冢 墓

志冢墓者，慨昔贤之既没，想仪刑之如在。况其体魄所藏有不过焉，而喟然兴叹，肃然起敬者乎。

本 府 孤竹三冢 俱在府治西北，双子山有孤竹长君之冢，团子山有孤竹次君之冢，马鞭山有孤竹少君之墓。传曰："国人立其中子"，盖次君也。

公孙冢 在卢龙县赤峰岭及道南烽火山，有公孙神康墓。汉末公孙度据平州，传子康，岂其所葬欤。

张果老墓 在抚宁县东南七十里，故老相传张果老葬于此。

姜女坟 在抚宁县东南七十里，入海一里。有石出水上，其形肖坟，相传孟姜女哭夫而死，葬于此。

韩氏祖坟 在昌黎县西五里，唐韩愈高祖以上，皆葬于此地。自其曾祖泰任曹州司马，而子孙遂家河阳云。

漏泽园

掩骼埋胔，王政所重，民吾同胞，不幸而死无所归，贫不能葬；为之上者，忍坐视乎？书之于志，以彰我国家泽及枯骨之仁云。

本 府 领州一县五。旧未暇及，弘治十二年知府吴杰始令创为之。

卢龙县 漏泽园一所，在府城南，周围三里，知县谭绅建。

迁安县 漏泽园一所，在本县城南，周围一十亩，知县张济建。

抚宁县 漏泽园一所，在县西北，周围四亩，知县刘玉建。

昌黎县 漏泽园一所，在县城西南一里，周围五亩，知县张云凤建。

滦　州 漏泽园一所，在州城东北一里，周围二十亩，知州吕镒建。

乐亭县 漏泽园一所，在县西，周围三亩，知县田登建。

寺　观

自佛老之教行于天下，而寺观之建，伤财劳民，极土木之壮固，殚金碧之华靡，日复一日，无有纪极。我朝虽不废其教，而维持以法，有官司以提其纲维，有赋税以节其游惰。书之于志，以见昔所有者，今虽不能废，今所无者，后亦不必增也。

本　府　隆教禅寺 在府城南二里。洪武初僧人吉岩建。景泰五年太监赵琮请敕赐额"隆教禅寺"，年久倾颓。成化二十年，住持真浩鼎新修，建都纲本增立碑，复设僧纲司于内。

开元寺 在府城外南山之麓。永乐七年僧人洪声建，景泰三年住持悟声修，弘治五年住持本玉重修。

龙泉寺 在府城东二里，洪武二十六年僧人源就建，永乐十一年僧人法定重建，天顺间住持德瑞重修，弘治元年住持诚滋□修。

三孝寺 在府城东北一里，废□年久，遗址尚存。

宣觉寺 在迁安县治东，唐时建，元末毁于兵燹。洪武五年僧人吉元修，正统四年僧会悟玺重修，复设僧会司于内。

保宁寺 在迁安县北四十里，创置莫考，旧名圣岩寺。景泰四年镇守少监郁永重修，请敕赐今额。

清宁寺 在迁安县南十五里，金天会十年创立，旧名千佛寺，元至元十五年僧人禅开改修，易名大觉寺，后因兵燹，旧址荒芜，正统十年守关内臣高真建修，十二年请敕赐今额。

兴隆寺 在迁安县西百里，建于金，后罹兵燹。洪武初僧人海航重建，宣德五年僧悟昱重修。

兴教寺　在迁安县西北二十里，宣德三年僧人学貌重修。

碧岩寺　在抚宁县城东北百里，峰岗环绕，涧水委曲，草木森秀，禽兽萃止，京东一胜境也。

广化寺　在抚宁县东北八十里，山高而车马之迹甚多，林深而禽鸟之声相杂，亦一胜游之福地也。

观音寺　在抚宁县南城街西，设僧会司于内。

大安寺　在抚宁县西门外。

崇兴寺　在昌黎县治东北。正统十二年僧会洪定建。复设僧会司于内。

云峰寺　在昌黎县西北二十里道者山下。正统初太监刘通建。

香莲寺　在昌黎县西南三十五里。

石佛寺　在昌黎县西南六十里，天顺元年住持悟贤建，弘治元年住持德敬重修。

偏凉汀寺　滦州北五里，创置莫考。景泰三年内臣阮耳重修。上有亭窗开肆壁，凉纳八方，滦水临于前，横山枕于后，往来游眺，络绎不绝，乃平滦胜境也。

广福寺　滦州城南一里，设僧正司于内。

荐福寺　在滦州西隅，宣德九年建，内有松三株，枝干连属，下可坐百余人，来游者辄留题，以纪其胜。

圣寿寺　在滦州南二十里，创置莫考。

白云寺　在滦州西七十里，创置莫考。山峦耸翠，梵宇幽清，亦福地之最者。

福缘寺　在乐亭县治西一百二十步。至元十七年都纲智念建，宣德三年僧会广恺重建，设僧会司于内。

兴国寺　在乐亭县城东十里。至正间建，正统初僧会悟宽重修。

正觉寺　在乐亭县南十里，永乐间建，天顺初住持圆秀修，弘治初僧人海羲重修。

栖云宫　在迁安县西二十里。

玄真观 在滦州北隅，正统十年建。

昊天观 在迁安县东南隅，创置莫考。洪武初道士杨伯川重修，设道会司于内。

紫阳观 在府治东南三百步，洪武九年同知梅珪改为城隍庙。

玉清观 在滦州石城东。

古　迹

古迹之志，所以稽故实、述前闻也。况名贤节士可师可慕，不见其人，得睹其迹，能不徘徊周览，欲去而复还者乎？志之益增感耳。

本　府　孤竹国 在府城西北一十八里。殷墨台氏所封之地，按《地里志》云，在辽西令支县。

肥如国 在卢龙县。春秋晋灭肥，肥子奔燕，受封于此。

朝鲜城 在府境内。箕子受封之地，后魏置县，属北平郡，北齐省入新昌县。

辽西城 在府治东。西汉为郡治于此，隋省。

海阳城 在府城南三十里，本汉海阳县，后废。辽始徙定州望都县民居之，亦名望都县，金改为海山县，元省。

土垠城 在府城西南。汉置县，属右北平郡。

辽兴城 在府城东一十八里。唐开元初，安东都督府治此。辽为辽兴府城。

长　城 在府城北沿边一带，即秦太子扶苏、将军蒙恬所筑，以备羌胡。自晋沦入五胡，代为戎地。迨我皇明汛扫腥膻，统一寰宇，太傅魏国公徐达因秦遗址间设关营墩台，以便守望。承平日久，倾颓荐臻。弘治十一年，巡抚都御史张维躬督参将白琼、指挥罗纲、推官周瑄率领官军舍余民壮，于大茅山等处，扪萝蹑险，极力修治。功未就绪而张卒于边。弘治十二年，都御史洪钟抚莅兹土，经营规画，图为国家亿万年之计，召募军民刘俊等创修长城二千四十八丈，仍命推官周瑄沿边丈量，每丈给银一两，以偿其劳。弘治十三年春，复檄参将高瑛、白琮、同知邵迻督率军舍民壮一万余人，自山海关迤西至李家谷止，延袤三百余里，凭山据岭，伐木堑石，分工创修长城二万八千一百七丈。复于山川要害处所，相其高下之宜，创立寨堡，及用石包砌城垣四十二座。不逾年而工成，屹乎华夷之界限，巍乎军民之保障也。

滦阳城　在迁安县西北一百六十里，元时立县，隶大宁路。国朝废县为营，备御官民居焉。

龙纪城　在迁安县北二十里，周围二百四十步，金萧后所筑。

杨买驴城　在迁安县北四十里，周围五百步，金萧后所筑。

海阳城　在抚宁县东六十里，汉为海阳县，金改为海山县，今废，遗址尚存。

隃关城　在抚宁县东二十余里，关下有渝水通海，故名。

洋河城　在抚宁县城东南十五里，方圆六里，世传唐太宗征东时所筑。

山西城　在抚宁县西南五十里。

阳乐城　在抚宁县西关外，即古阳乐县。

黄洛城　在滦州西，殷时诸侯之同。

李家庄城　在滦州南四十里，旧有土城，遗址尚存。

令支城　在卢龙县。东汉旧县，属辽西郡，东汉末废。

五花城　在抚宁县东南，其城连环五座，故名。相传唐太宗征辽时所筑。

柳城废县　在府城南六十里，汉末为乌桓民所据，曹操灭之。历魏晋，为慕容氏父子所据。隋置县，属辽西郡。唐置营州，今为静安社。

安喜废县　在府城东北六十里，本汉令支县地，辽以安喜县俘户置此。

石城废县　在滦州西九十里。汉旧县，属右北平，后废。至唐复置，辽金因之。元省入义丰县。今省入州。

马城废县　在滦州南二十里，唐置。契丹割隶滦州，金因之。元省入义丰县，今省入州。

义丰废县　在滦州西九十里，辽置，元至元初省入州，今同。

古马废县　在滦州西二十里，今为古马社，隶滦州。

倅城废县　在滦州南六十里，金隶滦州，元省县废。

南山石虎　在府城南五里，山有石，状如伏虎。相传汉李广为右北平太守时，出猎夜归，疑为虎，射之没镞，既而视之，乃石也。今遗痕尚存。

卢龙塞　距府城南一里。魏曹操北征田畴，自卢龙引军出卢龙塞，堑山湮谷五百里，即此。

卢龙镇　在府城西一百九里，其土色黑，山如龙形，故名。

茂乡镇　在滦州十金冶城东。

扶苏泉　在府城北，味甚甘美，秦太子扶苏北筑长城尝驻此。

石　槽　在府城东五里，大石盘礴，上低陷如槽。相传唐张果老饲驴于此，蹄迹宛然。

三　圻　一名温沟，一名白望，一名常宁。俱在府城境内。

七　安　以府境内有北安山、南安山、迁安县、宜安村、新安镇、永安录事司、乐安镇，故名七安。

四　绝　一谓石龟峪，有泉西流至莲花池而绝；一谓五里塔，有泉自狼家峪西流至道东而绝；一谓白望，有泉自双子山流至石砂崖青石头而绝；一谓杜台西峪，有泉自部落馆阳岛峪出，与肥水合，至杜坛西而绝。故名四绝，俱在府境内。

三跳涧　在迁安县东三十里，旁有试刀石。世传唐太宗征东，跳马于涧，试刀于石，以示其勇，遗迹尚存。

石幢子　一在府治南，一在迁安县治东。方圆六丈，高三尺，上有八棱碑，刻文皆剥落。金时所建。

秦皇井　在抚宁县东九十里，水甚甘洌，异于常井，世传秦始皇曾饮于此。

栖霞废寺　在抚宁县西南十里，古刹临涧，石柱数根，古井一泉，境界隐僻，景像极幽。

古　塔　在昌黎县城内西北隅二百步，创置莫考，矻然特立，高耸云霄，耸人观眺。

静安社　在昌黎县西五十里，古柳城县，元省入昌黎。其城廓见有，周围三里，高一丈八尺。按《方舆胜览》燕慕容皝僭号，有黑白二龙，降于西山，交首嬉戏，祀以太牢，改柳城为龙城而都之，以柳城西北龙山之南为福地。今龙山正在静安西北。

天桥柱　在昌黎县西北碣石山。汉武帝登此望海，当山顶大石如柱，故名。

仙人台　在昌黎县西北十五里。上有二石，世传仙人共弈于上，一樵夫傍视，腰插大斧，顷刻柯烂。天会十五年，僧人建台于此。其四面皆立石，状若栏槛然。登临其上，觉有异香馥郁，回视群峰，尽处其下。又云即韩相修行处。

钓鱼台　在府城南三十里水浒，有石矶。

望海台　在卢龙县，相传汉武帝筑之以望海。

碣石山　在昌黎西北二十里。《禹贡》注云："碣石在北平郡骊城县西南河口之地，今平州之南也。"郦道元《水经》云："骊城县枕海，有石如角数十里。当山顶，有石如柱形，立于巨海之中，世名曰天桥柱，状若人造，要非人力所及。韦昭以为，碣石旧在河口海滨，历世既久，为水所溢，渐沦入海已，去岸五百余里矣。"又云："周定王五年，河道湮塞，渐移南流。至汉武同光三年，河水徙，从顿丘东南流入渤海。今碣石在平州东，离海五十里。远望其山，穿窿似冢，有石特出山顶，其形如柱。疑即《禹贡》冀州之碣石。"

定流河渡　在滦州南六十里，路通乐亭县。

谎粮坨　在滦州南五十里，世传唐太宗征辽，为此以惑辽人，亦奇计也。

双雁坨　在滦州南二十里。成化丙申秋，捕户李姓者获一雄雁，其雌飞绕其居，悲鸣三日而后去。明年春，雌雁复来，李因纵雄于隙地，雌下相交颈，如作绳状，死之。因以名坨。郡人朱昶作诗咏其事。

长春淀 在滦州西废石城县，旧名大定淀。金大定中，改今名，有长春行宫。

十金冶 在马城废县东北，有城。

‖ 卷之七 ‖

学 校

建学立师为政首务，况人才系国家之轻重，教化关世道之污隆。自古明君贤相讲求治理，未有不以此为第一事也。我国家崇儒重道复出前古，故学校之教尤为详悉，教学之官尤为慎选，一皆取用科贡，他流不得以相杂也。

本 府

儒 学 在府治北一百五十步，洪武初开设，正统八年知府李文定以旧制卑隘恢拓之。天顺六年，知府周晟新殿堂立门屏庑廪具备。成化六年，知府玉玺复建庑肖像，增立厨库号房。成化二十三年知府王问修葺堂号房舍，置备祭器。弘治十三年知府吴杰重修殿庑，建棂星门，增明伦堂抱厦，创宅舍以居师徒，铸器用以奉祭祀。又以学官前道路狭隘弗称，复市民居，廓而广之，规模制度视昔益加。

大成殿五间，创建莫考。元延祐丙辰，永平路总管府达鲁花赤、也孙秃等修建。至正戊子末，永平路总管兼本路诸军奥鲁、总管贾惟贞等重修。皇明知府李文定等修建不一。详见《儒学》下。

东西庑各一十三间。戟门三间。棂星门三间。神库三间。宰牲房三间。神厨三间。明伦堂五间。卧碑一通。东西斋各六间，扁"志道据德，依仁游艺"。前厅三间。后堂三间。东西号房共三十五间。教授宅一所。训导宅四所。

祭 器 铜登五，铜铏十。铜簠九。铜簋六。铜罍樽一。铜象樽一。铜牺樽一。铜爵一百四十六旧一百一十六，新三十。铜勺一。锡爵二十一。锡酒樽三。铜香炉七。铁锅八。锡酒注六。锡酒勺五。锡盥洗盆三。竹笾一百八十。木豆一百八十。

乐　器　铜钟十六。石磬十六。琴六。瑟二。埙二。篪二。笛四。笙六。箫四。应鼓一。麾幡一。旌节二。龠笛三十六。舞枝三十六。排箫二。流苏八。柷一。敔一。搏拊鼓二。

卢龙县

儒学在县治东南一里，洪武二年知县胡昺建。正统间巡按御史李奎、魏林、徐宣相继储财置地，以廓大之。景泰三年，知县胡琼重修殿庑、棂星门、堂宅、号房。天顺六年，河水泛滥，学宫潆没，教谕李伦奏请复修。成化十六年，教谕徐润、训导王伦、郝淳以规模浅隘，不足以居生徒，申请巡按御史李延寿，准令官价置买周边等地以益之。东西阔三十四步，南北长七十二步，规模宏敞加倍。于弘治十二年知府吴杰增立号房一十二间。

大成殿三间。戟门三间。棂星门三间。东西庑各三间。明伦堂三间。卧碑一通。东西斋各五间，扁"存心养性"。大门一间。号房一十九间。教谕宅一所。训导宅二所。

迁安县

儒　学　在县治东，洪武二年知县萧颐建，后知县邢冕、商辂、费永宁相继修葺。旧在东城外，成化五年教谕胡宪奏准，展筑城垣，遂居城内。

大成殿三间。东西庑各五间。戟门三间。棂星门三间。神库三间。神厨三间。明伦堂三间。大门一座。卧碑一通。东西斋各三间。扁"进德修业"。会馔堂三间。号房十间。射圃一所。教谕宅一所。训导宅二所。

抚宁县

儒 学 洪武初设在城西古城内。洪武十一年被兵，迁兔耳山。成化三年巡抚都御史闫本复迁城内东南隅，成化十七年知县姜镐重拓，弘治十二年知县刘玉重修。

大成殿五间。东西庑各五间。戟门三间。小门两座。棂星门三间。神厨三间。神库三间。卧碑一通。明伦堂三间。耳房二间。中门三间。东西斋各五间，扁"进德修业"。大门三间。号房二十间。后堂三间。射圃亭一所。教谕宅一所。训导宅二所。

昌黎县

儒 学 在县治西一百步，元大德间建。本朝永乐十五年知县杨禧重建。弘治七年知县殷玘重修。

大成殿三间。东西庑各五间。戟门三间。棂星门一座。神厨三间。神库三间。宰牲堂二间。明伦堂三间。卧碑一通。东西斋各三间，扁"志道据德"。馔堂三间。号房十间。大门一间。中门一间。射圃亭三间。教谕宅一所。训导宅二所。

滦 州

儒 学 在州治西，洪武初建。正统十四年知州刘弁重修。成化二十年，知州杨鼐重修大成殿、棂星门、戟门。弘治十一年，知州吕镒改修三斋、东西号房，及建射圃官廨。

大成殿三间。东西庑各六间。戟门一座。棂星门一座。明伦堂三间。卧碑一通。东西斋六间，扁"兴诗立礼成乐"。东西号房三十间。射圃亭三间。学正宅一所。训导宅三所。

铜祭器五事。成化十八年，知州杨鼐造并题爵赞。铜香炉二。铜牺尊一。铜象尊一。铜酒尊二。铜爵盏二十。

乐亭县

儒　学　在县治北一百步。洪武三年，知县王文贵建。天顺间，知县董玉、县丞狄春开拓民地，重修堂斋馔舍。成化十三年，知县王弼又重修之。成化十八年，知县李瀚以学居文庙之后，规模狭隘不足容生徒，遂迁于文庙东，创建堂斋，祭器咸备。

大成殿五间。东西庑各五间。戟门三间。棂星门一座。明伦堂三间。卧碑一通。东西耳房二间。馔堂三间。东西厢房六间。东西斋十间，扁"居仁由义"。号房二十间。中门三间，前门三间。射圃亭一所。教谕宅一所。训导宅二所。

山海卫学

在卫城西，正统七年建。大成殿三间。东西庑十间。戟门三间。棂星门三间。明伦堂三间。东西斋六间。训导宅一所。

科　贡

永平府自五胡乱华为戎马战争之场，不被中国诗书礼乐之教育者数百年矣，故科举之士，前志无考。迨我太祖高皇帝混一函夏，声教渐敷，至太宗文皇帝徙都北平，兹地遂为畿辅望郡，故人材争自磨濯，以文学起家，往往出为名人硕辅，不可抑遏。故谨志之，以彰我国家教化之浃，且以为生斯地者劝也。其他明经遇例、诸科入仕，亦能逢时奋庸，随材受任，亦在所宜录也。

[国朝]

进　士

洪武乙丑花纶榜
宋弘道　乐亭人，任监察御史，升河南布政司左参政。
永乐辛丑曾鹤龄榜

崔　碧　昌黎县人，任监察御史，升山东按察司佥事。

宣德庚戌林震榜

解　贯　抚宁人，累官至太仆寺少卿。

正统己未施槃榜

王　锐　迁安人，任山东新安县、直隶崇明县知县，升彰德府知府，官至都御史巡抚延绥。

正统壬戌刘俨榜

张文质　昌黎人，任工科给事中、通政司参议，升通政使，官至太子少保、礼部尚书。

正统乙丑商辂榜

李　和　迁安人，任礼部主事、兵部郎中，升河南布政司左参议。

景泰辛未柯潜榜

周　斌　昌黎人，任监察御史、江阴知县、开封府知府、陕西参政、湖广右布政使。详见《人物》。

李　胜　永平卫人，任行人、监察御史、河南按察司佥事。详见《人物》。

杨　福　永平卫人，任监察御史。

景泰甲戌孙贤榜

杜　谦　昌黎人，任工部主事、礼部郎中、浙江参政、布政、顺天府尹、工部左侍郎。

李　文　迁安人，任户部主事、郎中，升河东都转运盐使司运使。

王　佐　卢龙人，任阳武县知县。

阎　鼐　滦州人，任监察御史。

天顺甲申彭教榜

刘　琪　抚宁人，布政钺之子，任刑部主事，升员外。

成化丙戌罗伦榜

萧　谦　永平卫人，任大理寺评事、寺正，升浙江按察司佥事、湖广副使。

　杨　祥　永平卫人，任宜兴知县，升户部主事、山西按察司佥事。

　郑　己　山海卫人，任监察御史。

成化己丑张昇榜

　张　忱　昌黎人，文质子，任兵部主事，升郎中。

成化壬辰吴宽榜

　张廷纲　永平卫人，任行人，奉敕赐极品服，布告安南使。

　周　茂　卢龙人，任大理寺正，历庆阳、永州府知府。

　郝　隆　滦州人，任大理寺评事、寺副、寺正，升金华府知府。

　谢　纲　滦州人，任上虞县知县。

　萧　显　山海卫人，任兵科给事中，升福建按察司佥事。

成化乙未谢迁榜

　赵　绣　抚宁人，任行人。

　魏　琮　迁安人，任浙江乌程县知县。

成化戊戌曾颜榜

　王　和　迁安人，任山东馆陶县知县，转金坛县，升监察御史、山东按察司副使。

　才　宽　迁安人，任山东商河县知县，石州知州，升南京刑部郎中、淮安府知府。

　高　璁　滦州人，任临邑县知县。

　茆　钦　卢龙人，任行人，升监察御史、江西按察司佥事。

成化辛丑王华榜

　杜　源　昌黎人，谦之子，任南京大理寺评事，升莱州府知府，转青州府。

　佘　璘　滦州人，任行人，□□□□，升工部员外郎。

成化甲辰李旻榜

　郭　镛　迁安人，任浙江金华府推官，升监察御史，山西按察司副使。

弘治庚戌钱福榜

李宗商　乐亭人，任户部主事、员外郎。

弘治癸丑毛澄榜

许　庄　滦州人，任临汾县知县。

高　谦　滦州人，任丹阳县知县。

李　金　迁安人，任中书舍人。

王　廷　迁安人，任兵科给事中，升山西按察司佥事。

弘治丙辰朱希周榜

孙　焜　迁安人，任南京大理寺评事。

郭　经　卢龙人，任上海县知县。

任　惠　滦州人，任行人。

许　蕃　滦州人，任南京太常寺博士。

弘治己未伦文叙榜

王　辅　滦州人，任行人。

李　炫　迁安人。

朱　鉴　卢龙人，任刑部主事。

王　珝　永平卫人。

乡　举

永乐乙酉科

姚　著　迁安人，任山西榆次县知县，升广东高州府知府。

永乐戊子科

刘　哲　卢龙人，任山西襄垣县学训导。

田　纛　迁安人，任工部主事，应天府治中。

尹　恭　迁安人，任浙江余姚县丞，升知州。

永乐辛卯科

李　旺　卢龙人，任直隶潜山县知县。

崔　旭　迁安人，任陕西府谷县丞。

刘　让　迁安人。

吴　杰　抚宁人，累官至湖广布政司右参议。

永乐甲午科

赵　忠　卢龙人，任监察御史。

吴　敏　迁安人，任鸿胪寺序班，升知州。

刘　会　滦州人，任固始县知县。

刘　幹　滦州人，任曹县知县。

永乐丁酉科

杜　兴　迁安人。

姚　政　抚宁人，官两浙都转运盐使司运使。

费　隐　昌黎人，任照磨。

刘　鸿　昌黎人，任照磨。

阎　本　滦州人，任徐州同知。

张　勋　滦州人，任监察御史，升参政。

孙　白　乐亭人，任知县。

邢　润　乐亭人，任商河县知县。

永乐庚子科

刘　诚　卢龙人，任顺天府通判，升工部郎中。

高　明　迁安人，任山西岳阳县知县。

张　震　昌黎人，任永和县学训导。

永乐癸卯科

邵　俨　卢龙人，任石州同知，升南京户部郎中、陕西布政使司右参议。

臧　敬　卢龙人。

任　泰　卢龙人。

刘　静　迁安人，任陕西西安府推官。

刘　纪　迁安人，任浙江平湖县丞。

孙　缙　昌黎人，任税课局大使。

李　昉　昌黎人，任邹平县知县。

宣德丙午科

陆　达　迁安人，任河南祥符县学训导。

宣德壬子科

白　碧　抚宁人，任沁源县学训导。

宣德乙卯科

刘　懋　乐亭人，累官至袁州府知府。

正统辛酉科

沈　继　迁安人，任山东栖霞县学训导。

崔　砺　迁安人，任辽东三万卫学教授。

正统甲子科

刘　钺　抚宁人，任吏部文选司主事、郎中，升山西布政司右布政使，转浙江布政司。

正统丁卯科

李　霖　乐亭人，任柘城知县，升通判。

沈　理　滦州人。

景泰庚午科

陈　恕　滦州人，任开封府同知。

王　杰　昌黎人，任南阳府通判。

郭　鼎　昌黎人，任山西陵川县知县。

魏　安　昌黎人，累官至运使。

王　亮　乐亭人，任蔚州知州。

唐　福　东胜左卫人，任随、通、滨三州知州。

谢　衷　永平卫人。

陈　暹　永平卫人，任通许县知县。

徐　义　迁安人，任直隶安庆府通判。

马　聪　迁安人，任陕西平凉府同知。

景泰癸酉科

吕　旻　滦州人，任邹县知县。

李　宽　卢龙人，任山西安邑县知县，转齐东县。

陶　献　卢龙人。

刘　钺　抚宁人，任介休县知县。

颜　真　抚宁人，任曹州学训导。

戴　记　昌黎人，任济宁州同知。

李　敬　昌黎人，任温县知县。

曹　纪　昌黎人。

景泰丙子科

牛　本　乐亭人，任青州府同知，升九江府知府。

崔　镛　迁安人，任山东武定州学训导。

张　镛　迁安人，任单县学教谕，国子监学正。

杨　森　昌黎人，任沁州学正。

欧阳懋　抚宁人，任宁波府同知。

瞿　旻　昌黎人，任沁州学正。

天顺己卯科

李　贯　滦州人，任忻州同知。

崔　鉴　昌黎人，任安阳县知县。

谢　宁　永平卫人，任项城县知县。

天顺壬午科

俞　衡　卢龙人。

汪　理　昌黎人。

郁　宣　乐亭人。

成化乙酉科

李　昶　卢龙人，任中府都事，升经历。

马　銮　永平卫人，任大同县知县。

朱　缨　迁安人，任山东沾化县知县。

宋　铭　昌黎人，任莱芜县知县。

杨　琇　滦州人，任棠邑县知县。

卢　敬　乐亭人，任兵部司务。

成化戊子科

王　泽　迁安人，任山西长子县知县。

吴　谦　抚宁人，任蒲圻县学教谕。

刘　昶　乐亭人，任昌乐县知县。

周　瀚　乐亭人，任临汾县知县。

周　本　卢龙卫人，任济南府同知。

印　玺　永平卫人，任太和县知县。

谢　宥　永平卫人，任亳县知县。

成化辛卯科

郭　钦　抚宁人，任遂平县知县。

张　愷　昌黎人，郎中忱之弟。

宋　儒　滦州人。

王　琰　乐亭人，任忻州同知。

吕　麟　卢龙卫人，任滋阳县知县。

萧　临　永平卫人。

郝　谦　卢龙人，任平定、六安二州判官。

成化甲午科

李　昺　迁安人，任户部司务，升员外郎。

章　英　迁安人，任山西布政司经历。

黄　敬　抚宁人，任辽东益州卫学训导。

金　渶　永平卫人，任兵部司务，升员外郎。

金　茂　抚宁人，任昌乐县知县。

李　鼎　昌黎人，任户部司务，升员外郎。

成化丁酉科

王永清　迁安人，任河南阳武县知县，调延津县知县。

贾　琇　昌黎人，任交城县知县。

刘　琦　抚宁人，任兖州府通判。

李　时　永平卫人，任岢岚州知州。

刘　玫　抚宁人，任汝宁府通判。

成化庚子科

赵　璞　卢龙卫人，任蒙阴县知县。

田 增　滦州人，任凤翔县知县。

李文盛　卢龙人，任溧水县知县。

杨 东　东胜左卫人，任商河县知县。

成化癸卯科

杨 润　卢龙人，任华亭县学教谕，升陕西金州知州。

杨 相　卢龙人，任陕西安定县知县。

朱 瑄　卢龙人，任陕西兴平县知县。

沈 阶　滦州人，任亳州同知。

吉志学　滦州人，任东昌府通判。

冯 清　滦州人，任郿县知县。

毛 凤　乐亭人，任万全县知县。

潘 奎　卢龙人，任河南淇县知县。

王 溥　迁安人，任陕西安定县知县。

成化丙午科

王 用　滦州人。

弘治己酉科

高 胜　昌黎人。　　　　安 民　滦州人。

李 桢　永平卫人。　　　徐 端　□□□

张秉清　永平卫人。

弘治壬子科

黄 胜　卢龙人，任山东沂州学训导。

刘 振　乐亭人。

弘治乙卯科

李 秀　迁安人，任山西忻州学训导。

陈 鼐　迁安人。　　　　胡 宪　抚宁人。

吴 吉　滦州人。　　　　范 兰　滦州人。

李宗夏　乐亭人，任邠州学正。

弘治戊午科

周 纪　卢龙人。　　　　李 溥　卢龙人。

李　鉴　滦州人。　　　　崔仲淮　昌黎人。
鲁　铎　抚宁人。

岁　贡

本府儒学

马　定　抚宁人，任翰林院典籍。

杨　讷　昌黎人，任贵州布政使司检校。

孙　谦　抚宁人，任山东郓城县知县。

李　益　滦州人，任四川华阳县知县。

张　彬　抚宁人，任直隶江宁县知县。

马　德　滦州人，任陕西满城县县丞。

万　信　昌黎人，任黄州府同知，升知府。

马　毅　卢龙人，任河南辉县丞，奉化县知县。

李　举　卢龙人，任山西乡宁县知县。

王　佐　卢龙人，任浙江瑞安县丞。

裴　友　滦州人，任直隶镇江府同知。

李　芳　迁安人，任山西平陆县丞。

阎文昌　昌黎人，任河东运司运判。

姚　贵　抚宁人，任山东肥城县知县。

王　纲　抚宁人，任直隶萧县知县。

才　通　迁安人，任直隶淮安府经历，封郎中。

王　纶　昌黎人，任山东恩县县丞。

王　贵　昌黎人，任苏州府同知，升庆阳府知府。

张　忠　滦州人，任直隶广德州判官。

马　旺　昌黎人，任直隶高邮州判官。

姚　善　永平卫人，任山东武定州学正。

邸　定　昌黎人，任直隶扬州府照磨。

李　玉　卢龙人，任河南襄城县县丞。

龙　震　永平卫人，累官陕西庆阳府同知。

王　毓　滦州人，任鲁府典仪。

鲁希贤　昌黎人，任山东登州府照磨。

卢尚质　乐亭人，任河南布政司检校。

赵　祥　迁安人，任浙江嘉善县丞。

孟　华　滦州人。

安　远　永平卫人，任山西河津县知县。

蒋　泰　永平卫人。

赵　定　卢龙人，任山东临邑县知县。

魏　洪　昌黎人。

杨　瑛　永平卫人。

骆　胜　永平卫人，任山东济宁州吏目。

殷　玘　永平卫人。

胡　宁　滦州人，任河南磁州判官。

秦　昂　滦州人，任山东蒲台县学训导。

朱　辉　卢龙人，任直隶任丘县学训导。

傅　荣　东胜左卫人，任山东鱼台县学训导。

王士英　滦州人。

胡　缙　迁安人，任山东阳谷县学训导。

陈　滋　永平卫人，任陕西岐山县主簿。

瞿　昂　昌黎人，任山东诸城县学训导。

刘　铭　迁安人，任山西洪洞县主簿。

邵　瑄　卢龙人，任山东按察司照磨。

李　珏　卢龙人，任山西太谷县知县。

张　凤　卢龙人。　　　　朱　杰　永平卫人。

孙　武　滦州人。　　　　叶　华　卢龙人。

张　昂　永平卫人。　　　谢　寰　永平卫人。

冯　安　永平卫人。

杨　珍　卢龙卫人，任山西黎城县学训导。

张　文　迁安人。　　　　朱　景　卢龙卫人。

俞　能　永平卫人。　　　　阎　辅　抚宁卫人。

王　璋　卢龙人。　　　　张　学　迁安人。

胡　铨　滦州人。　　　　孙　宏　永平卫人。俱府学贡。

张　宏　永平卫人，任河南泌阳县丞。

王尚德　昌黎人，任河南经历。

廖　杰　卢龙卫人，任浙江庆源县主簿。

马　贵　昌黎人，任陕西延安府照磨。

张　宇　永平卫人，任浙江缙云县丞。

许　茂　永平卫人，任山东临邑县丞。

樊　鳌　卢龙卫人，任山西巨鹿县主簿。

谷　景　卢龙卫人。　　　　龙　文　永平卫人。

季　政　永平卫人。

杨　愚　永平卫人。俱府学遇例入监。

卢龙县学

苏　实　任太仆寺丞。　　　　任　豫　任山西省襄陵县丞。

刘　侃　任河南卫辉府经历。

甄　显　任福建建宁府照磨。

张　杲　任通政司经历。

王　礼　任监察御史、苏州府通判。

刘　本　任陕西澄城县知县。

刘　恭　任工部主事，升郎中。

国　用　任监察御史，升山东佥事。

郝　深　任鸿胪寺序班。　　　　贾　升　任陕西神木县知县。

宋　铎　任经历、知县。　　　　陈　英　任山西解州同知。

王　瑄　任鸿胪寺序班。　　　　张　璧　任陕西临洮府推官。

蒋　荣　　　　　　　　王　昺　任河南彰德府知事。

王　翔　任河南中牟县丞。

邵　光　任腾骧左卫经历。

乐　恕　任山东德平县主簿。

解　宽　任河南兰阳县主簿。

朱　昭　任山东金乡县知县。

顾　本　任福建延平府知事。

陈　卣　自任山东章丘县丞、蒲州判官。

张　溥　任浙江杭州府知事。

邢　端　任鸿胪寺序班。

柏　茂　任河南遂平县知县。

李　诚　任浙江严州府照磨。

庞　恕　任浙江秀水县主簿。

王　道　任陕西安定县知县。

刘　恭

李　雍　任江阳县石头港巡检。

郑　杰　任光禄寺署丞，升陕西绥德州同知。

郝　清　任直隶灵壁县丞。

景　源　任河南阳武县知县。

郑　广　任陕西醴泉县知县。

萧　英　任辽东义州卫经历。

贾　瑄　任山东滕县知县。

窦　广　任山东鱼台县丞。

刘仲钦　任陕西按察司照磨。

周　瑀

董　胜　任山东平原县学训导，晋府教授。

张　敩

王　玉　任山东馆陶县知县。

胡　忠　任山东青城县主簿。

彭　铭　任山西安邑县主簿。

李　正

李　信　任山东胶州学训导，晋府教授。

杜　祥　任山东棠邑县学训导。

韦安　　张纯

时　恭　任河南怀庆府学训导。

薛钦　　王深　　岳寿

张　纶　俱县学贡。

胡璇　　王铭

马　瑄　俱县学遇例入监。

迁安县学

李　英　任户部员外郎。　　　　　李　震　任山西清源县知县。

李　恕　任河南郏县县丞。　　　　张　晔　任户部主事。

邓俊　　朱镛　　崔勉　　张纲　　蒋盛　　王辅　　谢纶

刘辉　　章巨川　孙琮　　李荣　　王昇　　张智　　杨昭

周凤　　吴诚　　张深　　李翔　　杨璇　　周诚　　田治

杨春　　李纲

董　德　任河南颍州吏目。

曹　智　任江西抚州府照磨。

李祯　　吴性

石　磬　任山东曹县县丞。

王　瀛　任陕西清水县知县。

李　棨

包　诚　任直隶高邮州判官。

李　治

梅　忠

杨　显　任陕西汉中府照磨。

李　祥

徐　礼

李　友　任训导、教谕。

张文遂

景　昭

邓　昶　任山西曲沃县学训导。

李彬　　周文　　张旻　　王荣　　许闽　　玄端

傅　俭俱县学贡。　　　　才　宣　县学遇例入监。

抚宁县学

杨　建　任户科给事中。　　乔　益　任直隶寿州知州。

李　式　任工部主事。　　朱　奠　任光禄寺署丞。

赵　通　任广东韶州府经历。

李　震　任户部主事、湖广沔阳州知州。

李　昇　任陕西葭州同知。

刘　本　任大理寺司务、浙江严州府知府。

周　郁　任山西垣曲县县丞。　　刘　清　任山西猗氏县县丞。

李　显　任工部司务、户部员外郎。

葛　永　任陕西华州华阴县丞。

袁　节　任山东青城县知县。

张　鹏　任山西阳和卫经历。

赵春　　赵祯　　张建　　冯晟　　王黼　　张　端

王　恓　任浙江崇德县丞。　　张　献　任河南太康县知县。

陈　洁

张　勉　任□□安乐县知县。

李　惠　　王　幹　　赵　璧　　董　鉴

刘　俊　任山东滨州判官。　　　　贺　祥　任山西按察司经历。

王　春　任直隶桐城县丞。

周　密　任河南荥泽县知县。

刘　芳

王　珆　任河南怀庆府知事。　　郭　瑄　任陕西西乡县知县。

吴　洪　任浙江上虞县县丞。　　俞　让　任直隶定远县知县。

马　驯　任陕西绥德州判官。　　韩　昇

乔　嵩　任山东长山县知县。

冯　彰　任直隶英山县县丞。

李敬　　赵宏

张　本　任陕西略阳县知县。　　陈　琰　任山西沁水县丞。

宋　吉　任辽东定辽卫经历。　　金　镛　任光禄寺署丞。

单　雄　任山西太原县知县。　　姚　让　任河南汝州判官。

袁　通　任陕西扶风县知县。　　白思谦

乔　中　任河南新野县知县。　　王　绍　任云南思明州吏目。

郭　理　任鸿胪寺鸣赞、通州判官。

邵　镛　　　　　　　　　　　王　楫　任晋府奉祀。

李璘　　张绮　　孟诚　　张相　　堵昶　　李昱　　胡英

李　恕　任山东范县县丞。

周　南　任鸿胪寺序班。　　　冯世宁　任山东宁阳县丞。

王廷相　　金夔　　赵通　乔璜　俱县学贡

刘　瑝　任中书舍人，官生。

昌黎县学

龙　云　任主事。　　　　　　卢　兰　任湖广汉阳县知县。

刘　澄　任四川州叙府推官。

祖　述　任福建布政司参政。详见《人物》。

张　让　任经历。　　　　　　石　确　任直隶溧阳县知县。

戴　成　任湖广应山县知县。

赵　彝　任陕西宁远县知县。

李　宁　任山东济宁州吏目。　刘　诜　任盐运司同知。

崔　清　任陕西朝邑县主簿。　王　俘　任江西瑞州卫经历。

李　泽　任山西汾西县主簿。　傅　贞　任山东齐河县知县。

于　原　任山东齐河县主簿。　张　伟　任山东郓城县知县。

张　甦　任山东郯城县知县。　孙　通　任山东□津县知县。

李　超　任山东益都县丞。

郭　翰　任河南彰德府磁州判官。

张　麒　任山东平原县丞。

李　新　任陕西陇州龙安巡检司巡检。

马　骧　任府知事。　　　宋　祥　任经历。

王　琳　任山西阳曲县丞。　齐　聚　任吏目。

张　羽　任按察司检校。　　冯　用　任山西孝义县主簿。

刘　瑄　任河南信阳县知县。　白尚文　任河南上蔡县知县。

刘　鼐　任羽林卫经历。　　张　冲　任燕山前卫经历。

杨　弘　任湖广均州吏目。　牛　麟　任山东兖州府知事。

才　俊　任四川华阳县知县。　王　杲

刘　信　任直隶太平府经历。

赵　范　任陕西西安府照磨。

刘　翔　任山东泗水县主簿。　萧　政　任河南孟津县丞。

申　旻　任山西太原县丞。　喻　昭　任序城县主簿。

任　震　任山东濮州判官。

石　瑀　　姜　颐　　郑　义

张　瑾　任直隶溧水县知县。　郭　玘　任知事。

雍　泾　任河南彰德府学训导。

李　志　任山西闻喜县丞。　赵　凯　任大使。

王　霖　任副使。　　　　田　贡

董　敬　任穆棱关巡检。　董　济　任山东商河县主簿。

孙　琦　任山东清城县丞。　朱　玉　任大使。

顾　宁　任山东德州判官。　李　凤　任山西忻州同知。

张　深　任大使。　　　　冯　得　任河南安阳县丞。

费　文　　　　　　　　刘志道　任吏目。

范希贤　任山东朝城县学训导。

马天寿　任山西大同县知县。　张时中　任山西宁乡县学训导。

刘　隆	任山东乐陵县主簿。	张　麟	
景　德	任山西万泉县主簿。	高　俊	任山西静乐县知县。
王　缨	任江西吉安府照磨。	周　明	任山东武定州学训导。
卜　昌	冯　琛		
宋　鉴	任河南太康县学训导。		
贾　玺		赵　绅	任直隶海州学训导。
万　实	王　臣　　李　春		
李　贤	俱县学贡。	张　怀	
杜　濬	任礼部司务。	杜　汉	任前军都督府都事。
张　葵	任光禄寺署丞，俱官生。		
刘　谷		张　润	任山东济阳县丞。
仕　凤	任山东阳信县主簿。	李宗道	俱县学遇例入监。

滦州学

马　琇	任应天府通判。	袁　谊	任光禄寺署丞。
张　彧	任山东蓬莱县知县。	宋　吉	任河南怀庆府同知。
李　谦	任吏科给事中。	崔　卣	任户科给事中。
王　恕	任直隶江阴县知县。	张　铨	任山东寿张县知县。
徐　铉	任山东商河县知县。	杨　兴	任山东费县知县。
程　选	任陕西韩城县知县。	宋　宁	任陕西陇州同知。
张　质	任直隶溧阳县主簿。	张　翔	任河南祥符县丞。
李　恭	任河南怀庆府照磨。	刘　信	任太仆寺寺丞。
王　威	任山西解州判官。	王　礼	任山西夏县学训导。
刘　源	任山西永和县知县。	刘　进	任按察司金事。
邸　泉	任浙江杭州府通判。	刘　贵	任河南许州同知。
吴　宏	任山西绛州判官。	安　泰	任山西稷山县丞。
齐　义	任西城兵马司兵马。	邢　政	任山东馆陶县知县。
李　彝		王　珣	任直隶繁昌县知县。
张　宣	任山东平原县丞。	尚　庸	任宣武卫经历。

刘　永　任直隶泗州知州。　　崔　清　任直隶五河县知县。
张　弼　任河南灵宝县丞。　　赵　冕　任直隶寿州判官。
王　琇　任直隶武进县丞。　　王　睿　任河南陕州知州。
马　震　任浙江长兴县知县。　赵　玘
冯　宁　任山东范县主簿。　　谢　宁　任河南原武县知县。
田　华　任河南唐县丞。　　　王　铎
周　让　任山东掖县知县。　　李　让
张　文　任山东郓城县知县。　杨　晏　任山东即墨县主簿。
安　和　任山西马邑县知县。
王　佐　任山东峄县县丞。　　伦　瑛　任山西布政司理问。
王　轨
崔　礼　任山西解州判官。　　史　忠　任河南孟津县丞。
王　钦　任京卫经历。　　　　曾　文　任知事。
赵　鉴　任府奉祀。　　　　　徐　冲　任浙江绍兴府知事。
薛　茂　任山东莱州府知事。　高　铭
雷　进　任陕西华阴县丞。　　邢　端　任山东益都县主簿。
杨　宁　　　　　　　　　　　史　经　任山西清原县主簿。
邸　深　　　　　　　　　　　吴　昂　任浙江都司断事。
王　端　任山东诸城县丞。　　吉　哲　任山东商河县知县。
张　举　任山东昌邑县主簿。　高　玘　任山东汶上县学训导。
贺　盛　任广西思明州同知。
王　镗　任直隶扬州府经历。

张勋　　刘鼎　　薛廷实　　高亮　　艾祺　　杨聚　　杜澄
杨佺　　高嵩　　许临　　　邸隆　　李举
郑　举　俱州学贡。　　　　　刘　璿　任直隶海门县丞。
陈　宣　任直隶仪真县主簿。
王　贤　俱州学，遇例入监。
刘　昂　任中书舍人楷书。

乐亭县学

温　厚　任都察院左佥都御史。详见《人物》。

何　兴　任浙江胡州府知府。

李　乐　任监察御史、山东按察司副使。

刘　郁　任山东常山县知县。

崔　规　任光禄寺署丞。　　　单　清　任金吾右卫经历。

刘　均　任直隶寿州卫经历。

张　亨　任山西榆次县知县。　史　怡　任户部郎中，升参政。

赵　凤　任工部主事、南阳府通判。

刘　规　任山东东昌府检校。

艾　兴　任河南修武县丞。　　张　贵　住山西阳曲县丞。

吴　瓒　任卫经历。　　　　　李　辉　任陕西宁州同知。

苗　盛　任鲁府引礼。　　　　季　春　任山西临汾县主簿。

张　庸　任鲁府典仪。　　　　魏　昇　任直隶吴江县丞。

崔　庸　任卫经历。　　　　　卑　铭　任河南阳武县主簿。

刘景文　任河南确山县主簿。　高　智　任卫经历。

崔　赟　　　　　　　　　　　侯　彬　任山东安丘县丞。

李　茂　任直隶高邮州知州。　李　瓒　任鸿胪寺序班。

段　宁　任直隶高邮州吏目。　齐　文　任运司运判。

郭　瑞　任按察司照磨。　　　丁　深　任河南汲县县丞。

张　杰　任山东临邑县丞。　　冯　杰　任直隶巢县知县。

郁　昌　　　　　　　　　　　李　杰　任浙江永康县主簿。

孙　旭　任浙江缙云县典史。　王　能　任山西蒲县知县。

王　畿　　　　　　　　　　　李　宗　任山东高苑县县丞。

张　秀　　　　　　　　　　　张　振　任浙江平湖县丞。

张　泰　任河南开封府通判。　晁　清　任山东胶州判官。

王　佐　任陕西醴泉县主簿。　李　祥　任太仆寺主簿。

姚　祯　任直隶江浦县主簿。　郭　佐　任山西宁乡县知县。

王　福	任大使。		郭　进	任山东临淄县主簿。
兰　泰	任直隶石埭县主簿。	稽　源		
赵　玑	任陕西咸宁县县丞。			
崔　翱	任山西怀仁县知县。	何　增	侯　铎　任吏目。	

母瑄　　吴睿　　王庆　　吴斌　　李振　　王卿　　王钤

郁昕　　侯爵

张　璠	俱县学贡。		马　冕	任直隶山阳县主簿。
王　俊	任直隶安东县主簿。			
郁　旸			卢　迪	俱县学，遇例入监。

‖ 卷之八 ‖

宦 迹

　　宦迹之说所以纪官阀考岁年，然有人去而名犹在，世远而政尚传，此则系乎其人焉耳！前代名宦，不能尽述，窃取阙文之义，不敢妄有所增入也。

　　[商]

　　墨台氏　盖商之支庶，始封于此，为孤竹国，滦之仕宦实兆于此。

　　[汉]

　　周　勃　以相国为将，击卢绾军追至长安，定右北平十六县、辽东二十九县。

　　李　广　陇西成纪人，秦将李信之后也。史称其材气天下无双，猿臂善射，射不虚发。其善射亦天性，虽子孙他人学者，皆莫能及。武帝元朔初年，以广为未央卫尉使，出雁门，击匈奴。时匈奴兵多，广无功还，免官。居蓝田南山中射猎，尝从一骑出，从人田间饮，夜还至霸陵亭。霸陵尉醉呵止广，广从骑曰：“故李将军也。”尉曰：“今将军尚不得夜行，何故也？”遂止广宿亭下。居无何，匈奴入辽西郡中，杀掠吏民，于是上乃召拜广为右北平太守，使击匈奴。广奏请霸陵尉与俱，至军而斩之，上书自陈谢罪。上诏报曰：“将军者，国之爪牙也。司马法曰：‘登车不式，遭丧不服，振旅抚师，以征不庭，率三军之心，同战士之力，故怒形则千里竦，威振则万物伏。是以名声暴于夷貉，威棱憺乎邻国。’夫报忿除害，捐残去杀，朕之所图于将军也，若乃免冠徒跣，稽颡请罪，岂朕之指哉！将军其率师东辕，弥节白檀，以临右北平盛秋。"广在郡数年，匈奴畏之，号曰"汉飞将军"，避之不敢犯塞。尝出猎，见草中石，以为虎射之，中石没镞，视之，石也。他日复射之，终不能入矣。

路博德 西河平州人，元狩初为右北平太守。匈奴犯塞，博德从霍去病领兵击之。至梼余山，斩捕匈奴二千八百人凯旋。上封博德为符离使。

赵　苞 为辽西太守，抗厉威严，名振边俗。遣使迎母及妻子，道经柳城，值鲜卑寇钞，为所劫质，载以击郡。苞率众与贼对阵，贼出母以示苞，苞悲号谓母曰："为子无状，不图为母祸。"母遥谓曰："人各有命，何得相顾以亏忠义？"苞即时进战，贼悉摧破，母妻皆被害。

邳　吉 信都人，灵寿侯彤之父，前汉末年为辽西太守。及王莽篡汉，吉免官家居。至更始时，王郎于邯郸诈称成帝子舆，起兵攻破信都，执吉以招彤，彤不顾。会更始遣将攻王郎，败之。信都得全，吉亦获免。

闵　业 上谷郡人。更始时光武为萧王，徇河北。扶风茂陵人耿况，为上谷太守。及王郎起，遣将徇上谷急，况发兵。业为况门下掾，与况功曹同郡人寇恂共说况曰："今大司马刘公，刘伯升之母弟，尊贤下士，士多归之，可攀附也。"王郎拔起，不可信向，况然之，即以兵属汉。及光武即位，恂为执金吾，封雍奴侯，每每向帝言闵业昔年之忠。帝乃赐业爵关内侯，官至辽西太守。

[三国]

田　豫 仕魏，为护乌桓校尉。会素利为比能所攻，豫率兵救之。至马城，敌追围之。豫密使司马建旌旗，鸣鼓吹，从南门出，自将精骑自北门鼓噪而出。敌溃乱而走，豫追击二十余里，僵尸蔽野。自是不敢犯。

[晋]

张　华　为安北将军。过卢龙，慕容廆童冠往谒之，华异之，且曰："君必为命世之器。"因以所服簪帻遗之。

卫　瓘　字伯玉，河东安邑人，以监邓艾、钟会军平蜀之功，封菑阳侯。泰始中除征北大将军，都督幽州诸军事，兼督平州。时东有乌桓，西有力微为寇，瓘至，不逾时，二寇平。

慕容廆　元帝时为安北将军、平州刺史。政事修明，爱重人物，故士民多归之。廆举其英俊，随才受任。后都督幽、平二州诸军事，封辽东公。

慕容皝　廆之子，雄毅多权略，喜经术。成帝时都督平州。

[后魏]

张　卓　上谷沮阳人，魏初为昌黎太守。卓父名翼，为辽东太守，卓子衮□为幽州刺史，三世二千石，俱有善政，人称美之。

张　伟　字仲业，太原人。太武神龟四年与咸阳公高允等三十四人并征，伟拜卫大将军，迁营州刺史，有善政。卒赠建安公。

于天恩　代郡人，熙平间任辽西太守。

宋　谟　字乾仁，河西介休人。道武时为辽西郡太守。

陆士懋　字元伟，代郡人。天平中以其祖陆丽有翼戴之勋，诏士懋袭丽爵巨鹿公，仕营州刺史。

[唐]

张　俭　官营州督都。太宗征辽东，拜行军总管，领诸蕃骑，为六军先锋。

田仁会　平州刺史。岁旱，自暴祈雨，雨大至，谷遂登。人歌曰："父母育我兮田使君，挺精诚兮上天闻，中田致雨兮山出云，仓廪实兮礼义申，君常在兮不患贫。"后迁右金吾。子归道，归道之子宾延，三世并为金吾将军。

邹保英　平州刺史。万岁通天初，契丹入寇，城且陷，妻奚氏率家僮女丁乘城不下，诏封诚节夫人。

张平素 懿宗朝为北平刺史，素有威望，州人服之。

裴　旻 守北平，善射，一日得三十一虎。父老曰："此彪也，稍遇真虎，必败。"旻怒，杖马趋之。有虎小而猛，据地大吼，旻马辟易，弓矢堕地，自是不复射。后为将军，请吴道子画天宫寺，道子请旻舞剑作气，以助挥毫。旻舞一曲，道子奋笔立成，如有神助。

乌承玼 开元中，与族兄承恩俱有平卢先锋，沉勇而决，号"辕门二龙"。

张仲素 德宗时，以列将事卢龙军节度使张允绅，擢平州刺史。允绅卒，诏仲素代为节度使同平章事。

张仲武 为卢龙节度使，镇边有功，李德裕《幽州圣德碑》具载其事。

[辽]

韩德枢 为辽兴军节度使，下车整纷剔蠹，恩照信孚，勤农桑，兴教化，民获苏息。后迁平、滦、营三州观察使。

[元]

潭　澄 至元初为平滦路总管，孜孜爱民，有循良之政。

刘德温 永平路总管，当天历兵革之余，野无居民，德温为政期年，而户口增，仓廪实，学校兴，庶事毕举。

郭仁义 为迁安尹，有惠政，秩满去任，邑人立石颂之。

周　宏 字希道，迁安人，任真定、无极尹，调辽阳宁昌，俱有惠政。至正间，复调昌黎县尹，抚字有方，利泽及民。后没于程思中之部。民思其德，为之立石焉。

[国朝]

知　府

董　翥 □□□□□□□□□□□。

□□□ 浙江东阳县人，永乐□年任。

马负图　山西临汾人，永乐十年任□□□□□□后升山西布政。□□□□。

张从道　湖广京山县人□□□□任政尚简静□□□□□

李文定　浙江临海县人，正统初由进士任，刚果有为，修建郡学殿堂斋舍及鸣远楼，皆极壮丽，后升福建布政使。

张　茂　大理寺副任。公廉有威，吏民畏服，寻升山西布政司、右布政使。

米　灌　山西大同府山阴县人。

周　晟　河南安阳县人。天顺初刑部主事任，廉明干济，军民畏服。累官至江西布政使。

王　玺　陕西鳌屋人。监察御史任。公正廉能，辟学基，新塑像，奏复夷齐庙，赐额清节。

郑　岑　浙江慈溪人，进士任。

刘　杰　陕西高陵人，主事任，廉而有为，在任未久，惜为权奸所害而去。

姜　璡　浙江兰溪人，进士任。

陈　谊　山东德州人，进士任。

王　问　山东武城人，进士，郎中任，寻以母忧去。

吴　杰　直隶江都县人，进士任，南京兵科给事中，谪判沔阳州，升上林苑监丞。弘治七年升任。

同　知

潘　粟　陕西白水县人，洪武二十九年任。

梅　珪

贾　杲　山西高平县人，洪武三十三年任。

康　琚　河南项城县人，永乐五年任。

任　祐　河南灵宝县人，永乐□年任，廉慎勤能，政声大振。寻升四川右布政使。

姚　纪　直隶上元县人，永乐十一年任。

王　泽　河南郾城县人，永乐□□年任。

胡　谦　山西孟县人，永乐十五年任。

张　振　山西夏县人，升汉中知府。

刘　让　陕西朝邑县人，进士任，刚介勤能，后升四川夔州府知府。

刘　遂　陕西清涧县人。

楚　麟　河南密县人，进士任，给事中，山西参议，坐事左迁。材器老成，操持清洁。寻升陕西布政司参议。

李　性　山东陵县人，弘治六年举人任，以母丧去。

邵　逵　浙江淳安县人，举人，原任湖广常德府同知，值内艰，弘治十年三月复任。

通　判

李　谦　山西阳城县人，永乐三年任。

邹仁昇　湖广黄岗县人，永乐八年任。

张　毅　河南获嘉县人，永乐□年任。

罗　云　四川广安州人，永乐□□年任。

张　鹏　山西潞州人，永乐十三年任。

韩　嵩　山东德州人，永乐十五年任。

彭　举　江西建昌县人，永乐□□年任。

刘傚成　举人任，明敏果毅。正统末，北狄寇边，练兵御虏，民赖以安。

王　中　直隶高邮州人。监生任，勤于政治，民颂其德。

高　宁　山东蓬莱县人。

段　玑

朱　瑄　山东曲阜县人，监生任。

胡　纬　山西交城县人，监生，历升本府通判。清苦勤能，马政修举，以秩满去。

孙 骥　河南夏邑县人，举人，原任浙江绍兴府通判，值内艰，弘治九年七月复任。

白 金　直隶武进县人，进士任，户部署员外郎，弘治十四年八月迁任。

推　官

凌 璿　直隶南陵县人，永乐二年任。

莫 驯　陕西岐山人，永乐□年任。

张 远　山西兴县人，永乐十年任。

宋 恭　山西闻喜县人，永乐□□年任。

杨 浑

杨 琰　浙江钱塘人，监生任。

吕 卣　直隶无锡人，进士任，发奸摘伏，狱无冤滞，寻升监察御史。

周 瑄　陕西朝邑县人，举人，弘治七年二月任。

经　历

费 珤　直隶宝应县人，永乐元年任。

赵 复　河南汝州人，永乐四年任。

欧必举　湖广临武县人，永乐十一年任。

庞 祯　山东历城县人，监生任。

王 镒　直隶寿州人，弘治十二年监生任。

知　事

王 智　山东海丰县人，永乐三年任。

张 杲　顺天府文安县人，永乐□年任。

王　刚　河南孟县人，永乐十一年任。
王　英　河南许州人，永乐十四年任。
夏　仪　山东淄川县人，永乐十六年任。
丁　显　陕西清涧县人，监生任。
张　辅　山西怀仁县人，弘治九年监生任。

照　磨

张试庸　湖广黄岗县人，永乐七年任。
王　义　直隶海门县人，永乐十五年任。
张　寰　辽东复州卫人，监生任。
苏　毅　山西交城县人，弘治十三年六月监生任。

检　校

吴　永　江西奉新县人，永乐三年任。
吕　谅　山东福山县人，永乐十三年任。
贺承恩　河南柘城县人，监生任。

知　州

何　敏　四川新都县人，永乐十一年任。
张　敬　山西阳曲县人，永乐□年任。
王务信　直隶贵池县人，永乐□年任。
陶　安　直隶常熟县人，永乐中任。廉谨公平，民怀其德。
李　宁　广东南海县人，宣德中任。以宽为政，事无不理。
嵇　昭　直隶昆山县人，正统中任。涉猎古今，莅民得体。
蔡　郡　景泰中任。廉能宽厚，民爱慕之。
李　智　山东曹县人，举人，成化二十一年任。廉明公正，吏民畏服。未几，以内艰去任。

潘　龄　直隶嘉定县人，举人任，升福建汀州府同知。

吕　镒　山东郓城县人，弘治十年知县升任。尚宽厚，薄利欲，三载考绩，卒于京师，人咸惜之。

汪　晓　直隶六安州人，弘治十三年举人任。

州同知

王　振　山东益都县人，永乐十二年任。

黄　铨　湖广麻城县人，永乐□□年任。

朱　隆　福建蒲田县人，永乐十一年任。

王　眠　直隶颍上县人，永乐十五年任。

陵　茂　直隶高邮州人，永乐□□年任。

杨　雄　山东沂水县人，正统中任。廉而有为，民怀其惠。

魏　政　山西洪洞县人，天顺四年任。公正不污，民称其德。

孔　经　浙江山阴县人，先任蓟州卫经历，弘治五年任。

判　官

陈　居　福建莆田县人，永乐十一年任。

雷　震　陕西安塞县人，永乐□□年任。

许　敏　山东益都县人，永乐□□年任。

王　卣　山西忻州人，永乐□□年任。

郭　让　山东益都县人，永乐□□年任。

陈　幹　直隶宣城县人，永乐□□年任。

官　寿　直隶滁州人，永乐□□年任。

魏　溥　陕西鄠县人，永乐□□年任。

沈　麟　直隶华亭县人，永乐十五年任。

鲍　宽　直隶丰谷县人，永乐□□年任。

何　漠　陕西阶州人，永乐□□年任。

孙　宗　河南涉县人，永乐十六年任。

毛　瀚　四川简县人，监生任。

王　泽　山西闻喜县人，监生任。

商良佐　浙江淳安县人，监生任。

吏　目

任守信　陕西徽州人，永乐八年任。

魏　理　河南武安县人，永乐十一年任。

吴　填　广西贵县人，永乐□□年任。

王　纯　陕西乾州人，永乐□□年任。

计孟先　直隶常熟县人，永乐十六年任。

刘　彬　河南淇县人，永乐□□年任。

刘　玺

李　芃　山西应州人，弘治八年监生任。俱滦州吏目。

知　县

娄大方　浙江奉化县人，儒士任，抚宁知县。洪武七年，马颇僧儿为寇，大方率吏民避于洋河之西兔耳山，遂获免患。寇平，复奏徙县治于山南，经营布置，创立官廨民居，人怀其惠焉。

王文贵　洪武三年人材，任乐亭知县，勤于政治，六事修举。

周彬甫　湖广桂阳州人，永乐元年任乐亭县知县。

尹守道　山西阳曲县人，永乐三年任卢龙县知县。

陈　坤　四川石泉县人，永乐九年任抚宁县知县。

杨　禧　顺天府大兴县人，永乐十年任昌黎县知县。劝督农桑，作兴学校，招复逋逃，威制屯卒，民至今思之。

张　约　直隶山阳县人，永乐十二年任昌黎县知县。

郑　彝　山东临清县人，永乐十三年任卢龙县知县。

张　谔　陕西兰县人，永乐十五年任卢龙县知县。

魏　准　山东武城县人，永乐十六年任乐亭知县。

田　璠　山东乐陵县人，永乐十六年任昌黎知县。

于显祖　山东蓬莱县人，正统中任昌黎知县。平易近民，不尚鞭扑，百姓怀之。

胡　方　江西新喻县人，成化三年监生任，抚宁知县。六事孔修，四民安堵。

刘　魁　山东高唐州人，进士任，卢龙知县，廉能公正，政绩著闻，升监察御史。

乔　聪　河南河内县人，举人任，卢龙知县。宽猛适宜，吏民怀服，升衢州府通判。

王　舟　山东曹县人，成化中监生任，迁安知县。升汉中府通判。

姜　镐　河南修武县人，成化十九年举人任，抚宁知县，恢廓县治，修建学校。升蔚州知州。

李景华　直隶江都县人，成化二十一年举人任，卢龙县知县，性刚烈，节用爱民，不事奔竞。

张　霄　山东平度州人，举人任，迁安知县，勤慎有为，升邠州知州。

王　弼　山东栖霞县人，举人任，乐亭知县，恩威兼著，民怀之不忘。

李　瀚　山西沁水县人，进士任，乐亭知县，廉而有为，刚而不苛。寻升监察御史。

张　谦　河南□乐县人，监生任，乐亭县知县。

郝　本　山西阳曲县人，进士任，乐亭知县，公平廉恕，升涿州知州。

吴　杲　直隶山阳县人，监生任，卢龙知县，升汀州府通判。

张　济　山西阳曲县人，弘治九年举人任，迁安县知县。

田　登　山东城武县人，进士，弘治十年任乐亭县知县。

刘　玉　山东乐陵县人，监生，弘治十一年任抚宁知县。

谭　绅　山东滨州人，举人，弘治十二年任卢龙县知县。

张云凤　山东济宁卫人，举人，弘治十二年任昌黎县知县。

县　丞

路　顺　河南修武县人，永乐四年任卢龙县县丞。

王义先　山西隰州人。　陈　春　河南许州人。

兰　珪　山东胶州人。　程　企　山东聊城县人。

岳　庆　直隶萧县人。俱永乐间卢龙县丞。

何　澄　四川郫县人。　杜　郁　河南祥符县人。

田　英　河南鄢陵县人。宋　琇　山东胶州人。

于　庆　山东东阿县人。

侯　进　陕西邠州人。俱迁安县县丞。

阎　兴　直隶唐县人。　王　铭　浙江嘉兴县人。

苏　信　山东泰安州人。金　镛　直隶舒城县人。

彭　显　山东曲阜县人。

杨　清　山东馆陶县人。监生任。

白　矩　山西□夏县人。俱昌黎县丞。

黄　里　河南邓州人。　朱　显　河南钧州人。

万　昇　直隶满城县人。郭　完　陕西泾阳县人。

白九皋　山西保德州人。刘　象　山西河津县人。

相　贤　山西安邑县人，监生任。俱抚宁县丞。

韩　贵　直隶怀远县人。赵　达　直隶安肃县人。

张　启　山东武城县人。徐　谨　山东单县人。

倪民新　直隶祁门县人。卢　芳

王　臣　山西静乐县人。康　成　山西绛县人。

杜　智　山西文水县人。俱乐亭县丞。

主 簿

郁得茂　直隶华亭县人。李 辅　山东济阳县人。

范 谦　河南新安县人。杨 贞　陕西武功县人。

胡 安　山东滋阳县人。

刘 训　直隶萧县人。俱任卢龙县主簿。

金彦祥　浙江崇德县人，任迁安县主簿。洪武三十五年，东军攻永平，彦祥馈粮不乏，及兵势促迫，率民拒守益力，卒以保全。事平，闻于朝，升本县知县，转工部主事，至今民怀之。

工 仪　陕西蒲城县人。鲁 从　山东滕县人。

蔡 秀　湖广武陵县人。刘 整　河南洛阳县人。

杜 端　山东长清县人。

张廷瓒　河南鲁山县人。俱迁安县主簿。

宋 信　直隶宁津县人。杜希贤　山西洪洞县人。

张 逊　直隶吴江县人。郯 用　陕西徽州人。

范 扩　河南柘城县人。

吴时颜　山西祁县人。俱永乐间任抚宁县主簿。

牛 驹　直隶容城县人。

常 忠　陕西华阴县人。

李 春　直隶泰州人。

王 具　河南洛阳县人。

杨 显　山西□□县人。

霍 敦　山东单县人。

詹 梁　直隶芜湖县人。俱昌黎县主簿。

陈 璿　顺天府固安县人。翟 新　直隶新城县人。

张 敏　湖广醴陵县人。杜 本　山西霍州人。

张 懋　陕西咸阳县人。尹 瑾　河南汝阳县人。

王 沼　陕西会宁县人，监生任。

李世芳　山西岚县人。俱乐亭县主簿。

典　史

保　全　河南中牟县人。**陈　福**　河南卢氏县人。

刘　郁　山东历城县人。**窦　文**　山东滋阳县人。

翟　赟　山东泰安州人。

杨　俊　山东掖县人。俱卢龙县典史。

王万钟　陕西合水县人。

路　道　河南汝阳县人。俱任迁安县典史。

倪　隆　浙江慈溪县人。**梁　俊**　直隶宿迁县人。

初奉张　山东潍县人。　**杜　亨**

崔继先　山东胶州人。俱任抚宁县典史。

段　进　山西翼城县人。**师　理**　山东历城县人。

张　麟　山西临汾县人。俱任昌黎县典史。

王　敏　山东安丘县人。**郭　谦**　河南登封县人。

孟　得　陕西澄城县人。

邢　恕　河南阳武县人。俱任乐亭县典史。

教　授

况　琛　江西高安县人。**胡　奎**

祁　凤　直隶盐山县人，举人任。

谢　理　直隶祁门县人，举人任。俱本府儒学教授。

学　正

郭　顺　河南钧州人。　**张思敬**　山东历城县人。

黎　鹏　江西新喻县人。**齐　熙**　浙江余姚县人。

吴　祺　江西丰城县人。俱任滦州学正。

教　谕

师济众	河南武步县人。	**王　璠**	山西陵川县人。
徐　润	山东郓城县人。	**李　伦**	山东临邑县人。
李　恭	河南武安县人。	俱任卢龙县学教谕。	
张　登	山西屯田县人。	**叶　昶**	直隶睢宁县人。
胡　宪	江西太和县人。	**郝　安**	山东莒州人。
张　经	直隶山阳县人。	俱任迁安县学教谕。	
叶思智	直隶海门县人。	**王　崇**	山西朔州人。
陈　苍	河南泌阳县人。	俱昌黎学教谕。	
游　艺	山东长清县人。	**吴　翔**	直隶颍州人。
吕永福	河南信阳县人。	俱抚宁学教谕。	
陈　智	直隶虹县人。	**方　文**	浙江黄石县人。
张　珏	河南安阳县人。		
李　英	河南洧川县人。	俱任乐亭县学教谕。	

训　导

王　晏	山东蓬莱县人。	**任　礼**	山西壶关县人。
王　谧	直隶宝应县人。	**黄　益**	山东东平州人。
杜　瑾	辽东广宁卫人。	**高　麟**	辽东盖州卫人。
安　宁	陕西耀州人。	**刘　澄**	山东禹城县人。
王　绅	陕西宁夏卫人。	俱任本府儒学训导。	
张　杰	山东济宁州人。	**魏　琼**	河南林县人。
方　经	湖广黄陂县人。	**陆　宽**	河南洛阳县人。
朱　璿	山东昌邑县人。		
吴　璿	福建同安县人。	俱任滦州儒学训导。	
王　礼	山东城武县人。	**王　纶**	直隶江都县人。
郝　淳	直隶萧县人。	**白　奎**	山东莘县人。

杨　诜　应天府高淳县人。俱卢龙县学训导。

张　亨　山东齐河县人。　冯　骥　山西太谷县人。

张　茂　河南淇县人。

杨廷才　河南光州人。俱任迁安县学训导。

席　谅　山东长清县人。　刘　政　本县两山社人。

阎禹锡　河南洛阳县人，举人，景泰中任昌黎县学训导，学行俱优，教人有法，升国子监丞、监察御史。

潘　玉　直隶萧县人。

单　镛　直隶沛县人。俱任昌黎县学训导。

陆　镛　直隶高邮州人。　陈　聚　直隶如皋县人。

姚　宗　辽东锦州卫人。　邵　昇　河南陈留县人。

顾　霖　河南太康县人。俱任抚宁县学训导。

李　吉　山西榆次县人。　刘文铉　河南孟县人，举人任。

梁　宗　陕西会宁县人，监生任。俱任乐亭县学训导。

‖ 卷之九 ‖

集　诗

古者天子五年一巡狩，命太师陈诗以观国风，下至闾里中闺之作，一皆采录不遗，而人之贤否、俗之美恶见焉。今诗有系于兹郡之形胜风教者录之，不然，辞虽工不取也。

题夷齐祠

司马光

夷齐双骨已成尘，独有清名日日新。
饿死沟中人不识，可怜今古几多人。

又

王恽

远避东邻雪，还遮北伐频。
与天重立极，叩马死成仁。
落日悲歌壮，东风紫蕨春。
一饥虽可疗，终愧是忠臣。

又

王翥

卫君拒父据其国，绝灭纲常有惭德。
唐宗谋立恣剪屠，背乱忿争同一辙。

予观二士真天人，不降其志不辱身。
独行特立诚且确，高节远过殷三仁。
当时父命岂不义，弟逊兄兮兄逊弟。
由来天理重人伦，曷若遁逃俱废坠。
帝辛无道秽德彰，刳割孕妇焚忠良。
西周兴师奋天讨，万国引领争来王。
世人何尝有非议，胡为二贤死不避。
扣马一谏大分明，义气昂昂寒天地。
□□□□□□毛，□□□□□□□□。
□□□□□□□□，□□□□□□□□。
□□□凛激贪鄙，百世竦间尚兴起。
世民卫辄彼亦人，遗臭无穷乃如是。
　孔孟立教述文章，二士贤圣□光。
区区黄谢肆臆说，日月之食庸何伤。
山有薇兮茔有柏，我来再拜瞻遗迹。
呦呦野鹿不复来，收泪成诗写空壁。

又

石延年

逊国同来访圣谟，适观争国誓师徒。
耻生汤武干戈日，宁死唐虞揖逊区。
大义克伸安是饿，清风有所未应无。
始终天地丘前后，名骨虽双此行孤。

又

徐琼　礼部尚书

国统人推中子承，首阳甘饿有余清。
两逃兄弟□伦重，一谏君臣大义明。

殷地既非薇自老，周邦虽有粟无生。
故墟古庙昭旌额，莫逆相过愧岂胜。

又

王玺　本府知府

忆昔孤摽不绚名，一时推让见真情。
耻居汤武兴师地，肥遁唐虞建国城。
薇老空山无故迹，风流百世有余清。
圣贤有意垂经史，一睹令人百感生。

又

朱裡　太仆寺丞

寂寞荒城野水滨，犹传孤竹两贤人。
也知□义非行义，信是求仁已得仁。
兄避讴歌尊父命，弟辞轩冕重天伦。
采薇声断清风远，立懦廉顽亿万春。

又

祁凤　府学教授

荒城半没枕滦河，遗庙凄凉翳野萝。
父命是尊兄义厚，天伦为重弟情和。
一心逊国真无愧，千古清风凛不磨。
堪叹四山皆拱服，世人谁复动干戈。

和韵

高丽使臣

上有青山下有河，庙宫寥落锁烟萝。
父传子继由来事，弟让兄恭独自和。

辞粟当时名未泯，采薇千古义难磨。
后人永被神明佑，边围年年不动戈。

又

张廷纲　郡人　任行人

纣恶滔滔水注河，商家元气付丝萝。
二难大义惭周粟，千古清风并惠和。
自是白兮缁不染，由来坚矣磷难磨。
只缘宗社甘遮道，岂计前途已倒戈。

又

前人

首阳之巅幽且岑，滦江之水清且深。
试将一酹生刍意，不尽万古仁人心。
祠前满地多芳草，祠外长松广啼鸟。
登临感慨豁吟眸，数点青山云外小。

又

才宽　郡人　陕西参政

孤竹城墟清节祠，追崇新自圣明时。
无端今古风常在，有道精魂祭必知。
草树绿空山外雨，龟龙寒映月中碑。
载瞻肖像彷徨拜，读遍游人庑下诗。

又

何文缙　户部郎中

卢龙故城头，特立夷齐祠。
清风洒古今，义气充天地。

叩马者何□，采薇亦□□。
□□□□□，□□□不愧。

又

吴杰　本府知府

夫子何许人，商季德之衰。
让国当年事，廉顽百事师。
耻食东周粟，甘忍西山饥。
苟从扣马谏，民可得熙怡。

又

邵逵　本府同知

弟让兄辞日，周兴商灭时。
片言伸大义，一举破群疑。
清节新祠额，高风后世师。
九原如可作，聊与子同归。

又

孙骥　本府通判

当年让国岂沽名，自是天伦友爱情。
芳草绿湮祠下路，寒泉碧绕涧边城。
乾坤潜德丘山重，今古遗风玉雪清。
贤守驰情闻圣主，恩封新庙阐平生。

又

周瑄　本府推官

商纣当年禄永终，万夫天子匹夫穷。
人臣此日安于死，节义夷齐孰与同。

凛矣清风昭汗简，浩然正气愧奸雄。
圣朝祀典崇清节，芳草丘原落日红。

又

逊国求仁已得仁，采薇甘死是人臣。
精忠耿耿寒星斗，劲节棱棱动鬼神。
衰草荒烟孤冢没，烝尝祀典一时新。
愧予小子未闻道，落月空梁亦效颦。

又

金洙　兵部员外郎

此地名传孤竹城，流风万古有余清。
伐商直谏忠臣义，逊国相逃同气情。
故垒春深芜自绿，荒祠夜静月空明。
幸逢郡守重恢复，轮奂翚飞庆落成。

又

郝隆　郡人　金华知府

太守忠情达建章，清风耿耿动明皇。
春秋大祀新神庙，泉石还依旧女墙。
万古圣贤昭隐德，几多冠盖挹余光。
丰碑记事无由颂，愿共尧天化日长。

又

谢理　府学教授

再新祠宇庆翚飞，松柏森森绕故基。
薇蕨半生甘寂寞，纲常千古赖扶持。
廉顽立懦功垂世，吊古寻幽事属谁。

最是苍苍怜义士，辄将疏雨洗残碑。

又

吴祺　滦州学正

商家钟虞甫迁移，四海宗周共戴之。
独向军门厉臣节，耻于当道树降旗。
半生薇蕨甘岑寂，万古纲常赖指麾。
昨拜祠前归去晚，清风一味弄寒漪。

又

李恭　卢龙县学教谕

轲书尝美圣之清，元季难为两弟兄。
逊国遁逃如脱屣，食薇甘死肯埋名。
万寻气节凌霜厉，一点仁心贯日明。
昨向故城游历处，高山景仰起人钦。

又

陆宽　滦州学训导

孤城遗庙接平原，烟草微茫迹尚存。
高祖一生轻富贵，清风千古播乾坤。
落成祠宇贤侯泽，血食春秋圣主恩。
愧我微官来此地，西风瞻拜荐蘋蘩。

又

朱璿　滦州学训导

遁迹烟霞意若何，犯颜匡复旧山河。
昌黎有颂应无愧，尼父称仁耿不磨。
新庙岂劳民力久，封碑重荷圣恩多。

黄堂感此情无极，一度停骖一咏歌。

又

吴祺

有商之季国统危，庙貌匪故钟虡移。
箕子为奴微子去，剖忠刳孕人心离。
兄辞弟让不受国，尧授舜禅非其时。
白鱼入舟萌革命，赤火流屋兴义旗。
片言激切金石烈，寸心忠赤天地知。
三分天下会朝一，分茅昨土因等差。
洁身独耻食周粟，隐居甘嚼西山芝。
北海神龙不可致，丹山瑞凤谁能羁。
首阳饿死兄弟俱，君臣父子名不亏。
维杨太守重清节，作庙复辟平滦基。
山高水深地增胜，春牢秋醴无愆期。
兴废举坠首及兹，廉顽立懦功名垂。
百年名教公扶持，百年血食恒如斯。
孔子仁兮孟子圣，天下至今歌颂之。

又

薛穰　滦州知州

竹帛昭垂旧隐名，商周兴废总关情。
蓟门东下留遗庙，辽海西来见故城。
尼父独称贤迈古，邹人曾记圣偏清。
悠悠往事何须问，黄叶秋风感慨生。

又

李文　郡人　河东运使

新庙辉煌壮一方，殷勤此日奠椒浆。

闻周养老来滨海，痛纣违天隐首阳。
千载清名昭日月，九天典祀荐烝尝。
不因太守敦风化，依旧城阴遍野棠。

又

杨祥　郡人　山西佥事

兴师牧野吊苍生，二圣由来耻战争。
不向军门上降表，敢于当道请休兵。
一时昆弟真情见，千载君臣大义明。
再拜祠前欲归去，清风时有飒然声。

又

杜濬　郡人　礼部司务

众叛亲离事已非，商家城郭半陵夷。
微躯敢抗三军勇，大厦还将一木支。
崇报喜承昭代典，纲常无愧后人师。
仰瞻遗像徘徊久，带得清风满袖归。

又

王翊　郡人　进士

逊国求仁已得仁，马头忠谏逆龙鳞。
一时穷饿甘心死，万世褒崇大义伸。
衰草寒烟迷故里，清风明月伴遗真。
剜苔几读荒碑字，孝弟由来出荩臣。

又

祁凤

何年孤竹改卢龙，一片荒城草色茸。

闲向夷齐祠下过，山河犹自起清风。

又

吴杰

平滦古名郡，孤竹旧封疆。
庙古丹青剥，城堙草木荒。
崇山峙盘礴，远水来微茫。
予忝守兹土，祀事严烝尝。
裸献明禋礼，登临夫子堂。
徘徊凝望久，寥落入心伤。
屋溜浸冠盖，墉穿损栋梁。
经营宁敢后，修葺讵容遑。
汇匠陶砖甓，抡材简豫章。
巍峨崇殿宇，廓大建宫墙。
黝垩施重壁，丹青炳上方。
庶几昭景贶，端可妥灵光。
清节题华扁，焄蒿蔼庪廊。
山川掀地秀，草树发天香。
挩古回宽厚，钟今启俊良。
清风播千世，地久与天长。

又

邵遽

孤竹之城成荒芜，孤竹之庙何其都。
森森松柏栖寒乌，蒲牢铁马惊城狐。
忆昔商季民力瘏，吊民伐罪相剪屠。
因心让国若泥涂，军前扣马声喧呼。
采薇嚼芝甘郁纡，廉顽立懦功不诬。

我来吊古瞻庙模，清风飒飒毛发疏。
丹青载求遗像图，乱臣贼子恒凛如。
乱臣贼子恒凛如，挽回万古为唐虞。

过永平有感三首

刘宣　吏部侍郎

别却平滦四十年，重来风景绝堪怜。
满城弦诵文风盛，遍野桑麻雨露偏。
叠塞重关闲虎旅，千村万落总人烟。
太平有象吾皇德，补报无能倍赧然。

昔日交游总缙绅，于今十有九沉沦。
闾阎铺地多新主，冠盖如云少故人。
往事悠悠如大梦，浮生冉冉似轻尘。
独遗李杜陈公在，对酒高歌感慨频。

少年仗剑戍龙沙，黄甲叨名岁月赊。
三纪萍踪依凤阙，几回飞梦到天涯。
山川再见情怀畅，故旧重逢喜气加。
归老江南应指日，题诗谩俾后人夸。

题韩文公祠

张琦

封书才奏贬潮阳，遗像堂堂在故乡。
一代文章瞻北斗，千年忠义凛秋霜。
衡山云散峰凝翠，南海鱼驱郡有光。
崇德报功昭代典，何妨庙祀共天长。

又

沈义　工部侍郎

纷纷邪说蔽天真，独立难为献纳臣。
道统阐明千载绪，文章洗尽六朝尘。
抗言佛骨生前表，遗庙丹青死后身。
赢得高风垂不朽，泰山北斗照儒绅。

又

陈玮　昌黎县学教谕

佛骨迎来大乱真，谁能敢谏作忠臣。
岂无宰辅居言路，独有先生出世尘。
上表止知扶世道，抗言那肯惜余身。
阐明圣学传千载，令誉巍巍仰缙绅。

又

朱裎

先生才器重如山，独占唐朝第一班。
驱鳄有文投碧海，屠龙无计出蓝关。
生前藻棁同樊柳，身后鸿名配孔颜。
最是能言距杨墨，至今清誉满人寰。

又

邵迻

有唐中叶挺真贤，会合贞元岂偶然。
力挽古文回八代，心原大道示千年。
得门孔孟宫墙近，报祀春秋俎豆虔。
未学自惭沾勺润，寸心常系斗山边。

又

吴祺

谪宦潮阳未竟还，故乡祠下水潺潺。
一生浩气云霄上，万里英魂咫尺间。
后学有缘依北斗，异端无计肆狂澜。
唐家养士几千亿，三百年来谁与班。

巡边夜宿长峰寺逢初度二首

洪钟　都御史

僧房此日逢初度，已觉年来鬓渐星。
天地肯容吾属老，关山长识此毡青。
一官报国心恒在，百废催人辙未停。
寄语浮屠莫相笑，贤劳古亦惯曾经。

又

僧房此日逢初度，虚过年光半百余。
镜里容颜成老大，眼前功业竟何如。
近畿涤瘵谁人济，远塞烽烟几日除。
王事经心浑不寐，坐深寒烛更踌躅。

过长岭峰寺

陈玉　监察御史

欲扣奔忙未了因，上方烟霭隔红尘。
庭参麈节鸟声静，地少芊蔬僧味贫。
木榻草茵空忆梦，炉薰茗碗解留人。
振衣一啸出门去，远道悠悠独怆神。

山寺有感

白金

　　子备知东南民力莫支，而西北边关之丰歉尤未深知。盖忝职民曹，传闻恨未目睹。辛酉秋，谪官公事过此，四望落寞，如入无人之境，践不毛之地，可为痛哭，宁不为宗社重镇寒心乎？而司国计者尚徐徐，亦独何哉！不揣平陋，辄步前韵，里妇效颦，不自知丑。时山寺夜分，月色如昼，四壁悄无人声，操觚兀坐者久之。

　　欲历关山未有因，偶从薄宦息征尘。
　　夕阳古寺市声远，秋水荒田到处贫。
　　野望有情今夜月，呻吟多恨旧时人。
　　封章欲具民图上，日远天高空弊神。

渝关怀古

闵珪　都御史

　　我从广海来辽海，看遍千山复万山。
　　路入迁安偏近塞，马经渝水恰临关。
　　姜坟有迹空遗恨，秦岛无丹可驻颜。
　　欲吊唐文写新句，萧萧故垒五花环。

谒武宁王庙

马文升　都御史

　　万里山河属大明，佐成帝业半王功。
　　千年际遇人难并，一代英雄孰与同。
　　貔虎久挥清冀北，金汤弘建控辽东。
　　至今山海崇祠庙，血食绵绵永不穷。

又

顾佐　都御史

　　云龙风虎际昌辰，铁马金戈靖虏尘。

百雉层关今尚固，千秋报祀永难沦。
乾坤疆宇恢前代，带砺山河启后人。
庙貌仰瞻生气凛，朔方长赖庇吾民。

谒邹都宪祠

洪钟

中丞声价重当年，经济才高压后前。
千里关山劳保障，一时艰险赖周旋。
功留社稷华夷见，名著乾坤史册传。
今古清风兴仰止，令人深愧费厨钱。

题山海关

马文升

曾闻山海古榆关，今日经行眼界宽。
万顷洪涛看不尽，千寻绝壁画应难。
东封辽地三韩险，西固燕京百世安。
来岁新正还旆日，拟图形胜献金銮。

又

刘时敦　山东佥事

东望营州眼界赊，蘼芜渺渺遍天涯。
古今人度关门险，南北山分海路斜。
鳌背晴看翻雪浪，马头日逐逼风沙。
驱驰王事谁非客，总是安边为国家。

又

闵圭

幽冀东来第一关，襟澄沧海枕青山。

长城远岫分高下，明月寒潮共往还。
贡入梯航通异域，天开图画落尘寰。
老臣巡历瞻形胜，追想高皇创业艰。

又

吴绍生　员外郎

曙色催残漏，寒威入绨袍。
驱车登峻坂，拥节出平皋。
地接南溟近，天连北斗高。
陇云迷古塞，关月照空壕。
语话乡音异，奔驰仆从劳。
所希征补报，不是效游遨。

山海关南海口一首

洪钟

晓日江城景霁和，抚巡时复一经过。
五云西去恩光重，重译东来职贡多。
固国有关严虎豹，绥夷无事用干戈。
太平功业超千古，六合同欢海下波。

山　　海

董廷圭　山东副使

太行尽处高摩空，蜿蜒起伏如飞龙。
振衣千仞览八极，禹州九点罗心胸。
秦人筑城跨崖起，竟海为关万余里。
黄昏虎豹卫重门，白日蛟龙见尘市。
桑田几变城依然，尚与汉塞通人烟。
巉岩巨石剑戟列，槎牙老树藤萝悬。

险如云栈穿剑阁，一夫当关万夫却。
浩如天堑阻建康，谁能飞犯钟山阳。
黄埃散漫迷征道，对景令人面如槁。
戈铤影里鬼神愁，刁斗声中天地老。
古来雄杰几经游，势奔雷电气横秋。
万骑无功李唐悔，只轮不返辽金羞。
我皇抚运真尧舜，不重边功重边镇。
内修外攘两无虞，白首无人识行阵。
关门锁钥长不扃，坐膺方国来王庭。
禁中颇牧此高枕，吟对蓬莱数点青。

题偏凉亭

汤鼐　监察御史

一亭高构瞰长流，蹑级扪萝到上头。
路险直疑无地入，云深却讶有仙游。
登山载酒成嘉会，举网求鱼得久留。
点检此行惟此乐，题诗先遣谢滦州。

又

亭上晴岚翠欲流，亭前流水镜光浮。
四檐峦障围屏小，两岸人家树木稠。
乘兴偶来纾远望，探奇独上最高头。
醉中更爱溪鱼美，合作东巡第一州。

又

邹鲁　监察御史

汀洲何事号偏凉，今古祥风宇宙长。
云过遥岑山出秀，月笼远渚水生光。
人间酷烈不知午，天下澄清独见霜。

自是祝融司令拙，火龙无计入滦阳。

又

夏暹　兵部主事

福地清虚自不凡，拥窗山色尽堆蓝。
怪他俗事多萦虑，爱此幽亭好驻骖。
风挟潮声来海上，雁拖秋影过汀南。
赏心不计归途远，谯角黄昏已奏三。

又

亭在嶙峋最上头，飞崖欲坠枕寒流。
一尘不到清无敌，六月方来暑尽收。
载酒昔年人尚在，题诗今日我重游。
凭栏无限登临兴，细听渔人倚棹讴。

又

徐以贞　顺天府治中

夏日驱驰驿路长，因过此处坐乘凉。
山屏水带无穷趣，涧草蹊花不尽香。
鱼钓低垂思吕望，石床高卧傲羲皇。
只消公事江亭了，一醉斜阳也不妨。

又

刘丙　监察御史

公余憩此值新晴，山水临窗最有情。
沙鸟乘波飞又去，汀花隔雾暗还明。
僧归自识潭中影，渔唱频赓月下声。
不独寻常供咏赏，天应设险壮神京。

又

张显　太仆寺丞

淡烟疏树草亭新，明月清风自结邻。
云外青山频入望，眼前无地不涵春。
白鱼市酒还宜我，社舞村歌亦可人。
坐久释然忘世虑，满怀幽趣隔嚣尘。

又

朱裡

晓日偏凉列绮筵，凭栏一望尽幽襟。
□□□□□□地，山色青连鸟外天。
临水细寻归鸟路，□□频唤打鱼船。
晚来却绕滦江转，笑看孤鸿没远烟。

又

薛穰

幽寻胜地敞华筵，纵目遐荒总是燕。
门对乱山青入座，路缘流水碧连天。
负薪樵憩临溪石，待渡人招隔浦船。
归路垂鞭孤骑缓，夕阳高柳数株烟。

又

潘龄　滦州知州

胜游何用觅蓬莱，对坐幽亭四望开。
清籁满窗情自适，白云连海首重回。
柳塘船出鸥飞起，松磴棋收鸟下来。
更羡此中多乐趣，莺声犹解劝余杯。

又

吕镒　滦州知州

谁道偏凉尽草莱，登临此日壮怀开。
梵王宫隔尘凡迥，渔父船从鸟道回。
卷幔山泉浮爽入，推窗晴嶂送青来。
老僧惯识朝端客，笑脱袈裟倒酒杯。

又

冯经

一方佳致出蓬莱，梵宇峥嵘倚嶂开。
翠壁烟消禅榻静，碧波风挽钓船回。
地灵盛感骚人咏，鲈美常招好客来。
宦邸幸逢尧舜日，几同登眺醉金杯。

又

邬仿　浙人　乡贡进士

亭下清泉不断流，俯观臣舰一杯浮。
八荒云散韶光合，四面窗开景物稠。
醉望恍疑图画里，坐临如在巘山头。
丈夫到此须行乐，况复滦阳接帝州。

又

前人

素练晴拖碧玉流，数椽新构大江头。
登临不作仲宣叹，冠盖仍追灵运游。
太守携尊情款洽，山僧煮茗喜延留。
一时盛事群英会，慨愧兰亭禊剡州。

又

尹洪　监察御史

小亭宿构扁题新，野寺相依少四邻。
潭水带寒惟称夏，石山藏秀不宜春。
啼饥乌鸟如求我，戏藻金鳞似悦人。
去路归途风土静，豸袍浑不染芳尘。

又

前人

幽亭偏得夏天凉，到此人皆爱日长。
水激清湍来爽气，风回翠嶂落寒光。
暑中不羡三秋节，夜半曾疑六月霜。
闻道穷檐寒更甚，欲凭时相燮阴阳。

又

尹洪

滦州僻在北土隅，横山直下滦河际。
昔人亭此或偶然，立石扁亭如有意。
世情好热多避凉，斯亭取凉真得地。
斜流一水拖碧蓝，环绕群山拥苍翠。
山风周回似水流，水气腾扬讶风起。
坐久怪我身怯寒，翻疑夏孟是秋季。
苏子夜游赤壁前，严陵晚钓秋江里。
宾主不施百拜仪，举杯终日未成醉。
不畏祝融鞭火龙，不知大暑为酷吏。
只恐玄冥司令来，顷刻无人可堪此。
我愿明年春到时，阳和先到□亭底。

和韵

吴祺

偏凉亭上骢马游，一脉斯文喜遭际。
坐谈经史训迪多，怜我坎轲若杨意。
一亭结构未为华，水绕山环欣得地。
落花满地飞残红，种木成林长新翠。
鸟飞隔岸穿柳斜，鱼跃深潭冲浪起。
青毡坐我六月寒，凉飚不辨四时季。
兴来爱此山水嘉，笔锋移入画图里。
当筵不以势分拘，击鼓传觞共期醉。
醉余不忘民瘼苏，岂独古来有良吏。
吾民借寇思无由，安得明年复来此。
鲰生幸赖陶镕功，刻骨铭心应到底。

又

涂昇

驻节平滦十二阳，披图阅景冠幽芳。
欲乘春暖消尘虑，且瞰偏凉憩俗忙。
起伏蛟龙超岱岳，盘旋脉络续西行。
清涵沼面澄源洁，绿浸潭心势渺茫。
渔艇垂钓频上下，野鸥随浪任游洋。
珍禽异兽争呈巧，野草幽花远送香。
凿壁穿崖营梵室，临流背谷构云堂。
坐来峦翠宽衷臆，望入清华助锦囊。
举网获拖幽润鲤，开尊自酌紫霞觞。
逸羁世态情还泰，潇洒胃襟性岂狂。
烽堠无烟边鄙静，田畴多雨庶黎康。
九州宁谧乾坤泰，四海升平日月长。

忝命东巡登玩赏，愧无佳制诵吾皇。

又

张熊　太仆寺丞

翠壁丹崖结构幽，八窗虚白映寒流。
清风明月时来往，两腋偏凉六月秋。

又

层层级级步纡回，前山后山招欲回。
亭前一带古今水，送得清凉入座来。

又

张时泽　兵部主事

远山青插汉，流水浅拖蓝。
月冷波心钓，风清柳外骖。
咏觞追月下，览景类江南。
我辈登临此，徘徊至再三。

又

滦水清奇处，悬崖翠欲流。
亭幽暑气薄，洞古暮云收。
登眺乘佳兴，留题纪胜游。
满前风物好，击壤有人讴。

又

张桓　太仆寺丞

横山东尽处，高阁瞰回流。
崖湿阴云重，潭空暑气收。

使君怜独往，暇日喜同游。
光景正堪赏，渔樵共一讴。

又

郑鼐　滦州知府

胜景即蓬莱，登临曙色开。
远山青突兀，流水碧萦回。
塞外烽烟息，河东凉月来。
幸逢尧治日，吟赏莫辞杯。

又

吴杰

偏凉亭何奇，纷纷聚野马。
冰壶一片清，六月不知夏。
天地若许人，劳逸不相假。
何如均此凉，遍及挥汗者。

又

邵迻

祝融鞭龙山石裂，四野虫虫煽炎热。
滦江西畔起高峰，峰上高亭形嵲嶭。
滦江俯瞰碧涟漪，清风徐动来岩扉。
红尘匝地飞不到，赤日行天苦不知。
昨来揽辔观民瘼，独坐亭中景寥廓。
不须羽扇动摇频，顿觉祥飚起天末。
是风谁知雌与雄，只输宋玉歌王风。
下来随步寻幽胜，襟怀不与尘埃同。
循行珑亩不堪暑，锄禾农夫汗如雨。

缅思亭上自清凉，几度嗟咨不众与。
凉兮凉兮我不私，愿与吾农相共之。
污邪但得满车载，输却公家了度支。

题碣石

陆得举

丹峤撑空屹海湄，孤峰笔立云鳌齐。
势雄东表三韩小，气彻中天北斗低。
神斧曾劳修砥柱，仙灯应见下云梯。
扶桑枝上晨光早，常听天鸡半夜啼。

观长城偶成

邵遴

谁筑长城万堞雄，秦皇曾此著奇功。
委蛇高下蹲还伏，迤逦东西横□□。
□马饮泉依敌界，单于款塞慕皇风。
督□我亦勤修创，愿固华夷万古封。

过平滦有感

杨璿　都御史

凉风如水马如龙，往事分明一梦中。
二十七年重过此，野花犹作旧时红。

题横山龙井

方经

半亩龙池积翠中，清泠仿佛水晶宫。
九重云霭四时在，万里滦河一窍通。
雨夜分流来绣陌，晴秋引月下瑶空。

连村烟火人今古，长藉余波洗困穷。

又
薛穣

丹崖碧障井宏开，削石粼粼水自来。
万丈虹光天上映，一泓雪影镜中回。
清香入碗和仙药，爽气涵窗沁客杯。
此外俗尘浑不染，沧浪歌罢独徘徊。

游横山寺
薛穣

数椽僧舍俯清溪，细草春香路欲迷。
野水乱流滩上下，岩山斜矗树高低。
天生石井泉通海，地接滦江柳暗堤。
抚景畅然心赏逸，半林花雨鹧鸪啼。

金泉亭
吴祺

淡烟荒草迹生尘，疏凿终当属后人。
尺水涌流非藉雨，一亭新构可延宾。
平池风度莲香好，夹岸春回柳色新。
佳致满前看不厌，仰思兴废岂无因？

岩山虎踞
方经

路出城南万里平，翠岩如虎独峥嵘。
英声不向风前吼，恶影常从月下生。
春暖岑峦多鸟语，晚晴林麓绝狼行。

信知奇异由天造，莫怪丹青画不成。

题芹山

吕镒

四野岩峣拥翠峰，临溪芹垄自春风。
暖生和气吹嘘内，香散神机动荡中。
秀色遥连芳草碧，乱丛深护落花红。
登临几度耽吟眺，满目烟光岁岁同。

题溯河石桥

陆宽

水势襄陵已有年，石桥高构得安然。
磨砻多费他山石，修复曾输自己钱。
济水不须还作楫，策肥何用谩停鞭。
个中阴隲绵绵地，更有芳名石上镌。

过定流河

方经

一派朝宗水自流，寒烟萧索古津头。
鸡鸣远浦家家月，渔老空矶处处鸥。
散聚沙边人待渡，往还江上客呼舟。
西风疏雨黄昏后，枫叶芦花两岸秋。

题峰山泉

源泉高出白云峰，清冽寒声迥不同。
点溅悬崖珠错落，光涵明月玉玲珑。
奔流直向川渊去，潜脉还疑渤海通。
山下有田皆黍稷，不烦雷雨自时丰。

游洞山

朱禋

朝宴偏凉汀，夕渡洹河水。

洞山更在横山东，叠嶂参差画屏里。

一径入山腹，窈窕缘青萝。

上临有顶拂苍翠，下极无地皆盘陀。

横者若双峡，植者如兵戈。

高者疑雉堞，低者同旋窝。

峪岈亘古蟠地轴，万象迥隔迷森罗。

大哉造化结灵异，刊空宛转如青螺。

神奇物怪互恍忽，珊瑚玉树交枝柯。

中有忍辱仙，跌坐悬崖间。

左为大迦叶，右者如阿难。

拈花相顾一微笑，点头应悟无生关。

棱棱铁色绣苍藓，绝顶斜露天光悭。

我来游览当首夏，绿阴啼鸟声绵蛮。

探幽历险昼秉烛，十步九拆穷跻攀。

同登二三子，府倅偕郡侯。

相逢邂逅总乡曲，文采光映珊瑚钩。

索我赋长句，拟刻西岩头。

要令姓字与山谷，同传万岁而千秋。

我诗不足珍，惟有德者名乃留。

君不见，先王礼乐不假石，天下至今称孔周。

题岚山

叶昶　迁安县学教谕

山势崔嵬散复攒，重重翠色引层峦。

卷舒未许高低辨，浓淡从教远近观。

雨过半空青障湿，风回盈岫绿茵寒。
伊谁共整寻芳履，有约登临出杏坛。

题长城

朱裎

一带蜿蜒绕北平，堑山堙谷类天成。
城边尚有秦人骨，洞下犹闻汉水声。
西尽云中横大漠，东联辽海卫神京。
于今塞上无烽火，饮马胡儿不敢行。

迁安歌

迁安旧是幽州土，洪武初年附明主。
人非城是虽变更，百里江山自今古。
都山后耸万仞高，积雪经年凝不消。
秦城筑向山之□，天骄不敢纷尘嚣。
滦江如练当前绕，滩激号涛达昏晓。
□岚面拥翠屏开，坐奠滦江镇江口。
贯头巇薜经西南，坡陀丘垤随湾环。
大云寺倚巅崖底，钟声远出云霄间。
黄台以东二十里，团洞峨峨夹分水。
东牛晒甲脉相连，一带清溪发边迤。
其中沃壤四望平，茅檐瓦屋参鱼鳞。
乘春榆柳迷村坞，过雨桑麻蔼社屯。
纷纷杂产殊名目，牟麦荞粱与嘉谷。
药材果蓏既繁滋，布帛丝绵复充足。
曩时不幸际辽金，黎庶危危战血腥。
胡元入主我中国，毡裘簟席乖人伦。
天启皇明拓边境，九十年来赖安枕。
疲癃残疾毓熙和，鳏寡孤茕脱饥窘。

男耕女织士诗书，比屋连封总裕如。
浇漓丕变归淳厚，日用常行保厥居。
方今天子受尧禅，穆穆皇风满畿甸。
五湖四海不扬波，万国多方咸贡献。
迁安密迩辇毂边，日照月临常不偏。
唐虞风俗看今日，巩固皇图亿万年。

兔耳山

娄大方　浙人　抚宁知县

地夐群山几百重，巅峰独竦不雷同。
形盘龙尾连沧海，势耸鳌头直接空。
云覆寒潭晴作雨，霜凋老木夜生风。
曾登兔耳三千尺，系我攀缘到月宫。

秦皇岛

杨琚　兵部主事

岧峣神山峙海边，始皇曾此驻求仙。
羽轮飚驾今何在，方丈瀛州亦杳然。
古殿远连云缥缈，荒台俯瞰水潺湲。
红尘不动沧溟阔，芳草碧桃年复年。

又

邵逵

徐福楼船去不回，銮舆曾此驻丛台。
千寻浪泊纷如雪，万叠潮来吼似雷。
草树尚然笼碧嶂，烟霞依旧锁苍苔。
追思谩忆长生药，回首沙丘事可哀。

观海

张弼

郁蓝波接郁蓝天，主圣臣贤久晏然。
欲问吾家在何许，鹊飞尽处白云边。

又

看海持觞酒入肠，诗怀酒兴共茫茫。
翩然欲借仙人鹤，稳驾东风入帝乡。

又

尚纲　兵部主事

常年来向海边头，蓬岛仙山何处求。
潮汐奔腾坤轴走，波涛汹涌雪花浮。
凭栏对酒看无厌，倚马题诗咏未休。
沉醉谩思张博望，乘槎共到月中游。

又

萧显　郡人　任佥事

风起涛惊雪作崖，瞳瞳日上冻云开。
桑田谁是曾经眼，舟楫君当大济才。
静夜鲸声到城郭，有时蜃气浩楼台。
一回临眺一回喜，洗却人心万斛埃。

又

周晟　本府知府

由来沧海阔无穷，春暖潮生势愈洪。
隐隐骇听雷出地，漫漫极望水浮空。

鱼龙变化应须有，岛屿微茫已莫通。
清晏效灵当盛世，坐看江汉尽朝宗。

登镇东楼

张弼

行上高城更上楼，凭阑一望思悠悠。
山开图画催吟兴，海作杯棬荡醉眸。
箕子故封今异域，管宁旧隐是何州。
遥闻胡马时南牧，未请长缨愧白头。

又

尚缙　兵部主事

试倚危楼趁午凉，清风真可傲羲皇。
百川流水归沧海，万里闲云阁太行。
座上笑谈挥麈尾，望中岐路绕羊肠。
吟余欲奏南薰调，鼓角催封幕钥忙。

山海亭

陈钦　兵部主事

海外风烟静玉门，山亭高爽谢烦喧。
冯虚直与中天近，择胜无如此地尊。
云叶覆衣晴亦润，墨花落纸久能存。
岚光万里开游目，惟有长安望不昏。

次　韵

陶成　县学

山到虚檐海到门，就中小憩息尘喧。
诗登紫石仍留稿，酒引黄流不计尊。

遥望桑田知几变，俯求陵谷见常存。
归途莫谓身乘险，自许清明未浊昏。

温 泉

孙镇 卫辉知府

上方境界隔红尘，一派灵泉若有神。
混沌溪边云不散，氤氲池底夜长春。
火龙烧渴三江水，□釜然空大地薪。
我欲呼童闲澡雪，咏歌愿作浴沂人。

题围春山居

洪钟

翠拥螺攒四面高，雨香云淡景偏饶。
始怜径路稀车马，便觉林泉隔市朝。
红白花开桃李树，笙簧声度燕莺娇。
寻常诗酒皆堪乐，莫怪渊明懒折腰。

游孤山

陶成

乾坤作主我为宾，千古风流四序春。
山到海隅开坐榻，日依天表识龙鳞。
氛埃未脱迂疏梦，忠荩难冯笔札陈。
长啸不禁愁绪集，繁霜劲草得吾真。

双雁坨 有引

朱昶 郡人

滦城之南民人李氏子，以捕生为业。一日获一雄雁，归而铩其羽。其雌随之飞绕，悲鸣三日而后去。李畜其雄于庭宇间，久而渐驯。明年春候雁北，其雌复来，飞鸣如前时者累日。其家异之，乃出雄于闲静之地，且潜窥之。须臾，雌雁径投其处，周旋俯仰，鼓翅相呼，意若与之偕飞，雄终不能去。既而两颈相交，如作绳之状，良久俱毙。乡人云集而视，咸嗟叹之，相与葬于高坨之上，因名坨，曰双雁。鸣呼，雁一禽耳，而能重节义轻死生如此，其视世之人，患难不相恤，生死不相顾者，曾斯雁之不□□，观此宁无愧乎？滦阳朱昶因作歌，以为世劝云。

> 边山有雁乘风起，结阵南翔求所止。
> 衔芦万里避危机，相将暂落滦江涘。
> 无端恶少恣凶残，设机掩取夫何难。
> 斯须一雁被笼络，其偶悲鸣何能安。
> 孤飞远向衡阳去，转眼春光回旧路。
> 飞来还觅旧同侪，一见羁鸿宛如故。
> 投身直下相与亲，口不能言声叫频。
> 从容交颈甘心死，悲酸感动铁心人。
> 天赋彝伦人所受，谁谓飞禽亦同有。
> 高垄巍然号雁坨，万古千秋传不朽。
> 我作此歌非好奇，事关风教人当知。
> 同胞同室休反目，观此灵禽宜自思。

永平十景

孤竹清风

王和　郡人　监察御史

> 逊国当年卧首阳，侧身天地梦殷商。
> 寒祠扣马难图亓，风木萧森鬼画墙。

又

朱吉

俯仰宇宙间，茫茫谁足数。

令德无二人，清风扬万古。

山川流峙久，日月光辉睹。

寄语后来人，毋劳叹丘土。

又

刘达己

天挺英豪伯仲贤，孤城遗迹尚依然。

精灵已逐风云去，高节还同日月悬。

微老空山闲暮雨，祠荒故国锁寒烟。

我来吊古情无限，一啸风生万里天。

谯楼霏雨

王和

沉寥高构似翚飞，暮鼓晨钟漏箭迟。

长笑白云檐际宿，天门风雨为催诗。

又

陆得举

六曲阑干百尺楼，断虹细雨未全收。

蛟潜古甃阴连昼，鹤过寒汀早送秋。

翠拂檐花飘几席，光筛□脚下林陬。

品题何必潇湘趣，海上沧洲近易求。

又

张从道　本府知府

谯楼鼓角起中天，下有渊渊玉井泉。
龙气薄檐飞翠雨，香风出水涌金莲。
霏微迥与潇湘接，迢递遥看井干连。
此日凭阑衣欲湿，疑沾恩露五云边。

龟峪藏春

王和

阿陵佳气郁葱葱，石乳依稀洛画同。
不似桃源有流水，眼前何处觅残红。

又

陆得举

山如玄介伏江滨，吐纳乾坤不老春。
鳌极豆安绵甲子，混元凿出吐氤氲。
河呈图瑞文明日，著长灵苗雨露辰。
风景融融奇胜处，林泉多见寿眉人。

又

陈述　监察御史

洞门深锁早阳回，神斧埋云未凿开。
但见碧桃和露发，不教红杏出墙来。
好山倒影如凝黛，流水浮香似泼醅。
幸得东君长作主，肯容花落委苍苔。

莲塘避暑

朱吉

莲开朱夏花，画舫移洲渚。

□□□香风，光□□炎暑。

开窗睹鱼跃，按浆防鸥起。

长啸欲归来，高峰暮烟紫。

又

陈述

纳凉何处最相宜，莲满芳塘彩舫移。

翠盖动摇风起处，红衣零乱雨来时。

寒生定碗调冰水，香绕并刀雪藕丝。

一曲棹歌归去晚，蝉声犹在绿扬枝。

又

张时

赤日流空昼正长，偶然乘兴濯沧浪。

碧天雨过林峦润，画舰风生枕簟凉。

觉后政嫌鸥梦破，醉来偏爱藕花香。

六桥记得追游处，载酒吹笙散发狂。

滦河待渡

王和

牛渚然犀两岸红，鱼须蟹眼蓼花风。

兰舟共济中流急，河鼓星槎上界通。

又

陈述

滦江隔岸夕阳明，归客匆匆向此行。

停骑正愁山路晚，急流无奈野舟横。
亭亭树影连人影，汩汩波声杂鸟声。
作楫叹无商傅说，济川心事与谁评。

又

刘达己

滦江东去栖蓬莱，环抱平城两岸开。
过客踌躇沙际立，渡舟缥缈柳阴来。
征骖肃肃归程促，行李萧萧落日催。
空羡高飞天外翼，今人惆怅重徘徊。

江亭文会

王和

岚气浮江带目黄，亭前童冠濯沧浪。
源头活水观澜意，相对心斋坐已忘。

又

陈述

群贤济济气如虹，江上亭开此会同。
千里绿波芳草雨，一声黄鸟落花风。
诗成笔底迭赓和，酒满樽中长不空。
细雨论文因坐久，何妨归步月明中。

又

张时

飞甍江上绿逶迤，簪盍喧天枥马嘶。
甲弟当年轩宇宙，衣冠盛代讲唐虞。
觞流太史亭前饮，记拟滕王阁上题。

明日庙堂添故事，德星定奏聚东奎。

卢龙古塞
王和

百二河山据上游，沙场屯戍几经秋。
燕然赋就疑鱼鸟，千里金汤护帝州。

又
陈述

黄沙漠漠际退陬，紫塞风云拱上游。
令肃重关严虎豹，兵屯万灶拥貔貅。
狂胡莫肆侵凌计，上将先施战伐谋。
烽火不红山自碧，征鸿飞断海天秋。

又
刘达己

祖龙提剑定边陲，拟筑长城固国基。
天限华夷山势壮，地分南北塞垣危。
古来战骨皆黄土，今日安边属盛时。
羽檄不飞烽火静，韶音坐睹凤来仪。

南山石虎
王和

见说於菟卧草来，惊弦饮羽负崔嵬。
回头白额栩成误，觳下将军激壮怀。

又
陈述

耽耽睨视欲狰狞，形出云根似琢成。

日落山前空有影，风生谷口寂无声。
藓苔剥蚀疑毛长，芦笋斜穿讶爪生。
箭镞没痕今不见，独留李广射时名。

又
陆得举

巨石狰狞猛兽如，斓斑苔藓一於菟。
恐因听法身先化，不为伤灵迹远通。
雄势令人严武貌，华纹宜尔刻金符。
长年□虑南山麓，俯首耽耽类负嵎。

碣石晴照
王和

势耸巉岩望海门，晴空倒影动云根。
鼋翁一去无消息，禹迹千年此尚存。

又
朱吉

万仞苍苍入云表，一峰独立诸峰小。
天上金鸡啁哳鸣，海门日上扶桑晓。
晴光远射黄金堆，六鳌簸荡岩谷开。
安得天风生翰翼，眼观八极窥蓬莱。

又
陆得举

谁将玉笋插山巅，东表称雄障百川。
高揭彩霞昭瑞气，远扶晴旭上青天。
云梯隐隐神仙近，鳌极峨峨岛屿连。

西望神京长拱仰，蓬莱宫殿五云边。

都山霁云
陆得举

群峰环立拱都山，积雪遥连玉宇寒。
气彻九秋无六月，光摇孤竹照三韩。
雪边顿觉迷银海，月下浑如舞白鸾。
莲社高人同避暑，好披鹤氅倚松看。

又
张时

山势如龙耸绝巅，山头积雪自多年。
四时凛若隆冬后，一气凝来太素前。
鸟道日临琼散彩，鹤巢云起玉生烟。
酒酣柱笏江楼望，疑是瑶池拥白莲。

又
朱吉

同云冻合天一色，鸟不高飞苔石裂。
朔风卷海声如雷，一夜都山满头雪。
千岩万壑光玲珑，琼台瑶室开仙宫。
是中可望不可到，安得一访浮丘翁。

太守吴公祈雨有感
邵遘

仁心一点格天和，三日甘霖澍泽多。
安得苏亭书喜雨，不须鲁史纪无禾。
两岐已卜来牟秀，五袴俄闻道路歌。

海内苍生望霖久，征书早晚下銮坡。

和韵
吴杰

格天功业在中和，夜检朝思内愧多。
政拙咎成贤妇早，才疏敢拟鲁公禾。
虽承大造施甘雨，还愿康衢击壤歌。
从此边亭烽警息，太平嘉应纪銮坡。

又
张廷纲

慎独工精自致和，黄堂守佐惠仁多。
回阳已见三朝雨，化沴能苏万井禾。
闽郡疲癃归衽席，康衢远近听讴歌。
吾家别业东郊外，绿满南坡与北坡。

又
萧显

自春抵夏天违和，邦侯遍祷忧惶多。
盆倾三日雨沃壤，珠联万顷云屯禾。
蒸民足衣更足食，士类载咏还载歌。
庙廊会看起黄霸，龙章烨烨来銮坡。

又
陈钦

一掬阳春自委和，维鱼占岁亦何多。
与共此者二千石，胡取廛兮三百禾。
就里天人元契合，由来府事有声歌。

龙潭不作投诗去，瑞应还谁纪菊坡。

又
吴祺

爱君忧国愿时和，感召乘时雨泽多。
南亩绿添芟后麦，西畴青入望中禾。
乾坤有意成丰岁，里巷无劳作谤歌。
甚欲筑亭书喜雨，浅才原自愧东坡。

又
郝隆

九重道德致中和，五马承宣赞助多。
东作喜沾三日雨，西成终见万川禾。
哀哀寡妇啼饥歇，在在农夫鼓缶歌。
政迹卓然皆可纪，已闻清誉到銮坡。

又
陶成

岁丰有象显时和，太守忧民念此多。
十日甘霖收旱暵，四郊沃土槭嘉禾。
滴�031未受通神术，同颖兼来载道歌。
昨向德星堂上坐，平山入望不危坡。

又
吉志学　郡人

莫道时雍气自和，定应侯德入人多。
几年紫禁留遗草，三载平滦产异禾。
地去边陲沾化雨，民环绿野尽弦歌。

古来良相由良吏，指日丹书下玉坡。

又

范兰　郡人

德政优优沴气和，依时好雨价增多。
黄堂画永无喧讼，绿野春深有茂禾。
乐只重闻燕地咏，清风复听首阳歌。
应知借寇留无计，指日乔迁觐玉坡。

又

萧鸣凤　郡人

三年政治万民和，此日天人感格多。
赤土顿令消沴气，稿苗终见变嘉禾。
欢腾蔀屋无饥馁，庆及骚坛富咏歌。
喜雨有亭重作记，郡公椽笔似东坡。

‖ 卷之十 ‖

集 文

文以载道，亦以纪事。兹所集古今文共若干篇，多记兹郡兴建之作，而事之始末，政之张弛，在其中矣。

重建永平府城楼记

陈循　少保、户部尚书兼文渊阁大学士

京师之东有永平府，盖孤竹国也。虽为《禹贡》冀州之地，然舜分十有二州，已隶于幽矣。至秦为辽西郡，汉属右北平，魏为卢龙郡，元为永平路。国朝始改路为府，置永平卫戍守。府故有城筑土，而已卑隘不称。洪武四年，指挥费愚廓其东而大之，周围至九里十三步。其形势则东表碣石，西界滦河，大海在其南，群山限其北。山之外为朔漠之地。城有四门，东曰高明，南曰得胜，西曰镇平，北曰拱辰。门上有楼，傍有雉堞相属，已壮伟宏丽矣。而于城之东、南暨北三最高处，又各为楼，以望烽火，名之曰望高楼。太宗文皇帝建北京，以其畿内东藩，且为夷夏喉襟之地，朝鲜诸番朝贡必由之路，乃增置卢龙、东胜左二卫所，以控制守御乎一方者，严矣！近岁朝廷虑典兵者久则或生懈惰，往往简命大臣之刚廉者，俾总其事且典其机焉。今圣天子践祚之初，都察院右佥都御史麻城邹公来学，实以提督军务巡抚是邦而至。公既遍阅关隘，悉设险固戍守，以防外患于不测矣。顾视永平城楼颓毁俱尽，无以壮观内服，威视远夷。会岁屡丰，人用咸给，乃聚工材，悉仍其旧而重建之。赞襄之者，则总兵官都督佥事宗胜、左参将都指挥佥事胡镛，暨都指挥佥事罗政、永平府知府张茂亦皆协力助成其事。盖经始于景泰二年秋七月十六日，而落成于是年之十月十五日。文武勤于奉公，故用虽费而不以为侈；军民乐于趋事，故成虽速而不以为劳。其视致力于释老无益之祠庙，若其他所为者，何可同日而语也哉！既成，宗公以为不可以不记其成之岁月，乃介翰林庶吉事刘宣来请文书于石，且以彰邹公之美焉。宣，予同郡人，尝自永平戌举进士，固予所爱重者。而邹、宗二公，又都宪总戎之贤者也，故不辞而书以归之。

永平府儒学重修记
彭时　太子少保、吏部尚书兼文渊阁大学士

国朝崇建学校，为教育贤才之地。几百余年，天下郡县无处无学。学之兴替，率视守令之贤否。守令苟贤矣，其葺旧更新，亦惟视其地大小丰约，以为华朴广狭之度焉。永平本汉辽西右北平郡地，今为京畿巨府，其山川秀伟，物产丰盛，蔚然为畿内诸府最。而学在府治西北隅，乃独固陋就简，未称观瞻，则理有不当。然者成化四年夏，关西王君玺自御史擢守永平，始至祗谒文庙，视学舍，病其隘陋倾圮，即欲修葺，而力有未裕。于是召集耆老沈询辈，议所以经营之方。佥曰："境内产有名木，多良材。"因令籍记千百株，委东关递运使陈华，次第采运至府。材用既具，诹告兴工。自庙学门庑以至神库、神厨、祭器、乐器，悉加修理，焕乎一新。又措置白金数百两，市学傍营地，通而广之，增建廨舍庖廪以居师生，制所当有，靡不完备。经始于七年二月，至九年五月告成。规模壮观，加于其旧，克称侯邦之度，而财不甚费、民不知劳，是皆王君经画之功与诸寮属协赞之力焉。予惟王君所以重修斯学者，无不欲作新贤才为朝廷用也。士之来

学者，可不思所以自新乎？夫自新之要，莫要于体道成德。道原于天，而具于心。其体，为仁义礼智之性；其用，为恻隐羞恶辞让是非之情；其切于人，为君臣、父子、夫妇、长幼、朋友之伦；其著于经，为《易》《书》《诗》《礼》《春秋》《语》《孟》之文。自古学校之教莫先于此，而□不异焉！学者，学此而已。□斯□则诵□□□□求□贤之成法，体之于身，谊以笃伦，以复性情之正，则□□□而德成矣。苟道德成就而未及用，则居家有以善其家，居乡有以善其乡，而郡之风化行习俗美其本，固系乎此也。及膺选拔而出见用于当时，得行道焉。则上自公卿大夫，下自郡县百职，无往而不宜，其所以兼善天下，跻盛世而隆治化，又曷不本诸此哉。此古人建学化民成俗之本意，非特教之专尚文艺为决科之力而已。永平多士，秀杰王君益加作兴，殆有意乎其本焉，可不谓之贤哉！然王君迁代有期，能新学以示作新，而不能待其成，故兹记其事，告后以不废。于是郡人掌通政司事少司马昌黎张公文质为之请，予嘉王君有志兴学，且重张公欲成其美，期后学之益盛也。谨记新学岁月于此，并述为学之道，以告继政君子，俾视此作勿废。

永平府新建社学记

张弼　兵部主事

永平郡密迩京师，控带边徼，军旅务殷，供需费重。故守此者，于凡学校礼文之事，率多弛缓而鲜整备，亦势然也。近岁鳌屋王侯廷用以名御史来守兹郡，明敏和淳，弊革政成，而谓学校之教，忠孝之倡，乃无形之干卤也，可缓于城池乎？遂于郡邑学官庙祠坛壝，靡不葺建。计惟里社之间虽间有私塾，而官无典设，幼学子弟何所于成？乃相地于城隍庙之傍创建社学，外门西面以临通衢，门之南北各立绰楔，署社学之名。中门则南面以升堂，堂凡三间，署曰养正。左右各翼以五间，而庖廪圂厕垣墉径术，以及几案什器之需咸备，师生讲肄，宾客登降，各适其所，父老惊叹，以为百年之所未有。侯与僚佐时往督励之，而提学宪臣至，亦稽课之焉。由是永平社学遂为列郡之倡矣。是役凡四越月乃成，书来征记其概，冀来者有闻，嗣而葺之，侯之意亦淳矣。虽然，今之社学即古者小学之制，实大学之基也。子朱子《小学》一书为此而设，授受服行可舍是乎？于是而不舍，则居而孝弟，出而忠义，俗日淳，才日兴，治日易，守则固，战则勇，无往不由是而出，社学果虚文乎哉！视崇饬老佛之庐者，奚啻霄壤也。故乐记其事，用告来者云。

迁安县重修城池记

江渊　翰林院学士

己巳岁冬，胡虏入寇。时海内承平日久，武备少弛，关门不戒，城郭不固，一旦烽火骤警，中外震惊，民庶遗走，惶惶无依赖。王师累捷，虏败遁去，民寖复业，犹顾望再三，不敢即其庐舍。至则焚毁过半，生计索然，又散而之他者有矣。朝廷于是升通政司参议麻城邹公来学为佥都御史，往抚之。自京北近城至永平、山海一带，城池、关隘、士马、甲兵、钱谷，悉俾便宜从事。公发自名科，素蕴才器，廉勤公正，足以有为。始营沿边诸司隘口，增筑城堡，益兵哨守。明斥堠，谨烽火，千里严险，屹然如天造地设。虏众莫敢窥视，民获安止。越明年，岁登人和，复经理腹里诸郡邑城堡，以谓迁安要地，东抵榆关，南界至海，西近京师，北与沙漠接壤。永乐中，尝移兴州右屯卫官军屯驻前来。旧有土城，岁久陵夷颓陷，寇至，卒不能抗守。公与总兵都督宗胜、参将胡镛、马荣议以克合。遂命工举板干，视旧制高厚，而外包以砖石。以七月甲子首事，告成于冬十月甲申。楼橹翚飞，雉堞联络，门塞壮丽，池水深浚，其为役诚大矣。然民经变离之后，室家幸而无恙，而又有城郭为之保障，甲兵为之捍卫，乃相劝乐于趋事。虽费而益勤，劳而不怨，故其成尤速也。昔南仲城于朔方，仲山甫城于东方，周人作诗美其有攘夷狄安中夏之功。是则城郭者，先王所恃以卫民，不可以后，使有其患而图之无其具，虽有智勇亦何足恃？然则公于斯城，不徒完固之，而又择贤将以守之。凡练习进退击刺之节，公亲为之教阅指授。是盖图之有其具，守之有其人，治之有其法，一劳而永安也。公可谓不负朝廷之所付托者，其视南仲山甫何如哉？是役也，将吏咸谓公之功及于民者溥矣，不可以无述，□请记其岁月，将归镂诸石，以传于方来云。

抚宁县新城记

彭时　太子少保、兵部尚书兼文渊阁大学士

　　距京师之东五百余里，有府曰永平；又东八十里，有县曰抚宁，是为永平属邑。盖其地在汉隶右北平郡，汉以后率多荒废，至金大定末，升新安镇为抚宁县，抚宁之名始于此。元无抚宁，与昌黎邻地，或并或析，最后乃并置焉。国朝因之。洪武十一年，知县娄大方以避寇故，请迁治于兔耳山之阳。永乐中复即旧治置抚宁卫，而卫与县相去十里许，皆未有城，居者凛焉，惟外患是惧，名虽曰抚宁，而实有不能自宁者矣。时提督左都御史李公秉、巡抚右佥都御史阎公本，询察民情利病，乃具疏请城卫，并复县治、学校于一城，制曰："可。"于是镇守右少监龚公荣、总兵官东宁伯焦公寿，相与赋财鸠工，命永平府同知刘遂、抚宁卫百户郝铭督率军民，分工筑砌。始成化三年三月一日，越明年五月告成。周围一千一百六十丈，高一丈有九尺，其上为垛口一千八百七十，其东西南北辟门以通往来，县治、学校并列于内。自外观之，城垣崇固，壕堑深阔，森严壮观，隐然为一邑之保障矣。同知刘遂、指挥毛绥具事本末，致书兵部左侍郎昌黎张公文质，托以求予记。予惟天下郡邑有僻有要，恒因时势为轻重。抚宁之地，在唐宋以前僻居东北，概视为荒远，未之重也。迨永平肇建北京以来，是为畿内要地。盖其北密迩戎狄，东控扼山海，为辽阳襟喉，其要且重如此，故军卫置焉。置卫所以安民也，而县与卫异治，非因循之过，与兹当承平百年之久，所宜思患而预防，不合于一，何以相守以安生民？不固以城池，彼亦何所凭借以相守也？《易》曰："王公设险以守国"，斯其时矣。阎公有见于此，于是首倡请城之举，而龚、焦二公乃能偕谋经营，以成厥事，府卫诸隽亦殚心劳力以佐其成，非皆有忠上爱下之心，宁及此欤？可谓得大《易》设险守国之义矣。虽然，险可设也，不可恃也。继今军凭城以为固，民资军以为安，拱翼京师，将有赖焉。司军民之政者尚思和辑其心，使居有以乐，患有以捍，而奸宄不敢作，庶几抚宁名与实相称，长治久安，永为京师之巨防也。傥恃城而怠政不恤其人，则人心嗟怨离叛，虽有金城汤池之险，奚益哉？此又来者所当知也。昔圣人修《春秋》，凡城必书，说者以为重民力。兹所谓书者，不独重民力，且将使民德，诸公不忘，并告来者，是修是葺，益善其政，保民于不怠云。

抚宁县修造记

刘健　礼部右侍郎兼翰林院学士

抚宁本汉骊城县地，今属永平府，在京畿之内。县旧治洋河东，朝鲜、辽东道路之所经。洪武庚申，徙河西兔耳山。永乐乙酉，于县旧址置抚宁卫。县、卫相去十里，星使轺车，军需旁午，迎送不便。成化丁亥，巡抚佥都御史阎公本奏复县于旧治。而基址已并于卫，乃于卫东立县，县南立学。虽垣屋制度累备，而一时草创不固。廿余年来，日就颓弊，不支风雨。甲辰，修武姜鄸宗武，由乡贡进士来知县事。下车遍视之，遂以修造为己任，谋事聚财，捐俸以倡。于是卫之官卒、县之士民力有余者，咸愿出助。命学官刘瑁籍记之。先学校、殿房，讲授之堂，肄习之斋，库厨、门垣，以完以固，又自县治视事之厅，居吏之舍，下至仪门、官廨，次第就绪。县治在通衢之后，为所影蔽，复买地通之，以便吏民之出入。昏晓旧无钟鼓，乃新作钟鼓各一，并建楼以序置焉。他如祭祀有坛，养济有院，仓廪之所，邮传之处，悉焕然增新。以成化壬寅六月经始，至丁未四月而落成。凡费钱之缗以数千计，工之作以数万计，物料皆称是，而民不知扰。始学之未修也，师生之行礼讲习卑且污，无所资以为严敬；县之未修也，官吏之号令奔走隘且陋，无所资以为公明；钟鼓楼之未建也，民生之出作入息，刻漏不明，昏晓不节，无所资以劝率。今卑者高而污者去，严敬之心油然可生；隘者宽而陋者易，公明之念皎然可著；刻漏明而昏晓节，民生之出以作入以息，有所劝率而勉于成，风俗为之丕变，商旅为之改观。此修建之为，有益于县，而姜君之为，能知其本，皆可书也。姜君之受业乡先达户部主事张公士玉，于余为同年进士。尝闻其称姜君能学问有才识，今观其治抚宁，则信然矣。抚宁之治，他可称者尚多，此特以修造一事而言耳一时。县之赞成其事，若县丞张君俭来征记文，若举人□君□其□劢皆可称也。故并书使□□□□□□□□□□。

迁安县重修庙学记

余思宽　监察御史

吾夫子道在两□，犹日星丽天，江河流地。有生之众必由之而□，舍之而亡。自古君国子民者，率是崇是，尚设之庠序堂庙，宠锡褒封，表以素王之秩，倡明道学之源。呜呼！惟我圣朝稽古右文，学校之设，生徒之盛，布满郡邑。虽遐荒僻隅，莫不有学校，人才之生皆奋志风云，足以栋明堂而备法驾，都俞庙廊列于庶位者，悉皆学校养育之盛，真足以超□唐而轶三代。士生斯世，孰不欲跻身于兹，以膺显仕也耶？迁安县学在邑东门外，□庭两庑，墙垣屋舍，风雨摧落，重以兵燹。今所存者，仅文庙与明伦堂耳。宣德庚□夏四月之望，适予按节而来，晨谒先圣庙，时在学师生皆鞠躬，讲习于后堂。观其环堵萧然，慨叹久之。乃询于众，咸有协力聿新之意。予复问："可以即而成之乎？"众皆曰："诺。"由是太仆寺丞何公承之。暨郡内府卫官，士有捐己俸者，有助以砖瓦梁柱者，鸠工抡材，自教官生徒，各殚心力。葺而成之，缭以垣墙，凡若干丈，殿宇则易旧盖，两斋为之一新。省牲之所，读书之处，皆楚楚然。其用瓦五千余，栋木杂料百余，砖石人工甚巨，不一月而工事竟矣。将志其助资献力之君子于石，本学师生请予文其端云。

乐亭县重建宣王庙记
鲜于仲权　□进士

吾夫子生固多能，天纵将圣，垂六艺之素教，实至治之成法，仁义礼智皆其备，道德政化无不明，正君臣上下之分，笃父子兄弟之伦，三纲五常所自出也。其云百代帝王之师者，岂曰妄欤？故孟子称："出于其类，拔乎其萃。"自有生民以来，未有如夫子者也，夫子没而微言绝。迨汉室龙兴，复阐大猷，崇化励贤，以风四方，明太平之有原也。降及皇元，以文绥海内，尊夫子为先圣，谥以至圣文宣王，广学舍，文治蔚然勃兴，鼓箧踵堂者纷侈，袂曳方履，闾阎秩秩，虽三代之隆未之闻也。天会间，吾乡进士李杭等，追迹古风，取文明之地，特建宣圣庙于城之东南隅，岁时致礼，莫之或阙。尔后经历岁久迤渐，殿宇颓毁，榱栋摧折，绘像为风雨所弊，修车拭机者，未知为谁。明天子践祚以来，首以教化为大务，一新文事，始自京师，延及外郡，开设学校，广被儒生，冀渐磨之化行，而习俗之风美也。以至县邑间，亦复修饰宣圣庙貌，给钱有数□□县庠从来独有一殿，绝无学舍生徒□□□□□乎？是以遍白于乡人□徒□□□□□□□□□□□襄衣博带，藏修乎其地；方领矩步，委蛇乎其中；上以副国家尚文之意，下以励生徒进业之心。俾愚俗睹之者，起念善之怀，浸成阙里之风，不其伟欤？乡人师锡，而对曰："�9矣。"于是或奉以钱帛，或致之力役，源源而来，莫计其数。以是特新殿宇，十哲塑像，配坐于圣师，余贤者立侍。绘像于东西序，前置大成门。稍前起东西黉舍，以居学者，迤南复起开业门，其出也回折面西，外达乎康衢。至于绠汲之用，庖厨之所，莫不备焉。自春之始，徂夏之中，其事备矣。呜呼！学者来思，可不勉欤？有负吾志，能无愧乎？

乐亭县重修庙学记

徐溥　礼部右侍郎兼翰林院学士

乐亭县儒学教谕郭仪等具书，遣其诸生王钺、李宁来京师请于予，曰：乐亭，永平之属县也。县有学，学有庙，皆建于国初，然当时兵荒之余，材木未具，故其规制狭隘。而凡讲习荐飨于斯者，殆无所容。延至于今，岁月且久，风雨震凌，栋宇将压。历县令数人，未有为意者。乃成化十八年沁水李君来为县，廉平勤敏，政事悉举，民既乐业，岁仍有秋。君谓时可为也，慨然以学庙为己任，且谓学非改建不可。爰视旧址之东有隙地甚广，乃择甲辰之七月□经始焉。君措置有方，役使有法，不数月而功告毕。凡作明伦堂三间，旁室两间，斋舍十间，号房二十间。又复民间之侵地二亩许，作后堂三间，东西厢房六间，已而重门周垣，亦各完固。学成，君又谓庙之不称也，增建两房，凡二十四间。既设从祀诸贤之像，而范金斫木，以为祭器，其余功及于棂星门，尤极壮丽。复拓地于前，以便行者。而庙与学遂为一县之伟观矣。君之功如此，愿为文记之。予辞不获，则为述其事以复。盖天下之事功，皆得人才而建，而人才多由学校而出。故学校者，治道之先务也。世之为治者，或反以为后，而留意于奔走期会之间，簿书鞭朴之际，是以其事虽集，粗若可观，欲其民之耻于争讼，归于礼义，难矣。惟我国朝知重乎此，故自洪武建元以来，诏旨所至，虽退陬僻壤，莫不有学。百二十年之间，圣化远被，儒教大兴，人才皆于此乎出，事功皆由此乎建。济济然，赫赫然，其效至盛，有足征矣。今李君固出乎此者，及其君县令之职，有民社之寄，遂不忘乎此，而惓惓焉以为务，岂非知所先后轻重者哉？宜师生之不可忘其功也。君为予会试较文时所取士，名瀚，字文渊，以明经冠山西乡解，登成化辛丑进士第，为人有才识，尝以乐亭密迩畿甸，为东方要地也，即旧城修完至三百余丈，而民不为劳，是皆可书者。因及之。

抚宁县学科第题名记

郑己　监察御史

科第，今天下仕进第一途也。故上之用人，必于科第乎求之，则得天下第一等人物也；下之致身，必于科第乎由之，则为天下第一等人物也。于乎盛哉，其关系一何大哉。洪惟我国家自太祖高皇帝之创有天下也，立之定制，养士于学校，取士于科第。养之无他，曰《易》，曰《书》，曰《诗》，曰《礼》《乐》《春秋》，是皆三皇五帝、禹汤文武传授心法之要，治天下之大经大法也。养之成材，例三岁一设科而礼罗之。其试之乡也，曰乡进士及第；之天子之廷而叙以秩也，曰进士，之二者始授之官。内之则科道耳，诸司之僚属耳；外之则州县耳，诸府之参佐耳。官之久而报政之有效者，于是乎亲之而待从也。要之而台省也，重之而宣藩臬也，则其任愈重矣。任之重者，以其养之正而有得也。兼养之《易》而有得焉，则其人羲文周孔也；养之《书》而有得焉，则其人尧禹汤也；养之《诗》而有得焉，则其人文武周召也。人而羲轩，则世道可以羲轩矣；人而尧舜，则世道可以尧舜矣；人而禹汤文武，则世道可以夏商周之盛矣。用是见我朝科第之制之善，直将驾治古而复出乎其上也。夫岂隋唐以来，上之牵制以声律，下之奔趋以权利，科第比哉！抚宁，永平之属县也。学校建于洪武之初，殆百年于兹矣。登乡进士第者若干人，登进士第者若干人，较之他乡若少劣矣。孔子曰："才难，不其然乎？"以此抑亦时有所俟，而将以大发之也。盖我国家启运，并天地而为之，无穷譬之。《诗》云"绵绵瓜瓞，民之初生"者，亦理势然耳。继继承承，他日容有既乎？前有司事昧先务，未之有纪，良为一代缺典也。兹姜鄗，中豫全才也，探图书之古学，绍伊洛之正传，偕徇吏而策名天府，领乡荐而卒业贤关，选谒诠曹，任专花县。下车之日，乃以兴学校，善风俗，作贤才为第一事。初考行书，以上最三年，遽告以有成，随以科第题名有石来托于记，将使已往者之不泯，向用者之知劝，方来者之有继，诚盛举也。夫科第制之国者也，一定而不易者也，人才成之晋者也，万变而不齐者也。科第以人材而重，亦以人或匪才而轻。抚宁之策名科第者，轻耶重耶？一时有公论，万世有清史，予固未之敢衮钺也。然有大器具，则有大成就；有大运用，则有大器魄。试以今天下世道观之，真能与古昔相埒耶？吾从而知所以自反矣。窃惟三代以下之世也，必有三代以上之人，才能以振起之也。奈何人多近名牵已下矣。况舍名规利，又岂非下之下者乎？且人而规利，不过为身家之计耳。借曰位都三公，禄享万钟，然身限百年之期，家能几业之昌，寻为灰飞烟散而遗臭万年，则科第之玷无穷矣，其失得何如也？人才如此，欲世道如西京之醇厚，东都之风节，赵宋之仁厚，且莫得之。况其等而上之，为商为夏为唐虞羲轩者乎，是固不能不于吾科第中第一等人物乎致望焉。故因侯之请，遂大书以归之用，勒为抚宁县学科第题名记。

重修滦州城碑

高谷　少保、工部尚书兼东阁大学士

《易》称王公设险以守其国，《书》谓慎固封守以康四海。其意以为，君天下者，知险之可恃。故设为城郭沟池以守国保民，

是险之用大矣。又以为封域之险，昔固有守，疆域障塞，岁久则易湮，世平则易玩，时缉而屡省焉！如此则王畿尊安永永不弊，圣王之戒之训若此，后乎莅民者体而行之。虽历千数百载，若一日焉，安有所谓不虞之患哉！孟子亦谓天时不如地利，则凡封域之内，皆当置守设险以保障将来。况邦畿民所止之地得不尤为重乎？滦州去京师五百里，其地旧属冀州，再隶幽州，晋唐以来属辽西及北平，五代阿保机筑城以居之。州之有城，盖防于此。我朝混一南北，四海为家，州隶永平为郡。文皇帝靖内难，实为邦畿内地，民安物阜，熙然太和，士习于家，农耕于野，地之蕃牧贡赋较夫前代有加。奈何承平日久，官怠其职，吏隳其事，关门无抱击之虞，城郭无捍修之备，因循废弛，匪一朝一夕。戊辰之秋，戎狄犯顺，边城老稚惊散，室家或不能相保。故滦无虞而民心惴惴焉，未尝安乎枕席。朝廷闵元元无辜，遴选廷臣分守重务。且以安辑抚绥为事，甲兵钱谷一切委任之，佥都御史邹公来学实维其行。公持心廉介，遇事周密，夙夜惕厉，不遑宁处，咨诹询访，于军民利病有不堪者，竭乃心力，不惮寒暑。而致思马阅视滦城，土疏址平，非居守之长策，乃谋于总戎都督佥事宗公胜、参将都指挥佥事胡公铺、马公荣、郡守张公茂，因其旧而新之，高若干丈，周若干里，叠砖石以固根本，扃门钥以严开闭。望焉楼橹，备焉器械，无一不具。肇工于景泰辛未七月十有九日，毕力于是年之十月一日。民暂劳也，而收久逸之利；物暂费也，而获永宁之益。诚边方之保障，中国之喉襟也。呜呼！民惟邦本，本固邦宁，内修外攘之道，虽出于君人者之所为，然而城郭保障兴废补弊之端，尤在乎守土者随时理治而已。滦之为州，自非设兵卫以维持防范之，其不至于颠沛驱逐者几希，安保夫久而不坏耶？功既告就，宗公以书来乞文，请书其事。辞曰："冀门千里皆尧封，滦州迥接榆关东。南临瀚海北控戎，山环水绕地势雄。形胜不异崤函中，昔人城此徒劳功。遗基数尺为高墉，年深岂免颓雨风。崇者咸垤卑者空，狐城鼠社无所容。百年遗事如转蓬，兴废举坠今古同。徽哉贤达心忡忡，既竭目力肤奏公。伐石垒甓鸠众工，晨夕举杵声相春。筑城言言知几重，视旧不啻丘与峰。围如铁瓮坚如锋，壁立万雉难磨砻。戍楼悬望退迩通，绝彼警急清尘烽。□民乐业声澳澳，兴起礼让还祖庸。舆情但愿年岁丰，寒则有衣饥有饔，百年万祀歌时雍。"

昌黎县重修文庙碑铭并序

张劻　元翰林国史院编修

黄帝少昊之时，以天下为九州。禹治水之后，以贡赋道里差远，分冀州之西北为幽州，分青州之东北为营州。玄菟、乐浪、营平、渤碣、卢龙、辽海，皆营州之封境也。其后或分或并，不可备载。昌黎者，盖古之营州也。其地背负碣石，南临沧海，左控榆关，右带滦河，山辉川媚，物夥民繁，利足鱼盐，土饶沃壤，异人杰士历代不乏。如唐之韩文公，《唐书》宰相世系表云：韩氏之先祖恬，为玄菟太守，恬之曾孙播徙居昌黎之棘城，文公亦自称为昌黎人。斯岂韩氏所徙之昌黎欤？自周秦汉晋以来，号为名郡。国朝开创，分治于右北平，州常以通明法理之士为之宰。大德四年己亥夏六月，刘公从仕，以辽阳省掾除尹是邑。下车之日即谒告先圣先师，入而再拜，出而瞻仰。见殿宇倾欹，廊房圮毁，门墙芜秽，砌陛荒凉，将有兔迹狐踪之兆，慨然叹曰："昔吾夫子祖述尧舜，宪章文武，修诗书，定礼乐，以正君臣，以亲父子，为万世准的。后世之人仰之，如日星赖之，如谷帛得之则生，弗得则死。吾之所以少报厚德者，惟一庙貌耳，今而颓弊如此。羊亡礼废，大不可也。方今天子在位，□□□□□□□□□向道，上自京师，下及乡邑，皆修崇庙貌，建立学宫，于以明射飨之仪，于以明人伦之化。公卿大夫倡引于朝，守令师儒宣布于外，庶几育成德德，以备他日擢用。况斯邑者，近在封畿之内，而庙貌不修，学校不立，惟吾有司得罪于朝廷，斯亦邦人之大耻也。"于是与达鲁花赤、修武主簿李公谋为兴废举滞之计。邑中耆旧诸儒同知宋武节、孙铸天成、梁谞才美、严鲲鹏翼、王玉管勾、窦滋润甫、孙彬文伯从而唱和之，各出家锱以助其资费。于是远近闻之，莫不响应。工者献其技，强者役其力，或采于山，或筏于水，为陶者以埏，砻础者以石；农樵之在田，屠沽之在市，或辇以薪，或负以米，或壶以浆，或箪以食，或乐为之助。经始于大德四年之八月，告成于五年之四月。敝者以新，倾者复起，不改作者必以旧，而仍所未完者不以劳，而止揭圣殿于中央，创讲堂于西序，门启正而将将，陛周延而济济，庭阙广以壤垲，周垣绕而委迤。峻宇檐阿，翚飞矢棘，彩色相辉，丹青映饰。使过我圣人之门者，弥高其仰；入我圣人之门者，得窥其奥，未必不拳舆于刘公从仕也。邑中耆旧诸儒欲以始终岁月，刻之于石以传永久，命邑人田继和求铭于子，继和子门生也，义不可拒，谨摭其所告之实而为之。铭曰：昔在神禹，治水功成，申画九有，分青为营。惟营之平，有邑其城，其城伊何，昌黎是名。惟此昌黎，壮哉固兮，幽燕之左，辽海之西。北接卢龙，南瞰青齐。其望惟碣，其浸溟渤，其利鱼盐，其稼禾麦，其民惟勤，其俗惟淳，其化易入，其教易修。矧兹令长，屡得其人，人之屡得。自我皇图，奖拔搜求，奇才异德。故以刘公，来尹是邑。惟兹刘公，崇尚儒风，下车之日，即诣学官，再拜而起，慨然曰嘻，庙貌不严，吾徒之耻，学校之修，吾之职尔。乃及僚侣，谋为兴举。邑中耆旧，唱和如雨，咸出家资，进于公所。野而农樵，市而商贾，或以缯缣，或以絺纻，或以稻粱，或以稷黍，源源而来，比肩接武。或采于山，或筏于川，工师具材，陶人以埏，匠运斧斤，是断是迁，不日不月，而告成焉。圣殿中厅，上栋下宇，一丹一青，饰其梁柱，斋堂讲亭，长廊广庑，或东或西，夹分两辅，门阙将将，陛阤楚楚，有豆有笾，有簋有簠，以燕以缋，有处有所，伊谁之功？公来自东，伊谁之力，公摄是职，报德惟何，取石山阿，既璞既□，载砻载磨，摘藻为文，作颂□□□□□□□□讹。

漏泽园记

吴祺　滦州学正

弘治十二年冬十月之吉，永平太守吴公令所属州县各建漏泽一所。园成，诸大夫士命祺纪其实。祺窃以漏泽园之设，祖宗之旧制也。洪武三十五年，太宗文皇帝即位，诏天下立漏泽园，所在城市乡村，凡有骸骨，有司即为收敛埋瘗，毋致暴露，律之宋崇宁之制，尤为详尽。计今百年余，为守令者或废而不修，或弃而不讲。其于元元之众，寒之欲衣，饥之欲食，劳之欲逸。如秦人视越人之肥瘠漫不加意，况兹枯朽之骨，奚暇推恩以及之哉。吾太守公莅政之五年，政通人和，废兴坠举。一旦恻然念曰："天地之大，人犹有憾，博施济众，尧舜犹病。古者生有养，死有藏，人之道也。一郡之大，岂必其一一皆然也。或贫不能葬，死无所归，积尸原野之间，枕骸荒郊之漬，飞鸢走狐啄而食之，伤天地之和，召水旱之灾，莫此为甚。吾守土者之责也。"此园之所由建也。令既下，州若县各买地一区，环以垣墙，立以门榜，曰漏泽园。凡有骸骨，胥此藏焉。封沟林木，僧人守焉，樵夫牧竖无敢利而入焉。幽明之间，溥兹惠泽，事虽微而所关者大，名虽狭而所及者奢。一以扩天地生物之心，一以体祖宗爱民之仁。舜之不虐无告，汤之子惠困穷，文之惠鲜鳏寡，皆此意也。用纪其实以畀来人，庶同志者继而葺之，使兹园传之于永永也哉。

迁安县漏泽园碑铭记

才宽　郡人　陕西参政

上古圣人，继天立极，臻至治而和神人，率皆以不忍人之心，行不忍人之政。故礼有掩胔埋骼之典。三代而下伯力者出，争城以战，杀人盈城，争地以战，杀人盈野，收一将之功，枯万人之骨，先王不忍人之政盖寥寥矣。洪惟太祖高皇帝，龙飞淮甸，混一区宇，敕行天下。王国司府州县，各立厉坛，以祀无主孤魂。又择都外隙地为漏泽园，收葬无主遗骨，以不忍人之心，行不忍人之政。殆与先王符节相契，此司府州县是园所由建也。迁安旧残于兵燹，公宇圮毁，湫秽荡如。国初，草具废缺盖多，虽吾土人亦自陋无敢夸。较他邑，且生民赋重，日见流离。弘治丙辰，令尹山西阳曲张公汝楫来官，适承其弊。公慈而不暴，才足有为，厥既亲政，子惠困穷，还定安集。岁饥，则兴发以补助之，民是以安堵，得遂其生。凡所当兴，旋图营缮，以次改建，工用则以方略，于民靡扰。比三载，治邑学宫、巡院、馆舍、坛壝、仓库、□神之祠、崇祀之所遂得焕然。既而谓僚寀曰："漏泽园邑缺已久，苟不创建，使民死收葬无人，卜宅无力，哀尸原野，恶乎忍邪？"乃择邑城南隙地，求其主以价易之，立为漏泽园。深四十二丈，广深三分之一，周缭以垣，使邑之无主死者皆于是葬焉。是能仰体神祖之心，以行不忍人之政，可谓恩溥幽明者矣。第恐漫灭不常，立石以垂永久，属予为记。予曰："昔西伯为池沼，掘得死人之骨。西伯曰：'葬之。'吏曰：'无主矣。'西伯曰：'有天下者，天下之主；有一国者，一国之主，寡人固其主矣，以衣冠更葬之。'天下闻之曰：'西伯泽及枯骨，况于人乎？'今公固一邑之主，能收葬一邑遗骸，施德于所不报之地，阴德也。有阴德者，必有阳报，盖理有所必然者。吾为公记，使后嗣公者如公之用心，岂惟是园也。得以时葺而不废，将吾邑之民，亦因是而有所永赖矣。"遂为记，因系以铭。铭曰："饥者啼饥，罔或之知。曰饥而死，宁其心戚。寒者号寒，罔或之观。曰寒而毙，宁其心酸。惟张公兮，赈恤寒饥，发其仓廪，补其不足。张公之来，百姓无哀，生不失所，死□□□□□□□石常存□□□□□□□□□。"

创建永平守备官厅记

张廷纲　郡人

　　君子之立政，有宜于时、益于人者，知之而无不为，为之必有其道。虽疲人力，而人忘其劳；虽耗其财，而人不恤。此固理也，亦势也。盖尝论之，物之显晦有时，亦必有待而然者。若山，一也，庐必待匡仙而得名，琅琊必待欧子而遂显。非特山川为然也，岳阳楼，古迹耳，必待范文正作记而方照耀古今；滕王阁，故址耳，必待三王作序而传播不朽。物之显晦有时，亦必有待，而理然也，亦势也。若永平守备官厅，可谓宜于时益于人，有待而然者乎！永平一城三卫，永平其开设者，卢龙、东胜左与夫东之抚宁卫，西之兴州右屯卫，皆渐次而附益之者。正统末年，胡虏犯顺，三城五卫各处一方，犬牙相制，事体颉颃，缓急呼调，卒难归一。都宪麻城邹公来学，奏添守备官一员以统理之，请以署都指挥佥事职，而以永平卫指挥同知罗政克焉。时草创，即其家厅事为听政之所。继是而往，若守备陈公瑄、胡公瀚皆仍其旧而未有所改作。成化末年，胡公厌其私居喧杂而艰于防范，请于当道即永平卫后堂辟其空地，为正堂五间，将有所创造，以渐为厅事、为仪门。因循岁久，竟转德州而未有所成就。罗公纲继之，亦有志于兴作。未几，遽调蓟州，而以蓟州守备郭公瑛更代。傥居少保张公之第，甚欲继成前志。亡何，寻亦升去。前之堂室鞠为粪壤，延及旗纛庙，皆在腐秽草莽间。弘治中，类造军器，为铁作之所，墉穿屋漏，甚非听政，而事神可为，太息流涕者延今。弘治十一年秋，皇上轸念永平地方路当冲要，切近边徼，登庸京臣，命金吾左卫指挥佥事王公瑾，提督守备永平等城。比来亦傥居指挥使吴镛之宅，公私皆不便焉。因谋之官吏，询诸耆老，咸以前事举，王公暇日往观之，涓卜皆吉。遂请命于都宪钱塘洪公钟，允其请，仍给其官物之旧废弃者，公帑之羡。余者又命其劝借，而周助之者，得钱若干缗，材木瓦甓砖灰若干丈尺斤片。以正堂为寝室，翼以厨库，卫以周庐，面东建厅事三间，左右厢房如数；中门一座，缭以周垣；创仪门于外，而揭扁之南，为官属幕次；北列厩牧直房。不朴不华，黝垩相饰，又以旗纛庙据非其地，亦请命洪公择基而重建之。高明萧爽，足以揭虔而妥灵。计其工，经始于己未三月初七日，落成于八月晦。工虽不久，而宏规永图，真可以光前而振后也。呜呼！以百余年之废壤创为衙门，经五六度之官府方成厥绩，乡人游士侈为美谈，白叟黄童目为盛事。疲人力而人忘其劳，用人财而人不恤，殆所谓物之显晦有时，亦有待而然者乎？于是同事者治属者惧无文以示后，咸以记请。予故不辞而书以归之，俾勒之贞珉，以告来者知所自云。

重修山海卫学记

李东阳　翰林院侍讲学士

国朝建学，惟府州县有之。越自正统改元之初，诏诸戍卫始得置学，而山海卫学实兴建焉。然庙地湫隘，且规制弗称。十有四年，都指挥王侯整镇山海，始与卫学教授张恭建庙设象，构明伦堂五间，东西斋各三间，余尚未备也。天顺六年，指挥刘侯刚复构东西庑十间，学舍六间。成化七年，兵部主事睢阳尚君絅来守山海，建棂星门及制祭器若干。厥后余姚胡君赞别筑殿址，遂昌吴君志、余干苏君章继作栋宇，为戟门于棂星之内。进贤熊君禄重修学堂，外为周垣，为泮池，池上为桥。今尚君弟缙复以主事来守，乃修斋舍，筑官廨，辟射圃，规制悉备，与所谓府州县学者相埒。盖始于甲午之夏，告成于丙午之春，历十有二年而后备，可谓难矣。教授周达、训导曹选谓岁月不可无记，尝属兵科给事中萧君显、前监察御史郑君己请予记，比训导君又率诸生李琛及给事君子鸣凤，复具书以请于予。予惟唐虞以降，治天下者，大抵以武功戡祸乱，以文治致太平。故草昧之世，不遑他务。及其久也，化甲胄为干羽，变韬略为经籍，故汉之学校至武帝始为之。宋初虽有国学，而仁宗之世州县学始遍天下，其功效次第不得不然者也。先皇帝缵祖宗成业，偃武事，敷文德，休养生息，置天下于衣冠礼乐之域。故虽戎官、武士亦为之置官建学，使出科贡与文士为伍。当是时，小大臣庶奔走祗奉之不暇，暨乎复辟之岁乃复有继而兴者。今圣天子在上，绍志述功，日弘月著，出使者宣德意之休，居守者协寅恭之效。故虽关徼远地，拥衿佩而横诗书者，与辇毂之下、畿辅之内殆无以异也。孔子谓："善人为邦百年，可以胜残去杀。"鲁两生亦云："礼乐百年而后兴。"况圣人过代存神之妙，宜有朝令而夕布者，而又积之以百有余年之久哉。故观学校者，当以时论，不当以人地论也。且古之胄子，固未尝分文武为二途。今文士习科举，而仕者亦与兵事，武胄虽专荫袭，然亦有縣科目以起者，名虽判而实亦相同也。况彝伦风俗，天下所同，无彼此之间，则所以学为忠与孝者，其容以二乎哉？山海旧学，固有取科目著名节者，不止乎甲胄弓矢之雄，后之学于斯者，其亦知所勉矣。国家之文教于是乎成，而有司之政方于是乎始。故特为书之，俾观者有感焉。

开平中屯卫新城记

姚夔　礼部尚书

永平，《禹贡》冀州之域，秦汉为右北平郡，唐为平州，元置平滦路。国朝洪武二年改永平府，属北平布政司，设永平、山海二卫。逮我太宗文皇帝入正大统，迁都北京，而永平去京师五百里，遂为畿甸重地焉。故建卢龙卫于其南，抚宁卫于其东，东胜左卫则自山西行都司迁，兴州右屯卫则自口北大宁迁焉。又以滦州负山带河，尤为要害，乃以开平中屯卫实自大宁沙岭徙于此，卫去州九十里，为义丰县省入州。其土地饶沃，军民居焉，故有土城陵夷颓圮，荐复于隍。成化改元之明年，都察院左都御史李公奉命巡边，以其地密迩边境，是宜有城以备非常，奏准下所司讲行修筑之政。于是巡抚督察院右佥都御史阎公、镇守印绶监右监丞龚公、总兵官东宁伯焦公相与协谋经画，而府卫咸率所部来听约束，择廉济官。得永平府通判段玑、忠义中卫副千户陈昶董领厥事，计货食之出入，量工程之多寡，陶甓于山，畚土于池，因其旧而增其新，颓者起之，卑者崇之。百堵既完，雉堞翼翼，乃作南门，以正其面势；作东西门，以通往来。浚沟隍，布桥梁，疏水道，壮哉其为城也！是故甲兵有所宿，室家有所获，晨昏警严，钟鼓分明，民居帖然安枕，而无不测之虞，诚可谓一劳而永逸也。周围计之尺九千二百七十有八，高为尺二十有三。始事于成化三年初一日，迄工于明年五月十二日。通判以其是役，巨而不费，重而不劳，上卫于国，下庇于民，巡抚、镇守、总戎之功于斯为大，不可无记述以示后。乃次其颠末，属郡人仪制司郎中杜君谦来请余文。《易》曰："天险不可升也，地险山川丘陵也；王公设险以守其国，险之时用大矣哉！"夫城郭沟池，有国者所当设也，然用之必有其时。南仲以四夷之故而城朔方，仲山甫以诸侯之故而城东方。诗人歌颂之，盖美其得守备之要也。我国家承平百年于兹，四方无夷狄诸侯之患，而必惓惓以城郭沟池责之军卫有司，惟恐其不完且固者，诚安不忘危，治不忘乱，虑事于微之意也。况京东保障之地，而可后乎？是又得时用之义也。虽然民非兵无以卫，兵非城无以守，城具矣，而守之非其人，与无城同；人得矣，而治之非其法，与无人同，有南仲山甫而后能极守备之善。故曰：地利不如人和。长斯卫者，盍思有以治，和其人而善所守哉！庸书此，俾刻之城隅以告诸执事。

伯夷列传

司马迁

夫学者载籍极博，犹考信于六艺。诗书虽缺，然虞夏之文可知也。尧将逊位，让于虞舜，舜禹之间，岳牧咸荐。乃试之于位，典职数十年，功用既兴，然后授政。示天下重器，王者大统，传天下若斯之难也。而说者曰，尧让天下于许由，许由不受，耻之逃隐。及夏之时，有卞随、务光者，此何以称焉？太史公曰：余登箕山，其上盖有许由冢云。孔子序列古之仁圣贤人，如吴太伯、伯夷之伦详矣。余以所闻由、光义至高，其文辞不少概见，何哉？孔子曰："伯夷、叔齐不念旧恶，怨是用希。""求仁得仁，又何怨乎？"余悲伯夷之意，睹轶诗可异焉。其传曰：伯夷、叔齐，孤竹君之二子也。父欲立叔齐，及父卒，叔齐让伯夷。伯夷曰："父命也。"遂逃去。叔齐亦不肯立而逃之。国人立其中子。于是伯夷、叔齐闻西伯昌善养老，盍往归焉。及至，西伯卒。武王载木主，号为文王。东伐纣，伯夷、叔齐叩马而谏曰："父死不葬，爰及干戈，可谓孝乎？以臣弑君，可谓仁乎？"左右欲兵之。太公曰："此义人也。"扶而去之。武王已平殷乱，天下宗周。而伯夷、叔齐耻之，义不食周粟，隐于首阳山，采薇而食之。及饿且死，作歌。其辞曰："登彼西山兮，采其薇矣；以暴易暴兮，不知其非矣；神农虞夏忽焉没兮，我安适归矣；于嗟徂兮，命之衰矣！"遂饿死于首阳山。由此观之，怨耶非邪？或曰：天道无亲，常与善人。若伯夷叔齐，可谓善人者非耶？积仁洁行如此而饿死。七十子仲尼独荐颜渊为好学，而屡空，糟糠不厌。天之报施善人，其何如哉？盗跖日杀不辜，横行天下，竟以寿终。是遵何德也哉？若乃近世，操行不轨，终身逸乐，或择地而蹈之，行不由径，非公正不发愤而遇祸灾者，不可胜数也。余甚惑焉，傥所谓天道，是耶非耶？子曰：道不同不相为谋，亦各从其志也。举世混浊，清士乃见，岂以其重若彼，其轻若此哉？君子疾没世而名不称焉。贾子曰：贪夫徇财，烈士徇名，夸者死权，众庶冯生。同明相照，同类相求。云从龙，风从虎，圣人作而万物睹。伯夷、叔齐虽贤，得夫子而名益彰；颜渊虽笃学，附骥尾而行益显。岩穴之士，趋舍有时，若此类名堙灭而不称，悲夫！闾巷之人，欲砥行立名者，非附青云之士，恶能施于后世哉？

伯夷赞

司马贞

天道平分，与善徒云。贤而饿死，盗且聚群。吉凶倚伏，报施纠纷。子罕言命，得自前闻。嗟彼素士，不附青云。

考定伯夷传

王祎　浙人　国初翰林侍制，赠学士，谥惠文

伯夷叔齐，孤竹君之二子也。伯夷名允，字公信；叔齐名智，字公达；夷齐其谥也。始墨胎氏。父曰初，字子朝，自伯夷名允以下，据《韩诗外传》《吕氏春秋》增入。父欲立叔齐，及父卒，叔齐让伯夷。伯夷曰："父命也。"遂逃去。叔齐亦不肯立而逃之。国人立其中子。于是伯夷、叔齐闻西伯昌善养老，盍往归焉。及至，西伯卒。武王载木主，号为文王。东伐纣，伯夷、叔齐扣马而谏曰："父死不葬，爰及干戈，可谓孝乎？以臣弑君，可谓仁乎？"左右欲兵之。太公曰："此义人也。"扶而去之。武王已平殷乱，天下宗周，而伯夷、叔齐耻之。曰："吾闻古之士，遭治世不避其任，遇乱世不为苟存。今天下乱，周德衰，其并乎？周以涂吾身也。不若避之以洁吾行。"自曰吾闻古之士以下，据《庄子》增之。义不食周粟，隐于首阳山，采薇而食之。及饿且死，作歌。其辞曰："登彼西山兮，其采薇矣；以暴易暴兮，不知其非矣；神农虞夏忽焉没兮，我安适归矣；于嗟徂兮，命之衰矣！"遂饿死于首阳山。

太史公曰：夫学者载籍极博，犹考信于六艺。诗书虽缺，然虞夏之文可知也。尧将逊位，让于虞舜，舜禹之间，岳牧咸荐。乃试之于位，典职数十年，功用既兴，然后授政。示天下重器，

王者大统，传天下若斯之难也。而说者曰，尧让天下于许由，许由不受，耻之逃隐。及夏之时，有卞随、务光者，此何以称焉？孔子序列古之仁圣贤人，如吴太伯、伯夷之伦详矣。余登箕山，其上盖有许由冢云。余以所闻由、光义至高，其文辞不少概见，何哉？此太史公将称伯夷让国之节，故先述帝尧让位之难，及由、光不受让之意，因以见由、光虽义高，其事不见于经史，而伯夷之节则赖孔子序列，故名传也。孔子曰："伯夷叔齐不念旧恶，怨是用希。""求仁得仁，又何怨乎？"余悲伯夷之意，睹轶诗可异焉。或曰：天道无亲，常与善人。若伯夷叔齐可谓善人者非耶？积仁洁行如此而饿死，由是观之，怨耶非耶。此举孔子称道伯夷之辞，言其求仁得仁，固若无怨，然兄弟让国乃至饿死，莫能无怨乎？盖言其若有怨所以明，其实无怨也。且七十子之徒，仲尼独荐颜渊为好学，然回也屡空，糟糠不厌，而卒早夭。天之报施善人，其何如哉？盗跖日杀不辜，肝人之肉，暴戾恣睢，聚党数千人，横行天下，竟以寿终。是遵何德哉？此其尤大彰明较著者也。至若近世，操行不轨，专犯忌讳，而终身逸乐，富厚累世不绝。或择地而蹈之，时然后出言，非公正不发愤而遇祸灾者，不可胜数也。余甚惑焉，傥所谓天道，是耶非耶？此引言颜子有德而早夭，盗跖暴戾而寿终。又极言操行不轨者，乃富厚累代，公正发愤者，反遇祸灾，所以反复致意于伯夷以让国之贤而至于饿死也。孔子曰：道不同不相为谋，亦各从其志也。故曰：富贵如可求，虽执鞭之士，吾亦为之。如不可求，从吾所好。岁寒，然后知松柏之后凋。举世混浊，清士乃见。贾子曰：贪夫徇财，烈士徇名，夸者死权，众庶冯生。岂以其重若彼，其轻若此哉！此言人之心善恶不同，为善者，因众人之恶而愈见，然则盗跖曷尝为足重，而伯夷虽饿死，岂足为轻哉！《易》曰：同明相照，同类相求，云从龙，风从虎，圣人作而万物睹。君子疾没世而名不称焉。伯夷、叔齐虽贤，得夫子而名益彰；颜渊虽笃学，附骥尾而行益显。岩穴之士，趋舍有时，若此类名堙灭而不称，悲夫！闾巷之人，欲砥行立名者，非附青云之士，恶能施于后世哉！末又申言，为善者必待于圣人以著名，而恶没世之后善名之不著，所以深幸伯夷得孔子而名彰，颜渊由附骥尾而行显也。

太史公《伯夷传》自汉以来，论者莫不称其文章之奇伟，万喙一辞，无异议者。以予论之，则有不然。迁作《史记》，体制最正，其列传之体，必有著名氏、乡里、世系、继序、行能、功烈之始终，而其末论断之辞则别称太史公曰云云，以补所未备之事，发所不尽之意。观乎老庄管晏申韩孙吴等传，为体皆然，独《伯夷传》首述载籍博考等语，次述太史公曰余登箕山等语，乃始及夷齐之事，而遂以天道无亲等语终之，辞意不伦，体制乖舛，意者必有错简，而后世承讹袭谬，不以为非也。司马贞《索隐》、张守节《正义》，不过随文生意，曲为注解，予切病之。因为考寻其指意，易置其文辞之先后而订定之，间复援据古说补其一二，而颇加笺训。庶几其体正而义明，读而习之者，有所取法也。或曰太史公之文至矣，后学顾乃妄议，而窃更之不□僭乎？曰：非然也。予之考订是传也。实因其本□而更次第之，曷有妄赘一辞哉？且《书》之《武成》，《礼》之《大学》，既列为圣人之经，而在先儒悉尝更改，则予于是而考定之，乃所以成其美也，而奚僭之为？况乎《史记》本不完之书，故褚少卿、小司马氏辄为之补益，设以僭罪，予则于二人也其又将何尤！庸志诸传后，以俟览者详焉。

伯夷志

庄周

昔周之兴，有士二人，处于孤竹，曰伯夷、叔齐。二人相谓曰："吾闻西方有人，似有道者，试往观焉。"至于歧阳，则文王已没，武王使叔旦就胶鬲而盟曰："加富三等，就官一列。"又使召公就微子而盟曰："世为长侯，守殷之祀，为载书血牲而埋之。"二人相视而笑曰："嘻，异哉！此非吾所谓道也。昔者神农之有天下也，时祀尽敬而不祈喜，其于人也，忠信尽治而无求焉。乐与政为政，乐与治为治，不以人之坏自成也，不以人之卑自高也，不以遭时自利也。今周见殷之乱而遽为政，上谋而下行货，阻兵而保威，割牲而盟以为信，扬行以说众，杀伐以要利，是推乱以易暴也。吾闻古之士，遭治世不避其任，遇乱世不为苟存。今天下暗，周德衰。其并乎周以涂吾身也，不如避之，以洁吾行。"二子北至于首阳之山，遂饿而死焉。若伯夷叔齐者，其于富贵也，苟可得已，则必不赖。高节戾行，独乐其志，不事于世，此二士之节也。

夷齐颂

韩愈　唐·吏部侍郎

士之特立独行，适于义而已。不顾人之是非，皆豪杰之士，信道笃而自知明也。一家非之，力行而不惑者寡矣。至于一国一州非之，力行而不惑者，盖天下一人而已矣。若至于举世非之，力行而不惑者，千百年乃一人而已耳。若伯夷、叔齐者，穷天地亘万世而不顾者也。昭乎日月，不足为明；崒乎太山，不足为高；巍乎天地，不足为容也。当殷之亡、周之兴，微子贤也，抱祭器而去之。武王、周公，圣也，从天下之贤士与天下之诸侯而往攻之，未尝闻有非之者也，彼伯夷叔齐者，乃独以为不可。殷既灭矣，天下宗周，彼二子者，乃独耻食其粟，饿死而不顾。由是而言，夫岂有求而为哉，信道笃而自知明也。今世之所谓士者，一凡人誉之，则自以为有余；一凡人沮之，则自以为不足。彼独非圣人，而自是如此。夫圣人，乃万世之标准也。余故曰：若伯夷者，特立独行，穷天地亘万世而不顾者也。虽然，微二子，乱臣贼子接迹于后世矣。

夷齐论

吴祺

士君子立身天地间，以天下之公处天下之事。守经行权，惟义与比，其是非利害，盖有不必计者。吾闻之伯夷叔齐，当有商之季，值世道之降，逊国而逃，谏伐而饿。夫武王，圣也，夷齐，贤也。方其伐纣之时，扣马而谏之际，谏焉而从之，以文王之事纣者事纣，周之德，泰伯之德也；拒焉而臣之，以周召之事君者事君，夷齐之功，周召之功也。纣果可伐与？夷齐可以不必谏也。谏果可从欤？纣可以不必伐也。商恶贯盈，苍生涂炭，纣得罪于天下久矣。得罪于天下，天下之人共伐之也。吊民伐罪，著我武维扬之威，顺天应人，速会朝清明之功，武王有心于利天下哉。不有武王，君可以无民，武王之功，救世安民之功也。权也，义也，天下之公也。辞严义正，伸大伦于三军之前，采薇嚼芝，昭臣节于千载之下，夷齐有心于欺后世哉。不有夷齐，民可以无君，夷齐之功，扶世立教之功也。经也，义也，亦天下之公也。乱臣贼子凛然不敢犯者，夷齐之赐也。呜呼！孤竹之封，西山之麓，首阳之薇，西周之粟，孰是孰非，奚荣奚辱，生顺死安，九原瞑目，真可以无愧于天下，无愧于后世矣。夷齐其一代之伟人也哉！

追封伯夷叔齐制

至元十八年

盖闻古者伯夷、叔齐，逃孤竹之封，甘首阳之饿，辞爵以明长幼之序，谏伐以严君臣之分，可谓行义以达道，杀身以成仁者也。昔居北海之滨，遗庙东山之上，休光垂于千载，余泽被于一方。永怀孤峻之风，庸示褒崇之典，於戏！去宗国而辞周粟，曾是列爵之可縻，扬义烈以激清尘，期于世教之有补，可追封伯夷为昭义清惠公，叔齐为崇让仁惠公。

圣清庙记

马祖常　元御史中丞

天元建国，全燕以御华夏，永平为甸服股肱之郡。至元十有八年，世祖皇帝甫平江南五岁矣，即裹干戈放马牛而不用，大召名儒修礼乐之事，敕有司咸秩无文，于是永平郡臣以其邦为孤竹旧壤，伯夷叔齐兄弟让国之所也。列闻以请，大臣以闻，上曰其令代言为书，命以褒之，谥曰清惠、仁惠。于今又五十年矣，郡臣前后凡不计几人，漫不兹省某年某官等，乃状上书曰：郡境庙像清惠、仁惠之神，岁无牲牢，祭品不备，领祀无官，尚书秩宗有礼有义，谨以告其日会太常议制白丞相府，符下永平曰：夷齐求仁得仁，庙食固宜岁春秋蠲，告具仪有司行事，符且署矣。乃重白丞相府，以孟轲称伯夷圣之清也。孤竹其宗国也，今既像设而庙食之，宜以圣清额庙，丞相府佥曰：允哉！呜呼！大道之郁也，则民乌得而知古焉，士盖有一二世不知其传者；大道之彰也，则民不识金革战斗之暴。内则有父子、夫妇相与饬于礼节，外则有官师之教，朋友之交，相与讲于古，岂独知己之所传，又知当时之名世者而传之。是则永平之人遭逢家国之隆，而沐浴大道之彰也。吾将见行者让途，耕者让畔，学士相让于俎豆，工商相贷以器货而市价不二矣。推本我世祖皇帝教化之意，顾不由此与邦之人尚砺其志而施于行哉！毋徒神之而已也。

清节庙记

商辂　皇明户部尚书兼谨身殿大学士

成化九年癸巳，前监察御史知永平府事臣玺言："臣所守郡实孤竹旧壤，伯夷、叔齐所生之地也。夷齐兄弟逊国而逃，节义凛凛，虽百世犹一日。故孔子称其仁贤，孟子称为圣之清，迨夫宋元，加以封爵。至我朝洪武初，再饬祠祀，岁久祠圮，祀亦寻废。事载《大明一统志》，可考见矣。窃惟表彰前贤，风励邦人，臣之职也。因谋诸同官捐俸倡义，鸠工敛财，重建正堂三间，翼以两庑，门二重，神库、神厨、斋房为间各三。肇役于是岁春三月，至秋八月落成。庙有余地数百亩，以付居民侯、王等种之，岁收其租之入以供祭祀。伏惟皇上追念二圣平生节义，赐以庙额，庶几永终弗坠。臣玺昧死以请制，可赐额清节，降祝册，命守臣春秋行事如仪。"恩典涣颁，臣民胥悦，于是守具是状加书，介郡人通政使司掌司事，兵部左侍郎张文质属辂为记。谨按，孤竹有国，封自殷汤，传至夷齐之父墨台氏，将死，遗命立叔齐，其后叔齐逊伯夷。伯夷曰："父命也。"遂逃去。叔齐亦不立而逃之。盖伯夷以父命为尊，叔齐以天伦为重，其逊国也，皆求所以合乎天理之公，而即乎人心之安。诚有功于世教，如孔孟之所称道是已。夫有功世教，虽天下犹将祀之，况宗国乎！太守此举可谓知所重矣。是宜朝命允俞，礼秩有加，自今二贤节义益以表白于世，殆见逊让成风，民德归厚。由近以达远，举一以劝百，夫岂小补云乎哉！噫，邦人士毋徒以祠祀视之则善焉。用书以为记。

重修清节庙记

张廷纲　郡人

永平府即古孤竹国，史称其君墨台氏，盖商支庶所封。其子伯夷叔齐让国而逃，谏伐而饿，清风高节，昭著当时，圣贤所推重，无庸赘矣。故城遗址距滦江上游，历秦而汉，必有能表章之者，载籍无闻，莫之可考。乃晋以来，五胡乱华，沦入夷狄。唐宋因之，未有发之振之者。迨元加以清惠、仁惠之号，祀举寻废。我祖宗奄有九有，首求忠义清节之士，以崇名教。命有司兴举二贤祠祀，邦人企慕之深，景仰之切，品第孤竹清风为八景之冠，以寓无穷之思。岁久祠圮，祀亦随之废。迄正统中，郡守咸宁张公茂建立祠堂以祀之，甚慰乡人之心，未有著典。成化中，郡守蒈屋王公玺始请于朝，赐额"清节"，并降祝册，其二贤封谥，皆仍宋元之旧。春秋命有司致祭，开设祭田，太学士商公辂记其事，遂为令典。继是而往，祀事虽兴，日与释老无益之祠庙等，漫不加意，不足以慰邦人之心。旧有堂宇，岁久朽腐。弘治甲寅，维扬吴侯廷臣来守是邦，行礼祠下，周回顾瞻，以为表扬风节，化民之本，先贤庙貌弗称具瞻，甚阙典也，慨兴修葺之谋。偕同寅，搜羡余，广措设，聚财庀工，经营规画，梁栋之蠹蚀者更易之，桷榱之欹缺者补正之，绘画之漫漶者鲜明之。列以廊庑，旷以庖库，缭以垣墉，创外门而揭扁之。规模恢宏，气象光大，视昔有加，非特揭虔妥灵。而邦人伏腊之走祭者，景时之游观者，往过来续之寻幽吊胜者，无不欢忻踊跃，兴起其景仰之心，甚慰民思于无穷也。夫以二贤高世之行，逊国而逃，谏伐而饿，岂绝人逃世，而好为是诡异之行哉！盖是时，辛恶贯盈，商祀告绝，知天命之有在，识时势之攸归，竭忠报国明哲保身，君臣之大义以明，兄弟之天伦以至。孔子大圣也，尝称为古之贤人，求仁而得仁又何怨。孟子大儒也，每赞其为百世之师，闻其风，顽夫廉，懦夫有立志。清风高节，不惟感乎当时，而尤感乎后世。祀于乡，以崇名教之重，以彰宸翰之隆，宜哉！虽然，夫惟有光明正大之人，然后能重清风高节之士。昔严子陵祀堂倾圮，范文正公典郡新之，加之雄文，脍炙今古。今二贤祠宇敝朽，不遇贤太守，庸能兴废而起坠乎？是以孤竹之清风，桐江之高风，相峙南北，固无彼此之让。文正之重建，吴侯之重修，相映后先，岂不同一轨辙也耶？乡之缙绅耆宿仰戴之深，企慕之切，嘱予为记，立石以垂永久。第以投老林泉，笔路荒谬，不足褒扬先贤扶世教民之功，发摅郡侯以礼导民之意，深可愧焉。侯名杰，廷臣其维扬之江都人，由己丑进士给事黄门历今职。赞襄维持者，陵县李侯性、淳安邵侯逮，以省部魁贰郡事。他如交城胡公纬、夏邑孙公骥、朝邑周公瑄，皆一时名士。判推府事者，若夫缙绅乡彦骏奔其事者，具在碑阴，兹不复赘。按经始于丙辰闰三月二十日，落成于夏五月望，而记作于季秋之上浣云。

重修东岳庙记

张廷纲

天下名山大川，无逾五岳四镇四渎，稽礼天子祭天地，诸侯祭封内山川，从古然也。东岳为五岳之一，实为四岳之宗，大舜巡狩必于是焉柴望。历代因之有封禅之仪，亦于斯而致隆焉。神之发祥昭异，显有灵绩，锡谥封爵，载在祀典。而泰山其根本也，世代加封，有天齐仁圣大生之号。我太祖高皇帝奉天承运，正位定名，去历代之侈，祀尊为东岳泰山之神，诚万世不刊之典，猗欤盛哉！以故郡邑之间，往往设祠严祀，以为揭虔妥灵之所，颜其额为祠名焉。吾滦旧有祠，处南山之麓，岁久废坏，未有能改作之者。近弘治十有二年春，太守维扬吴侯廷臣、守备都阃王侯良璧有事祠下，顾瞻之余，合郡士而谂之曰："天降时雨，山川出云，惟岳降神，生甫及申。然雨旸时若，间气钟人，实名山大川，神物主之，阴相默佑，以昭灵贶。或岁不登，天子遣重臣赍香币，遍告百神，良有以也。今庙貌如此，殆非所以严祀事示具瞻也，盍相与彻其旧而新是图？"众皆曰："唯唯。"遂涓辰卜吉，鸠材庀工。而捐资给粟者，自水涌山积；而趋事赴工者，自庶民子来。经始于是年三月二十五日，落成于夏六月之朔，信其为灵祠也。既讫工，郡士不忘郡使者作兴之意，合辞征文，勒石以垂永久。或者有曰："天子祭天地，诸侯祭封内山川，似也。泰山为鲁封祀于兖，宜矣。吾滦古幽冀之域，而亦设祠以祀之，不几于谄渎不经之甚乎？"予艴然曰："是大不然。夫泰岳为东方之长，实四岳之宗。吾滦在尧固冀封，舜分冀为幽，而始隶于幽也。矧医巫闾为北方之镇，今其镇居辽东。辽为山东属地，青、兖、冀古唇齿之邦，地壤相接，鸡犬之音相闻，相违其几何哉！其发祥昭异，兴云致雨，亦必有惠，敷而波及之者，固非侥福觊祸，可拟祀于吾滦，宜也。何谄不经之有？其视盛宫室以奉异端，美台榭以快游观者，宁不大有径庭也耶？"或者曰："谂若是，则余之见何浅，余之疑可释也。"怃然而退，因次第其言，俾归而勒石，以告诸来者。

迁安县城隍庙记

张元祯　翰林院编修

此迁安城隍之庙，基旧，深尺十六，广倍深。今斥之深，如旧之广。广旧广之半，周缭以垣屋。中间三正殿，前殿间一拜亭，又前间三则，门殿左右，左右司间各如殿。而小后殿，寝殿间杀。于殿二像，正殿中范城隍神，左右范立侍者四；寝殿左右司房，谋范诸神会。今上即位，诏息民不果。创岁月天顺庚辰春仲，记岁月天顺壬午春季。其费银两之凡盈百者一，改建之图，倡者知县丰城江君濒，和者县丞蔚州马君良、桐城吴君福、主簿安塞许君敬、典史高唐于君庆，相者乡老李让、吴敏、徐宁、李刚、李俊、李敬、徐文、李士瞻、杨荣、吴麟、赵瑄、焦野辈。始，江君至迁安，遵故事誓庙，见其基宇颓隘，不堪妥灵揭虔，愀然退语其佐："濒受命天子，来主兹神人百里城隍，神立诸朝廷军民祝祷所，而于其庙乃尔，可安邪？"遂预斥其基。如今不以扰民，欲遂自捐其俸入，渐新焉。逾二年，□□马君辈，皆感发，亦各有所捐。邑民闻之，佥议曰："神，福吾民者。虽空吾有以新其宫甘，而邑侯顾不忍吾扰，邑侯所以爱吾甚厚，吾则何忍忌神，而独廑邑侯？"乃竞上其资，乡老以助，而黄比、长岭峰二社义民宋会等，所上尤厚。江君喜其民之乐于趋美事也，听焉此庙所繇重建。迁安，永平小邑，其致此庙貌之新，工可谓巨，其工之就，曾不二三载；时可谓速，非江君洎诸佐协心，以崇大神，而德惠之洽于民心乌能然。李让辈群走京师，谒予书其事琢之石，用永诸君功。呜呼！城隍神也，人而屋之，予不及论。而其上下之相乐以有成，则可书焉，乌得不书？然江君辈不特兹事可书，其学宫之修，谯楼之建，皆知所先务，可并书。

昌黎县城隍庙记

吴昱

　　北平属邑东南曰昌黎县，地灵人杰，甲于他郡。道者距其南，水岩耸其北，游览者无不登临，以观甸服之壮观。桑土宜蚕，居民富庶。监是邑者实鲁邸臣僚之贤俊，乃预其选。至正壬辰冬，将仕郎达鲁花赤□□公由济宁路蒙古千户升□是职，下车之□□□□□□□□为喧扬□□，一日谒土地庙行香，周视栋宇倾摧淋漏，神像损坏，惟公恻然深叹曰："城隍土地，乃一方香火之主，水旱疾疫有祈必应，荒圮若是，讵可已乎？"遂割己俸一千缗，庀工匠、举土木，阅月之间，梁栋榱题焕然一新。于落成，羊牲冥币谨祀于神，邑中耆宿咸加敬畏，佥曰："监邑公不谋于众，不扰于民，历年废祠一旦作新，神以妥其灵，民亦获其福，吁嗟仁哉！"公乃命予志其事，刻石于壁，后之为政者，宁不有感于斯乎？

滦州蜡庙记

程楷　翰林院编修

　　三代民命悬于上，民之事上为之，既敕农务，乃于十二月，合聚万物，索有功之神，若先啬司啬农邮表，畷猫虎，坊水庸，昆虫悉飨之曰：土反其宅，水归其壑，昆虫无作，草木归其泽，所以报功。且顺丰年，逆时雨，宁风旱。弥灾既顺成，乃移民以纵一日之乐。三代以下，民命悬于天，旱灾靡告，则乐丰稔，否则随以凶吏，顾饬淫祠，当祀置不举。呜呼，为民父母哉！嘉定潘侯龄，字寿夫，守滦州，殚虑民事，纲振目张，轺车桑田，罔肯懈逸。弘治辛亥，蝗，侯且捕且祭曰："蝗为昆虫之神。滦蜡不通宗为祟，乃即州治北三里许得紫金山，顾峻岭峙距石，□斩□削峻，得平壤而屋其上。中为庙堂，居八蜡之主，西为庖湢所，且以居工祝者。前为门堂，丽于庙。左右翼以团亭，道折而西，复为前门阶。庑庪凳垣墙外周。蜡之庙有成功。"岁既秋，蝗不告凶，乃具副辜击土鼓以祭，以燕民相与言曰："自有此州，则有此民，必有主我者。然视丰凶为欣戚者有之，务去凶而来必丰。既以施于事，且用索之神，则为吾潘侯也。吾民能无识侯之恩。太仆丞浮梁张君德威按境内，闻而嘉之，嘱予纪。民意惟守为民设，民之事守宜先之。则有功于民者，当有祀民力于明神相于幽，而后年顺成则祀以报劳，而后幽明之胥悦，斯民乐生之命庶几亦悬于上。若潘侯者，岂非三代之君侯哉！是以书。且州北横山之麓，石齿齿不可履。侯筑屏里余，循而行者始安趾，庠序坛场有饬而百废举，瑞莲别故有亭而旧规复。尝奏减州邑马二百，又尝奏减马价匹二缗，岁累二万缗，用苏民困，以全其命，为民之心恳恳可书也。"侯盖吴人，景范文正忧乐之怀，而深造于艺苑，成化乙酉擢南畿乡俊，成化丁未守于滦。其所以有为，由其有学也。孰谓明体者不适于用哉！因并书之，以劝学士之为民收者。

显功庙记

商辂

中山武宁王，早以雄才大略，首从太祖高皇帝举义，平定天下，混一海宇，已而率师漠北，收其余民。比还，留镇于燕，慎固封守，为长治久安计，以平滦榆关土地旷衍，无险可据，去东八十里得古迁安镇。其地大山北峙，巨海南浸，高岭东环，石河西绕，形势险要，诚天造地设。遂筑城移关，置卫守之，更名曰山海。内夏外夷截然有限，隐然一重镇也。自山海以西，若喜峰，若古北，大关小隘无虑数百，葺垒筑塞既壮且固。所以屏蔽东北，卫安军民，厥功甚伟。景泰甲戌，今左都御史李宾奉命巡抚，卫人萧汝得等合词告言："昔中山武宁王镇此，城池关隘皆其创建，边陲宁谧，殆将百余年矣，愿立庙祀以报王功。"为请诸朝，许之。属岁屡歉，事未克就。成化辛卯李进握院章，追惟前诏，因谋诸总戎，募义敛材，卜日蒇事。乃即山海卫治之西，建王正殿三间，翼以两庑，树以重门，缭以周垣。兴造聿始，适巡抚左佥都御史张纲下车，锐意倡率。时镇守太监龚荣、总兵右都督冯宗及参将刘辅、李铭悉以俸赀来助，用底完美，实癸巳春三月也。纲告成于上，赐额"显功"。仍降祝辞，命有司春秋致祭，岁以为常。山海军民闻命，欢呼踊跃称快，有以见王之功德及于人者深且远矣。李以事之始末，属守关兵部主事尚絅述状，征予以记。谨按，《祭法》有云："能捍大患则祀之。"若王之设险守国，使百年之间夷虏莫能窥其隙，室家得以奠其居，其功不亦大乎？祠而祀之，岂不宜哉！虽然，王为开国元勋，当时南取吴越，北定中原，东平齐鲁，西入关陕，王之功居多。独山海之人思慕之深者，盖王镇抚燕蓟十有余年，丰功盛烈，宜非他处比，庙祀聿严有以也。大王姓徐氏，讳达，凤阳人，累官太傅、中书、右丞相，进爵魏国公，追封中山王，谥武宁。其履历备载国史，兹不重述，姑述立庙之意，俾刻之坚珉，庶来者有考焉。谨记。

偏凉汀亭记

丘濬　翰林院编修

太行西来数千里，环帝畿而东又数百里，散一支南出为平滦诸山。滦河自边塞迤东，南行入平滦境，始益大。去滦州城北五里许横渡山下，是为偏凉汀。汀出众山间，据川流之汇。山之列其傍者，若鲁若岩若紫金瓦岭之属，参错联亘，狻猊踞而龙蛇走，其间林壑幽胜，草木葱茜；水之经其下者，若漆若澈若清水肥河之类，下流胥会，膏黛澄而绮縠张，其间凫雁翔集，鳞族潜泳，是诚一郡之奇观也。昔人凿崖通道，因山建亭，岁久而圮。近时中贵人重为修筑，然未殚厥美也。及天顺庚辰，御马监少监韦公将命道兹因旧加高，下为闉门，上为新亭，规制宏侈，丹碧照映，登临眺望，一目千里。山若增而高，水若增而深，与夫风景云物之美，咸若踊跃奋迅而突出也。知永平府事古相周侯晟，按属至斯，慨曰："是不可以无纪。"乃以书走京师，征予记。予复之曰："山川信美矣，景物亦奇矣，瞩目之顷可以尽得之，奚用记为哉？"然有不可不知者，盖兹地在古为孤竹国，汉唐时皆属内地。不幸五代初，始辱于夷狄，始终四百五十余年。当其时，山川如故，而其人则贸贸焉，忘其为华也久矣。人伦日用之常，尚不可得而有，况有所谓山水登临之乐者哉。幸而我高皇帝再造天地，大正疆界，兹地始复于古职方氏。今日二三君子得以于此，因胜游以恣奇观，可不知所自哉？登兹亭也，见行旅往来于此，以车以舟，而无水陆之虞；居民环处于此，或田或渔，而遂生育之乐。近而瞰乎，城市、官寺、屋宇、衣冠、文物如此其盛，远而望乎，边徼、城堞、楼橹、烽堠、关隘如此其固，若是者孰使之然欤？要不可不之知也。后之人有事过此而登斯亭者，其尚悠然而长思，恻然而深虑矣乎！于是乎记。

观海亭记

杨珺　兵部主事

愚尝读《孟子》"观于海者难为水"，知观海，则天下之水皆不足为水矣。然未免涉于思想，孰若亲见之哉！天顺辛巳，愚以夏官奉命来镇山海，巡关至南海口，见海边城上有台峨然，台之上有亭翼然，意其必为观海而设，乃登城上亭。愚于是始得观海，而信孟子之言不我欺，诚以天下之水未有过于海者。百川归之而不见其盈，众流纳焉莫能测其深，包乾括坤，宽而有容，浩浩荡荡，渺无际涯，使人于此不能不兴望洋之叹。且知天地四方，皆海水相通，地在其中，盖无几也，《博物志》所载为益信。既而谋诸当关者，因亭之旧，稍葺而新之。且窃仿先正欧阳公笔法书"观海"二字，揭之亭内。庶几时相与宦游，君子登览而适情焉。自是而后，或月一至焉，或累月一至，而至则不能去。当夫晴霁

之朝，居高望远，则□□□□□□□□清风徐来，波□不兴，上
下天光，一碧万顷，浴日漫霞，锦绮浮荡，气象不可名言。至
若潮汐往来，水落石出，鸟喜飞跃，鱼乐游泳，凡其物类，无
不逞奇现美于亭台之外。及夫天将降雨，而山川之气腾，八方
之风动，于斯时也，则其水黑而晦，远混天色，涛翻雪阵，汹
涌澎湃，声闻十余里，如鼓雷霆震天地，至昼夜不辍，谓之"海
吼"。观其水势，无有不下，往过来续，无一息之停，非徒可以
见人性之善，亦可见道体无穷之妙。有如此，夫是以君子贵乎时
加省察，自强而不息也。昔孔子观东流之水，子贡问曰："君子见
大水必观，何也？"孔子曰："夫水遍与诸生而无为也，似德；其
流也埤下，裾拘必循其理，似义；其洸洸乎不淈尽，似道；若有
决行之，其应佚若声响，其赴千仞之谷不惧，似勇；主量必平，
似法；盈不求既，似正，淖约征达，似察；以出以入就鲜洁，似
化；其万折也必东，似志。是故君子见大水必观焉。"噫，君子
之取于水如此，况于海乎？然则后之君子可舍此而不观欤？既观
于此，然后知是亭之设，岂独鲲溟鲸渤蜃楼鲛室之睡欤？鳌山鼋
浪鰌潮龙沙之顾欤，所以游目骋怀又将有得也。

重修别故河堰碑

吴祺

州治西一里许，有别故河，源于菉豆湾，其流至河，漫溢无
统。河有堰，岁久颓圮，秋夏常走潦，浸没民田若干顷，以致农
失本业，或迫于官租私券之委积，有图为逃背计者。我侯莅政之
明年，恻然有念，乃谋之同寅，设法修筑。民私庆曰："自无此
堰，则有此害。长吾民者多易而忽之，而不知吾民之失业，河实
为之也。不意吾侯之念吾民，一至于此。"由是各相劝勉，老者
饷，少者筑，捄陾度蕢，期在坚实。侯且旦暮提督，胼手胝足，
以身先之。肇工于弘治戊午二月十日，讫工于是月三十日。不期

月而告成，高丈余，横倍高之半，纵六七里，周围杂植榆柳，何下万树。堰因树而固，田因堰而治，民因田而安。竭一时之劳，诒无穷之逸，其利不亦溥哉！又于南门外建桥一座，以通往来。又增筑学舍并仓库牌坊等项，凡屋之大小前后几千柱。此特见于营建者，至于民之前所不便，及今所愿欲而不得者，皆极力罢行之。时有颂之者，巡抚都宪张公为请于朝，特有旌异之命。侯姓吕，名镒，字世重，山东兖之郓城人，由乡进士任今职，性最平易，凡所施设，渐次成就，未尝为皎皎之行以骇人耳目。其所以有为，由其有学也。因纪于石，以待后之为民牧者劝。

魏博节度观察使沂国公先庙碑铭

韩愈

元和八年十一月壬子，上命丞相元衡、丞相吉甫、丞相绛，召太史尚书比部郎中韩愈至政事堂，传诏曰："田弘正始有庙京师，朕惟弘正先祖父，厥心靡不向帝室，讫不得施，乃以教付厥子。维弘正衔训事嗣，朝夕不怠，以能迎天之休，显有丕功。维父子继忠孝，予维宠嘉之。是以命汝愈铭。钦哉！"惟时臣愈承命悸恐，明日，诣东上阁门拜疏辞谢，不报。退伏念昔者鲁僖公能遵其祖伯禽之烈，周天子实命其史臣克作为《駉》《駜》《泮》《閟》之诗，使声于其庙，以假鲁陵。今天子嘉田侯服父训不违，用康靖我国家，盖宠铭之，所以休宁田氏之祖考，而臣适执笔隶太史，奉明命，其可以辞？谨案：魏博节度使、银青光禄大夫、检校工部尚书，兼魏州大都督府长史、御史大夫、沂国公田弘正，北平卢龙人。故为魏博诸将，忠孝畏慎。田季安卒，其子幼弱，用故事代父，人吏不附，迎弘正于其家，使领军事。弘正籍其军之众与六州之人，还之朝廷，悉除河北故事，比诸州，故得用为帅。已而复赠其父，故沧州刺史兵部尚书，母，夫人郑氏梁国太夫人，得立庙，祭三代：曾祖都水使者府君祭初室，祖安东司马赠襄州刺史府君祭二室，兵部府君祭东室。其铭曰："唐继古帝，海外受制。狎于太宁，燕盗以惊。群党相维，河北失平。号登元和，大圣载营。风挥日舒，咸顺指令。羣羣魏士，婴儿戏兵。吏戎愁毒，莫保腰颈。人曰田侯，其德可倚，叫噪奔趋，乘门请起。田侯摄事，奉我天明，束缚弓戈，考校度程。提疆籍户，来复邦经。帝钦良臣，曰维扬予。嗟我六州，始复故初；告庆于宗，以降命书。旌节有韬，豹尾神旗；櫜兜戟纛，以长魏师。田侯稽首，臣愚不肖；迨兹有成，祖考之教。帝曰俞哉，维汝忠孝，予思乃父，追秩夏卿，媲德娣贤，梁国是荣。田侯作庙，相方视址；见于著龟，祖考咸喜。暨暨田侯，两有文武；讫其外庸，可作承辅。咨汝田侯，勿亟勿迟；觐飨式时，尔祖尔思。"

故赠金吾卫上将军卑君墓表

丙戌之仲冬日，将南至卑滦州至自其郡进疏翁之门，拜手而告曰："我先人金吾君槁葬之野有年矣，不肖嗣仲吉夙夜罔敢宁，其谋护归祖茔亦有时矣，卜者佥曰明年春始吉。愿得先生之文，碑于墓前，以永厥垂。"无我拒，既葬乃再拜，授使者君行状以书，走京城来乞所许文。滦州素于余厚，君又宜有刻。敢不按其事迹而书诸。君讳彦明，其鼻祖鲜卑人，入居中华，子孙遂以国为氏。汉有北平太守躬太傅掾整，皆卑姓显者也。年祀浸远，世次不可考。君之先世，家中山，石晋末徙滦西万石山之下居焉。后为义丰人，枝叶繁茂，迄今号卑氏庄。大父而上，种德田里。考讳谦，亦隐居不仕，娶康氏女，生三子，君其季也。君事父母，能竭力，交朋友必以信，尚气节，好给施，少时尝酿酒聚亲，识贫者或贳之，皆折其券。远族有二弟，以逃难来，所挈各数口，君纳于其家甚久，唯恐弗周。一日，一行旅遇君于涂，蹒跚有忧色，问之，盖韩之柳河人，久不怨归者。君曰："丈夫孰无穷耶？"因以所驱驴赠。又他日，有客来谒，曰："仆义州刘氏子，以荫赴吏曹选，今将还，道远而囊罄，闻足下义，故来。"君解衣赆其行，且助以金，闻者壮之。其慷慨类如此。延祐元年十月二十一日，以疾终于家，年五十有六。时滦州从军居庸，世方乱，葬故有阙。君没十有四年，滦州骤贵，赠金吾卫上将军。其配曰石氏，贞善有妇道，先君卒，赠河间郡太夫人，以丁亥年二月壬寅改葬。君于厥考之兆次，石氏祔于君之次，兄彦昭，亦以是日葬。会葬及观者几数百人，乡里以为荣。君二男，长曰仲成，后君没十有三日殂。次曰仲吉，滦州也。一女适前石城主簿李仲禄，男孙三人，曰万家奴、宣德奴、山寿奴，滦州之子也。女孙七人。初，仲成之避祸岚山也，飞矢贯其颊，痛不可忍，滦州负之走，及土岭岗乃死，火其骨抱归。呜呼！人徒知滦州之福，而不知其福之所自来。《易》曰："积善之家，必有余庆。"若君以布衣行义，非积善乎？其有后也，宜哉！今滦州能乘时取富贵而追荣其考妣，不曰能子与？又能干戈间奉其兄之丧以归，不曰能弟与？诚能以是，孝弟扩而为仁，以及其父母国之遗民，则卑氏之福巨涯矣。疏翁既书其事，复为之诗，曰："维卑氏祖，起于遐方。居我中原，子孙浸昌。汉有哲人，行与名著。躬守北平，整掾太傅。自兹厥后，代不乏贤。世序悠远，谱失其传。君之先世，从赵而北。万石之阳，相承种德。逮君益奇，义高平生。生无少愧，没有余荣。赠虽由子，君积善政。是宜我文，表君之墓。庆源能深，福乃世流。逝者已矣，勖哉滦州。"

太守吴侯祈雨有感序

　　□□□□□□□□所以覆庇下民者，在雨旸时□□□□□□□□□□□□焉。或旱暵，或浸霪，遂□□□□□没□□□仍民□□□□□□□军□之□□□出□□□妙恻隐感召之机，又系乎为民牧者用心与否。牧良则推恻隐之心，动忧勤之念，非特布岂弟之政，遇灾知惧，拳拳乎敬天不遑宁处，天之所以默鉴于苍苍之表者，自能变灾为祥，返祸为福，以康济亿兆，否则反是。董子曰："天人相与之际，甚可畏也。"政坐是欤？若吾郡太守吴侯廷臣，自弘治甲寅下车以来，汲汲于民情之休戚，政治之得失，百度靡不究心。曩者弘治乙卯抵丙辰，三冬无雪，九夏亢旱，田畴龟拆，穈稑莫施，侯甚忧之。遍叩祀典神祇，且延法士，设坛立盟，引过恳祷，昼夜匪懈。果甘雨大澍，四野沾足，遂为有年。今年春，复旱魃为虐，侯忧苦愈于前时，择三月二十一日，诣城隍祠，矢心发檄，谕以幽明利害。抵暮，阴云四塞，翌日雨，明日又雨，越明日又雨。不疏不密，不急不徐，枯者起，槁者苏，三农鼓舞，一郡歌谣，在在称之曰："吾侯忧民之深，以诚格天，以和召和，感召之机，捷于影响，其善政有如是。"夫侯闻之，愀然不乐曰："天之不雨，是警戒于我辈也。我之祈天，尽职分之当为也，奚有于是？皆赖吾圣天子，上契天心，化被万有，以致然耳。"至形诸篇什，有"圣皇仁爱敷天下"之句，则侯之忠爱之意，自见于言意之表矣。贰守邵公弘道，喜其心，嘉其政，既为唐律以贺之，且裒萃一时文人才士所作诗凡若干首，装潢成册，以章吾侯，以诚格天，以仁归上之美意将垂永久，嘱予为文，弁诸首简。呜呼！食，民之天也；雨，天之泽也。民非食不生，雨非天不降。盖必吾之心正，则天地之心亦正；吾之气顺，则天地之气亦顺。天地位，万物育，必然之理也。今侯用心于民，以诚格天之应如此，视被跃肥拥艳，登皋临流，土苴赤子，寄血肉于苍鹰乳虎之爪吻者，其贤不屑何如哉！矧其心平易忠亮，拳拳乎忠君爱民。昔苏东坡守扶风，因旱得雨，作亭以纪之，不自有其功，而归之太空。今吴侯亦不自有其功，而归之天子。其心孚意合，辉映后先，不可伯仲于其间也。因书以复邵公之命，未识何如？

改建永平府门记

曹怀　本府知府

古之王者向明而治，明之义，阳也，离也，南方之象也。阳则动物，离则照物，动则变，变则不穷；照则远，远则不蔽。兹天下之所由治也，臣行君之政而致之民者也。台省郡县之设，制皆南向，无庸少贬，求以治民焉尔。我圣祖肃清华夷，奄有天下，郡县之制，悉遵旧兴，间有东西向者，拘之以形势，仍之以习染，泥之以风水，识治体者恒病之。岁丁亥，予忝承宠命，握符兹土，道出蓟门，谒宪台熊公，间谓予曰："永平之门东向，前守者时阻群议，子其图之。"予闻而病焉，抵郡之日，斋宿公所，首询诸少府兰阳杨君士魁辈，曰："政以治民，门以出政，治之有门，犹身之有首。首不正则形体痿，门不正则规模陋。永之门，诚若熊公之言邪！"杨君曰："然。"治之南为清军局地若干，局之西为民家王贡等地又若干，已檄上诸当道，幸相厥成。予慰曰："殆先得我心之所病者乎？"遂躬任厥事，图惟厥终。三月甲辰，命工择日撤旧门之材，置诸南向，楹三间，台四丈，高下广狭，一无愆素第，腐者易之，污者新之，缺者全之。越四月乙巳，工肂告成。官不为费，民不知劳，门于是乎改观矣。杨君以迁去，代之者兖州孙君允中、别驾洛阳管君世禄、阳曲孙君让、节推去任曹州李君凤、平度李君学诗，佥谓予不可无作，以识岁月。乃记之曰："嗟呼，民诚可与乐成，不可与虑始哉。始予经营厥工，庶喧于道，士哗于室。至有持郡志告曰，门创洪武二年，公其慎动，计其意无它，而世俗之见有未能尽脱落者。予力排群议，百年之谬一旦始革。由今观之，两衙既放，重门洞开，幽隐毕达，私曲悉见，出入有稽，吏胥辈不敢寅缘为奸。视向之得失邪正，果孰多邪？偕我二三寮案，试登门驻望，南山在前，具瞻在念，端乃威仪，慎乃政令，矢乃操守，协乃心力，上布圣明求治之意，下广斯民乐成之心，是门也，岂特伟厥瞻宏厥度而已哉！又度旧门隙地，创厅事三间，扁曰公止。凡我寀家相与顾名思义，求无负断金之利，斯可矣。因记之。"

永平府志后序

永平去京师五百里，密迩首善之地，声教得之最先，耳濡目染，积累岁月，人才日益盛，风俗日益厚。山川之胜，视昔若倍焉者，事之可志，匪直文具而已。弘治己未秋，吾太守吴公刻意修辑，亟图于成。祺亦滥名篇末，志成，当序于后。祺窃谓一方之志，即一国之史也。业巨而词浅，莫揄昭代之盛；文浮而实泯，又非纪录之真。一事之苟且，一时之因循，将无以逃千百年之口实。昔者《春秋》作，而游夏之徒不能赞一辞；《纲目》修，而诸家之史不足取。祺末学荒昧，责之以效颦学步，亦岂能肖似也哉！自受托以来，夙夜祗惧，或稽诸载籍，或质诸故老，或参以见闻，条分类别，共若干卷。旧者存之，新者续之，讹者正之，事之不足信，文之有可疑者阙之，善之不足以为法，恶之不足以为戒者削之，凡有裨于风教、有关于政体者录之，纪其实而违其名，略于今而详于古，旁取曲证，竟夕忘倦，务竭一得之。愚虽不敢自谓直笔，要亦无所私也。呜呼！兴废举坠，志其首务。自国朝统一海宇百三十余年，作郡于兹者更历数十人，以数十人未为之事，数十年已坠之典，一旦修辑之，而告成于期月之间。事无巨细，开卷在目，献于上，属之《春秋》《纲目》之笔，采而择之，用垂不朽，虽穷檐荜屋之下，皆知诵而传之。文献足征，亿万世不刊之典也，岂特一时之庆、一国之光而已哉！

时弘治辛酉仲冬之吉，滦州学正丰城吴祺书。

后　序

郡之有志犹国之有史，国有史则一代之典章文物、善恶劝惩昭然可考，垂之永久，可征可信；郡有志，则一郡之典章文物、善恶劝惩，岂不一览在目，遗绩来永，可征可信也耶？所谓观会通以行其典礼者也。弘治甲寅，予奉命来滦，承乏牧守，首询郡志脱略无几，拳拳在念，积有岁年。即今年，谷颇丰，政颇就绪。礼请致仕大行人张公朝振，偕滦州学正吴祺，援据经史，搜罗百家所载，与夫稗官小说，参互考订，编摩成集。始事于弘治庚申之秋，竣事于辛酉之冬。庶几一郡之典章文物、善恶劝惩一览在目，所谓会通典模，兼举无遗。於戏，亦不可谓之易矣。书成，复谋之同寅，贰守邵公弘道重加订正，寿梓以传。凡所资费，皆撙节浮费，辍所用而成，不敢伤于官而蠹于民也。向日拳拳之心始副，略无遗憾。因书此以纪其颠末云。

时弘治十四年辛酉冬十二月上浣，中顺大夫、知永平府事维扬吴杰谨跋。

永平府志

明·万历二十七年

‖ 目　录 ‖

永平府志序 ·· 211

又 ··· 212

卷之一（缺）

卷之二

建置志 ·· 229

城池 ··· 229

公署 ··· 232

武署 ··· 238

关营 ··· 239

仓库 ··· 241

津梁 ··· 243

铺舍 ··· 244

市集 ··· 245

坛庙 ··· 246

寺观 ··· 249

卷之三

政事志 ·· 257

户口 257

田赋 258

徭役 263

雇银 263

力银 266

额支 269

杂支 271

役支 272

待支 273

驿传 274

马政 275

戎政 276

原额米 277

原额豆 277

额增秋草 277

均徭 277

起解 278

存留 278

俸粮 278

永平镇饷 280

盐法 280

郡四场 281

长芦户口 282

关政 283

卷之四

文阶 286

卷之五

武秩 347

卷之六

选举志 385

进士 385

举人 391

岁贡 401

例贡 424

恩荫 428

牌坊 428

卷之七

人物志 433

政迹 436

乡贤 460

贞妇 496

卷之八

文部 506

卷之九

韵部 531

卷之十

祥瑞 584

神奇 585

漕议 585

军民利病 587

贡酋 597

抚赏 598

边事 598

附议四事 607

永平府志跋 610

永平府志序

　　古者列国必有史。今之列郡即古之列国，一郡之志即一国之史。永平为墨胎氏故封，昌黎先世、横渠后昆，咸在封内，是古圣贤之邦也。自辽、金、元先后争据，载籍泯阙。明兴定都于燕，永为东辅郡，遂尔文献斌斌焉。予来守永，欲明习一方事，因取郡志披阅之。弘治十四年郡张行人纂者简而核，万历十九年闽郭文学修者博而赅，删繁补阙，可为全书，遂集郡贡士及博士弟子员为之。适豫章涂印玄来登碣石谒孤竹，有子长风，予爱其手注，会旨刻之，因榷郡志。涂子曰："《春秋》详内而略外，义精而体当。若后世之书有简有博，简者阙，博者繁；阙则失义，繁则伤体；义失鲜史学，体伤乏史才，此《春秋》之为绝笔也。"予嘉其议而属之志。涂子笔则直、心则虚，出入张、郭二书，参取州县诸乘，而编摩笔削之，至政迹行谊必于郡缙绅先生是征。自己亥闰四月，迄秋八月而稿脱。首图者七、为卷者十、为纲者八、为目者五十有七。编年以著沿革，列传以叙事实，备述以广记睹。不阙而核，不繁而赅，于义无失，于体无伤。此志既成，永平之疆域、创置、政事、文章、风俗、人物可以传世不泯，而后之称信史者，必曰永志云。万历己亥，河南按察司副使、管永平府事东齐徐准撰。

又

　　《周官》诏观事则有志，诏地事则有图，厥典重哉！北平负山带河，雄称四塞，屹然京陵左冯翊，其地觭重，地重而典滋重矣。郡弘治辛酉有张志，什一仅存。越八十四祀，为万历辛卯有郭志，包举容盖之繁，抉阐今昔之奥，胪陈畛列，若开玉府，而璜琥琼璋烂焉毕具。第连类洸洋，远者叹浩汗而难收，近者苦极目而难竟，俾畿左外史识者莫睹大全，虽元圃积玉，无所用之。嗟嗟！载籍挂漏而不广捃穷搜则疏，疏则前守责也；载籍博括而不约取中窾则赘，赘则今守责也。新城徐公忧之曰："守责弗修，是蘧庐守也，某曷敢？"乃憋神揉思，损旧益新，且求海内多闻有道术者，得江右隐君涂公国柱，振缨高谈，卒卒语合，遂董其事。志为十卷，图七、纲八、目五十七。天时地利并大，故首象方、建置，政教肇自官师，故政事、职官次之。地因人灵，文章蔚焉，故选举、人物、艺苑又次之。至备述祥异、时务，亦旁综者所不废也。志成，命不佞瑜序简端，瑜观其体裁合棨冠冕词家，或直书以申规，或微词以风讽，津津一方文献焉。夫徐公奋迹邹鲁，以经术经世，务章缝斐然向风。且也四三年来，海氛震邻，天灾虐野，苦兵、苦运、苦赈，公膏雨吾土，酌泉不愧二清，以故刑平政和，六属赤子依之，身为志也；凡诸废置沿革不及行，载笔而存之，言为志也。身志言志，且不烦雕章缛采，岂好为更张已邪？不则，龙门待嗣续而卒业，眉山以雁行而成书。是役也，搦札未逾岁，含毫不数人，骤而托于不朽者之林，则志非难，志志者之难也。观者因文识意，并察志之所以，不求者何在，即繇兹而睹大全可也。万历己亥兵科给事中、前翰林院庶吉士、郡人白瑜撰。

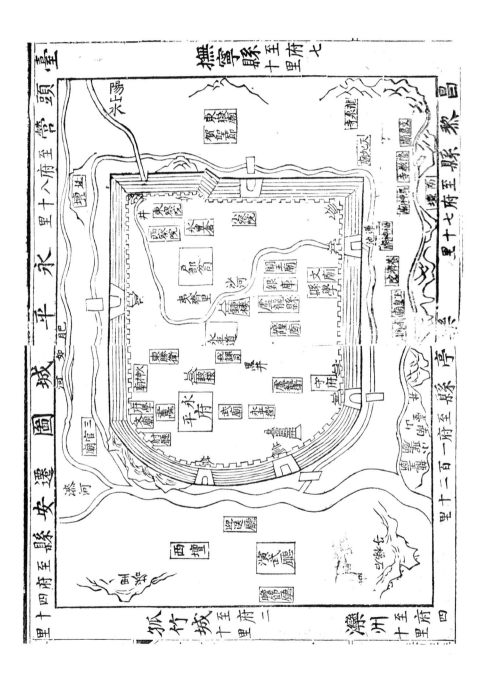

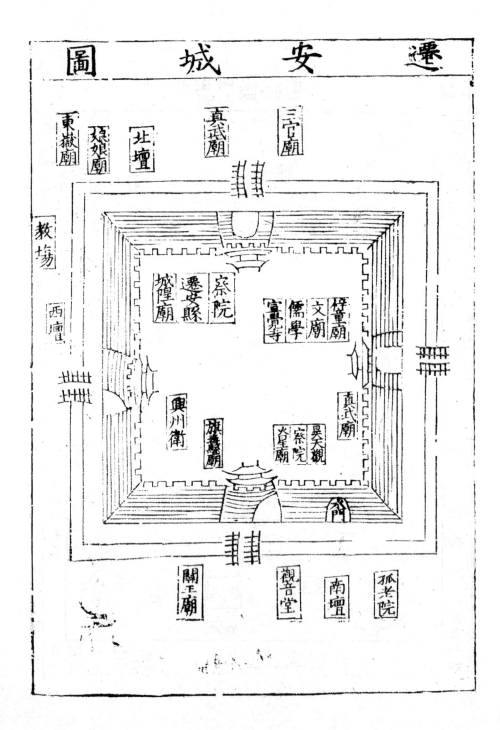

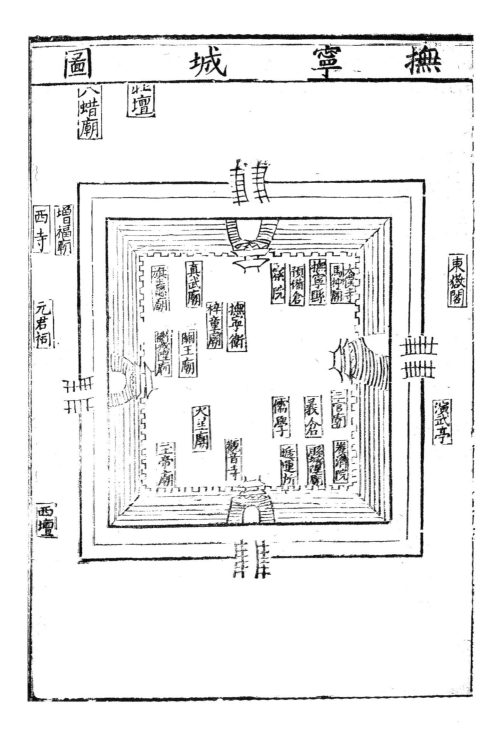

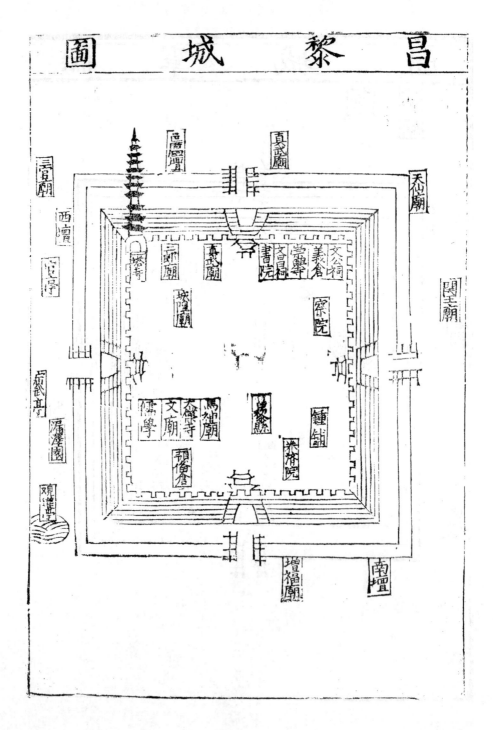

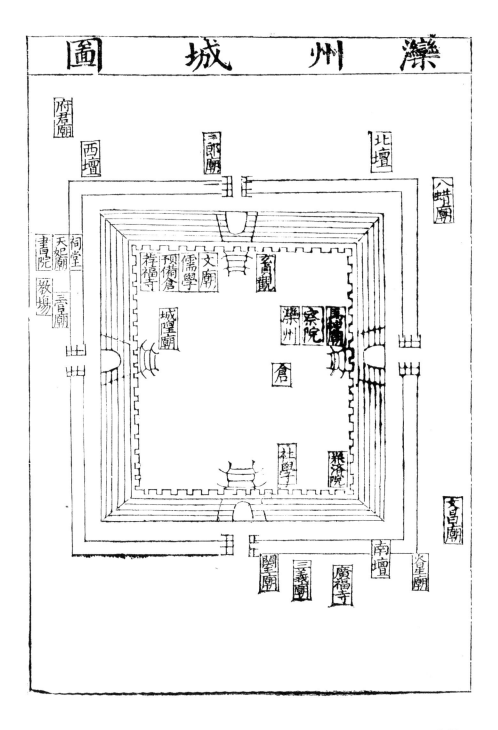

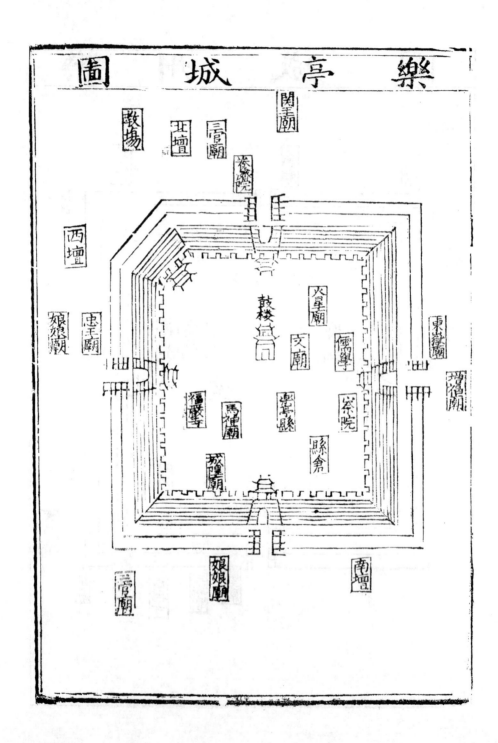

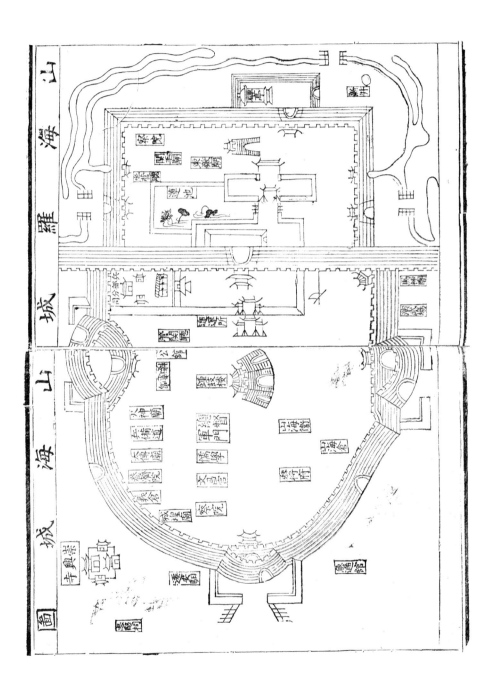

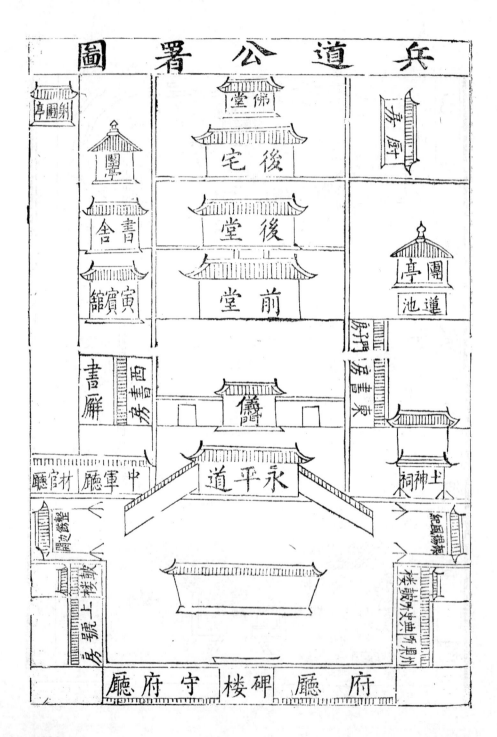

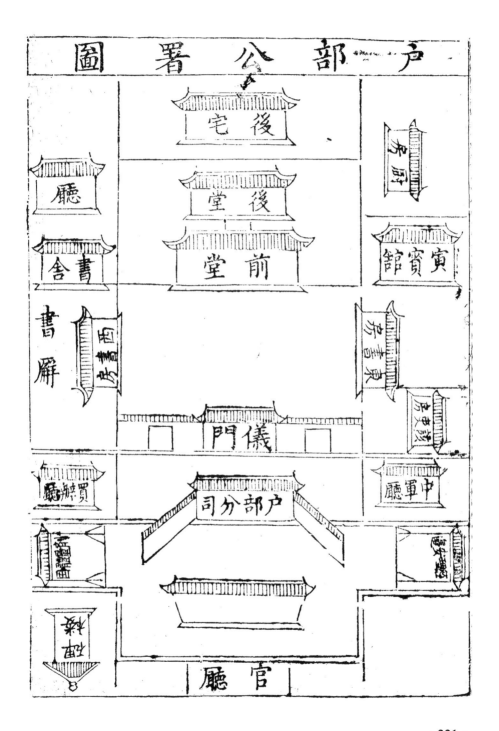

户部公署图

后宅

后堂

前堂

厅

书舍

西书房

书屏

寅宾馆

东书房

史书房

仪门

买办廨厅

中军厅

户部分司

宅神祠

吏承厅

科斗

官厅

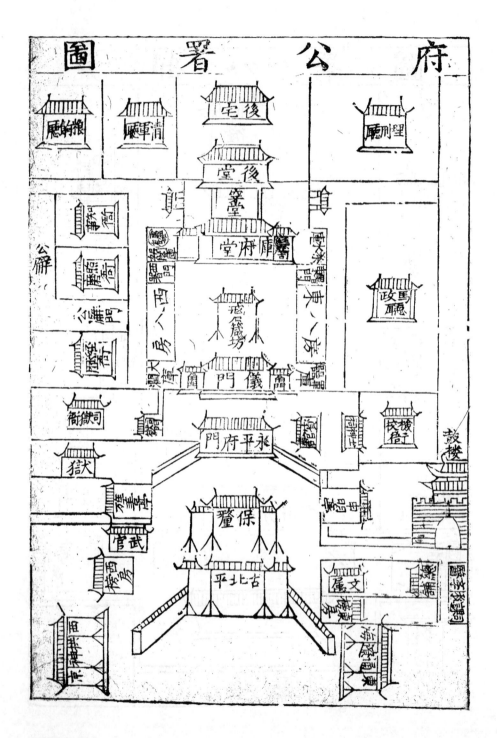

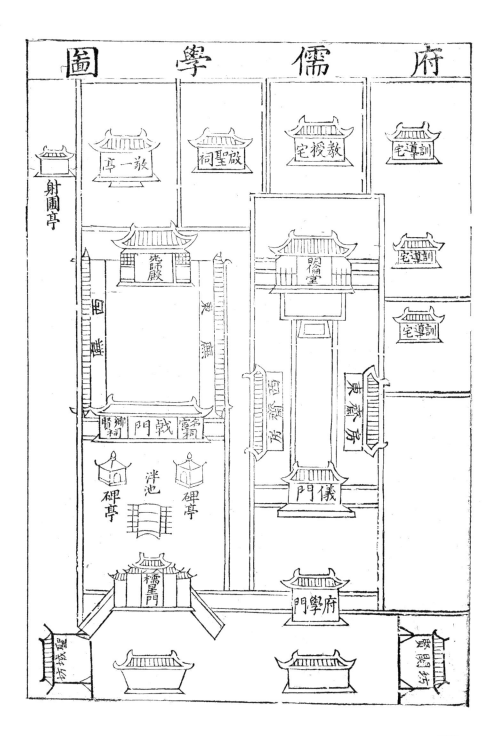

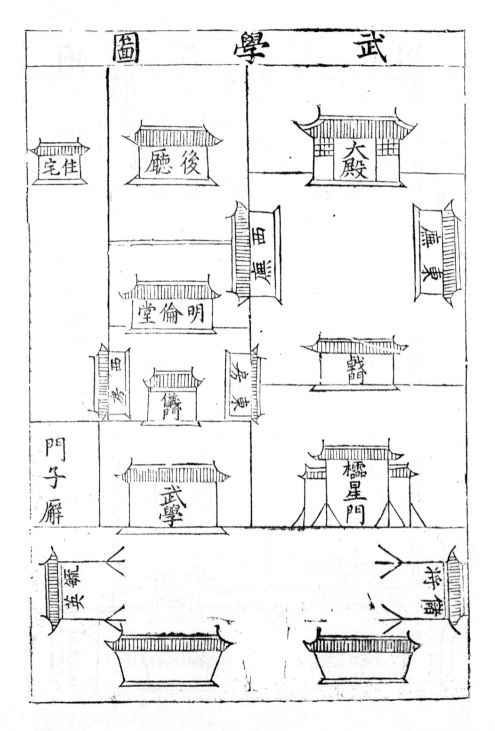

武 學 圖

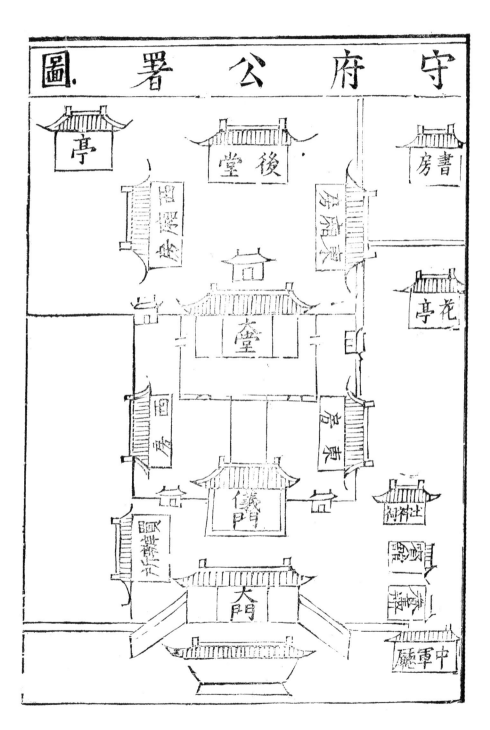

守府公署圖.

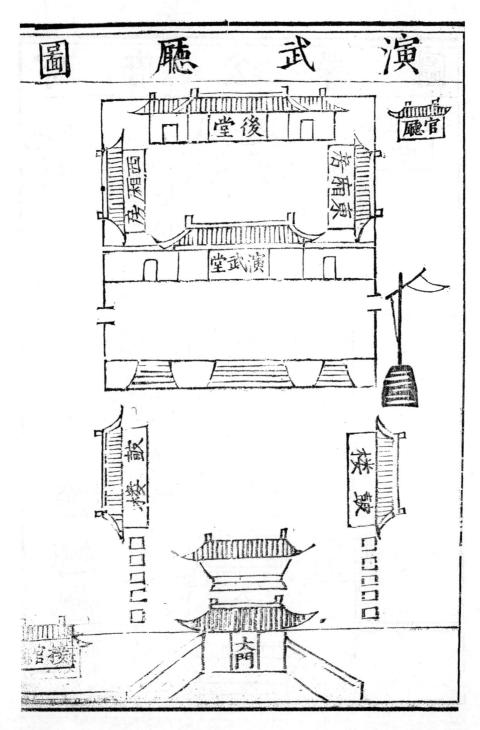

演武廳圖

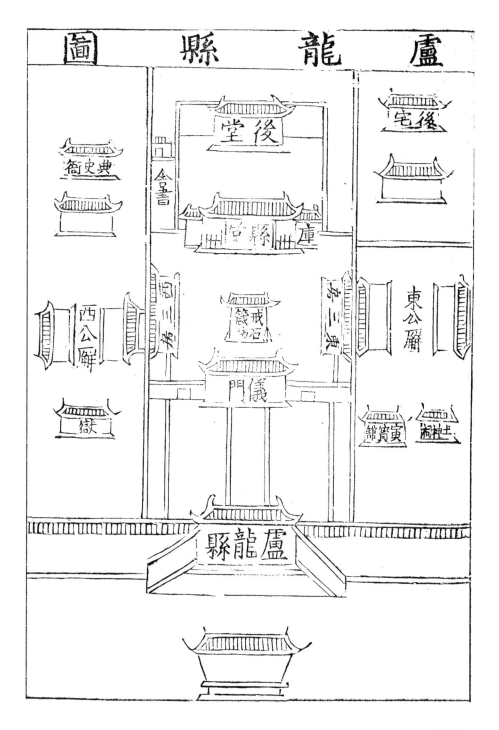

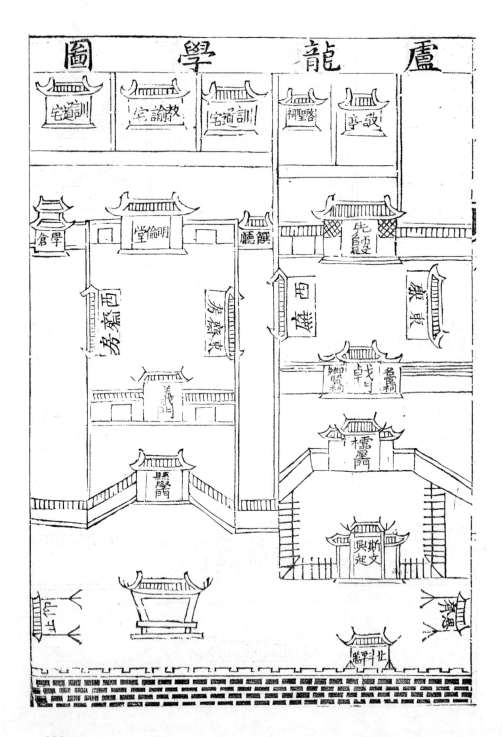

‖ 卷之二 ‖

建置志 目凡十

传称龙见戒事，火见致用。建置维艰哉！永为畿左辅，去虏穴仅四十里，鸣镝饮马之害剧。国初移关于山海，迩复列台于长城，此其大者。诸凡城池、关梁、公署、学校、仓库、驿递、坛庙、教场，一不可缺。或迹湮于年远，事废于人更，如作者之初意何？兴废振坠，不无赖于后之典守者。《易》曰："改邑不改井"，通此说者，思过半矣。

城 池

府城 城高三丈有奇，厚二丈。雉堞九里十三步。重门曲而尽制。旧惟土城，洪武四年奏准，指挥费愚等廓其东而大之，易土以砖。城四门各有楼。旧制颓敝，景泰二年，巡抚都御史邹来学、总兵宗胜奏准重修，参将胡镛、知府张茂经营，又于东埔高处置三楼，中座最高，以望烽火，名曰望高城。外泊岸岁久水激而圮，弘治十年，知府吴杰重修，岸实而城固。然决水流城北，有伤龙脉而风气则坏。嘉靖四十二年，兵备温景葵睹七楼大坏，一切重新，改东之高明曰"通辽"，南之德胜曰"望海"，西之镇平曰"护蓟"，北之拱辰曰"威胡"。万历八年，知府任铠增内女墙一周，门之楼阁四：南内楼曰"北平雄镇"，南水关曰"凭虚"，西水门曰"观澜"，西北隅曰"武备"。十五年秋，滦漆灾，城无完璧。兵备叶梦熊属推官沈之吟修葺完固，增修下水关及明滦门、泊岸、排墙、罗城、瓮城、台铺、马道补葺无算。二十一年，知府马崇谦建玄览楼于上水关旧址。二十七年，管府事徐准重修北城上武备楼，扁西门楼曰"望京"，南门楼曰"观海"。

隍　东阻山为堑，南有莲池，北凭肥水，漆为西堑。西城脚皆砖石泊岸，以防漆啮，泄水有渠，汲水有级，号完城矣。**庙**　在府治东南三百步。**教场**　在渡漆西里许，军民兵共焉。

永 城　前左阻山，后右带河，形胜之地也。府治坐平山之上，地形高过于城，与南台山相等，故名平阳山。水旧入上水关，为沙河，而肥如河绕于城后，并入漆，风气甚佳。沙河之东增扩新城，乃昔夷齐里。而东察院即孤竹书院，让国之风、采薇之节，奋乎百世之上，是古圣贤之邦也。居是邦者，可不追其清风高节思所以兴起，而甘自处于顽且懦者耶？考晋句注碑，以北方之险与卢龙飞狐为首，乃卢龙天堑，尤非句注飞狐比。而山海卫城自畿以东，高坚无敌，即一州五县皆易昔土，筑以砖石，永不称深池坚城哉。《易·系》：重门击柝，以待暴客，城邢、城曹、城楚丘，《春秋》皆大书，以其系甚重。《左传》计十义以令役，盖乘时修饬，满虚完釁，浚浅疏塞，皆守令责。况有不筑而高，不凿而深，之民心在，是地利不如人和也。独滦地广而衙役猾，难治开平，辖于蓟门，界乎丰邑，杂而不驯。卢乃附郭，甚冲烦，空有首县之号，而里制隘于四邑，其何以胜冲剧？议者谓宜割滦之有余，以补卢之不足，复设判官于开平，专理其剧，庶几均平矣。志城隍而附庙，附教场，将借神灵修武备以树保障云。

迁安城　高二丈一尺，环五里许。城之东西门迤北属县，迤南属卫。旧城惟土筑，景泰二年，都御史邹公檄县包以砖石。儒学旧在东门外，成化四年，教谕胡宪奏准，增筑新城以包之，其规模制度加旧之半。东城旧无券门，弘治十二年，知县张济增建东北隅。城犹卑，增而寻圯。隆庆元年，虏人寇，郡邑戒严，寇退，知县随府一撤而新之，比旧增高一丈，阔丈二尺，甃以大砖。四隅有角舍，四面有腰舍，外卫以土墙。四门楼有闉。扁额东曰"肃清海滨"，南曰"阜安岚甸"，西曰"夹辅神京"，北曰"镇靖边陲"。

隍 万历十二年疏浚，西引河水绕四围。**庙** 在县治西五十步。
教场 在城西外。

抚宁城 高二丈九尺，周千一百六十四丈。城之南北门迤东属县，迤西属卫。旧县、卫土城二座，在洋河东二里即阳乐城。洪武十一年，知县娄大方因山寇扰掠，率吏民避兵兔耳山，寇平，请于朝，即山之东南以为县治。永乐三年，建抚宁卫于东。成化初，都御史李秉以卫、县异处应务不便，遂廓东南而大之，增筑包以砖石，犹嫌矮薄。嘉靖四十二年，巡抚温公檄道府增修。万历十六年淋雨坍塌过半，管县事通判雷应时同指挥张耀先，复修坚固，至今赖之。**城台** 一十六座，楼八座，外周以马墙。

隍 阔五丈余，深三丈余。**庙** 在县治东南。**教场** 在城东门外。

昌黎城 高三丈有奇，环四里许。旧惟土城，弘治八年知县殷玘易土以砖。十七年，知县陈纲裹门以铁。嘉靖十五年知县秦志仁、三十二年知县李希洛、三十七年知县胡溪、四十二年知县楚孔生，俱加修筑。隆庆元年，胡虏薄城。知县张存智力为增修高厚险固。万历四年，知县孟秋筑重墙，添重门。六年知县吴应选修四面里口，重筑濠墙。十三年知县胡科、十六年知县石之峰，复增前所未备者。二十一年知县冯恩新添北门月城一座，今屹然可守。敌台二十，腰铺二十四，城楼八座护栈裹铁。

隍 广四丈，深三丈五尺。**庙** 在县治北。**教场** 在城西南二里许。

滦州城 高二丈九尺，厚二丈，环四里二百步。旧惟土筑。景泰二年，以虏入寇，州民惴栗，巡抚邹公檄州同杨雄甃之以砖，足为永计。成化二十二年知州李智增修。弘治五年知州孔经重修，为雨圮也。嘉靖六年知州张国维茸补未备。七年知州赵叶开马道，新女埠。二十五年，大水坏北面，知州陈士元重筑之。万历十二年，知州白应乾修城及堑，守城之备确乎壮矣。城门四：东曰"御滦"，南曰"安岩"，西曰"迎恩"，北曰"靖远"。楼四，成化间知州李智立。东重楼扁曰"保厘东郊"，嘉靖间知州张国维建。

隍 阔如高，深如广。**庙** 在州治西。**教场** 在西外三里。

乐亭城 高二丈八尺五寸，厚一丈五尺，环九百九十七丈。旧惟土筑。成化乙酉，都御史阎公檄知县元弘黉以砖。岁壬寅，知县李瀚于城之四门，各设二铺防守。弘治己未知县田登建楼设堞，翼以女墙。隆庆丁卯，虏入寇，巡按郝公题准，调献县知县李邦佐来任，修筑月城四、角楼四、敌台十。城四门各有楼，东曰"寅宾"，南曰"镇海"，西曰"望宸"，北曰"控远"。护城门，知县潘敦复建。

隍 阔三丈五尺，深一丈四尺，池外筑堤，堤上植柳。**庙** 在县治南。**教场** 在北城外。

山海卫城 高四丈一尺，土筑砖包，周八里一百三十七步四尺。四城门各设，重建上竖楼橹，环构铺舍。四门楼扁：东曰"镇东"，南曰"望洋"，西曰"迎恩"，北曰"望海"。角楼二。

隍 阔十丈，深二丈五尺，外有夹池，其深广半之。以上城池皆国初魏国公建。城之东门即**山海关**，扁曰"天下第一关"。**罗城** 在东关外，连接大城。高二丈三尺，阔一丈四尺，周五百四十七丈有奇。门三、**水门二**、**角楼二**、**敌楼**七，东门有重楼，瓮城势阔大，为通辽孔道。**池** 阔三丈，深二丈，外设夹濠一道，皆主事王邦俊、副使成逊请建。

公　署

《春秋》重民力，有役必书。《国语》云："位，政之建也；署，位之表也。"署以表位，位以建政。我朝分署而治，虽庶僚小秩，各有专署堂阶以辨分，退食以节劳。分辨而尊，劳节而安，治之道也。尊而无礼是逞威之地也，安而弗警是长惰之区也。呼唱于内庭，外衢肆然，民上而旷，厥官必有心非而巷议之者矣，可无畏欤？自国初建府累加营缮，至弘治之吴，以修志起声，乃万历之辛，自为修造记，以解不理之口。后率因循托名仍旧，而管府事徐公复修饬焉。君子务酌时审力，慎无视为传舍而忽之。

户部分司　在府治东北半里许，嘉靖四十五年建。

大察院　在永丰仓后，隆庆五年知府辛应乾改孤竹书院为之。

西察院　在大察院右，旧建，嘉靖知府张玭重修立坊。

小察院　在东门内，旧建。

夷齐里坊　旧建，嘉靖二十七年知府张玭重建，万历管府事徐准修。

声教畿东坊　旧保厘东辅坊，岁久颓圮，万历管府事徐准修，改题今名。

兵备道　在府治东二百武，嘉靖四十年建。原为南察院，副使温景葵因拓而改之，大学士殷士儋有记。隆庆四年，兵备杨兆起建大门及左右二坊。万历二十年，兵备成逊建射圃游艺亭于道治内。十四年兵备叶梦熊建本道土祇祠坊。大堂后，后堂，又后宅及佛堂，堂西团亭，及寅宾馆前书廨，后东团亭及莲池，仪门外东土神祠，大门西中军厅，右材官厅。前，府厅及守府厅，东州县厅及典史衙，西上号房，左右鼓楼二座，前牌坊二座，东扁"振扬风纪"，西扁"整饬边关"。

户部分司　在府治东北半里许，嘉靖四十五年建。原为粮饷厅，郎中程鸣伊因拓而成之，知府辛应乾有记。大堂后，后堂，又后宅，堂东寅宾馆，西花亭及书舍，仪门西该吏房，东书廨大门，东中军厅，西答应官厅，前州县厅，东西牌坊二座，东扁："经理安边"，西扁："剂量体国"。永镇饷银库在卢龙县治东，郎中宋豸建，后设库官。仓库神祠在永丰仓内，同前建。

府　治　在旧城平山上，洪武二年建。正统十二年知府张茂，成化二年知府周成增修。黄堂东经历司，次茶水库，西照磨所，次架阁库。两翼：东八房及銮驾库，西八房及大润库。中台甬戒石坊。仪门外东土祇祠、寅宾馆，西司狱司。堂后穿堂后堂，中知府宅。宅东理刑厅，东前马政厅，又前检校宅，西清军厅、粮饷厅，西前知事、照磨、经历三宅。又西吏廨大门，前东旌善亭，西申明亭，以上旧制。前中保厘坊，东翼文属厅，西翼武官厅，古北平坊临衢。知府辛应乾建，管府事徐准修，题今名设建衢。东西二坊扁曰："东通辽海"、"西拱神京"。

府儒学 在府治北。明伦堂两壁列科贡题名，二扁竖。卧碑东西三斋，前仪门，外大门，堂后后堂，中教授宅，东南训导三宅，文庙在学右，先师殿东西两庑，中戟门，外泮池，外棂星门，殿后启圣祠，东敬一亭，其名宦乡贤二祠在戟门外东西。宰牲所在大门内，西隅庙学，俱无旧址。正统知府李文定因而拓之，天顺知府周晟，成化知府王玺、王问，弘治知府吴杰、正德知府何诏、唐夔以渐增修具备。隆庆兵备沈应乾撤而新之，恢弘倍昔。万历兵备宋守约立贤关圣城坊；兵备陈万言修乐器，选佾舞生，管府事徐准大加修饬，焕然更新。射圃亭在文庙右，万历知府张世烈因旧增建。

书 院 在府学前，隆庆知府辛应乾因卢龙县旧基建。

社 学 一在城隍庙西，一在南厢。

武 学 在府治南，隆庆知府辛应乾建。万历管府事副使徐准修，视昔有加。明伦堂后，后堂，西教官宅，堂前仪门，外西门子廨；大门前牌坊二座，东扁："储将"，西扁："毓英"。

武 庙 在学右，武成王殿，东西两庑，中戟门，外棂星门。**税课司** 在医学南，**滦河驿** 在南城外，万历管府事徐准增修。**阴阳学** 在府治东南。**医学** 在税课司北。**谯楼** 在府治前左，洪武初建。正统知府李文定、弘治知府吴杰修，万历管府事徐准重修。**钟楼** 在府治东南，洪武初因旧东门为之，万历知府马崇谦增修。**演武厅** 在漆河西里许。**瞻节亭** 在演武厅右，万历知县杨时誉建。

卢龙县 在府治东南三百步，隆庆二年重建。县旧在府治后，兵备沈应乾、知府廖逢节，唯知县赵敬简议，市地移建于此。正堂东西库，两翼六房，中台甬、戒石亭。仪门外，东土神祠、寅宾馆，西狱堂，后后堂，东知县宅，西典史衙，系旧主簿厅，西前吏廨。大门外，东旌善亭，西申明亭。

卢龙县儒学 在县治南，洪武二年建。知县胡炳光始，正统御史李奎、魏林、徐宣相继拓修。景泰知县胡琮重修。天顺水圮，教谕李伦奏准复修。成化教谕徐润、训导王纶、郝淳申请益地更拓之。弘治知县李景华、吴杲、知府吴杰增建号房。嘉靖府同知张守、知县吴道南、杨保庆后修。隆庆知县潘愚修学仓。**文庙** 旧在明伦堂前，规模卑隘。嘉靖四十五年，兵备沈应乾市地迁庙于学左，宏敞倍昔。万历水圮，兵备叶梦熊、知府孙维城、推官沈之吟，修整学庙如初。知县王衮以南逼城垣，于棂星门前有迳直通城上。上建"北斗平临"坊，下建"斯文学起"坊。于庙东、学西建"仰止""思齐"坊二坊。给事中白瑜记。乡贤名宦祠，一州五县俱如府学，附文庙内，后不重书。

卢 龙 附郭，县无专志，因具县治及县学图如右。其州县各图本志者，此不复列矣。

迁安县治 在城内西北，洪武初建。弘治十二年知县张济重修。嘉靖七年正堂毁于雷火。十九年知县徐州完美。正堂东幕厅，西库，两翼：东吏户礼房及承发科，西兵刑工房及马政科。堂前露台，中甬戒石坊，坊系知县崔文宠改造。仪门内东典史衙，外东土地祠、迎宾馆，馆系知县王淑民建，西预备仓及狱。堂后后堂，中正衙，西北隅有咬菜轩，知县白夏新之，衙东为旧主簿厅。大门，知县冯露同仪门改建。东旌善亭，又东义仓，西申明亭，又西直候房，皆淑民建。

儒 学 在县治东，洪武二年建。**文庙** 在明伦堂前，知县萧颐同学创始。正统知县邢冕、商辂，景泰知县费永宁，宣德御史余思宽重修。本学旧在城东门外。成化五年教谕胡宪奏展城以内之。嘉靖都御史孟春撤其旧增建，捐赎镪不劳民力。后，知县陈策建学官廨宇三所。温志敏、王锡、韦文英、罗凤翔，万历知县王淑民、冯露、张鉴相继重修。**阴阳学** 在县治南。**医学** 在县治西。**僧会司** 在宣觉寺内。**道会司** 在昊天观内。

察院行台 在县治东，嘉靖知县许樯卿初建，知县韦文英随府增修。

南察院 在县东南半里，隆庆二年知县随府创建。

　　七家岭驿　在县西南四十里许。**滦阳马驿**　在县西鹿儿岭一百二十里。总兵戚继光鼎新。**大寨公馆、孤庄公馆**　二馆皆新建。

　　抚宁县治　在城内西北，成化三年建。成化十七年知县姜镐，弘治十一年知县刘玉重修。正堂东仪仗库，西银库，东西两翼司典吏房，堂前台甬戒石坊及仪门，东土祇祠，西寅宾馆及狱，堂后穿堂，中正衙，东主簿厅，东前典史衙，西吏廨及圃，外大门，东旌善亭及马房，西申明亭。

　　儒　学　在县治东南，成化三年改建。**文庙**　在学左。旧学庙在故城内，洪武十一年迁于兔耳山阳。成化都御史阁本复迁城内东南隅。知县姜镐拓修。弘治知县刘玉，嘉靖知县叶宗荫、府通判李世相重修。万历知县张彝训增修，置学田，具祭器，购书籍。徐汝孝□泮池，孟启新棂星门并学，给事中白瑜记。**医学**　在县治东，废。**阴阳学**　在县治南，废。**社学**　在县治南，废。**僧会司**　在县治南。**察院行台**　在县治西，成化三年同知刘遂建东。**小官厅**　嘉靖知县陈思谦建。**榆关马驿**　在县东四十里。**芦峰口驿**　在县南门外。

　　昌黎县治　在城内西南，正统间建。知县王玺经始，弘治知县白纯道，嘉靖知县文世英，万历知县石之峰后先重修。正堂东幕厅，知县胡科修。又东銮驾库，西银库，知县白玺建。又西军储厅，知县郭锡建。东西两翼司典吏房，堂前台甬戒石坊、仪门，门知县楚孔生修。外东土祇祠及寅宾馆、祠馆俱知县胡科修。西狱，堂后后堂，知县胡溪修。中正衙，西县丞厅，县丞吕凤阳修。典史衙，东吏廨，知县张存智添设西廨。大门外，东旌善亭，西申明亭，南榜房，知县楚孔生修。

　　儒　学　在县治西，洪武初因胜国旧址。永乐十五年知县杨禧重建。弘治知县殷玘，嘉靖知县阎凤重修。知县胡溪修明堂，楚孔生修号房及教官宅，吴应选修大门。万历知县石之峰概加修整，焕然一新。**文庙**　在儒学东，洪武三年建。隆庆知县孟秋建义路礼门。万历知县石之峰概加修整完美，复奎星楼。**社学**　在县治北，知县胡科设。**医学**　在县治北，洪武间设。**阴阳学**　在县治北，景泰间设。**僧**

会司　在县治东北，知县孟秋毁建义仓。

察院行台　在县治东，知县石之峰鼎新。

新察院　在县治西，知县胡科改建，石之峰重修。

滦州治　在城中，洪武初建。正统知州刘升、弘治知州吕镒重修。嘉靖知州陈士元一新之，有记。正堂东幕厅，西库，东西两翼司典吏房，中台甬戒石亭。仪门，东土祇祠、寅宾馆，祠东北龙亭仪仗，西狱，堂后后堂，中知州宅，后圃有一篑山，山麓为洁清池，北为洗心草轩，又北为后乐亭。堂东同知厅，迤前管马判官厅，又前吏目厅，西管粮判官厅，又西南吏廨，前大门，门上谯楼，其申明亭。

儒　学　在州治西，洪武四年建。**文庙**　在明伦堂前，知州李益谦同学创建。永乐、正统、天顺间，知州谭辉、陶安、郑棐相继修之。弘治间知州汪晓、正德间知州陈溥重修。嘉靖知州张士严修殿堂。二十五年雨圮，士元重修之。复置学田。**医学**　在州治东北。**阴阳学**　在州治西。**僧正司**　在城南广福寺。**察院行台**　在州治东。**府行署**　在州治南。

乐亭县治　在城东南隅，洪武间建。知县王文贵经始，成化知县李瀚改建。正堂，隆庆知县李邦佐重建。东库，又东幕厅，西銮驾库，东西两翼六房，堂前台甬戒石亭，仪门外，东土祇祠及寅宾馆，西狱，堂后后堂，中正衙，知县于永清增修，衙后有思化亭。衙东县丞宅，县丞邹九经、齐召、姚世和相继修。前典史宅，典史徐梦鲂重修。西吏廨，前大门，知县于永清同宾馆六房修。东旌善亭，西申明亭。

儒　学　在县治西北，洪武初建。**文庙**　在学左，知县王文贵因元旧制同学修建。正统知县吕渊，天顺知县董昱，县丞狄春拓修。成化知县王弼重修。知县李瀚迁文庙于学东而改作之。弘治知县郝本、田登，嘉靖知县杨凤阳，万历知县马速、林景桂、于永清、杜和春、潘敦复相继重修。**医学**　在县治北。**阴阳学**　在县治西。**社学**　在县治北。**僧会司**　察院西福严寺。

察院行台　在县治西北，有记。

东察院　在县治东，洪武知县王文贵建。成化李瀚，万历李席珍重修。巡检司在县西南三十里新桥海口。

山海关　总制府　在关城中，万历二十三年建。原在蓟州，嘉靖三十一年移驻密云。复因倭警，总督孙公矿兼经略，驻辽阳防御，寻以山海关为蓟辽适中之地，檄所属，改山海卫治为军门，以便调发。

兵部分司　在门内，宣德九年建。嘉靖元年主事黄景夔增修。万历七年领专敕，主事孟秋建，敕谕碑亭。

管关通判厅　在旧卫治东北，万历十七年建，移本府，马政通判管关事田肇创。

卫儒学　在卫治西北，正统十七年建。文庙　在明伦堂前，指挥王整、教授张恭同学创始。天顺指挥□□重修。成化司关主事尚綗、胡赞、吴志、苏□□、尚缙相继增修。嘉靖主事黄景夔复修，□□□置学田，浚泮池。主事马扬复增学田。嗣是主事邬阅、孟重，兵备沈应乾，万历主事孟秋、任天祚、张时显相继重修。社学　旧学基在城东南隅。

察院行台　在文昌宫之右，今为收税内监所驻。

兵宪行台　在总督府后遗址，万历十八年改建。公馆　在管关厅之右。

武　署

东路协守署　旧在建昌营，万历二十四年移建台头营，以便策应。四路将署　一在山海关，嘉靖二十九年建，原为游击署；一在石门寨，嘉靖三十年建，原为游击署；一在燕河营，正统元年建；一在建昌营，原为协守营，万历二十四年改为路。

车营都司署　在建昌营城，万历元年建。

南兵游击署　在刘家营，隆庆六年设。万历二十四年，游击李自芳重新。

守备提调署　共七：一在**一片石**、一在**城子谷**、一在**义院口**，属石门路；一在**界岭口**、一在**青山口**，属燕河路；一在**桃林口**、一在**冷口**，属建昌路。

永平守备厅　在府城南门内，隆庆六年改建。先是守备俱本卫指挥举充，弘治间兵部请命都指挥王瑾来守其事，创署于府治南五十步。隆庆六年改本署为武学，遂改建守备署，于城南门内，原系游击府，万历十五年水圮，守备王洪重修，属卫六。

永平卫　在武学前，洪武四年建。指挥费愚经始，正统指挥程晟，弘治指挥李端重修。隆庆六年截正堂后为武学，乃移其堂于南二十步许，属所八。

卢龙卫　在永平卫前，永乐四年建。成化指挥王玺修，属所六。

东胜卫　在府儒学左，永乐元年建。原属山西行都司，移建于此。成化指挥张纲修，属所五。以上三卫，万历兵备成逊及叶梦熊相继鼎新，兴右指挥魏如枢从事独贤。

兴州右屯卫　在迁安县治南，永乐三年建。旧在大宁移置于此，嘉靖、万历相继重修，属所五。

抚宁卫　在抚宁县治西北，永乐三年建，成化指挥陈恺重修，属所六。

山海卫　在本城南，万历二十五年移建。原在鼓楼右。万历十二年指挥赵文明经修，后改为军门，乃移卫治于此，属所八。

开平中屯卫　在滦州西八十里，永乐初移建。原在大宁，复调真定，寻移于此。至嘉靖间，尚系滦州，知州陈士元修整以其属永也。自分设永道而卫犹属蓟，不惟钱粮转解不便，而州境弯隔，民讼繁兴，盗贼为数，无从勾捕，所当题请改属永道，仍以在州，所革判官复设于此，专理其剧。如通判之驻山海者，事理民情，斯为允协。

关　营

山海路　山海关为元迁民镇千户所，洪武十四年，革所设卫，十五年筑城为关。北山、南海相距十里许，为畿东险溢，辽蓟咽喉，徐武宁营创之力也。弘治十三年，都御史洪钟重修。洪公修置关营三十八处，皆同此年。**东罗城**附关门外，万历十二年建。**南海口**在关城尽处，濒海。**角山关**有城。**三道关**有城，**寺儿谷**有城。以上关皆洪钟重修。

　　石门路　一片石关洪武初为关隘建城，都御史洪钟重修。**庙山口关**旧有关，洪钟置城。**西阳谷堡**永乐三年置，洪钟重修。弘治十四年移大安口堡并此。**黄土岭关**洪武初为关厄，洪钟置城。炕儿谷关有城。**大青山关**永乐三年置，弘治十三年洪钟重修，弘治十四年移无名口并此。**娃娃谷堡**弘治十四年以小河口堡移入，嘉靖十四年复置兼管。隆庆五年并小河口关。**大毛山关**有城，弘治十三年洪钟重修，明年小毛山失守，其堡移入于此。**董家口堡**洪武初为关厄，嘉靖元年移于石门儿，隆庆五年并柳河冲堡于此。**城子谷堡**洪钟置，嘉靖元年移于西家庄，仍旧名。**水门寺关**洪钟重修，嘉靖元年移于黄土坡，仍旧名。**平顶堡**洪钟重修。**长谷口堡**洪钟重修。**板场谷堡**嘉靖元年置。**义院口关**洪武初为关厄，洪钟重修。**拿子谷关**洪钟置。**花场谷堡**洪钟重修，隆庆五年移细谷堡并此。**苇子谷堡**弘治十八年，因房犯，移入细谷口关南阎家庄，仍旧名。**孤石谷堡**嘉靖七年置。**甘泉谷堡**、**黄土岭营**成化二年置，洪钟重修。**长谷岭营**成化二年置，洪钟重修。**平山营**成化三年都御史阎本，总兵宗胜置。

　　燕河路　**星星谷堡**景泰间置。正德十六年，房入，移堡退四十里于潘家庄，仍旧名。**中桑谷堡**景泰间设桑盆谷中庵二堡。嘉靖元年移二堡合置于梁家湾，一城二关。四十五年改中庵桑垒为中桑堡，官裁其一。**箭杆岭关**洪武初关厄，洪钟重修。**界岭口关**洪武十四年修，三十三关此为最要，弘治十三年都御史洪钟重修。**罗汉洞堡**洪钟置。**青山口关**洪武初为关隘，永乐六年置城。**东胜寨**正德八年置。**乾涧儿口关**洪武初为关隘，景泰间置城。**重谷口关**洪武初为关隘，洪钟置城。**附马寨**洪钟重修。**台头营**永乐七年置，洪钟重修。**青山驻操营**永乐六年置。**燕河营**旧为寨，永乐二年改营，洪钟重修。

建昌路　梧桐谷堡正德八年置。桃林口关洪武初为关隘。正水谷寨成化三年设。孤窑儿寨洪武初为关隘，洪钟置城。佛儿谷寨弘治十三年置。刘家口关洪武初为关隘，成化三年设城。徐流口洪武初为关隘，成化三年设城。河流口关洪武初为关隘，成化五年设城。冷口关洪武初为关隘。石门子关洪武初为关隘，成化四年设城。白道子关洪武初为关隘，成化四年设城。桃林营、刘家营、徐流营、建昌营，宣德间镇守太监刘通筑土为城，正统初少监郁永易土为砖。自刘家关以下十处皆洪钟重修。

附：海营

赤洋海口营　在昌黎南。牛头崖营　在抚宁南。新桥海口营　在乐亭南。以上三营俱在海滨。永乐七年，因倭寇乐亭而设。

沿边城台

边城自山海路南海口关起，至建昌路白道子关止，延袤二百三十六里，即古长城，间为移置。山海路下二十里，洪武年建，嘉靖三十年重修。石门路迤西至建昌路，嘉靖三十年改创，节年增修。墙台一百五座，山海路十二座，洪武年建，嘉靖三十年增修。石门以东三路俱嘉靖三十年建，四十三年增修。墩台一百六十九座，旧建，节次增修。敌台北角山、南海口各一座，嘉靖四十四年建。空心台三百三十五座，隆庆三年至万历九年，总理戚继光以次创建，功不在山海关下。

仓　库

仓库之设，所以谨储蓄，备兵荒，给军民，时敛散，于时政尤为急务，于时弊亦号多门。苟稽查少疏，其不垂涎染指者无几，然必厚其盖藏，严其扃钥，慎其出纳，是皆有司所宜注意焉。《易》曰："慢藏诲盗"。《书》曰："有备无患。法戒之道昭矣"。

本　府　永丰仓在西察院前，副使程伊鸣建，管府事徐准重修。

儒学仓在本学内。**滦河马驿仓**在本驿内。**刘家口仓**在府城北六十里。**建昌营仓**在府城西北七十里。**台头营仓**在府城东北八十里。**五重安营仓**在府城西北九十里。**芦峰口驿仓**在本驿内。**石门寨营仓**在府城东北一百二十里。**青山驻操营仓**在府城西北一百二十里。**界岭口仓**在府城东北一百二十里。**黄土岭营仓**在府城东北一百三十里。**迁安马驿仓**在本驿内。**山海仓**在山海关城内。**大润库**见府治。

卢龙县　**预备仓**弘治十二年知府吴杰即东盈仓旧基鼎新创建。**儒学仓**在本学内。

迁安县　**预备仓**在本县内。**儒学仓**在本学内。**七家岭驿仓**在本驿内。**滦阳驿仓**在本驿内。**三屯营仓**在本营内。

抚宁县　**抚宁县仓**在县西，成化三年都御史阎本奏设，同知刘遂督建。**预备仓**在县治西。**榆关驿仓**在本驿内。**儒学仓**在本学内。**义仓**知县张彝训万历元年建。

昌黎县　**预备仓**在县治南，正统年建。嘉靖二十七年知县王钟重修。万历三年知县孟秋增廒。**儒学仓**在本学内，万历三年知县孟秋建。**义仓**在县治北，知县张存智建，万历知县孟秋增置各堡廒，知县石之峰□□。**银库**见县治。

滦　州　**济留仓**在州治内，弘治十年知州吕镒重修。**预备仓**在州治西一里，知州刘弁置，成化知州李端修，弘治十二年知州吕镒、判官毛瀚增建。正德十六年知州高堂修。嘉靖六年知州张国维，八年知州赵叶积谷，二十一年知州张士俨、二十五年知州陈士元重修。**儒学仓**在本学内。**州库**见州治。**学库**在学内。

乐亭县　**预备仓**在县治南二十步，万历癸巳重修。**济留仓**在县治内。**学仓**即济留仓。**县库**在牧爱堂西。**学库**在儒学内。**社仓**朝天街东南，万历癸巳创建。

山海关　**义仓**在旧卫治西北隅，主事葛守礼改原山海库建之。**预备仓**与义仓同所。

津 梁

夫天根水涸，夏令成梁，牵牛横渡，秦制弗轨。故曰：溉川陂泽，关国之政，陈郑不政，君子讥焉。永平背塞面海，遇瀑雨及连阴，则口北激射，海水横溢，反以滦河为壑，洪涛汹涌，利害匪轻。不待隆冬冱寒，而民之病涉者众矣。此桥梁之或建或修，要不可视为细故而忽之。

本　府　**漆河桥**在府城西一里，俗呼为小河桥。夏秋泛溢，济以舟楫。冬春水落，架木为桥，上实以土可通车马。**滦河桥**在府西十里，俗呼为大河桥。奔湍漫汇，比小河不啻十七八。旧用舟楫，水夫工食及岁造桥梁所费不赀，民甚病之。弘治十年知府吴杰革去水夫，滦、漆两河岁省银一千二百两，推官周瑄督理其务，冬初造桥以通舟舆，夏初拆卸以防水潦。桩木储于官，蜀秸散旧易新以备用。民不扰而事集。**永济石桥**在府城南关厢，正统六年建。

迁　安　**黄台桥**在县西南三里黄台山下，春冬搭桥，夏秋舟渡。**三里桥**在县东三里，嘉靖二十七年乡耆王珙率众修建。石桥三洞往来甚便，今亦渐弊。**十里桥**在迁安县东南十里，路通本府。**清河桥**在县北七十里。春冬置以木桥，夏秋撤去。**青龙桥**在迁安东北七十里。**大寨桥**在县西北九十里，跨滦河作浮桥以免舟渡。**滦阳桥**在县西北一百五十里即撒河桥，洪武间作浮桥，永乐初置舟以渡，今因之。其**稗子口**、**爪村河**并渡以舟。

抚　宁　**阳河桥**七处，水寒则设，水泛则拆，俱有司修。**栖霞桥**在抚宁旧县北二里。**钟家庄桥**在县东三里，万历八年郭道人修。**李官营石桥**在县北三里。**程各庄桥**在县北七里，万历十五年乡民修。**渝河桥**在县东二十里渝关店西。**海洋桥**在县东六十里洋城东。

昌　黎　**虹桥**金时所建。在县南八里，嘉靖四十一年知县楚孔重修。**柳河桥**在县西二十里。**梭头湾桥**在县西三十里。**槐家店桥**在县西南五十里。**滦河渡**在县西七十里。

滦　州　**岩山桥**在州南五里，金时建。嘉靖六年知州张国维修，八年知州赵叶修城外三桥。**石桥**在州南门外，弘治十年知州吕镒建。**八里桥**在州西南八里，金时建。**溯河桥**在州西南二十五里，金时建。**龙塘桥**州南二十七里。**波落桥**州南三十里。**清水河桥**在州南三十五里，金时建，有碑记。**榆关桥**州南五十里。**歇驾桥**州南五十里。**通津桥**州南六十里。**石牛桥**州西六十五里。**蔡家桥**州西八十里。**双桥**州西八十里。**牝牛桥**州西八十里，万历署州推官沈之吟修。**马家桥**州西八十五里。**公安桥**州城南九十里。**大海桥**州西南九十里。**榛子镇桥**在州西北九十里，傍有石幢，金时建。万历兵备叶梦熊发粟修榛子镇五里桥。**五里桥**二，一在榛子镇东，一在榛子镇西。**砖窑店桥**在州南九十里，唐时建。**唐山桥**在州西一百里，唐太宗建。**龙堂桥**州西南一百里。

乐亭县 **迎恩桥**在北门外，旧名久废。万历知县柴轲重修。**解家桥**在县南三十五里。**偏凉汀、北释院、边落湾、宁家庄、淀流河、杨家庄、李家庄**并渡以舟。

山　海 **文明桥**在儒学前。**大明桥**在钟鼓楼之北，国初时建。**卧牛桥**在西关。三孔两栏具石筑，旁卧石牛因名。万历主事张时显修。**石河桥**在西门外二里，用土木浮架，遇秋夏水涨撤去，冬涸复搭以利涉。**探海桥**在南门外，河水涨入海，行者不便，参将张守职因创桥于此。**咽喉桥**在罗城咽喉城之前，通西南二水门，架木为之，以便往来。**登仙桥**在罗城东门外，每遇虏警，商旅至此，有若登仙，因名。

铺　舍

传檄驰羽重机务也，定晷稽程防壅泄也，是亦庐宿候人之遗制。更铺所在，又居民所赖，以防水火盗贼之变者。永路达京辽，军民集处，其公移之，递往递来，星飞霆迅，亦称兴旺。传命者不能废置邮，而铺舍可视为末务者乎？

本　府 总铺在府治前。

卢龙县 东国家铺、双望铺、第二铺，南周王庄铺，西石梯铺、白佛铺、赤峰铺，北分水岭铺。

迁安县　总铺在县前，东南沙河铺，南色山铺，西南西径铺、黑崖铺、沙窝铺、马坡铺、岳榆树铺。西北龙起铺、金山院铺、罗家屯铺、大寨铺、旧城铺、白庙铺、迁阳铺、灰岭铺、孩岭铺。

抚宁县　总铺在县治前，东横山铺、白石铺、马头铺、深河铺、果老铺、丰台铺、团山铺、安镇铺。西绿湾铺、卢峰口铺、义院铺。

昌黎县　总铺县治东，西石堠子铺、柳河铺、西北梭头铺、訾家铺、东北红花店铺、张各庄铺、黑石铺、枣林铺。

滦　州　总铺在州治南，东马坡铺、深河铺、东北刘家庄铺、枣园铺、马城铺、长宁铺、佃子铺、牤牛桥铺、榛子镇铺、狼窝铺、铁城坎铺。

乐亭县　总铺县治西，西北淀流河铺、新乐镇铺。东北团山铺。北曹家庄铺。防海急递铺，自州界至海口共十一处，传烽铺自刘河至青坨四十三处。

市　集

上古神农氏日中为市，交易而退。周官司市，分地辨物，结信刑暴，革伪除赊，凡以便商也。永地僻远，农无千石之粟，侩无百缗之镪，日用所需，皆取足于远方来者。土商特负贩之微耳，乃有额税，其奚堪焉？所以抑牙党、清管市、平价值、较量衡、疏阗遏，皆有司之责。

本　府　一南关、二石幢、三柴市、四城隍、五新城、六砖桥、七上街、八鼓楼、九东街、十东关，月集无虚日。

迁安县　小南街、书院门首、南关、大南街、西街、北街、北正关、北斜关、东关、东街，凡单日集。

抚宁县　南街、南关、东街、东关，凡一、三日集。北街、北关、西街、西关，凡六、八日集。

昌黎县　东西街、东关、西关、南北街、南关、北关，凡五、七、十日集。

　　滦　州　东街、南街、西街、北街、南关，凡四、九日集。

　　乐亭县　兴仁街、慕义街、秉礼街、明智街、福严街，凡单日集。

　　本　府　养济院在城南二里，弘治十一年，知府吴杰檄卢龙县知县吴杲重修。

　　迁　安　院在南门外，万历知县冯露、傅纳海相继修葺。

　　抚　宁　院在县治东南。

　　昌　黎　院在县治东南，知县王懋、李相、楚孔生、孟秋重修。

　　滦　州　院在安岩门内，知州薛穰改修。

　　乐　亭　院在仁政桥西，万历知县于永清重修。

　　山　海　院在城西北，嘉靖主事葛守礼建。

　　本　府　漏泽园在城东，周三里，卢龙知县谭绅建，万历知县杨时誉改建。

　　迁　安　园在南门外东，弘治知县张济建。

　　抚　宁　园在北门外，知县刘玉建。

　　昌　黎　园在城西南一里，知县张云凤建，嘉靖知县李桐改建。

　　滦　州　园在东北一里，知州吕镒建，嘉靖知州张国维重修。

　　乐　亭　园在城西北，知县田登建。

　　山　海　园在厉坛左右，嘉靖主事黄景夔建。

　　《诗》曰："哿矣富人，哀此茕独。"《西铭》：疲癃残疾，皆吾之兄弟颠连而无告者。重以凶荒札瘥，转死沟壑，暴尸露骨于原野，岂其人当猪狗食其余耶？掩骼埋胔，王政所重。故养济院、漏泽园，生养死藏，并志如右，宰官念之，有阴德必有阳报。

坛　庙

　　本府风云雷雨山川坛　在城南三里，洪武初建，至弘治十一年知府吴杰撤而新之。是坛也，迁安建于县南一里，抚宁建于南门外，昌黎建于城南，滦州建于城南，乐亭建于县东南里许，山海建于城南一里许。

本府社稷坛 在城西三里，洪武初建。隆庆知府辛应乾以阻漆河移置城南二里，万历二十七年旱，管府事徐准复置河西旧址，应时而雨。是坛也，迁安建于县西北二里，抚宁建于县西门外，昌黎建于城西一里，滦州建于城西北，乐亭建于县西一里，山海建于城西二里许。

本府郡厉坛 在城北四里，洪武初建。知府辛应乾改北门外半里。是坛也，迁安建于城北半里，抚宁建于城北，昌黎建于城北，滦州建于城北，乐亭建于城西北，山海建于城西北一里。

《舜典》望于山川，《周礼》风师雨师有祀，则云雷在其中。《祭法》：社，土神也，稷，谷神也。合土以为社，推长以为谷，坛于西郊，以取西成，稷左社右，重民命耳。厉，鬼灾也。《春秋传》：鬼有所归，乃不为厉。此三坛之义也。国初合祀，改望瘗为望燎，尊天神也。时定仲春上巳，坛定于南郊风云雷雨中，山川左，城隍右。于北郊立厉坛，岁三祭：春清明，秋孟望，冬孟朔。仍以城隍神主之，可谓曲尽其礼。

国朝尊祀者三，本府有特庙如左：

真武庙 即北极佑圣宫，开国靖难多效灵。永先诸郡效顺，故奉其祠者众。庙在府旧东门上，洪武四年同谯楼建，守备胡瀚、罗纲、郭奠、知府马崇谦重修。**东岳庙**旧在城南三里，万历二十三年永平卫参将谷成功别建于城东里许。谷故，管府事徐准接造，工程浩大，不容易完。**武安王庙**在府治东南，洪武九年同知梅圭建，指挥胡镛、守备郭英重修。万历丁亥水灾，土人遥见南城有峨冠绿袍立，而手挥之，乃不浸者三板，非云长公之灵而谁？兵备叶梦熊檄推官沈之吟复建于南门，铜像俨然，西临滦漆，有记。三祀所通尊。**玉皇庙**在城南二里，进士廖际可建。**火星庙**星名荧惑庙，在府治北隅，民黄季安、守备胡瀚修。**文昌庙**星称帝君庙，旧在府治北，嘉靖四十三年，兵备温景葵檄知府廖逢节移建于城南军教场，并军教场于城西民教场。次年，府学生王大用登科，寻登第。**三官庙**在北城外旧文会亭址，庙后为菊坡亭，万历郡民廓庙废亭。**碧霞元君行祠**在东关外，万历韩柱史独力修之，九年约费千金。**龙王庙**在城南三里许。**小圣庙**在城南三里许。**晏公庙**在府治北。**药王庙**在府治南，万历郡民重修。**增福庙**在南门外一里。**马神庙**在城南二里，神即古马祖先牧。**清节庙**旧在城东北隅，景泰五年知府张茂移建于孤竹城，成化七年知府王玺奏准赐额"清节"，降以祝文，定为春秋二祭，大学士淳安商辂记其事。弘治十年知府吴杰重新，行人张廷纲作记。嘉靖知府张批梦人赐以"二墨"，因感而重新之。以二墨者，墨台氏之二清也。

迁安县　**玄帝庙**在东门内。**东岳庙**在北门外。**关王庙**在南门外。**碧霞元君祠**在北关外。**火星庙**在南门外。**龙王庙**在黄台山。**旗纛庙**奉始造兵法之神致祃也。庙在兴州右屯卫治内，每岁霜降日，卫官致祭。**马神庙**在县东南，弘治十三年知县张济重建，嘉靖王锡因址盖间一，韦文英移置预备仓内，隆庆随府因旧基重建。**天妃宫**在县北，正德年建。**蚕姑庙**在县西十五里。

抚宁县　**真武庙**在县治西。**东岳庙**在东关外，管县事通判雷应时新建。**武安王庙**在县治西。**火神庙**在县治南。**增福庙**在县西门外。**玉帝庙**在县治西南。**三官庙**在县治东南。**碧霞元君行祠**在西关外。**龙王庙**在西关外，知县徐汝孝建。**旗纛庙**在县治西北。马神庙在县东，万历管县事通判雷应时重修。**八蜡庙**在县东南三里。

昌黎县　**真武庙**在县治北。**关王庙**在县城东。**二郎庙**在县治北。**增福庙**在南城外。**文昌祠**在县北，知县孟秋建。**三官庙**在西山上。**玉皇庙**、**天仙庙**在仙台山，上久建，知县石之峰重修。**马神庙**在县治西。**韩文公祠**旧在县治北，嘉靖五年，知县秦廷锐迁于县治东北隅。万历知县石之峰重修。行实详见乡贤传中。

滦　州　**真武庙**在城内东北。**东岳庙**在城西北二里。**关王庙**在南关内。**火星庙**在城外东南隅，永乐十年建。**二郎庙**在北关内。**马神庙**在城东门内，嘉靖九年知州赵叶移于寺内，二十四年州判王钵改建。**八蜡庙**在城北，弘治间知州潘龄建，有记。**文昌庙**旧在儒学内，万历知州邢子深建于城外。**天妃宫**在州西门外，元通海运，祀天妃，滦滨海亦尝有运，故祀之，俗称圣母庙。**蚕姑庙**在城南五十里，蚕姑即古之先蚕也。祀典自嘉靖九年始。**姜将军庙**在州西，将军仕唐，清泰间镇碣石之石城，时有蛟为民害，将军斩之。庙在州西唐山之麓。

乐亭县 **真武庙**在城中央有阁，嘉靖二十五年重建，有记。**东岳庙**一在县东六十步，一在西二里，嘉靖本邑尚书王好问建，有记。**关王庙**在控远门北，万历重修。**火星庙**在县东北隅，隆庆王好问暨士民重修。**马神庙**旧在城内，隘圮。万历壬辰改建于教场东南。**旗纛庙**在朝天街西，万历癸巳创建。**八蜡庙**在城西，万历知县于永清重建，岁辛卯修葺。

山海关 **关王庙**凡三：一在罗城即镇东庙，嘉靖五年建，有记；一在西瓮城内；一在西关外。**三官庙**一在城东南，一在城西。**泰山行宫**北关外，国初建。**火星庙**在兵宪行台东。**文昌祠**万历十二年主事王邦俊建于文学右。**马神庙**在旧卫后，万历十八年参将张守职移于演武场左。**龙王庙**在千总厅西。**天妃宫**在南海口关，有记。**海神庙**在南海口西，国初通海运时所建，万历十二年主事王邦俊重修。嘉靖甲子春，虏众数万，屯关东窥海口欲渡，俄然冰解，虏遁去。事闻，遣官报祀降御祭文。**显功庙**在旧卫治西北隅，景泰甲戌奉旨为徐武宁中山王建，详见碑记。旧属抚昌二县，春秋举祀，至万历五年改于本卫致祭，钦降祝文。**劝义祠**在城西关外，参将张世忠御虏阵亡，奉旨建，春秋举祀，降御祭文。**贞女祠**在东关外八里望夫石之颠，万历二十二年主事安肃、张栋建，二十四年南城张时显增建，俱详本祠碑记。

经曰："以道莅天下，其鬼不神；非其鬼不神，其神不伤人；非其神不伤人，圣人亦不伤之。"与《论语》"务民之义，敬鬼神而远之"说同。

寺 观

本 府 **隆教禅寺**在府城南一里，洪武初僧人吉岩建，景泰五年太监赵琮请敕赐额"隆教禅寺"。成化二十年住持真浩鼎新，设僧纲司于内。**开元寺**在府城外南山之麓，永乐七年僧人洪声建，景泰住持悟声修，弘治住持本玉重修。**龙泉寺**在城东一里许，洪武二十六年僧人源就建，永乐十一年僧人法定重建，天顺间住持德瑞增修，万历方僧寿堂重修。**圣水寺**城北三里。**北寺**城北十里。**普济庵**在漆西数武。僧常保同五道人夏施茶、冬施汤，卢龙知县叶世英因额以"普济"。**三清宫**在玉皇庙后，万历参将谷承功建。**观音阁**在南门外一里。

迁安县 **宣觉寺**在县东，唐时建，洪武初僧人吉元修，正统僧人会玺重修，内设僧会司，岁久倾颓。万历年僧官周宽寿，耆民王之砥会同乡众积财修补大殿，添塑罗汉一十八尊，焕然一新。**保宁寺**在县北四十里，旧名圣岩寺。景泰四年镇守太监都永重修，请敕赐今额。**清宁寺**在县治南八里，金天会十年创，旧名千佛寺。元至元十五年，僧人禅开改修，易名大觉寺，正统十年，守关内臣高直重修，十二年请敕赐今额。**兴隆寺**在县西百里，建于金。洪武初，僧人海航重建，宣德五年僧悟空重修。**兴教寺**在县西北二十里，宣德三年僧人学貌重修。**栖真寺**在县西三里黄台山上。**龙泉寺**在县南十五里龙泉山上。**大云寺**在县西二十里。**耀冶寺**在县西五十里耀台山上。**牛山寺**在县东二十里。**万军寺**在县东三十里。**昊天观**在县治东南隅，国初道士杨伯川重建，内设道会司，岁久倾颓。万历年指挥彭万里捐财，乡宦蔡柱会众重修。**通明宫**在县东三里，元时所建。景泰中兴右千户侯智、耆老张晖增修，弘治道金得长、道士薛洞庭重修。**栖云宫**在县西三十里。

抚宁县 **碧岩寺**在县东北百里，峰岗环绕，涧水委曲，草木森秀，禽兽萃止，京东一胜境也。**广化寺**在县东北八十里，山高而车马之迹甚多，林深而禽鸟之声相杂，亦一胜游之福地也。**大安寺**在西门外，卫习仪于此。**角山寺**在县东百里。**石佛寺**在县南十五里。**蟠桃寺**在县东北八十里。**圣水寺**在县北三十里。**水峪寺**在县西北四十里。**长城寺**在县东北九十里。在古长城上。**龙泉寺**在县南二十里。**清滦寺**在县北十二里。**栖霞寺**见古迹。**旧县寺**在县西十五里即县旧治。**福胜寺**在县北十二里。**报国寺**在县东八十里，即旧海阳城中。**台头寺**在县北三十里。**金峰寺**在县治北，正统四年建，见《一统志》。**元通寺**、崇兴寺、聚会寺、杏虎寺、望海寺、庄头寺、清凉寺、水月寺、崇福寺、清源寺、隆兴寺、福胜寺、柳会寺、东联寺、元方寺、慈民寺、云城寺、龙岩寺、香山寺、东流寺、五泉寺、沙河寺、团云寺、云滦寺、灵鹫寺、中峰寺。**椒园寺**县西七里。**法云寺、清峰寺、石桥寺、隋石寺、弥陀寺、潮水寺、观音寺**在县治西，县习仪于此。**观音堂**在南关外。**三圣祠**在北关外。

昌黎县 **崇兴寺**在县治北一百二十步，正统僧会洪定建，复设僧会司于内。**宝峰寺**在城北八里七建。**福云寺**在城正南五十里，敕建。**云峰寺**在县西二十里，敕建，正统初太监刘通建。**石佛寺**在县西南五十里，天顺元年住持招贤建，弘治住持德敬重修。**崇宁寺**在县治北一百二十步。**仙化寺**在县西三十里。**金峰寺**在城南五十里。**龙泉寺**在城南七十里。**山坡寺**在城东北二十里。**九圣寺**在城东二十里。**弥陀寺**在城西七十里。**龙潭寺**在城北十里。**云泉寺**在城南七十里。**清峰寺**在城西三十里。**储圣寺**在城南八十里。**清修寺**在城西四十里。**大明寺**在城西南五十里。**孔庄寺**在城南四十里。**述圣寺**在城南六十里。**古兴寺**在城西五十里。**龙安寺**在城西南六十里。**云居寺**在城西七十里。**双峰寺**在城西五十里。**千佛寺**在城西四十里。**镇龙寺**在城西六十里。**香莲寺**在城西六十里。**东水岩寺**在城北十五里。**延福寺**在城西五十里。**绕湾寺**在城西十五里。**新庄寺**在城南三十里。**望海寺**在城东三十里。**圆通寺**在城北十五里。**青龙寺**在城西三十里。**香严寺**在城西南六十里。**观滦寺**在城西南五十里。**沙河寺**在城东南二十里。**桥梁寺**在城南一十里。**金峰寺**在城西四十里。**休凉寺**在城西北四十里。**福安寺**在城南四十里。**妙峰寺**在城西三十里。

滦　州 **广福寺**在南门外，洪武间建，设僧正司于内。**荐福寺**在西北隅，重建。**坨里寺**城西南九十里，正统年建。**上兴隆寺**城西南六十里，景泰年重建。**鸿鸭林**城西南八十里，永乐年建。**横坨寺**城西南八十里，天顺年建。**永安寺**城西七十里，洪武年建。**兴唐寺**城西一百一十里，洪武年建。**香花峪寺**城西南九十里，永乐年建。**砖窑寺**城西八十里，洪武年建。**望海寺**城西南一百二十里，景泰年建。**延福寺**城西南八十里，正统年建。**蓝坨寺**城西南八十里，永乐年建。**宋家庄寺**城南六十里，天顺年建。**烽火山寺**城西北二十里，洪武年建。**佛头寺**城西十八里，洪武年建。**青凉寺**洪武年建。**龙盘院寺**城西北九十里，成化年重修。**宝塔寺**城西一百里，永乐年建。**毗卢寺**城西南三十五里，成化年重修。**宜安寺**城南五十里，永乐年重修。**周家坨寺**城南五十里，天顺年建。**红寺**城南四十里。**长春寺**城西南一百二十里。**土山寺**城西三十五里。**草堂寺**城西南六十里。**白寺口寺**城西一百里。**沙坞寺**城西三十里。**青坨寺**城西一百里。**蚕泊峪寺**城南三里。**永寿寺**城西五十里，成化年重建。**永庆寺**城西五十里，天顺年重建。**花港寺**城西南八十里，永乐年建。**观音寺**城西南九十里，永乐年建。**玄真观**州城北街东港。**玉清观**在开平卫西门外。

乐亭县　**福缘寺**在县西南隅，正元间都纲智念建，宣德三年僧会广恺重建，设僧会司于内。**兴国寺**在县东十五里，元时建，正统初僧人悟宽重修。**正觉寺**在县南十里，永乐间建，天顺初住持圆秀修，弘治初僧人海矞重修。**胜严寺**县东，金大定年建，宣德年重修。**寿圣寺**在城南二十里，马城废县，洪武年间重建。**兴福寺**在城西九十里，旧石城，大定建。**白云寺**在州西九十里白云山，金时建。**偏凉汀寺**在州北五里，景泰三年内臣阮耳重修，上有亭，窗开四壁，凉纳八方，滦水临于前，横山枕于后，乃平滦一胜境也。**横山寺**在城北四里，横山上。**古马寺**在城西南二十里，金大定年建。**兴国寺**在城西一百一十里，唐时建。**严庆寺**在城南三十里，元至正年建。**莲台寺**在城南二十里，唐时建。**南套寺**城南四十里，至正年建。**青阳寺**城南五十里，至正年建。**清水兴国寺**城南五十里，至正年建。**洪觉寺**在城西南七十里，辽时建。**云居寺**城西南四十里，大定年建。**崇兴寺**城西南七十里，至正年建。**华麻寺**在城西南七十里，辽时建。**广严寺**在城西六十里。**水湾寺**在城西一百二十里，大定年建。**烽山寺**城西八十里，辽时建。**大觉寺**城西七十里，至正年建。**华严寺**城西五十里石佛庄，辽寿昌年建。**于家泊寺**城南五十里，至顺年建。**曾家湾寺**城西南一百里，唐时建。**卑家寺**城西南七十里，辽乾统年建。**黄土**

院寺城西七十里，辽寿昌年建。**临水院寺**城西北九十里，金太和年建。**洪济寺**城西八十里，金时建。**西套里寺**城西七十里，元时建。**相公寺**城西八十里，元时建。**巍峰山寺**城西五十里，金时建。**法宝寺**城南十里，辽时建。**神台寺**城南一十里，正统年重修。**南石佛寺**城南三十里，洪武十年建。**北石寺**城南五十里，永乐年建。**龙泉寺**城南七十里，洪武年建。**芦家寺**城南八十里。**华严寺**县东二十里，天顺年建。**宝塔寺**县东十五里。**宝峰寺**县东十五里。**大兴寺**县东南三十里。**云峰寺**县东南二十里，永乐年建。**万福寺**县南三十里，正统年建。**崇法寺**县南三十里，太康年建。**毗卢寺**县南三十里。**吉祥寺**县西南八里，正统年建。**普济寺**县西南八里，大定年建。**翠峰寺**县西南十五里，洪武年建。**大慈寺**县西南三十五里。**君严寺**县西南二十五里。**隆回寺**县西南四十里，唐贞观年建。**海云寺**县西南三十里。**鹤天寺**县西南二十里，至元年建。**崇兴寺**县西南二十里，至元年建。**崇福寺**县西南三十五里。**庆云寺**县西二十五里。**灵泽寺**县西二十五里，金明昌年建。**清隆寺**县西二十五里。**大云寺**县西二十里，至正年建。**兴胜寺**县西北十里。**严佛寺**县北三十里，至正年建。**清鸾寺**县北十二里。**观音寺**县东十里，正统年建。**观音堂**万历癸巳修改。

山海关　**崇兴寺**在西关内。**栖霞寺**在角山岭。**团云寺**城西北十五里。**圆明寺**城西北二十里。**蟠桃寺**城西北三十里。**后角山寺**三道关西。**温泉寺**城西二十五里，上有温泉。**观音阁**北瓮城内。**广嗣庵**西关外，祀白衣观音。**五泉庵**城西北十五里，有五泉。**女贞庵**城内东北隅。

吾儒之外有所谓佛老者。佛之理空，老之理虚，二者若仿佛吾儒不睹不闻之体、无声无臭之至也。但其遗落世故，不事名教，迥与吾儒异。盖佛氏以世界为幻妄，老氏以百姓为刍狗，自难强同。老学初未盛于北学之盛，莫如北朝之崇佛。迄今踵其遗风，彼虽云弥近理，今则滋愚民之惑而已。

管府事徐严禁左道惑众，照得：府属地方有等愚民，听信游食棍徒驾言祸福，妄求来生善果，呼朋引类，结党成群，或数十人，或百余人，聚成一会，其为会者不知其几也。名曰讲道，实乃倡造邪说，媚（迷）惑人心，以致百姓抛家失业，男女混杂，为害地方甚非渺小，似此弊俗诚可痛恨，相应出示严禁。为此示仰城市乡村军民人等知悉：今后俱要各安生理，不许仍前做会，勾引成风，倡言惑众。即如现获左道许守礼等十余人，以妖书事露，自投法网。本求富贵于来生，反罹刑宪于今日。情虽可悯，法则难逃。吾民视此，尚可甘心受惑，而不知所以鉴戒者耶？倘或执迷不悟，再做斋会，扰害地方，访出定行擒拿，尽法重治，决不姑息。如地方邻右知而不举者，一体连坐不贷。

仙佛　附

张果老　果老院在昌黎仙台山后，有石洞、古井、石碾、石槽，遗迹尚存。抚宁县东十五里有张果老河，为其骑驴尝陷焉。其饲驴石槽蹄迹宛然，在府城东五里，大石盘磲而陷其上。

韩湘子　湘与果老栖仙台山常对弈，有仙人脚迹，石盘文甚古。又，观音洞石壁上有韩仙真影。世传修仙辞乡遗状云：湘幼暗，有黄裳紫冠吕翁来启其暗，曰："他日当为我方外弟子。"吕盖七度之而成道，尝登长庆三年进士第。《青琐高议》云："湘，字清夫。落魄不羁，作诗有'能开顷刻花'之句。文公曰：'汝能夺造化开花乎？'湘遂聚土种花，随手而发，芳香袭座叶土。有联句：'云横秦岭家何在，雪拥蓝关马不前'。及公贬潮阳，途有一人冒雪而来，乃湘也。曰：'尚忆花上句乎？'公询地名即蓝关，再三嗟叹。"《酉阳杂俎》亦载是事，别号瑶华帝君若云。

丘处机　处机于金元间为七真教。当蒙古初嗜杀人，是教救止数万人，独有功于世。行平滦为独盛。

清淳子　郝姓。明昌初有朗然，居石城玉清演教，清淳师事之。其教先以净明、忠孝、柔顺、恭俭为训，后学力践，而后姹婴龙虎之论方出诸口，故笃信入门者数千余人，布列平滦之境。清淳为人维质维材，无党无偏，宽而能容，弱而能刚，尝语其徒曰："练气清心荷，攀云拔俗标。心如山不动，气似海常潮。"

清　真　即杨志坚，马城灵泉人。年二十二出家适长春，至燕号以灵源子，仍命提点东路诸道馆事。故诸观若灵阳长春等，皆其所创修，而以石城玉清为首。昌明间，有朗然刘先生自滦州拂衣来归，志坚师事之。行住坐卧皆忘，忘无可忘者五十五年。玉捽作玉清观碑曰："朗然风教盛海北者，自玉清始，其兴玉清，自灵阳始也。"

郑　禄　城子岭关二里清泉寺，古刹倾颓。景泰间禄跣足抄化，暮出朝入，有二虎随之而不害。

许　升　字文曦，兴庆屯人。景泰中，师刘道真精传法律凡百，祈祷无不感通。辛卯大旱，有神见梦于道者山，僧曰："滦州许道士要雨，我去援之。"次午，果大雨滂坨三日。里张氏多赀被寇，升遣关神持符活捉寇，诣张还所劫。州城刘景芳家有火妖，经年不止，升醮之再四，而妖绝。弘治初，升随甥官南畿，游二载，其逐疫、驱瘟、御灾、捍患类此，正德中卒。今遗像存焉，女毓英旌表节妇。

卦和尚　居府东阳山庵。娶八妻，皆死。其寿百六十岁。人以为采补延年过百岁。能前知祸福如神，访者刚出户，卦即，呼妻曰："老伴快作饭，有几人来访。"未几，又呼再添米，又有几人来，少顷果尔。有盗劫庵，先期呼庄客伏庵旁，一闻磬声各敲铜铁器，惊之而散。一日，盗窃庵物盈担，终宵绕庵而行，不知出路。日出若有人拘至卦座前，叩头流血。卦陈害利遣之。

本　通　圣水寺住持，终日诵经焚香，澹泊无欲。弘治三年十一月二十二日，沐浴端坐而升，五色光现，人皆见之。

呈　祥　滦州人，寓居建昌营。持斋修行，寿九十一。隆庆三年二月初旬坐化，乡人舍木龛，送殡者千百，舁至中途，龛内起烟火发自焚，其徒争以水沃之。

魏　氏　建昌营军家女，以多疾，十四岁出家，住二郎神庙，持斋诵经，寿八十四。嘉靖三十八年，沐浴、更衣、坐化佛前，鼻垂玉筋，袖中火出，自焚。

欧　氏　建昌营人，年十八以病目出家，居天仙庙，持斋诵经至五十三岁。嘉靖四十四年十二月初旬，沐浴、更衣、入龛、坐化。火发自焚，男女聚观如市。

建置后，坛庙寺观，亦务民义而远鬼神之意，窃有感焉！圣如夷齐，贤如昌黎，节如姜女，功如徐太傅、戚少保，关于风教裨于封疆者各有专祀，崇功报德之典亦云备。乃汉李广，匈奴号"飞将军"，具见太史公传。功不在徐、戚下，且为北平专官所当，俎豆甚明，而竟不祀，何哉？劳苦功高如此，生不得封侯，死不得庙食，谓广数奇，诚奇也已奇！于生前得归诸数奇，于死后咎将谁归，无乃缺典乎？黄鲁直有诗："夺得胡儿马便休，休嗟李广不封侯。当时射杀南山虎，仔细看来是石头。"为永人者，可以思矣！入境见漆西滦东二水交流之处，为一佳风水，本堪建文庙，惜为演武厅，文庙势不能迁矣。宜于厅左立飞将军庙，而以太傅、少保配之坐次，论世之先后，不论爵之崇卑，借其威灵，以倡勇敢，则塞虏岛夷可无患，视诸淫祠奚翅焉？

‖ 卷之三 ‖

政事志 目凡九

　　诸侯之宝三：土地、人民、政事。政事云者，所以经画土地，抚绥人民，非土地人民之外别有所谓政事也，而土地又所以养人民。永兼塞虏海倭二防，军民杂处，文武并用。不独赋役，凡屯田、马政、盐法之类以佐军需，皆修政立事者所当讲。盖万民之命悬于司牧，殚心经理尚惧旷官，任若职而息若事，朝廷设官之谓何？故政事之志不容缓。

户　口

　　《周官》大司徒掌民数，孟冬献之于王，王者拜而受，重之也。靖难师兴，永民残于东兵过半。文皇登极，诏永并里社召流民，山后逃回者几何，复迁南方民实之，抚我者宜如此。嗟夫！《葛蕌》咏而民离，《鸿雁》歌而民集。为人上者尚忍焚林而田，竭泽而渔，以戕贼其生生之意，使散而之四方乎？

大明会典永平府州县户口

　　弘治　户二万三千五百三十九，口二十二万八千九百四十四。

　　万历　户二万五千九十四，口二十五万五千六百四十六。

　　卢龙县　户旧一万三千五百二十二。今民户一千九百，军户三百九十，杂户五十，共二千三百四十户。口旧一万六千八百六十五。今男八千，女五千（食盐），共一万三千口。

迁安县　户旧五千八百五十二。今民户一千一百八十四，军户一千二百二十三，杂户八十五，共二千四百九十二户。口旧五万二千三百四十六。今男一万九千九十，女五千四百六十（食盐），共二万四千五百五十口。

抚宁县　户旧四千九百八十七。今民户一千八百三十，军户八百四十四，杂户一百三十四，共二千八百八户。口旧四万六千五百三十五。今男一万六千五百九十六，女八千六百六十（食盐），共二万五千二百五十六口。

昌黎县　户旧三千六百一十二。今民户二千四百七十，军户九百九十八，杂户五百三十三，共四千零一户。口旧五万五千三百七十。今男三万七千三百五十七，女二万一千六百四十三（食盐），共五万九千口。

滦　州　户旧八千七百八十四。今民户六千四十五，军户二千五百二十一，杂户三百八十六，共八千九百五十二户。口旧六万八千八百七十八。今男四万一千二百零四，女二万九千二十九（食盐），共七万二百三十三口。

乐亭县　户旧三千八百七十二。今民户一千七百八十四，军户四百三十九，杂户一百一十六，共二千三百三十九户。口旧五万六千七百八十五。今男一万九千三百五十四，女一万二千八百三十九（食盐），共三万二千一百九十三口。

田　赋

商鞅开阡陌而井田坏，独限田为近古。苏老泉、叶心水论之既详，谁则行之？永平版籍乱于夷久矣，然辽金元，貉道也，反轻于什一。国初，田有等则，即古帝王则壤成赋之道也，而岁久则紊。万历节年均丈田，分三则，无复虚贩，犹苦驿站俵解皆从地出，一应是役，即鬻地不足供，是以养人者害人。至条鞭法行，而民困少苏，然地多沙碛，民皆下农，不习水利，不知积蓄，稍饥馑相率流亡以待招。且种必择近地，远则胥弃而芜，卫屯抛荒尤甚，以其差役重也。

迩遇兵兴，额外增科，民何堪命，是有赖于抚字心劳者。

地：旧官一百六顷五十三亩六分，民一万四千四百八十八顷六亩四分二厘九毫，共一万四千五百九十四顷六十亩二厘九毫。

今三则：上五千三百一十五顷四十七亩六分二厘四毫二丝三忽，中一万二千八百九十二顷七亩七分六厘四毫，下四万八千六百一十八顷八十六亩七分二厘四毫一丝一忽，共六万六千八百二十六顷四十二亩一分一厘二毫四丝五忽。

卢龙县　旧官地二十三顷九十九亩六分五厘，民地一千四百一十一顷七十九亩五分八厘九毫。

今地三千二百八十七顷三十六亩三分五厘一毫五丝：上地三百九十顷八十五亩九分八厘五毫七丝，中地九百一十一顷二十五亩一分一厘七毫五丝，下地一千九百八十五顷二十五亩二分四厘八毫三丝。

夏税七百七石七斗三升三合九勺六抄。秋粮一千六百五十一石二斗八升三合一勺五抄。

子粒豆三百一十石五斗。马草二万六千五百一束三分一丝存留。人丁丝绢九十四匹二丈五尺五寸起运八余留。农桑丝绢一十八匹。地亩绵十五斤。绒无。盐钞银四十六两九钱三分九厘，闰加四两二钱六分四厘　**起运**

迁安县　旧官地一十三顷十八亩三分四厘，民地二千五十三顷五分七厘。

今地六千一百九十七顷三十六亩八分七厘五毫八丝三忽：上地七百八十一顷九十一亩四分七厘三毫九丝五忽，中地二千二十一顷四十六亩六分五厘九毫一丝，下地三千三百九十三顷九十八亩七分四厘二毫七丝八忽。

夏税一千四百三十六石五斗三升九合五勺。秋粮三千三百六十一石三斗七升九合四勺五抄。

子粒豆一千一百九十五石。马草四万五千五百四十五束四分九厘五毫八丝起运八百束。人丁丝绢三百十六匹，起运二十七匹。农桑丝绢三十三匹二尺一寸六分八厘六毫五丝。地亩绵三十九斤。绒无。盐钞银一百三两三钱九分九厘，起运一百三两三分九厘，存留三钱六分，闰加八两五钱八分六厘四毫零。

抚宁县 旧官地四顷六十一亩，民地一千四百一顷五十三亩四分五厘。

今地六千六百四十四顷六十五亩六分三厘二毫七丝：上地九百三顷八十亩五分，中地二千一百五十一顷九十七亩一分八厘二毫一丝，下地三千五百八十八顷八十七亩九分五厘六丝。

夏税八百四十一石八斗七升五合五勺。秋粮一千九百六十三石八斗九升二合八勺。

子粒豆八百五十石。马草二万二千四百二十四束九厘八毫存留。人丁丝绢一百七十六匹，起运十五匹。农桑丝绢一十四匹一丈四寸二分五厘九毫。地亩绵、绒无。盐钞银九十五两九钱五分七厘五毫零，闰加九两七分四厘四毫零。

昌黎县 旧官地二十一顷二十一亩六分六厘，民地一千六百二十九顷四十四亩三分五厘。

今地一万二千八百一十二顷二十六亩二分七厘二毫三丝五微：上地四百五十二顷五十九亩三分七厘四毫五丝八忽，中地一千六百五顷五十亩七分三厘五毫三丝，下地一万七百五十四顷一十六亩一分六厘二毫四丝二忽五微。

夏税一千四百三十八石八斗四升八合五勺五抄。秋粮三千三百五十七石三斗一升三合四勺四抄。

子粒豆五千八百一十石，马草三万七千九百十六束七厘二丝存留，人丁丝绢二百七十二匹，起运二十三匹，农桑丝绢二十八匹二丈一尺九寸七厘，地亩绵五十四斤，绒无，盐钞银一百六十二两四钱八厘，起运一百五十五两九钱六分四厘，闰加十二两九钱九分七厘。

滦　州 旧官地三十顷八亩八分五厘，民地五千五百三十八顷十亩六分七厘。

今地二万九千四百三十一顷八十四亩八分三厘：上地九百六十三顷七十六亩三分六厘，中地二千九百七十九顷一十六亩四分四厘，下地二万五千四百八十八顷九十二亩三厘。

夏税三千七百七十七石八升二合八勺起运五十石。秋粮八千八百三十二石六斗九升二合七勺。

子粒豆五千八百一十石。马草十万九千二百八十束八分一厘三毫，起运一千二十束。人丁丝绢八百四十二匹，起运七十二匹。农桑丝绢九十匹二丈三尺五寸七分。地亩绵一百九十六斤。绒十三两二钱。盐钞银三百三十二两六钱九分七厘零，起运三百二十五两六钱五分一厘零，存留七两四分六厘，闰加二十七两一钱三分零 **贡**。

乐亭县 旧官地一十三顷四十四亩一分。民地两千四百五十四顷一十七亩八分。

今地八千四百五十二顷九十二亩六厘九毫：上地一千八百二十二顷五十三亩九分三厘，中地三千二百二十二顷七十一亩六分三厘，下地三千四百七顷六十六亩五分九毫。

夏税一千七百九十四石一斗二升四合八勺。秋粮四千一百八十六石五斗五升七合三勺。

子粒豆一千九百八十五石。马草六万二千七十四束九分存留。人丁丝绢三百四十七匹二丈一尺五寸，起运二十九匹一丈五尺。农桑丝绢五十八匹一丈八尺二寸五分六厘。地亩绵四十一斤。绒无。盐钞银一百七十七两一钱五分八厘，闰加十九两四钱四分一厘五毫 **起运**。

会计总录

夏税大小麦共九千九百九十六石一斗九升五合五勺。

人丁丝折绢共二千五十四匹一丈五尺，增旧四尺五寸起运，绢共一百七十四匹一丈五尺，存留一千八百七十六匹。

农桑丝折绢 共二百四十三匹一丈二尺三寸二分七五毫。

秋粮米 共二万三千三百五十三石一斗一升八合八勺九抄。

地亩绵绒 共三百四十五斤十三两二钱。

马草 共三万三千七百四十二束七分零。

户口盐钞银共九百二十五两一分三厘四毫，遇闰加银八十二两八分九厘五毫零。起运共银九百十一两一钱六分三厘四毫零，存留共银一十三两八钱五分。

屯总　二千四十七顷四十五亩五厘九毫，征本折豆一万一千五十五石。

牧场　七十六处，五百二十九顷十五亩一分三厘七毫二丝，征租银五百一十六两七钱六分四。

水田　一百十四顷七十三亩六分三厘。

园　多废不计外，废业三百八十顷五十亩五厘，万历十五年水冲。

卢龙县　屯七十四顷二十六亩，科豆一亩五斗四合五勺四抄，实征本折豆四百石。

牧场　五处，共六十七顷五十六亩，例免粮地二百八十三顷，租一百零六两二钱。

田　二顷六十八亩七分五厘。园　桑枣二区，一在城东，一在小河西。

迁安县　屯一百二十五顷，科豆一亩九升五合六勺，实征本折豆一百九十五石。

牧场　六处，共二百一顷七十五亩，例免粮地五百八十顷五十亩，租九十七两七钱三分六厘五毫。

田　一十三顷七分五厘，园桑枣区在城南。

抚宁县　屯七十顷六十九亩五厘九毫，科豆一亩一斗二升二勺四抄四撮三圭一粒，实征本折豆八百五十石。

牧场　二处，共一百九顷，例免粮地三百四十顷五十亩，租九十八两八钱二分。

田　三顷五十八亩七分三厘四毫六。园　桑枣区在城西五里。

昌黎县　屯三百九十七顷，科豆一亩五升，实征本色豆五千八百一十石。

牧场　十处，共九十三顷二十亩八分七厘七毫二丝，例征银七十二两六钱九分一厘。

田　一顷三十五亩九分。园　桑枣区在城西。

滦　州　屯一千一百六十二顷，科豆一亩五升，实征本色。豆五千八百一十石。

牧场　四十处，共五十四顷十四亩二分六厘，例征银一百三十五两三钱五分六厘五毫。

田　九十二顷八十六亩二分八厘。园　桑枣二区，一在城东南二里，一城西关外一里。

乐亭县　屯二百一十八顷五十亩，科豆一亩九升八勺四抄六撮七圭，实征本色豆一千九百八十五石。

牧场　十三处，共三顷四十九亩，例征银一十三两九钱六分。

田　一顷二十三亩二分一厘六毫。园　桑枣二区，一在县东二里，一在县北二里。

民壮原额　卢龙八十一名，迁安二百三十九名，抚宁一百七十名，昌黎三百九十七名，滦州一千一百九十一名，乐亭三百九十九名。

本府调操　滦州四百名，昌黎五十九名，乐亭六十名，卢龙附郭尽数听操，抚宁、迁安近边不调。

徭　役

有田则有租，有身则有庸，有家则有调，匪独唐令。自有生民以来，或劳心或劳力，义也。然用二则殍，用三则离。永平额有银差、力差、杂差，名色虽殊，锱铢皆民膏血。万历初，立经费规则，行条鞭法，即夏税俟秋成而征，可谓法外之仁，民咸称善。频年兵凶交作，赋役繁苛，剜肉医疮，富者贫，贫者逋，相顾不知所出，幸东事息肩，天子下诏恤减，始得小康，司牧尤宜切身。

雇　银

卢龙县　工部四司料银二百十两九钱六分六厘。光禄寺果品银四十六两一钱五分九厘。惜薪司枣儿银十八两九钱八分。历日纸银十六两五钱三分八厘四毫二丝。胖袄银三十九两三钱。猪羊银六十二两九钱六分。学院皂隶银一两一钱。兵道俸薪银二十二两六钱。本府柴马银四十二两。州县紫马银一百四十两。州县儒学膳夫银九十两四钱六分。风云雷雨坛祭银十二两。邑厉坛祭银十两。府文庙祭银五十六两四钱。县文庙祭银三十六两。清节祠祭银十两。州县乡饮酒礼银、孤老冬衣布花银七两。

迁安县 工部四司料银二百八十七两一钱三分。光禄寺果品银七十三两八钱八分四厘五毫。惜薪司枣儿银三十两四钱。历日纸银二十五两三钱四分六厘二毫。猪羊银一百一十二两五钱八分。牛犊银九两。胖袄银八十四两六钱。京皂银四百四十二两。弓兵银八两五钱。国子监膳夫银二十两。工部铁冶银四百七十六两九钱。学院皂隶银一两六钱五分。兵道俸薪银二十八两二钱。本府柴马银一百一十八两。府学膳夫银二十四两。州县柴马银二百四两。州县儒学膳夫银九十六两。修理府廨银十两。风雷云雨坛祭银十八两。邑厉坛祭银十两。县文庙祭银三十六两。州县乡饮酒银十两。孤老冬衣布花银三两七钱五分。

抚宁县 工部四司料银二百八十七两一钱三分。光禄寺果品银七十九两八钱一分一厘。惜薪司枣儿银三十二两二钱六分。历日纸银二百五两三钱五分。羊银一百十六两一钱。牛犊银九两。胖袄银九十一两五钱。京皂银二百五十二两。弓兵银一两七钱。国子监膳夫银十两。学院皂隶银一两五钱二分。按院皂隶银四两七钱一分五厘。兵道俸薪银二十五两四钱。府学膳夫银十二两。州县柴马银二百四两。州县儒学膳夫银九十六两。修理府廨银十两。风云雷雨坛祭银十八两。邑厉坛祭银十两。县文庙祭银三十六两。州县乡饮酒礼银十两。孤老冬衣布花银二两。

昌黎县 工部四司料银三百九十六两一钱五厘。光禄寺果品银一百二十四两六钱六分八厘。惜薪司枣儿银五十一两二钱六分。太医院柴胡银九两。历日纸银四十两五钱八厘七毫五丝。滦榜纸银一十五两。猪羊银二百四两九钱六分。牛犊银三十一两五钱。胖袄银六十四两二钱。京皂银四百六十二两。弓兵银四十二两五钱。国子监膳夫银二十两。工部铁冶银六百一十八两四钱五分。学院皂隶银一两五钱。马院皂隶银九两。兵道俸薪银三十四两二钱。本府柴马银六十六两。府学膳夫银三十六两。州县柴马银二百四两。州县儒学膳夫银一百一十二两。修理府衙银十七两。风云雷雨坛祭银十八两。邑厉坛祭银十两。霜降祭银一两八钱。县文庙祭银三十六两。州县乡饮酒礼银十两。孤老冬衣布花银四两。

滦　州　工部四司料银一千十六两五钱。光禄寺果品银三百九两四钱四分一厘。惜薪司枣儿银一百二十七两二钱四分。太医院柴胡银九两。历日纸银九十两四钱六分六厘。滦榜纸银三十两四钱五分。猪羊银四百八十八两六钱四分。牛犊银五十八两五钱。稻皮银五十七两。胖袄银一百七十五两二钱。京皂银一千一百八十八两。弓兵银六十八两。国子监膳夫银二十两。工部铁冶银一千五百十六两二钱。学院皂隶银五两。按院皂隶银十四两一钱四分五厘。兵道俸薪银五十四两四钱四分七厘。本府柴马银三百三两。府学膳夫银三十六两。州县柴马银二百四十两。州县儒学膳夫银一百三十二两。修理府衙银二十八两。风云雷雨坛祭银十八两。邑厉坛祭银十两。霜降祭银一两八钱。县文庙祭银三十六两。州县乡饮酒礼银十二两。孤老冬衣布花银十两二钱五分。

乐亭县　工部四司料银三百九十六两一钱五分四厘。光禄寺果品银一百二十四两六钱九分八厘。惜薪司枣儿银五十一两二钱六分。太医院柴胡银九两。历日纸银四十两八钱八厘七毫五丝。滦榜纸银十两。猪羊银二百四两一钱一分。牛犊银十八两。京皂银四百九十八两。弓兵银五十九两五钱九分六厘。国子监膳夫银十两。国子监庙户银十二两。工部铁冶银六百十两八钱五分。学院皂隶银二两九钱。按院皂隶银九两四钱三分。兵道俸薪银三十四两二钱。本府柴马银一百八十一两。府学膳夫银六十两。州县柴马银二百四十两。州县儒学膳夫银九十六两。修理府衙银十五两。风云雷雨坛祭银十八两。霜降祭银一两八钱。县文庙祭银三十六两。州县乡饮酒礼银十两。孤老冬衣布花银一两。

右共银一万五千九百七十七两二钱二分四厘六毫七丝。

力 银

即现行雇役法于民甚便，详见备述志中。

卢龙县 户部分司皂隶一名，清军厅二名，粮厅、刑厅及检校各一名，每名九两。县堂一十二名，典史衙四名，每名七两二钱。

抚院马快四名，每名二十四两。兵道二名，马厅二名，每名二十二两。本县二十六名，每名二十两。

分司兵道阴阳生各一名，每名六两。本县六名，每名五两五钱。本县库子二名，儒学一名，每名七两二钱。永丰仓二名，燕河营仓、建昌营仓各一名，每名六两。本县库书一名，七两二钱。本县预备仓老人一名，七两二钱。府、县学斗级各一名，每名七两二钱。永丰仓一名，六两。预备仓二名，每名三两六钱。本府门子四名，府学三名，县学九名，每名七两二钱。县堂二名，典史衙一名，公署四名，每名三两六钱。本县更夫五名，每名三两六钱。吹鼓手八名，每名三两六钱。铺司兵三十九名，每名六两。馆夫二名，每名七两二钱。渡夫三名，每名六两。巡检司弓兵一名，六两。

迁安县 户部分司皂隶四名，府堂、清军厅、马厅、粮厅各三名，理刑厅四名，经历、照磨、检校各二名，每名九两。县堂十二名，主簿厅六名，典史衙四名，每名七两二钱。

抚院马快七名，每名二十四两。兵道五名，府堂七名，军厅、马厅各一名，粮厅二名，刑厅三名，每名二十二两。本县阴阳生四名，每名五两四钱。台基厂库子一名，十四两四钱。本县二名，儒学一名，每名七两二钱。滦阳马驿、滦河马驿、七家岭驿、太平寨仓、三屯营仓各二名，芦峰口驿、五重安仓、青山口仓、汉儿庄仓、喜峰口仓、洪山口仓各一名，每名六两。本县库书一名，七两二钱。本县预备仓老人一名，七两二钱。儒学斗级一名，七两二钱。建昌营仓三名，太平寨仓四名，五重安仓二名，每名六两。预备仓二名，每名三两六钱。兵道门子一名，马厅、经历、知事、照磨、检校各一名，每名九两。县堂二名，簿典各一名，公署三名，七家岭驿公署、大寨官厅各二名，每名三两六钱。儒学九名，每名七两二钱。本府禁子一名，本县五名，每名七两二钱。本县更夫五名，每名三两六钱。本县吹鼓手八名，每名三两六钱。铺司兵四十四名，每名六两。馆夫四名，每名七两二钱。滦阳马驿三名，滦河马驿一名，每名六两。

抚宁县 户部分司皂隶二名，府堂四名，清军厅、粮厅、马厅名二名，刑厅一名，每名七两二钱。县堂十二名，主簿厅六名，典史衙四名，每名七两二钱。兵道马快五名，府堂四名，粮厅三名，饷厅二名，每名二十二两。本县二十名，每名二十两。步快十四名，每名十两。阴阳生四名，每名五两四钱。分司库子二名，广盈库一名，本县二名，儒学一名，每名七两二钱。台基厂二名，每名十四两四钱。界岭口仓五名，榆关马驿、芦峰口驿、黄土岭仓各二名，每名六两。本县库书一名，七两二钱，预备仓老人一名，七两二钱。儒学斗级一名，七两二钱。石门寨仓三名，界岭口仓四名，黄土岭仓一名，每名六两。预备仓二名，每名三两六钱。兵道门子一名，九两。府学三名，县学九名，每名七两二钱。县堂二名，簿典各一名，公署三名，每名三两六钱。本县禁子四名，每名七两二钱。更夫五名，每名三两六钱。吹鼓手八名，每名三两六钱。铺司兵四十二名，每名六两。馆夫五名，每名七两二钱。滦河马驿三名，每名六两。

昌黎县 户部分司皂隶三名，兵道六名，府堂、清军厅各二名，马厅五名，粮厅、刑厅、经历、照磨各二名，知事一名，每名九两。县堂十二名，县丞厅六名，典史衙四名，每名七两二钱。兵道马快十二名，府堂九名，清军厅六名，马厅二名，粮厅三名，刑厅二名，每名二十二两。本县十五名，每名二十两。府堂阴阳生二名，本县二名，每名五两四钱。分司库子一名，广盈库一名，本县二名，府县学一名，每名七两二钱。台基厂四名，每名十四两四钱。芦峰口驿、七家岭驿各一名，迁安马驿三名，黄土岭仓二名，山海仓四名，每名六两。本县库书一名，七两二钱。预备仓老人一名，七两二钱。儒学斗级一名，七两二钱。黄土岭仓、山海仓各一名，每名六两。预备仓二名，每名三两六钱。部道门子各一名，府堂二名，清军厅、马厅各一名，每名九两。府学三名，县学九名，每名七两二钱。县堂二名，丞典各一名，公署二名，每名三两六钱。本府禁子二名，本县五名，每名七两二钱。本府更夫二名，本县五名，每名三两六钱。吹鼓手八名，每名三两六钱。铺司兵十九名，每名六两。馆夫八名，每名七两二钱。迁安马驿四名，榆关马驿四名，每名六两。潘家口渡夫三名，小河口十名，青龙河四名，澈河六名，每名六两。

　　滦　州　户部分司皂隶三名，兵道十名，府堂十二名，清军厅、刑厅三名，粮厅、经历、知事各二名，检校一名，每名九两。州堂十二名，州同六名，吏目四名，每名七两二钱。

　　抚院马快六名，每名二十四两。兵道三十名，府堂五名，清军厅、刑厅各三名，马厅四名，每名二十二两。本州二十四名，每名二十两。府堂阴阳生一名，本州二名，每名五两四钱。广盈库库子一名，七两二钱。台基厂四名，每名四两四钱。本府四名，本州一名，儒学一名，每名七两二钱。七家岭驿一名，滦河马驿二名，永丰仓二名，三屯营仓四名，燕河营仓一名，台头营仓三名，洪山口仓二名，每名六两。本州库书一名，七两二钱。预备仓老人一名，七两二钱。斗级四名，每名三两六钱。儒学一名，七两二钱。山海仓三名，永丰仓、台头仓各二名，三屯营仓五名，洪山口仓三名，燕河营仓、建昌仓各二名，汉儿庄仓伍名，每名六两。分司门子二名，兵道一名，府堂、军厅、粮厅、刑厅各一名，每名九两。州堂二名，州同吏目各一名，公署二名，每名六两。府学三名，州学十二名，每名七两二钱。本府禁子五名，本州八名，每名七两二钱。本府更夫四名，本州五名，每名三两六钱。吹鼓手八名，每名三两六钱。铺司兵四十四名，每名六两。馆夫四名，每名七两二钱。滦河马驿四名，七家岭驿六名，芦峰口驿五名，每名六两。潘家口渡夫三名，大河口十三名，澈河十三名，每名六两。南石渠夫一名，二十两。

乐亭县 户部分司皂隶五名，兵道四名，府堂三名，粮厅、马厅各四名，刑厅三名，军厅、饷厅各二名，知事厅一名，每名九两。县堂十二名，县丞厅六名，典史衙四名，每名七两二钱。兵道马快二十名，府堂七名。清军厅四名，马厅五名，粮厅、刑厅各六名，饷厅二名，每名二十二两。本县二十名，每名二十两。阴阳生二名，每名五两四钱。分司库子一名，七两二钱。台基厂二名，每名十四两四钱。本县二名，儒学一名，每名七两二钱。石门寨仓五名，燕河营仓二名，迁安马驿一名，台头营仓四名，建昌营仓三名，每名六两。本县库书一名，七两二钱。斗级二名，每名三两六钱。儒学一名，七两二钱。黄土岭仓、石门寨仓各一名，燕河营仓、台头营仓各二名，每名六两。分司、府堂、粮厅、饷厅、刑厅门子各一名，每名九两。本县二名，丞典、公署各一名，每名三两六钱。儒学九名，每名七两二钱。本府禁子二名，本县四名，每名七两二钱。更夫五名，每名三两六钱。吹鼓手八名，每名三两六钱。铺司兵十名，每名六两。馆夫九名，每名七两二钱。榆关马驿、滦河马驿各二名，迁安马驿三名，每名六两。潘家口渡夫二名，大小河口十名，洒河口十名，每名六两。新桥海口巡检弓兵二十名，每名四两。京脚夫二名，每名十二两。

共银一万三千三百七十七两九钱。

二项（雇银、力银）共银二万九千三百五十五两一钱二分四厘六毫七丝。

额 支

卢龙县 本府正旦三两，迎春四两。兵道到任及递年执事案衣三两八钱。抄案九两。贴书七两二钱。本县到任九两二钱。典史二两五钱。本县心红十二两。典史六两。儒学三两。六房纸张四十四两。会审二两四钱。挖河二十六两。本府药材二两五钱。

迁安县 本府正旦一两，迎春三两。进表十两。户部分司到任及递年执事案衣一两五钱。兵道二两五钱三分。粮厅十三两五分。本县九两二钱。簿典各二两五钱。兵道抄案九两。贴书七两二钱。药材三两二钱。本县心红十二两。主簿八两。典史六两。儒学三两。六房纸张四十四两。掣批八两。会审三两六钱。押解四两。军器一百三十三两七分八厘三毫。挖河八十两。

抚宁县 本府正旦一两，迎春三两。进表十两。户部分司到任及递年执事案衣一两五钱。兵道二两五钱三分。马厅十三两五分。本县九两二钱。簿典各二两五钱。马厅书辨衣资四十四两八钱。饷厅二两。兵道抄案九两。贴书七两二钱。本府库书二两五钱。药材三两二钱。本县心红十二两。主簿八两。典史六两。儒学三两。六房纸张四十四两。岁贡八两七钱。掣批四两。会审五两二钱。押解五两。军门五十四两八钱三分五厘五毫五丝。挖河三十六两八钱。

昌黎县 本府正旦一两，迎春二两。进表二十两。军门供应六十四两。书辨衣资十五两。抚院七十一两五钱。分司六十八两四钱。清军厅七十二两。兵道抄案九两。贴书七两二钱。分司到任及递年执事案衣二两。兵道四两二钱三分。清军厅十三两五分。本县九两二钱。丞典各二两五钱。兵道油炭十四两二钱四分。本府库书二两八钱。药材四两四钱。本县心红十二两。县丞八两。典史六两。儒学三两。六房纸张四十四两。岁贡九两六钱。掣批十两。会审三两六钱。押解五两。军器一百六十三两六钱二分。挖河七十二两八钱。

滦 州 本府正旦二两，迎春三两。进表三十六两。军门供应一百六十七两五钱三分。书辨衣资二十五两。兵道一百十七两六钱。马厅二十两。粮厅七十二两。饷厅十一两四钱。兵道抄案九两。分司到任及递年执事案衣三两。兵道七两六钱。本府十九两五钱。知州十两。州同三两。吏目二两五钱。分司油炭三十一两八钱二分。兵道四十三两五钱二分。本府库书三两八钱。药材七两三钱。本州心红十二两。州同八两。吏目六两。府学四两。州学三两。六房纸张五十两。岁贡十四两二钱。掣批八两。会审六两八钱。押解五两。军器二百九十二两八钱五分三厘五毫。挖河一百六十九两。年终十两。

乐亭县 本府正旦一两，迎春二两。进表十两。军门供应四十五两。分司到任及递年执事案衣二两。兵道二两五钱三分。刑厅十三两五钱。本县九两二钱。丞典各二两五钱。分司油炭十四两八钱八分。兵道十四两二钱四分。本府库书二两八钱。药材四两四钱。本县心红十二两。县丞八两。典史六两。儒学三两。六房纸张四十四两。岁贡十一两。会审二两。押解五两。军器二百五两一钱九分八厘四毫。挖河七十二两八钱。

右共银三千二百五两四钱八分五厘五毫五丝。

杂 支

卢龙县 仪仗一两。习仪一两六钱。学院五十两。公署十五两。修署二十两。供应二百十两。盘盒二两七钱。阅操八十两。兵道刑具五两。府堂十六两。军厅、粮厅、刑厅各一两五钱。本县六两。接递二百五十四两。修船二十两。备用一百两。

迁安县 仪仗一两。习仪六钱。学院五十两。公署三十两。修署十两。供应一百五十两。盘盒二两七钱。阅操二百五十两。本县刑具二两四钱。接递三百两。备用一百四十两。

抚宁县 仪仗一两。习仪六钱。学院四十五两。公署三十两。修署十两。供应一百三十两。盘二两七钱。阅操七十两。本县刑具二两四钱。接递一百八十两。备用一百四十两。

昌黎县 仪仗一两。习仪六钱。学院四十两。公署十八两。修署五两。供应六十两。本县刑具三两五钱。接递四十两。修船二十两。备用一百四十两。

滦 州 仪仗、习仪各一两。学院五十两。公署十八两。修署十两。供应四十两。盘盒一两五钱。阅操二十五两。本州刑具三两五钱。接递五十两。修船一百两。备用一百六十两。

乐亭县 仪仗一两。习仪六钱。学院四十五两。公署十八两。修署五两。供应二十五两。盘盒一两五钱。本县刑具三两。接递三十两。修船一百八十两。备用一百四十两。

右共银三千五百九十六两四钱。

役 支

卢龙县 本府刑厅青衣夫一名，本县六名，每名九两六钱。灯夫四名，典史二名，每名六两。递皂四十名，每名六两。管支一名，七两二钱。办送二名，每名三两六钱。递夫四名，每名六两。

迁安县 本府粮厅、刑厅青衣夫各二名，本县六名，每名九两六钱。灯夫四名，簿典各二名，粮厅二名，每名六两。递皂三十名，每名六两。巡马十名，每名六两。驿皂九十两。管支一名，七两二钱。办送二名，每名三两六钱。递马二十二匹，该银五百六两。递夫三名，每名六两。

抚宁县 户部分司青衣夫一名，十两八钱。马厅一名，本县六名，每名九两六钱。马厅灯夫二名，本县四名，簿典各二名，每名六两。管支一名，七两二钱。办送一名，三两六钱。递马十匹，该银二百三十（两），递夫三名，每名六两。

昌黎县 户部分司青衣夫三名，兵道一名，军厅、粮厅各二名，本县六名，每名九两二钱。军厅灯夫二名，本县四名，丞典各二名，每名六两。粮厅水夫一名，七两二钱。递皂十五名，每名六两。管支一名，七两二钱。办送一名，三两六钱。递马十匹，该银二百三十两。递夫三名，每名六两。

滦　州 兵道青衣夫三名，府堂八名，马厅三名，粮厅一名，本州六名，每名九两六钱。本府灯夫四名，本州四名，州同、吏目各二名，每名七两二钱，递皂十五名，每名六两。驿皂九十两。管支一名，七两二钱。办送一名，三两六钱。递马十四匹，该银三百二十二两。递夫三名，每名六两。

乐亭县 兵道青衣夫四名，府堂八名，军厅四名，粮厅二名，刑厅三名。本县六名，每名九两六钱。刑厅灯夫二名，县堂二名，丞典各二名，每名六两。刑厅水夫一名，七两二钱。递皂十五名，每名六两。管支一名，七两二钱。办送一名，三两六钱。递马十匹，该银二百三十两。

右共银三千八百九十两四钱。

待 支

卢龙县 朝觐盘费每年八两三钱三分四厘。本县到任家火并祭宴十八两。典史五两五钱。教官每员三两。会试每年十两。科举每年十三两三钱三分三厘。起贡每年二十六两。坊牌每年十五两九钱。觐册每年一两八钱。民册每年六两。军册每年三两。徭册每年一两八钱。驳册每年一两。恤册每年一钱二分。刷卷每年七钱。

迁安县 朝觐盘费本县三十两。典史二十五两。粮厅到任家火并祭宴二十五两。饷厅十五两。本县十八两。主簿七两五钱。典史五两五钱。教官每员三两，会试每年五两。科举每年十七两三钱三分三厘。起贡每年二十六两。坊牌每年十五两九钱。武试每年四两。觐册每年一两六钱。民册每年七两。军册每年三两五钱。徭册每年一两四钱。驳册每年一两二钱。恤册每年二钱。刷卷每年八钱。保定武试每年四两。

抚宁县 朝觐盘费每年八两三钱三分三厘。马厅到任家火并祭宴每年八两三钱四分。县堂十八两。主簿七两五钱。典史五两五钱。教官每员三两。会试每年五两。科举每年九两三钱三分四厘。起贡每年二十六两。坊牌每年十五两九钱。武试每年四两。觐册每年二两六钱。民册每年七两。军册每年三两五钱。徭册每年一两四钱。驳册每年一两二钱。恤册每年二两六钱。刷卷每年八钱。保定武试每年四两。

昌黎县 朝觐盘费本县三十两。典史二十五两。兵道到任家火并祭宴三十两。清军厅二十五两。通判九两。本县十八两。县丞七两五钱。典史五两五钱。教官每员三两。会试每年六两六钱六分七厘。科举每年十两六钱六分七厘。起贡每年二十六两。坊牌每年十五两九钱。武试每年四两。觐册每年二两六钱。民册每年八两。军册每年三两九钱。徭册每年一两七钱。驳册每年一两五钱。恤册每年二钱。刷卷每年一两。保定武试每年四两。

滦　州　朝觐盘费本州三十两。分司到任家火并祭宴十两。本府十三两四钱。本州二十两。州同八两。吏目六两。教官每员三两。会试每年十三两三分三厘。本府科举每年三十三两。本州每年二十六两六钱六分七厘。起贡每年三十九两。坊牌每年十五两九钱。武试每年四两。觐册每年二两六钱。民册每年八两。军册每年四两。徭册每年一两七钱。驳册每年一两五钱。恤册每年三钱五分。刷卷每年一两。会试每年五两七钱四分。保定武试每年八两三钱四分。

乐亭县　朝觐盘费本县三十两。典史二十五两。粮厅到任家火并祭宴六两。刑厅二十五两。本县十八两。县丞七两五钱。典史五两五。教官每员三两。会试每年五两。本府科举每年十两。本县每年十两六钱六分七厘。起贡每年二十六两。坊牌每年十五两九钱。武试每年四两。觐册每年二两。民册每年七两。军册每年三两五钱。徭册每年一两四钱。驳册每年一两二钱。恤册每年一钱。刷卷每年八钱。科场每年四两一钱五分。保定武试每年四两。

右共银一千二百三十九两五钱三分八厘。

四项共银一万一千九百三十一两八钱二分三厘五毫五丝。

驿　传

设置树邮乘、丰委积，所以通宾旅柔远人也。永平为京都辽海之冲衢，当朝鲜女直之贡道。符使速于星火，邮役纷如猬毛，诸徭之苦莫此为甚。万历四年，改编顾驿所，谓甚者必解而更张之，百年积弊扫于一旦，而民始苏，无何节省，裁并之议起焉。至十年而议复，复者利而革者害矣。迩年东征兵马十余万，羽檄交驰，驿递之役尤苦。于昔无肯应者，每亩但加毫，未应者自至，民亦乐输，有司所宜剂量。

本府属额 设走递马骡八十一匹，马价草料工食银一千七百三十一两八钱，闰加一百二十一两五钱。

滦　州 二十匹，银四百八十四两，闰加三十两。

卢龙县 十匹，银一百六十二两，闰加一十五两。

迁安县 二十二匹，五百两，闰加三十三两。

抚宁县 九匹，一百四十五两八钱，闰加一十五两。

昌黎县 十匹，二百七十二两，闰加一十五两。

乐亭县 十匹，一百六十二两，闰加一十五两。

以上马价、草料、工食银，俱系条鞭银内支领。

滦河驿马四十匹，**七家岭驿**马四十二匹，**芦峰口驿**马三十二匹，**榆关驿**马三十二匹，**迁安驿**马四十匹，**滦阳驿**马三十匹，以上六驿共马二百一十六匹。每匹夫一名，每名匹一年该马价工食草料银六十五两。

滦河等六驿，每驿驴十头，每头价银二两五钱，草料银九两。夫五名，每名工食银一十二两，每驿一年，共银一百七十五两。

七家岭驿扛夫四十名，**滦河驿**扛夫四十名，**芦峰口驿**扛夫三十名，**迁安驿**扛夫三十名，每名月各支银一两。每驿车十八辆，每月工食牛只草料各支银一百二十六两。**七家岭驿**轿夫二十名，每月支工食银十六两。

马　政

问国之富，数马以对，冀北之马，即江东之粮。国初，令民间孳牧。永之孳自正统始，每骡一匹，免租百亩，儿其半。匹有头，群有长，法非不善，是后解俵赔补不至，尽荡其家而逃焉不止。穷则变，变则通。万历六年，用条鞭法按亩出银，九年尽将种马变价，乃卧苍生于衽席，而无胈脂之患矣。若尽官征官解，岂不尤良，而吏书不便需索，尚有遗累于民。

万历三年，奏革马头官征官解，每匹价银三十两，外给草料银四两（知府顾褒议行）。

六年，用条鞭法征银。

滦州每亩征二分五厘九丝，大户八人。**乐亭县**六厘七毫七丝二忽，大户六人。**昌黎县**二分五厘王毫九丝六忽，大户四人。**迁安县**二分四厘四毫四丝零。**抚宁县**二分四厘五毫六丝。**卢龙县**五分一厘六毫，各大户二人。

九年奏准折色，奉兵部扎付坐派备用，马共九百二十四匹。外挤乳马十匹。每交表一匹折银二十四两，外草料银一两。总督吴兑奏请。

滦州马三百五十八匹，乳二匹。**迁安县**一百二十七匹，乳二匹。**昌黎县**一百二十七匹，乳二匹。**卢龙县**六十二匹，乳一匹。**抚宁县**七十六匹，乳一匹。**乐亭县**一百七十四匹，乳二匹。

共折银一万一千八十八两，发边马价每匹领银一十二两。

戎　政

六卫人丁一万四千六百六十五。

永平卫丁二千二百二十二；**卢龙卫**丁一千三百四十二；**东胜左卫**丁二千三十五；**兴州右卫**丁二千六百七十五；**抚宁卫**丁三千一百六十三；**山海卫**丁三千二百二十八。

六卫屯地七千二十一顷六十一亩零。

永平卫六百七十七顷九十亩零；**卢龙卫**一千七十五顷九十三亩零；**东胜左卫**九百五十一顷二十六亩零；**兴州右卫**一千六百二十二顷五十三亩零；**抚宁卫**一千三百一十六顷七十六亩零；**山海卫**一千三百七十七顷二十三亩零。

六卫总征七千五百四十两八钱零，闰加一百六十五两四钱零。

永平卫一千二百六十四两二钱，闰加三十两七钱零；**卢龙卫**一千一百六两四钱零，闰加二十五两二钱零；**东胜左卫**一千二百六十四两六钱零，闰加二十四两九钱；**抚宁卫**一千一百四十三两八钱零，闰加二十五两三钱；**兴州右**一千一百八十九两一钱零，闰加十九两二钱零；**山海卫**一千五百四十二两七钱零，闰加四十两一钱。

原额米

永平卫一千三十七石三斗六升零，**卢龙卫**二千五十三石一升零，**东胜左卫**二千三百七十一石七升零，**兴州右卫**二千九百二十四石一斗零，**抚宁卫**二千一十九石九斗一升零，**山海卫**三千六十石七斗零，共一万三千四百六十六石一斗零。坐派各边，仓上纳。

原额豆

永平卫一千三十七石三斗六升零，**卢龙卫**二千五十三石一升零，**东胜左卫**二千三百七十一石七升零，**兴州右卫**二千九百二十四石一斗零，**抚宁卫**二千一十九石九斗一升零，**山海卫**三千六十石七斗零，共一万三千四百六十六石一斗零。坐派各边，仓上纳。

额增秋草

永平卫二万五千四百四十九束六分零，**卢龙卫**二万五千六百一十九束九分零，**东胜左卫**三万三千一十五束六厘零，**兴州右卫**二万三千五百九十九束六分零，**抚宁卫**一万九千二百四十九束九分零，**山海卫**三万五千一百五束五分零，共一十六万二千三十九束零。坐派各边，仓上纳。

均　徭

兵备温景葵立径解惜薪司法，知府孙维城建议，专委经历征收徭银，具详备述志。

起　解

永平卫八百十八两四钱三分九厘。卢龙卫一千二两二钱三分。东胜左卫一千一百三十两二钱五分。抚宁卫九百六十三两九钱叁厘二毫。兴州右卫九百四十两八钱七分六厘。

存　留

永平卫一百八十九两一钱五分八厘。卢龙卫一百四十一两八钱六分四厘。东胜左卫一百九十四两七钱九分八厘。抚宁卫一百五两五分八厘。兴州右卫一百两五钱六分八厘。山海卫徭银。起解一千二十六两八钱九厘一毫四丝，存留五百五十八两二钱八分。

俸　粮

永平卫　一石官一百二员，折银四十两八钱，俸银九十三两七钱九分零。总旗五十五名，折银二十二两，布花三十二两四钱五分。女一口，折银四钱。二石首领官二员，折银一两六钱，俸银八钱二分零。五斗半俸官十四员，折银二两八钱，俸银五两六钱九分零。军二名，折银四钱，布花银六钱八分。三斗六房吏十一名，折银一两三钱二分，俸银五钱五分零。军三名，折银三钱六分，布花银一两二钱。六斗军十七名，折银四两八分，布花五两七钱八分。

卢龙卫　一石官四十六员，折银二百二十两八钱，俸银五百四十四两四钱四分。总旗一十七名，折银八十一两六钱，布花银十两三分。二石首领官二员，折银一两六钱，俸银八钱二分零。三石武举一员，折银十四两四钱。五斗半俸官七员，折银十六两八钱，俸银三十五两九钱九分零。三斗六房吏十一名，折银十五两八钱四分，俸银六两六钱五分零。军一名，折银一两四钱四分，布花三钱四分。六斗军二十五名，折银七十二两，布花八两五钱。

东胜左卫　一石官三十七员，折银一百七十七两六钱，俸银四百三十五两二钱八分零。总旗二十五各，折银一百二十两，布花四十四两二钱二分零。二石首领官一名，折银九两六钱，俸银四两四钱九分零。五斗半俸官十员，折银四十两八钱，俸银四十四两二钱二分零。军四名，折银九两六钱，布花一两三钱六分。三斗六房吏十名，折银十四两四钱，俸银五两四钱八分零。军一名，折银一两四钱四分，布花三钱四分。六斗军二十名，折银五十七两六钱，布花六两八钱。

抚宁卫　一石官七十一员，折银三百四十两八钱，俸银六百六十四两七钱七分零。总旗十三名，折银六十二两四钱，布花七两六钱七分。女一口，折银四钱。二石首领官一员，折银九两六钱，俸银四两四钱九分零。五斗半俸官五员，折银十二两，俸银四十八两五钱零。三斗六房吏十四名，折银二十两一钱六分，俸银六两一钱六分零。军七十一名，折银一百二两二钱四分零。六斗军十四名，折银四十两三钱二分，布花银四两七钱六分。

兴州右屯卫　一石官六十五员，折银三百七两二钱，俸银三百五十五两二钱四分零。总旗十八名，折银八十六两四钱，布花十两六钱二分。女一口，折银四钱。二石首领官一员，折银九两六钱，俸银四两四钱九分零。三石武举二员，折银二十八两八钱。五斗半俸官一百五员，折银三百九两八分，俸银六十八两三钱二分零。三斗六房吏十五名，折银二十一两六钱，俸银六两四钱六分零。六斗军五十四名，折银一百二十九两六钱，布花十八两三钱六分。

山海卫　一石官一百十一员，折银四十四两四钱，俸银一百二十四两七钱六分零。总旗四十名，折银十六两，布花二十三两六钱。女一口，折银四钱。二石首领官一员，折银九两六钱，俸银四两四钱九分零。五斗半俸官十九员，折银三两六钱，俸银八两一钱四分零。军八名，折银一两六钱，布花四两七分零。三斗六房吏十一名，折银一两三钱二分，俸银九钱四分零。六斗军一百十二名，折银二十六两八钱八分，布花银五十六两八分。

永平镇饷

原额官军二万二千三百七员名。马六千八十三匹。屯粮料三万五千七百八十二石五斗二升，折色五千六百二十七两九钱五分。民运粮料二万七千七百十三石，折色七万七千六百十七两八钱零。折色漕粮五万六千石，该银四万一千六百两。京运银二万八千六百七十二两八钱九分。盐引四万二千五百引，该银三万两。

见额主兵官军三万九千九百四十员名，比原额增一万七千六百三十三员名。马骡一万五千八匹头，比原额增八千九百二十五匹头。南兵官军二千九百三十一员名。马骡八十三匹头。屯粮料三万三千五百二十一石四升，比原额减二千二百六十一石四斗九升。民运粮料二万七千七百一十三石四斗零，折色银二万八千九十两四钱七分八厘七毫零，比原额减四万九千五百二十七两三钱三分。民壮工食一万二千六百十八两，京运年例银一十二万二千七百二十一两六钱七分八厘。连下客兵共二十四万一千八百五十八两六钱一分，比原额增二十一万三千一百八十五两七钱二分零。客兵调遣不常，无定数。屯草折银三千二百二十九两五钱六分，比原额减二千四百三两四钱一分零。民运本色草三十万一千九百二十二束零。京运银十一万九千一百三十六两九钱三分零。

盐　法

盐之名见于《禹贡》，著于《洪范》，《周礼》掌之盐人，《管子》借以足国，其来远矣。郡有四场，延亘数百里，皆海滨自然之利。然而舟楫不到，商贾不通，非若河东淮浙之厚值也。且北场煎晒较南场尤难，冬冰秋草，昼候乾，夜候潮，户无虚口，岁无虚时，此裁增派薄商价，为今日之要务也。

洪武二年，置河间长芦转运司，复置北平都转运盐使司，所属利民等二十四场。岁办大引盐七万一千八百五十二引有奇，每丁四引，每亩一十六斤，车一辆二百斤，牛驴每头一百斤，煎煮器皿皆灶户自备。

五年命户部募商人于永平卫鸦红桥，纳米中盐：淮盐，米一石五斗；浙盐，一石三斗；山东盐，二石；河间盐，六石。时纳哈窥边，储粮以俟征讨。十四年，户部奏定永平中盐法：凡商人于永平输粟一石二斗者，给淮盐一引；一石一斗者，给浙盐一引；四石者，给河间盐一引。郡四场弯远，盐政日废，屡经巡盐总理奏令驻扎，但以分司芜废为辞。

国初课额每一大引四百斤，折二小引，每包二百斤，外加包索增至八十斤。凡二百八十五斤为一引。

郡四场

济　民　南滨海，西跨运河连越支，延亘百三十五里。

石　碑　南临海，东接乐亭界之石阁，北跨永平之南，河西抵刘家河与济民接壤，广百七十里。

惠　民　南滨海岸，东南即洋河海口，西连石碑接昌黎境，北至龙王庙。周二百二十里。

归　化　东抵山海关，西北连惠民接抚宁境，南临海之秦王岛。延二百里。

成化六年行折布法：巡盐御史奏，长芦等十三场，陆路弯远，于额课内分半折阔白布，每四小引一匹，长三丈二尺，价银三钱。

十六年开余盐四万引，御史奚名题开河东，余盐分拨蓟永各四万引。

嘉靖八年行折银法：御史傅炯奏，四场离小直沽批验所弯远，舟楫不到，将灶丁每引改折银一钱。

二十九年行减价法：户部据御史赵镗议，遂行蓟镇召商减价二钱六分，每引六分五厘。

三十九年定为三则派三千九百一十八引，分属州县。

庚戌后派两淮长芦盐五万余引，计银一万三千五百八十余两。军饷岁增，始议引盐抵充年例。

末年开中食盐，时军饷乏度支不继，故供用食盐亦在开中，每年各征折色贮库，本色收坨，俱听各商支给。所谓常股存积徒为空言。

四十五年设巡盐快手，御史李文请设，将以捕盗，反以为盗。

长芦户口

济民户六十三，口四百三十三。**石碑**户九十，口七百三十。**惠民**户四十四，口三百四十二。**归化**户五十三，口四百四十四。

金总催督煎并令征解，白盐、黑盐，大布只候马夫四顷，每镬二人，镬小未派，白盐者减一人，白盐赴京所费不赀。

更金信实以征解钞贯。钞贯课米并征于总催，其总催信实，初皆审股厚者为之，往往重累。后率攒丁应役，困极而为流民。

隆庆元年禁灶户当民差。御史刘翾，按拨补灶户始于弘治年间，原额止一百二十七户，其后受寄民田冒免，运司宜清审。

折银常例。嘉靖六年议，改本色，每贯折银一厘一毫四丝三忽，折色每贯铜钱二分，每七文折银一分，今为常例上纳，其计户论口皆指旧额，食盐者各场数不一。

三年令各附近巡司听运司节制。总理庞尚鹏题准，乐亭新桥海口亦属运司，弓兵虽额设，今若赘旒然。

四年召商纳银三万两。巡抚刘应节题请，分拨存积淮盐四万二千五百引。浙盐二万五千引，共银三万两，召商上纳粮草以备客兵费。本年尽免各场盐钞，永罢追征。

五年减派为二千引。

丁口食盐起税，自隆庆五年始，每百斤抽纳税银一分五厘，较之照引纳课多银一百六十余两。

六年，派及六卫为年例，加银及六卫至五百两。

万历三年预派长芦常股四万七千五百三十四引，内存积二万三百七十二引五。共银一万三千五百八十一两三钱五分，专备主客兵支用。

十五年，添开二万引，定价三钱。

户部议，长芦余盐原额一十二万，至隆庆二年，总理庞尚鹏议，将残盐开中，以补解额，遂增至十四万两。迄今残盐搭配已尽，解额不敷，故巡盐请增。因永平原系长芦地方，照给事中苗朝阳题准，专令土著认纳，以足每年十四万两之课。及查宣府镇芦盐先该督抚诸臣酌议，以土运二商中半认纳，永平新引二万，宜照例以杜争端，似为长便。再照蓟镇中长芦盐六万七千九百六引，原额每引二钱。万历十三年，运商告愿每引加银二钱认纳，委属太重，今永平新引二钱文涉太轻，且同一芦盐，而蓟永接壤乃引价迥异，似于事体欠妥，难免日后告争。通议仍以万历十五年为始，每添开二万引，照旧于永平镇报中。每引蓟永俱定价三钱，其新开引运商听巡盐御史查运司办课真的，土商听顺天巡抚及管粮郎中，查地方殷实，明确造册，送部发镇认纳。不许将游徒及势豪顶名完数，以致包中占窝，罔利坏法，蠹国病商，违者听巡抚及巡盐各究。遣奉钦依永遵，再不许纷争告扰，有故违以阻坏盐法论。

关　政

嘉靖四年正月丁卯令山海关抽分　御史刘颖等交章论以为不可疏略。夫商贾小民，弃父母离妻子，涉山海之远，冒关塞之险，以负担石之货，正欲图锥刀之利，以为生耳。所经过私务部厂验税抽分，输于官者屡矣，今复抽取门单，使用几何而不重病也？此其不可一也；沿边关塞，地方寒苦，物产稀少，民用不赡，未免仰给商客。今若又使客商告病，则财货将不通矣。财货不通，民用又安所取给哉？此其不可二也；又况祖宗设立边关，止以讥察非常，盘诘奸细耳。城堡墩台，小有坍塌，摘拨军夫，随时修筑，其有重大工程，不赡费用，则兵部奏行工部派办物料，应用素有定处，其备虑亦已周矣。固不在剥削小民锥刀之利，而为国家敛怨生祸之胎也。此其不可三也。利财有民之份，民之有货财犹其有脂膏骨血也。今使剥民之脂膏，吮民之骨血，以戕贼其命，则怨心横生，而祸不可测矣！谚曰：鸟穷则啄，兽穷则搏，人穷则变。今使激之而生变，万一有如前日妖人之杀主事者，起于仓卒，夫岂不为国家盛治之累乎？此其不可四也。

八年十一月癸巳革关抽分 五年八月，御史郭希愈条陈重关隘一款，兵部覆奏，诏可。至是守关主事邬阅复奏。夫山海一关，内捍都邑，外控诸夷，实为临边要害重地，故祖宗庙，特兹设立，盖以机察非常，盘诘奸细。初无抽分之设，岂其智不及此哉？盖诸夷出入，实窃观瞻，传笑远人，良非细事，故重为国体计耳。况细民兴贩，获息几何，堂堂天朝，夫岂少此而忍夺之？帝王宽大之政似不如此。且边微跋涉，艰苦备尝，比之腹里行商其劳尤当数倍，顾兹商客乃若甘心焉者，岂得已哉？凡以为父母妻子饱暖之计耳，乃又重其税以困之，彼将顾望逡巡，转而他图矣。故尝问之山海之人，或曰商贾之行大减于往日，询之辽人，则曰物货之价大踊于前时。盖自关税一兴，则商贾渐减。商贾减则物货少，而踊价亦其势也。然则兹税之设，不独商贾重困，而边人且受害矣。夫自山海至前屯，不过六七十里之远，而商税凡二抽焉，节节而刈之，寸寸而取矣，人情其何以堪此？盖作俑匪人，故其末流之弊，至于如此。将来商贾断绝，关市萧条，非独辽人日用之资无所仰赖，而沿途沽酒卖浆，军头驴脚，平日资客，商以给衣食者，皆将至于失业而坐以待毙矣。夫然则盗贼之兴固其所也，可不为之寒心哉！兵部尚书李承勋为题请，制可。

二十九年复开关税 都御史王汝孝议：山海关旧有商税，为修边用，后因守关主事呈称不便，奏革。即今朵颜三卫生齿日繁，虽有备冬舍余及内臣房地租银三千余，各路军土灰价银四千余两，景忠山香钱一百五十余两不敷，而军岁丰登，议复抽税，从之。辽东委都指挥一员，本关委永平府通判一员，又命山海关守备与所委二员，相兼查抽。凡客货以十分为率，自西之东者西七，而东三；自东之西者东七，而西三。一月总计东西税银若干，各委官以三七分解为例。

万历元年给主事关防及委官管税 阅视兵部侍郎汪道昆条陈：臣往议额兵，直以山海关路旧额兵少，稍稍增益之。比阅辽东出入其地，则负山阻海，独立严关，保蓟扼辽，最为要塞，地重兵薄，旋议增兵，即会督抚诸臣议，俟新军从便拨补月粮布花，即就额饷内通融支给不必更增，应候类题允行，以便遵守。及照各关莫重于山海，故特遣部臣守之。迄今注选职方司主事一员，职专讥察。臣遇管关主事任天祚询问便宜，则云：先年辽东稍饶，逋逃者少，比岁兵荒，相继遂多越关，即当关穷诘，得情具文，递解彼中。巡抚辄以公文无印，遂致持疑，往返不收，卒无归著，殊为不便。臣稽令甲部属出守关者，比照差出巡按御史事例，特给精微批，事重故也。及查居庸、紫荆、倒马，各管关同知、通判，近已各请关防，而部属驻守重关尤为吃紧，亦应比照各关例一体请给。本官文言，先年关税例该蓟辽各巡抚分上下半年委官管收。近议并归本关，则自先任主事始。关法晨夕启闭，讥察出入，难周加以告缗，未免有妨正务。臣惟人臣，用职各有司存。故军旅主之兵曹，钱谷问之计吏，务在各举其职，毋或侵官。且关税止于四千，支解属于巡抚，此一有司事耳。祖宗旧制部属讥而不征，迩者纷更，既非成法。且使之顾彼失此，抑或关务有妨，非直芸人之田，殆非缌功之察矣。抚今视昔，似于仍旧为宜。臣请并行本部，斟酌沿革，以重当□□东路万世之防，非小补也。制可。给关防□□镇辽东各委空闲首领官一员，在关驻□□。东西均分解纳，遂除三七分解之例，仍听主事给单数查。

十七年四月府佐驻扎并给关防 巡关甘士价奏：据永平兵备叶梦熊呈称，山海为军民杂处之地，去抚宁百余里，势难遥制。一切地方大小事情，悉属该卫掌印、巡捕等官管理，任意糊涂，纪纲几废。永平府属原设同知一员、通判二员。同知清军佐理府事，管粮通判有钱粮专责，惟管马通判居常在府，无所事事，虽近兼巡捕，亦惟付之文移，不若将本官移住山海，在军民之治理甚便，在地方之控制尤宜。且本关原有本道驻扎，衙门即可改为本官公署，与夫合用，供应公费及门皂等役，俱有见在定数，不烦另议。臣惟山海一关，卫蓟镇辽，与居庸、紫荆并称中国吃紧门户。故先年特遣部臣以专讥察，近复增置将士以□□□□□。

‖ 卷之四 ‖

职官志目凡二

自古有治人无治法，故曰："为政在人"。惟我朝廷设官分职，以经文纬武。委任权力，曷有殊哉？而拊髀推毂，实于边阃之臣是重。然曰督饷、曰守关、曰备兵，何莫非武事乃斌斌任之，以文臣主爵职掌具在猗欤？至称牧伯曰太守，古诸侯也。春秋诸侯大夫严衮钺，于笔削名氏间，而不详其行事。司马则有表有传，且不敢拟，况其下者哉！文自督抚以及部使守令，武自总副以及分区御守，阶秩有崇卑，设置有先后，职任有繁简，而分猷宣力以奠金汤之固者一也。于是乎志文阶武秩之职官焉。

文 阶

户部贵州司郎中　　增设边郎出永平分司。
宣德九年以鸿胪少卿督理粮储，张隆请敕行后任郎中邹来学。
正统九年增设主事，任荣十一年任。
天顺元年增设郎中。成化间又推京堂官。弘治间专设郎中。
嘉靖四十二年，敕郎中兼督储屯，□□□书关□驻扎本府，其管粮通判专属管辖，抚按不得差委。
敕谕：先该言官题称，蓟镇燕、石二区，军士关支月粮不便，欲要议增部属，以便督理，事下该部议覆相应。今命尔总理永平等处粮储，兼管屯种，分属燕石二区，督同该道，随宜召买粮草，修置仓场，收贮督征附近州县卫所民屯钱粮，稽察奸弊。凡一应兴革事宜，尔会同巡抚官计议修举。官吏人等但有侵欺盗卖及私役买闲等项，通同作弊者，尔即拿送所在官司问理；应奏请者，照例施行。尔受兹委任，须持廉秉公，殚心竭力，毋暴毋刻，务俾边储充足，事妥民安，斯称厥职。如或怠肆以致扰人坏事，必罪不宥。故敕。

嘉靖

吕　霍　　湖广零陵人，进士，四十三年任。

程鸣伊　山东乐安人，进士，四十四年任。

隆庆

辛应乾　山东安丘人。

许守谦　直隶藁城人，进士，四年任。

宋　豸　直隶容城人，进士，五年任。

万历

罗良祯　四川内江人，进士，二年任。

傅　宠　四川巴县人，进士，二年任。

燕好爵　山西翼城人，进士，五年任。

赵九思　山西泽州人，进士，八年任。

程宗伊　山西□□人，进士，十一年任。

马翰如　河南陈留人，进士，十二年任。

陈鸣华　福建晋江人，进士，十九年任。

李开芳　福建永春人，进士，二十一年任。

黎　芳　四川丹棱人，进士，二十五年任。

王大合　四川什邡人，进士，二十六年任。

兵部职方司增设主事，出守山海关。

宣德九年任郎中

罗　恪　江西宜春人，进士，九年任。

正统

刘　钟　湖广江夏人，举人，二年任。

刘　华　湖广随州人，贡士，四年任。

张　瓒　山西崞县人，贡士，七年任。

正统八年任主事　增设守备同事

萧余庆　直隶华亭人，进士，十年任。

刘　玑　河南郾县人，进士，十一年任。

景泰元年任郎中

王　俊　直隶清苑人，贡士，元年任。

郭　瑾　山西高平人，贡士，二年任。

五年任主事

裴　翱　河南洛阳人，监生，五年任。

天顺

章　瑄　浙江会稽人，进士，二年任。

杨　琚　江西泰和人，进士，五年任。

祁　顺　广东东莞人，进士，八年任。

成化

冯　续　山东昌邑人，进士，三年任。

梅　愈　江西湖江人，进士，六年任。

尚　绚　河南睢州人，进士，六年任。

胡　赞　浙江余姚人，进士，九年任。

吴　志　浙江遂昌人，进士，十一年任。

苏　章　江西余干人，进士，十二年任。

熊　禄　江西进贤人，进士，十六年任。

尚　缙　河南睢州人，进士，十九年任。

朱继祖　江西高安人，进士，二十二年任。

弘治

张　恺　直隶无锡人，进士，二十年任。

黄　绣　江西清江人，进士，五年任。

陈　钦　浙江会稽人，进士，八年任。

张　玠　顺天宛平人，进士，十年任。

徐　朴　浙江上虞人，进士，十三年任。

张时叙　直隶沧州人，进士，十六年任。

曾得禄　湖广郧阳人，进士，十七年任。

正德

顾　正　浙江海盐人，进士，元年任。

正德三年革主事，寻复之　刘瑾矫命用中官，五年瑾诛，仍设主事。

汪　瑛　浙江处州卫人，进士，六年任。

丁　贵　山东滨州人，进士，九年任。

李际元　山东阳谷人，进士，十一年任。

黄　绶　浙江鄞县人，进士，十二年任。

黄景夔　四川酆都人，进士，十六年任。

嘉靖元年永革中官，定设主事　正德十二年复用中官，至是永革。

嘉靖

刘　序　陕西长安人，进士，三年任。

王　晃　河南洛阳人，进士，三年任。

徐子贞　浙江余姚人，进士，四年任。

马　敫　河南上蔡人，进士，四年任。

邬　阅　江西新昌人，举人，七年任。

楚　书　陕西宁夏卫人，进士，四年任。

葛守礼　山东德平人，进士，十二年任。

吕调夔　山东籍嘉鱼人，进士，十五年任。

诸　燮　浙江余姚人，进士，十七年任。

徐　纬　浙江山阴人，进士，十八年任。

张敦仁　浙江丽水人，进士，十九年任。

王应期　山西蒲州人，进士，十九年任。

张鹏翼　直隶上海人，进士，二十二年任。

方九叙　浙江钱塘人，进士，二十五年任。

谷中虚　山东海丰人，进士，二十七年任。

吴仲礼　直隶贵池人，进士，三十年任。

王献图　河南宁陵人，进士，二十七年任。

吕　荫　山东信阳人，进士，三十三年任。

陈　绾　浙江上虞人，进士，三十五年任。

孟　重　陕西渭南人，进士，三十八年任。

商　诰　山东平原人，进士，四十一年任。

孙应元　湖广钟祥人，进士，三十八年任。

隆庆

熊秉元　江西丰城人，进士，四十三年任。

赵慎修　山东胶州人，进士，元年任。

王继祖　陕西咸宁人，进士，二年任。

任天祚　直隶天津卫人，进士，五年任。

万历元年给主事关防

万历

裴　赐　山西稷山人，进士，二年任。

王家栋　浙江嘉兴人，进士，五年任。

七年八月敕主事守关

敕谕，山海关路介华夷，系边镇重地，近来关防疏弛，奸弊百出。兹该兵部遵旨，议将管关主事给与专敕，以重事权，特允所请。今命尔前去管理本关地方事务，督率守关官军，凡一应过往官吏军民人等，务要用心盘诘，验有真正批引文凭方许放行。毋容各员役通同往来之人，将老引批文影射出入，及夹带违禁货物，透漏边情。所管地方，但有蹊径可通人行去处，尽行堵塞堙削。仍时常差人分投巡缉、捕获在逃军囚，行令所在官司，依律问断、解发。逃民递发原籍，官司收管。若有诸色游食人等，诈称内外衙门名目，在彼生事害人，或假为公差，骚扰驿递，以至将领私置火牌徇情滥借等弊，俱听尔访究得实，应送问者径自送问，应参奏者指实参奏。遇有建州海西贡夷出入，须加谨检核，毋使夹带来历不明之人与逃军、逃民入关，及阑出应禁军器料物。各岛居民有私造船只递送逃军，及辽东流移人丁久不复业，或已经安插复逃避为非者，亦俱听尔捕捉禁治。敕内该载未尽者，查照该部题准事理而行。尔受兹委任，务持廉秉公，悉心经理，差完之日听本部照例考核，果无欺弊，方许复职。如或讥察不严，怠废职业，必罪不宥，尔其慎之，故敕。

万历

孟　秋　山东茌平人，进士，七年任。

王邦俊　陕西郧州人，进士，十年任。

杨　植　山西阳城人，进士，十二年任。

马维铭　浙江平湖人，进士，十五年任。

陈　果　广东新安人，进士，十八年任。

张　栋　直隶安肃人，进士，二十年任。

张时显　江西南城人，进士，二十三年任。

吴钟英　陕西高凌人，进士，二十六年任。

按察司副使分司巡道

具在各省，自畿边多事，遂于直隶府设兵备，而于所近省带衔。永平道衔带于山东，绩用有成，径升边方巡抚，有至考最留任转参政及布政衔者，亦有以佥事任道事者，升转无差。

景泰四年置蓟州道，提督永平粮草兼理屯田。

嘉靖三十九年置永平道

敕谕，先该总督蓟辽军务官题称，永平等处一带地方切邻边境，当专设兵备官分路经理，庶几事有责成，该部议覆相应。今命尔前去整饬永平等处兵备。尔宜查照该部题准事理，管理燕河营、石门寨二路，监督副参等官，驻扎永平府，分管该府所属卢龙、迁安、抚宁、昌黎、滦州、乐亭，永平、卢龙、抚宁、东胜左、山海、兴州右屯卫。专一抚处夷情，听理词讼，修葺城池，操练人马，查处主客钱粮，督修关营、墩墙，管理神器、甲仗，修盖营房、仓库。每年正月半、七月初上边，三月尽、九月尽下边。其守边之日，稽查奸弊，监督战守。主客大小将领，如有临阵退缩及不公不法等项，尔即指实参究；中间谋勇勤劳者，具呈督抚衙门甄别。奏请下边之日，如遗有边工未就之绪，及简阅兵马诸务，仍选委州县才能官一员前去代理。及将所管该路主兵通行搜选，设法教练，一年之内练有成效，不次擢用；因循不振，从重黜罚。尔仍听督抚官节制。近该户部复议，将边内荒芜田土，及官豪势要侵占，逐一查明，分给屯丁，量给牛种。严禁滥征，以妨农业。俟三年后，如果成熟，准令各军自食其力，免给月粮。若有多余田土，亦要设法招种，照前免科。俟三年之后，或令当军、或令出租，临时听从民愿。年终通将开垦过田亩数目造册奏缴，青册送部查考。尔受兹委任，须持廉秉公，正己率下，悉心经理，以靖地方。如或怠慢误事，责有所归，尔其钦承之，故敕。

嘉靖

温景葵 山西大同人，举人，三十九年任。
王惟宁 陕西兴平人，进士，四十三年任。
沈应乾 直隶五河人，进士，四十四年任。

隆庆

张学颜 直隶肥乡人，进士，元年任。
王之弼 陕西泾阳人，举人，二年任。
杨 洮 陕西肤施人，进士，三年任。
孙应元 湖广钟祥人，进士，四年任。

隆庆五年敕永平道协同管粮郎中理饷

敕谕：先该户部题称，永平等镇钱粮，原拟敕差郎中一员，驻扎适中地方，会同抚按衙门督理收放，禁革奸弊。但该镇主客兵马虚实之数，非管理郎中所得尽一稽察，每遇关支虚冒尤多。向虽题覆兵备官严督查理，未见着实举行。又该各项粮料草束，收放浩繁，积弊多端，欲要责成兵备协同经理，庶国计有裨。今特命尔不妨原务，协同管理郎中主事，将前项宿弊，务要尽法查理，将本镇主客兵马数目核实：要见某处主兵若干、客兵若干、旧数有无增减、总撤有无相同，细开应支钱粮实数。仍查客兵何时调到、何时撤回。毋得听凭捏报、虚增。违者即将各将领员役，查照律例从重参究。每年终，郎中将放收过各兵马数目，备细造册送部。毋得仍前不开起止及官军各支不等、混数，致难查考。亦毋得已放本色而捏作折色，已放折色而捏作本色，并擅将商价折放游兵，内贪猾问革将官及各色假借棍徒，以致大损边储。尔仍将主客实数并客兵上边撤回日期，造册送部，以备互相稽查。所有解到漕粮并援例米石，俱要干圆洁净，编立字号，仓廒积贮，以备日后支放。如豪右棍徒敢有仍前包揽积书，奸商交通作弊者，即便严拿问遣。其各边仓攒除行应拨衙门严查籍贯，保勘明白方行拨充。如再仍前捏籍冒充者，听尔一体问革。各项事宜务在协心料理，如应放本色而烂恶不堪，应放折色而银数短少，查照年月，将各经管员役据实参究罢斥。尔受兹委任，须持廉秉公，正己率下，悉心经理，使上下知警，弊窦以塞，粮无虚耗，军有实惠。如或怠慢误事，责有所归，尔其钦承之，故敕。

万历

宋守约 山西长治人，进士，元年任。

陈万言 广东南海人，进士，三年任。

雷以仁 湖广夷陵州人，进士，六年任。

成　逊 直隶长垣人，进士，十一年任。

叶梦熊 广东归善人，进士，十三年任。

李复聘 陕西盩厔人，进士，十六年任。

王毓阳 陕西绥德州人，进士，十七年任。

白希绣 陕西肤施人，进士，十九年任。

杨　镐 河南商丘人，进士，二十年任。

詹思谦 浙江常山人，进士，二十一年任。

方应选 直隶华亭人，进士，二十三年任。

樊东谟 陕西蒲城人，进士，二十四年任。

顾云程 直隶常熟人，进士，二十七年任。

本　府 掌教养郡民之事，宾兴科贡，均平赋役，崇慎祀典，禁诘奸顽，表异良善，讯听刑狱，审达冤滞，存恤困穷，纠察吏治，而上下其考，以告于抚按枭司，达于吏部，务知民之疾苦。若籍帐、军匠、驿传、马牧、仓库、盗贼、河渠、沟防、边路之事，虽有专官，皆知府领之而综督焉。凡诏赦、例令、勘札至谨文以下于属。凡属之政，皆受约束于府，府剂量轻重为之。出令大者白于抚按及枭司，议允而行之。凡朝庆贺吊祭得直达同知、通判、推官，为府之贰。

永乐

董　鬻 山西太原人，四年任。

胡伯辉 浙江东阳人，五年任。

马负图 山西临汾人，十年任。

张从道 湖广京山人，二十年任。

正统

李文定 浙江临海人，进士。

景泰

张　茂 陕西咸宁人。

米　瑾 山西山阴人。

天顺

周　茂 河南安阳人。

成化

王　玺 陕西盩厔人，进士，四年任。

郑　岑 浙江慈溪人，进士。

刘　杰 陕西高凌人，进士。

姜　琏　浙江兰溪人，进士。

陈　谊　山东德州人，进士。

王　问　山东武陵人，进士。

弘治

吴　杰　直隶江都人，进士，七年任。

张　祯　山东平度人，进士。

惠　隆　浙江钱塘人，进士。

正德

何　诏　浙江山阴人，进士。

唐　夔　湖广柳州人，进士。

毛思义　山东阳信人，进士。

王　光　河南人，进士。

郭九皋　锦衣卫人，进士。

嘉靖

陆　俸　苏州吴县人，进士，二年任。

曹　怀　直隶无锡人，进士，六年任。

黎　良　河南洛阳人，进士。

胡体乾　山西交城人，进士。

王　旅　山东济阳人，进士。

刘　隅　山东东阿人。

毛秉铎　福建福清人，进士，十七年任。

周汝范　江西安福人，进士，二十年任。

孙应辰　河南考城人，进士，二十二年任。

张　玭　山西石州人，进士，二十五年任。

郭　鉴　山西高平人，进士，二十九年任。

宋大武　浙江余姚人，进士，三十二年任。

李　逊　江西新建人，进士，三十五年任。

孟　官　山西咸宁人，进士，三十五年任。

纪公巡　山东恩县人，进士，三十六年任。

阎光潜　山东东平人，进士，三十九年任。

廖逢节　河南固始人，进士，四十二年任。

隆庆

刘　庠　湖广钟祥人，进士，元年任。

席上珍　陕西南郑人，进士。

辛应乾　山东安丘人，进士，五年任。

万历

顾　褒　浙江余姚人，进士，二年任。

任　铠　山西平定州人。

张世烈　陕西延安卫人，进士，十一年任。

孙维城　山东丘县人，进士，十五年任。

马崇谦　山西安邑人，进士，二十年任。

徐　准　山东新城人，进士，二十四年任。万历二十四年以议河工成，加升本官河南按察司副使，仍管府事。二十七年升山西参政，驻辽东海盖道。

曹代萧　山东籍，进上，二十七年任。

同　知清军管马兼巡捕巡盐

洪武

梅　珪　九年任。

潘　粟　陕西白水人，二十九年任。

贾　杲　山西高平人，三十三年任。

永乐

唐　琚

任　祐　河南灵宝人。

姚　纪　直隶上海人，十一年任。

王　泽　河南郾城人。

胡　谦　山西孟县人，十五年任。

张　振　山西夏县人。

刘　让　陕西朝邑人，进士。

成化

刘　遂　陕西清涧人。

楚　麟　河南密县人，进士。

弘治

李　性　山东陵县人，举人，六年任。

邵　逵　浙江淳安人，举人。

曹宗琏　河南郑州人，举人。

王　祯　山东人，举人。

张　桂　四川涪州人，进士。

嘉靖

张　守　陕西泾阳人，举人。

张三畏　陕西长安人，举人。

刘　隅

李　冕　山东章丘人，进士。

杨士魁　河南兰阳人，进士。

孙允中　山东兖州府人，进士。

赵沛然　四川梓潼人，举人。

苏　烈　山西清源人，举人。

何继武　河南灵宝人，官生，二十九年任。

刘世绅　山西怀仁人，举人，十三年任。

方　瑜　徽州歙县人，举人，三十五年任。

程鸣鹤　直隶休宁人，举人，三十九年任。

任服休　大同后卫人，举人，四十三年任。

隆庆

贺　溱　山西临汾人，举人，元年任。

陈王道　山西临汾人，进士，六年任。

万历

张　勋　山东寿光人，举人，二年任。

杨惟乔　四川富顺人，进士，三年任。

张民范　陕西秦州人，举人，七年任。

范伯荣　直隶休宁人，举人，十四年任。

林焕章　福建莆田人，举人，十八年任。

曹署篆　山西交城人，举人，二十五年任。

王皞如　陕西朝邑县举人，二十七年任。

杨秉铎　贵州籍溧水人，举人，三十三年任。

通判三——管粮，一管关，一带衔管蓟饷

永乐

李　谦　山西阳城人，三年任。

邹仁昇　湖广黄岗人，八年任。

张　毅　河南获嘉人。

罗　云　四川广安州人。

张　鹏　山西潞安人，举人，十三年任。

永乐十五年添设通判管马

韩　嵩　山东德州人，十五年任。

彭　举　江西建昌人。

正统

刘淑成

王　中　直隶高邮州人，监生。

高　宁　山东蓬莱人。

成化

段　玑

成化十七年改注通判兼管粮

朱　瑄　山东曲阜人，监生。

弘治

胡　纬　山西交城人，监生。

孙　骥　河南夏邑人，举人，九年任。

白　金　直隶武进人，监生。

周　义　陕西人，举人。

荣　福　山东人。

程　福　辽东人，举人。

王　雄　京卫人，进士。

喻　珪　四川人。

张九霄　山东商河人，举人。

夏时中　湖广人，举人。

孙　辚　山西石州人，举人。

刘致中　山西榆次人，举人。

李光先　山西代州人，举人。

嘉靖

孙　让　山西人，举人。

管世禄　河南洛阳人，举人。

曾梦祺　江西吉水人，举人。

庞友黄　山东青州府人，举人。

赵　铠　直隶颍上人，举人。

陈宗年　湖广嘉鱼人，举人。

白　悦　直隶武进人。

董希孟　山西人，监生。

常　涞　河南人，举人。

余本纯　福建福清人，举人。

嘉靖十六年裁革，添设通判

嘉靖

费　完　江西铅山人，举人。

刘世绅

乔　文　京卫人，举人。

张自期　山东利津人。

成　印　陕西耀州人，举人。

韦文英　陕西泾阳人，举人。

李　宋　河南陈留人，举人，三十年任。

石　麟　山东益都人，监生。

张　义　山西大同人，监生。

彭时望　浙江永嘉人，监生，三十二年任。

洪　溉　湖广通城人，监生，三十年任。

张叔献　直隶舒城人，选贡，三十四年任。

尚　爵　直隶颍州人，举人，三十四年任。

齐汝宾　山东滨州人，举人，三十五年任。

孙志纯　万全右卫人，岁贡，三十五年任。

张　魁　河南孟县人，选贡，三十七年任。

杨　幅　四川新都人，选贡，三十八年任。

郭　郊　山西屯留人。

陈大为　湖广巴陵人。

李　佩　山西长治人。

王克访　江西临川人。

程思岱　直隶巢县人。

法　皑　直隶丹徒举人。

侯　封　山西人。

马　徐　陕西澄成人。

李　橙　四川铜梁人。

杨莹卿　福建龙溪人。

陈　价　河南人。

李　元　陕西人。

陈可言　河南确山人。

孙荆玉　辽东人。

林　相　浙江宁海人。

魏　兰　山东利津人。

李世相　辽东盖州卫，举人，四十一年任。

李应期　山西静乐人。

萧以成　山东滋阳人，四十四年任。

郑世用　辽东铁岭卫，岁贡，四十五年任。

隆庆元年添设带衔通判

孟国诏　陕西富平人，吏员，元年任。

隆庆

陈万卷　湖广黄岗人，吏员，二年任。

赵无咎　山东寿光人，举人，二年任。

张文襄　直隶常熟人，吏员，二年任。

赵　兰　陕西西宁卫人，岁贡，五年任。

王　建　河南固始人，监生，五年任管粮。

杨舜臣　陕西商州人，举人，六年任管粮。

万历

徐学孟　直隶庐江人，举人，元年任管粮。

石朝选　陕西同州人，举人，二年任。

秦可久　陕西咸宁人，举人，二年任管粮。

赵维屏　山东寿光人，举人，三年任管马。

樊　宝　山西玉林卫岁贡，四年任管粮。

杨　枝　山西阳城人，举人，五年任管马。

龙 游　山东峄县人，举人，六年任管粮。

方惟一　广西桂林卫举人，八年任管粮。

郭维价　直隶徽州人，举人，九年任。

毛志忠　河南中牟人，举人，九年任管马。

李一言　河南新蔡人，恩贡，十年任管粮。

杨廷楠　山西屯留人，举人，十年任管马。

马廷荆　山东临邑举人，十一年任管马。

刘东注　山东观城岁贡，十二年任管马。

万历十二年裁革带衔通判，寻复之

安所止　归德卫人，举人，十四年任管粮。

吴天彻　金溪人，选贡，十五年任管马。

十六年以管马通判管关，驻扎山海

万历

柳 明　临清州人，举人，十六年任管粮。

张重恩　河南祥符举人，十七年任管粮。

徐应麟　福建莆田举人，十八年任管粮。

孙兴贤　陕西狄道选贡，十九年任管粮。

赵魁甲　河南虞城选贡，二十年任管粮。

李 岱　鄞都人，恩贡，十一年任管关。

黎民化　宁番卫人，选贡，二十二年任管粮。

冯国贤　汾阳人，选贡，二十四年任管粮。

罗大器　安宁人，举人，二十四年任管关。

林瑞芝　恩州人，岁贡，二十五年任管饷。

随 荫　鱼台人，举人，二十六年任管粮。

李如宝

推 官 理刑名，分职任，事巡院，专委查盘

永乐

凌 璹　直隶南陵人，二年任。

莫 驯　陕西岐山人。

张 远　山西兴县人，十年任。

宋 恭　山西闻喜人。

正统

杨 浑

杨 琰　浙江钱塘人。

吕 卣　直隶无锡人，进士。

弘治

周 宣　陕西朝邑人，举人。

杨承祺　河南义封人。

杜 澜　直隶淮安人，举人。

嘉靖

李 凤　河南人，举人。

李学诗　山东平度州人，进士，五年任。

钱 巢　直隶南通州人，进士，十一年任。

卞仲仁　河南人。

唐 宽　山西平定州人，进士。

柯 乔　直隶青阳人，进士。

薛广伦　陕西宁夏人，举人，十七年任。

杨彻贤　山东寿张人，进士，二十一年任。

霍 冀　山西孝义人，进士，三十三年任。

刘廷锡　山东潍县人，举人，二十七年任。

刘 鹏　山东濮州人，举人，三十年任。

傅宗鲁　河南尉氏人，举人，三十六年任。

宋　繻　河南商城人，进士，三十八年任。

丁　诚　山西安邑人，四十一年任。

高尚仁　河南新蔡人，举人，四十四年任。

隆庆

辛如金　山东恩县人，进士，二年任。

陈　训　山西长子人，举人，三年任。

万历

刘　鲁　河南安阳人，进士，元年任。

冯　显　陕西咸宁人，举人，三年任。

乔学诗　山东东阿人，进士，五年任。

丁汝谦　山西吉州人，进士，十年任。

宋伯华　山东益都人，进士，十一年任。

沈之吟　浙江乌程人，进士，十二年任。

王业弘　山东安丘人，进士，十七年任。

詹献策　浙江常山人，举人，二十三年任。

王之屏　直隶亳州人，进士，二十七年任。

府属首领

经历　典出纳文移

费　瑶　宝应人。　　　　赵　复　泗州人。

欧必举　临武人。　　　　庞　祯　历城人。

王　镒　寿州人。　　　　胡宗礼　阳和人。

李　爱　文水人。　　　　温希祖　灵石人。

耿　介　馆陶人。　　　　丁恢宗　洮州人。

梁孟和　江阴人。　　　　刘　济　忻州人。

张国政　考城人。　　　　钱士彬　江阴人。
徐显宸　兴国人。　　　　完东气　辽东人。
孙　绪　应州人。　　　　张时显　德州人。
袁闻韶　崇明人。　　　　何思温　东阳人。
郑　㑺　延长人。　　　　叶敬愿　德州卫人，进士。
宋应选

知事　佐经历

王　智　海丰人。　　　　张　果　文安人。
王　刚　孟县人。　　　　王　英　许州人。
夏　仪　淄州人。　　　　丁　显　清涧人。
张　辅　怀仁人。　　　　郭　谧　山东人。
雷　相　商州人。　　　　杨　环　泾阳人。
何汝符　濮州人。　　　　王三畏　阳信人。
迟廷余　平原人。　　　　袁应汾　分宜人。
张天受　霍丘人。　　　　仇九清　泾阳人。
赵　璧　单县人。　　　　程道光　浮梁人。
薛国用　蒲州人。　　　　张　龄　高邮人。
吴大纲　长洲人。

照磨　典磨勘卷宗

张试庸　黄岗人。　　　　王　义　海门人。
张　寰　复州卫人。　　　苏　毅　交城人。
李纯仁　濮州人。　　　　李　宽　长治人。
李含英　济阳人。　　　　顾存仁　博平人。
刘　玧　汶上人。　　　　阎九皋　乡宁人。
李可登　原武人。　　　　尹时鹏　高唐人。

张景先	长垣人。	孙大绅	太原人。
王九经	济河人。	宫元辅	新城人。
李应乾	浑源人。	薄延光	定襄人。
武守法	馆陶人。	李 勋	丹徒人。

检校　佐照磨

吴 永	奉新人。	吕 谅	福山人。
贺承恩	柘城人。	欧阳杓	密县人。
李秉忠	霍县人。	左 傅	浑源人。
李 绎	和顺人。	王寿颐	太原人。
濮杨枋	广德人。	唐尧宾	绩溪人。
傅一敬	南昌人。	李舒香	长治人。
张凤翼	秀水人。	於希程	高邮人。
张汝明	安阳人。	王 教	上虞人。
陈 柏	广德人。	朱朝辅	会稽人。
耿中道	当涂人。	高士奇	武进人。

司典吏　三十九名

司狱典吏一人

李宗周	南河人。	郭 楠	掖县人。
吕 炫	连江人。	姚 宪	绥宁人。
孙 烽	福山人。	陈光寀	

府学教授

掌教生徒，廪膳、增广各四十人。附学无数。凡学政遵卧碑提学宪臣申饬之责，提调于府，教授谨受之。凡学官视乡举人为殿最。凡郡礼仪事学官司之。司吏一人。

况　深　高安人。　　　　胡　奎

祁　凤　盐山人。　　　　谢　理

逯　鼎　祁门人。　　　　邵　琏

贾　铤　范　轼　吴　鲤　何　正　王汉中

邵　逵　詹国中　张　品　韦　杰　简　严

姚　卿　姚　相　荆廷禄　曹　铉

段云鹤　余　相　龙游人。陈　经　威远人。

赵宗兴　东莞人。　　　　刘朝兴　山西人。

王　棁　太原人。　　　　梁登云　获鹿人。

齐三畏　南宫人。　　　　郭　田　开元人。

张汝楠　满城人。　　　　李思魁　锦州人。

刘天衢　禹城人。　　　　宋咸亨　新城人。

倪承教　广宁卫人。　　　叶崇贤　广宁卫人。

刘一元　鸡泽人。

训导三

王　晏　蓬莱人。　　　　任　礼　壶关人。

王　谧　宝应人。　　　　黄　益　东平人。

杜　谨　广宁人。　　　　高　麟　盖州人。

殷　衡　历城人。　　　　安　宁　辉州人。

刘　澄　禹城人。　　　　王　绅　宁夏人。

辛应诏　张大本　田　泽　薛　怀　张　富

段廷英　胡　深　王　麟　山东新城人。

李　璋　张　镗　焦　志　马希元　张　志

张　绅　范　宜　刘　恩　任汝舟　崔天爵

许　博　马　兰　祥符人。魏友贤　王　聘

荀缉敬　　王之屏　　卫　昆　　张性之　　王东岐

李邦士　　李孟旸　　宋　沂　　于　龙　　周　璋

隆庆二年裁革训导一员

常　仲	辽东人。	巨尚贤	
何　魁	汝州人。	苏　恩	太谷人。
高时若	淄川人。	官　标	沂州人。
阎廷熙	保安人。	严　泰	益州人。
丘　阿	掖县人。	张履素	易州人。
方　焕	应天人。	王自修	庆云人。
崔世贤	藁城人。	李　昙	曲周人。
王　宇	定兴人。	刘天衢	禹城人。
刘　笃	沧州人。	王惟精	雍城人。
张世忠	交河人。	王汝荣	浪穹人。
杨学愚	曲阳人。	张　愿	魏县人。
唐文昇	广宁人。	刘一士	南皮人。
崔汝魁	获鹿人。	王　思	曲阳人。

税课司大使

凡商侩屠市，皆有常征，以时榷之，而输直于府。凡民间贸田宅，操券典，出直百之三，请印而藏之。　司吏一人。

永平镇库大使

凡县岁输及杂赋若诸赎金悉登籍。　攒典一人。

永丰仓大使

凡民赋军屯之入及诸司赎谷俸禄粮米并收支焉。　攒典一人。

高 伟	新城人，税课司。	商嗣元	山东人，税课司。
黄元恩	义乌人，税课司。	陈 樽	山阴人，税课司。
朱 煓	萧山人，税课司。	仲效曾	平度人，税课司。
郭良儒	忻州人，永平库。	赵	於潜人，永平库。
刘 冈	济南人，永平库。	郤	泾阳人，永平库。
丁大臣	齐河人，永平库。	柏汝廉	宁远人。
刘文进	遵化人，永丰仓。	王 访	代州人，永丰仓。
王自省	广宁人，永丰仓。		

东关递运所大使

新店递运所大使

西关递运所大使 万历九年俱裁革。

嘉靖八年，令永平府属山海仓、刘家口仓大使，就近带领黄土岭营、建昌营仓场。添设汉儿庄营、太平寨营、燕河营、石门寨四仓大使。

李国用	辽东人，山海仓。	丘如嵩	遵化人，黄土岭。
鞠 耀	掖县人，界岭口。	李 柘	文安人，刘家口。
齐邦福	洛阳人，汉儿仓。	牛邦宠	太平仓。
杨凤山	华州人，燕河仓。	陈希奎	泾阳人，石门仓。
官 忠	任丘人，山海仓。	王自省	广宁人，黄土岭。
李孟臣	魏县人，界岭口。	方 玶	定海人，刘家口。
周孟阳	应州人，汉儿仓。	王希点	富平人，太平仓。
田 润	任丘人，燕河仓。	孙 忻	乐安人，石门仓。
邵维德	通州人，山海仓。	龙 洞	高陵人，黄土岭。
梁加谟	三原人，界岭口。	史 林	怀庆人，刘家口。
王志诚	陈州人，汉儿仓。	高 宦	任丘人，太平仓。

甘　棠　南海人，燕河仓。　　潘　琏　通许人，石门仓。

驿　丞

典传邮迎送之事，凡舟车夫马，廪糇庖馔裀帐皆取给于丁田，受于府而籍其出入。

滦河马驿、迁安马驿、芦峰口驿各吏一人。

李守欢　乐清人，滦河驿。　　祝尔学　新浙人，滦河驿。

刘廷芝　霸州人，滦河驿。　　甄　月　真定人，滦河驿。

史戴魁　宁远人，滦河驿。　　程　谔　乐陵人，滦河驿。

王兆葵　掖县人，滦河驿。

崔　楫　保安卫，迁安驿。　　靳　祐　东光人，迁安驿。

王东夏　泽州人，迁安驿。　　王良能　新城人，迁安驿。

李　吉　代州人，迁安驿。　　方应时　通州人，迁安驿。

郑子登　曲周人，迁安驿。

王　杨　威县人，芦峰驿。　　陈恩魁　辽东卫，芦峰驿。

马　誉　宣府卫，芦峰驿。　　周东兴　福清人，芦峰驿。

程文灿　贺县人，芦峰驿。　　翟德照　东宁人，芦峰驿。

朱镇城　保安卫，芦峰驿。　　常　进　广宁卫，芦峰驿。

帅本立　安民人，芦峰驿。

巡检司巡检

驻扎乐亭新桥海口，控要害，讥察异常，奸宄窃发者应时捕拿，以听巡捕之令。三年计其捕伪印强窃盗逃军囚民，以上下考。　司吏一人。

陈　卿　诸城人。　　　　何应元　蒲城人。

李邦辅　黎城人。　　　　胥　新　南郑人。

魏守章　鱼台人。

奏饬五事保民实政簿 一招抚以实户口；二开垦以辟荒芜；三减费以供额赋；四化民以兴礼教；五积谷以备荒歉。五事总为一册，一样二本，赴抚按衙门请印。州县官每季将自己实政开报簿中，送本府、本道查实，转送抚按批发，续填季以为常。及遇抚按出巡，各州县即将前实政簿投递，以听复发。本道本府逐事核实，实则优叙荐奖，虚则戒劾降斥。即以考核虚实，为府道举刺之据。巡抚未经巡历，则听于巡按御史。一年巡完，将核过州县五事修废分数参之，民情舆论分别等第开具书册报院，以凭各官考满时对查。各州县官三、六、九年考满，将节年实政册曾经府道核实。抚按阅过有笔迹文簿于五事簿式之尾。据造新收户口、新垦灾畲、新减冗费、新举教化、新增积谷，各总数文册，听府道对阅开具。书揭应作称职、平常、不称职、差等，送抚按衙门会考互核，结一大总。或五事具修、或五事尽废、或半修废，果应某等凭实填注，咨呈部院。其知府考满，抚按总具所属五事，修废以定臧否，俱听本院发各道御史从实查明。列为前项等次的确，咨行吏部。

万历二十二年都察院左都御史孙丕扬等题请，奉圣旨：这奏五事依拟着实行。

知 县 掌教养县民之事。岁贡学生听试于督学，三岁贡士听选于乡试。岁攒实征，十岁造黄册。民之赋役，视丁与产为差，赋岁二征，役岁一征，或遭兵戈而加派，或遇旱涝而蠲减，必调剂而均节之，皆申请府道抚按而施行焉。凡词讼，必询其情理，考诸律例而决之。有不服，听陈于上。

县丞、主簿 为县之贰。

县丞 管马、管河、管粮；**主簿** 管粮分职任事，而领于知县。典史巡捕，典出纳文移。

儒学生徒、廪膳、增广各二十人，附学无数。

教谕、训导职如州学。

诸所属衙门，如州者职亦如之。

卢龙县知县　司典吏十三人

洪武

胡　昺　二年任。

永乐

尹守道　阳曲人，三年任。　　**郑　彝**　临清人，十三年任。

张　谔　兰县人，十五年任。

正统

胡琮　十二年任。

成化

刘　魁　高唐人，进士。　　**乔　聪**　河内人，举人。

李景华　江都人，举人，二十一年任。

吴　杲　山阳人，监生。

弘治

谭　绅　滨州人，举人，十二年任。

正德

韩　敏　元年任。　　**刘世卿**　五年任。

李永昌　九年任。　　**何　宏**　十二年任。

戴　钰　十三年任。　　**王宗尧**　十四年任。

王大猷

嘉靖

高凤鸣　河南人，九年任。

陆　果　无锡人，二十二年任。

乔一举　山西人，二十六年任。

胡景旸　河南人，二十九年任。

吴道南　濮州人，三十五年任。

李绍光　孟县人，三十八年任。

王　纶　三十九年任。

赵　弁　山西人。

杨保庆　泽州人，举人，四十一年任。

王　高　延安人，四十三年任。

赵敬简　益都人，举人，四十五年任。

隆庆

平　章　山东人，岁贡，元年任。

张　澜　冠县人，进士，元年任。

杨舜臣　商州人，举人，四年任。

潘　愚　峄县人，举人，六年任。

万历

臧仲学　辽东人，举人，三年任。

武　成　宁州人，举人，五年任。

王与可　蓬溪人，举人，八年任。

杨时誉　祥符人，举人，十年任。

白希颜　山西人，恩贡，十六年任。

王　衮　山东阳谷人，举人，二十年任。

叶世英　辽东广宁人，进士，二十四年任。

县　丞

路　顺　修武人。　　　王义先　隰州人。

陈　春　许州人。　　　兰　珪　胶州人。

程　企　聊城人。　　　丘　庆　萧县人。

永乐十五年裁革县丞。

主　簿

郁得茂　华亭人。　　　李　辅　济阳人。

范　谦　新县人。　　　　杨　贞　武功人。

胡　安　滋阳人。　　　　刘　训　萧县人。

聂　敏　王　钱　田　杲　张介卿　王　钺

嘉靖四十二年裁革主簿

典　史

保　全　中牟人。　　　　陈　福　卢氏人。

刘　郁　历城人。　　　　窦　文　滋阳人。

翟　斌　泰安人。　　　　杨　俊　掖县人。

于　昇　谭　华　王　亨　高　庆　梁文高

李的廐　高　銮　田　畊　庞　通　李本儒

张　周　济南人。　　　　傅　柱

商　茂　江都人。　　　　张鹏翼　东阿人。

王　轸　桃源人。　　　　周　纶　辽东人。

邹良模　福建人。　　　　张　淳　江西人。

儒学教谕

师济众　武涉人。　　　　王　璠　陵川人。

李　伦　临邑人。　　　　徐　润　郓城人。

李　恭　武安人。　　　　李文绣　开元人。

段　珏　新安人。　　　　黄继宗　辽东人。

赵　璟　平凉人。　　　　王尚忠　山东人。

彭　钦　辽东人。　　　　王　鸾　兰州人。

杨静思　即墨人。　　　　马　檀　安邑人。

唐文学　福山人。　　　　王　业　商河人。

曾文凤　铁岭人。　　　　王　宾　鱼台人。

彭述古　卢龙人。　　　　刘三畏　米脂人。

余学纯　蓟州人。　　李应春　涿州人。
赵崇德　临清人。　　杨廷德　掖县人。
刘元卿　宁津人。　　杨时中　清苑人。
高云凤　云南人。　　白如玉　南和人。
段复元　石屏人。　　张　柳
袁师舜　曲周人。

训　导

王　礼　武城人。　　王　纶　江都人。
郝　纯　萧县人。　　白　奎
杨　诜　高淳人。　　董　宇　河南人。
郑　玺　朔州人。　　程文举
陈文沛　　　　　　　董　旻　莘县人。
孙　儒　潞安人。　　王　濡　河南人。
孔承谕　　　　　　　董邦靖
张纯仁　凤翔人。　　邢　琰　山西人。
蒋　山　海州人。　　孙汝楫　诸城人。
梁　震　山西人。　　游　铠　广宁人。
李宗道　辽东人。　　杨启东
宋　忻　恩县人。　　郭汝霖　巨野人。
赵　淳　陇西人。　　李伯问　乾州人。
陈　英　天津人。　　李文胤　兴济人。
常　迁　阜城人。　　张彦儒　滦县人。
余学纯　蓟州人。　　褚显忠　府军人。
张　焰　合肥人。　　赵崇德　临清人。
何其谦　滦县人。　　王世科　唐山人。
李允恭　满城人。　　周　道　广宁人。
杨宏学　固安人。　　胡来进　德州人。

刘沛然　济南人。

迁安县知县　司典吏十八人

洪武

萧　颐　二年任。

永乐

金彦祥　　邢　冕

宣德

贾永年

正统

商　辂　浙江人，十二年任。

景泰

干　羽　六年任。

天顺

江　徽　丰城人，举人。

成化

王　彝　济宁人，举人，二年任。

王　舟　曹县人，监生。　　　　赵　祯　乐陵人，监生。

戚　胜　遂平人，监生。　　　　张　霄　平度州人。

弘治

逯　鼎　章丘人，监生。

张　济　阳曲人，举人，九年任。

周　密

邓万斛　富顺人，进士，十八年任。

正德

高　岱　孟县人，举人，五年任。

罗　玉　南充人，进士，七年任。

郭　祯　陕州人，举人，十年任。

钟　驯　汾州人，举人，十二年任。

吕　端　濮州人，举人，十五年任。

嘉靖

孙　宥　新蔡人，进士，二年任。

张　镐　沂水人，举人，四年任。

杨　缙　寿张人，进士，六年任。

温志敏　岚县人，监生，七年任。

许稽卿　海宁人，进士，十二年任。

陈　策　益都人，官生，十三年任。

王　锡　代州人，举人，十七年任。

徐　州　云南杨林所人，举人，二十年任。

韦文英　泾阳人，举人，二十六年任。

宋时俊　祥符人，举人，三十一年任。

崔文宠　临汾人，监生，三十三年任。

宋承郊　咸阳人，举人，三十五年任。

罗凤祥　蒲州人，举人。

刘　钰　邹县人，举人，四十二年任。

赵文显　观城人，举人，四十四年任。

马　仁　益都人，举人，四十五年任。

隆庆

随　府　鱼台人，进士，二年任。

赵云翔　平阴人，进士，三年任。

刘邦彦　龙阳人，举人，六年任。

万历

王淑民　咸宁人，进士，元年任。

冯　露　襄城人，进士，四年任。

傅纳诲　定襄人，举人，八年任。

白　夏　颍州人，举人，九年任。

申　安　日照人，举人，十一年任。

徐　安　平山卫，举人，十五年任。

张　鉴　陕西泾阳人，选贡，十九年任。

仇际可　山东章丘人，举人，二十年任。

金光初　直隶长洲人，举人，二十二年任。

孟履长　山西泽州人，选贡，二十三年任。

雷　声　山东禹城人，举人，二十四年任。

钱吾德　浙江嘉善人，举人，二十七年任。

县　丞

马　良　蔚州人。

吴　福　桐城人。

田　英　鄢陵人。

王　章　陕西人。

于　庆　东阿人。

郭思敬　平定人。

杜　汇　扶沟人。

乔　木　孟召人。

李　逵　东平人。

顾　楳　蕲州人。

程　式　平定人。

赵晋卿　万全人。

何　澄　郫县人。

杜　郁　祥符人。

宋　琇　胶州人。

侯　进　汾州人。

郑　辂　安阳人。

段　博　安阳人。

刘　昆　沂水人。

张思恭　肥城人。

徐　楫　庐江人。

陈　组　淮宁人。

李　俨　宁远人。

嘉靖四十二年裁革县丞。

主 簿

金彦祥	崇德人。	许 敬	陕西人。
王 仪	蒲城人。	鲁 从	胜县人。
蔡 琇	武陵人。	刘 整	洛阳人。
杜 端	长清人。	孙 鸿	河南人。
邢 肃		张廷瓒	鲁山人。
李 宪	岐山人。	张 宁	凤翔人。
黄 铉	金县人。	陈 直	
徐 奎	德州人。	任廷瓒	怀仁人。
许 语	濮州人。	赵宗义	平遥人。
贾 钺	宁州人。	江 东	垫江人。
冯 津	石州人。	李永年	嘉兴人。
于可久	东阿人。	赵 锦	黎城人。
李克勤	邹平人。	王 默	高密人。
任 梧	济阳人。	侯九昱	翼城人。
刘汝丹	靖海人。	李如玉	观城人。
任世官	太原人。	张五音	巩县人。
赵三川	蒲台人。	阴行义	芮城人。
鲁 瑞	太湖人。	赵思聪	山西人。
苏具瞻	青城人。	程懋功	徽州人。
庄大典	福建人。	李 桥	萍乡人。

典 史

于 庆	高塘人。	王 玺	稷山人。
王万钟	陕西人。	初 禩	利津人。
路 道	汝南人。	石 林	武涉人。
孙 景	福建人。	马 显	

吕　震　新乡人。
贾　孜　东阿人。
姜邦奇　掖县人。
郑　械　福清人。
贾俊民　洛阳人。
董　怀　山阴人。
宋逵敷　莆田人。
胥新南　郑县人。
程祖明　黟县人。

郭　瓒　扶风人。
侯　恭　新泰人。
时　钶　余姚人。
谢　连　贵岗人。
范　芳　恩县人。
杨　伊　石埭人。
倪天铎　青阳人。
郑良材　南平县人。

儒学教谕

武愚
张　登　屯留人。
胡　宪　泰和人。
张　泾　山阳人。
李　奈　锦衣人。
杨　玉　滁州人。
杨　麒　金华人。
曲　堂　陕县人。
张　鹏　汲县人。
张文明　滨州人。
金汝臣　辽阳人。
黎　山　沈阳人。
李　实　保安人。
何　锦　安州人。
韩邦杰　濮州人。
杜　律　辽东人。

李　鹭　东阿人。
叶　昶　睢宁人。
郝　安　莒州人。
刘　让　吉安人。
姚　伸　莒州人。
李　臣　获嘉人。
应秉伦　开元人。
张自得　榆次人。
何　棠　三万人。
张　翥　铁岭人。
顾　化　德州人。
王汝镇　吴桥人。
李　桥　河间人。
刘廷桂　涿州人。
田登年　燕山卫人。

训 导

郭 镛		欧阳辨	泰和人。
张文理		张 亨	
冯 瑾	山西人。	张 茂	淇县人。
杨廷才	光州人。	常 宽	德州人。
张 宁	辽东人。	郑 炳	分水人。
吴 宜	滨州人。	李 臣	获嘉人。
江 昶	灵璧人。	刘 瀛	德州人。
史 驯	鹿邑人。	王廷玺	阌乡人。
刘 淮	汝阳人。	刘维翰	太原人。
李文玉	德州人。	沙思义	益都人。
郑 杰	前屯人。	姚廷凤	句容人。
傅 钺	益都人。	杜 伟	濮州人。
顾 迪	青城人。	田 贡	广宁人。
祝 钊	前屯人。	马独跃	棠邑人。
杨志隆	汾州人。	杨一卿	开元人。
关 东	临邑人。	赵 用	新河人。
王 栋	元城人。	丁超群	获鹿人。
刘 冕	宝坻人。	杨秉节	保安人。
李汝桂	泰安人。	刘允恒	清苑人。
范 价	沈阳人。	沈应堂	归安人。
郭桂茂	高邑人。	曹守正	肥乡人。
李有光	交河人。		

三屯营仓大使　攒典一人

陈汝思	三屯仓。	张道充	三屯仓。
陈秉义	遵化人，三屯仓。		

滦阳马驿驿丞　吏一人

莫如清	余姚人，滦阳驿。	史　简	黄县人，滦阳驿。
郭文焕	清苑人，滦阳驿。	韩仲德	禹城人，滦阳驿。
张朝德	邢台人，滦阳驿。	韦　弦	定陶人，滦阳驿。

七家岭驿驿丞　吏一人

许良知	歙县人，七家岭。	王应辰	平湖人，七家岭。
李　芬	清苑人，七家岭。	赵思义	襄垣人，七家岭。
施以义	福清人，七家岭。	李尚贤	宣成人，七家岭。

抚宁县知县　司典吏十七人

洪武

娄大方　浙江奉化人，儒士。

永乐

陈　坤　石泉人，监生，九年任。

景泰

王　懋

成化

胡　方　新喻人，监生，三年任。

姜　镐　修武人，举人，七年任。

弘治

李　海

刘　玉　乐陵人，监生，十一年任。

窦　信　进武人，进士。

曹　年　寿张人，监生。

高　翔　临海人，监生。

赵之彦　泾阳人，举人。

嘉靖

陈思谦　揭阳人，进士，二年任。

盛　懋　仪真人，监生。　　　　李　岩　海州人，监生。

叶宗荫　遂昌人，举人。　　　　袁　滨　南通人，举人。

陈　谦　保安人，监生。　　　　王良臣　绛州人，监生。

谢应征　安邑人，选贡，二十二年任。

黑文跃　常德人，举人。　　　　郭　涞　咸阳人，举人。

蔡　铸　上蔡人，监生。　　　　段廷晏　太平人，监生。

姜　密　夏津人，举人，四十五年任。

隆庆

李一本　郏县人，进士，二年任。

张彝训　宁阳人，进士，五年任。

万历

宁　笏　河内人，举人，十一年任。

徐汝孝　嘉祥人，恩贡。

雷应时　芮城人，举人，十一年任。

崔时亨　山西浮山人，选贡。

孟　召　陕西灵州所，功生，二十二年任。

县　丞

李　良　　　　　　　　　张　俭

黄　衷　邓州人。朱　显　钧州人。

万　昇　满城人。郭　完　泾阳人。

白九皋　保德人。刘　象　河津人。

相　贤　安邑人。

弘治十六年裁革县丞

主 簿

成化十七年裁革，至嘉靖十六年，以昌黎主簿改设于抚宁。

宋　信　宁津人。　　　　杜希贤　洪洞人。

张　逊　吴江人。　　　　郯　用　徽州人。

范　扩　柘城人。　　　　吴时颜　忻州人。

廉　宪　孟县人。　　　　卢　奇　博平人。

李文源　临清人。　　　　陈万策　濮州人。

乔士廉　宁陵人。　　　　陈一德　单县人。

张汝潮　济宁人。　　　　程　卿　鲁山人。

王　业　靖海人。　　　　王汝妥　掖县人。

李从周　咸宁人。　　　　郭如竹　万安人。

贾扬名　赵城人。

典 史

倪　隆　慈溪人。　　　　梁　俊　宿迁人。

初　奉　张潍人。　　　　杜　亨

崔继先　胶州人。　　　　张　鲸　武定人。

王尧卿　历城人。　　　　杨　相　洪洞人。

张文林　泰安人。　　　　陈文儒　当涂人。

蔡正道　新建人。　　　　杜　邦　无锡人。

程　廉　宁远人。　　　　郑维本　泾县人。

陈尚智　登州人。　　　　鲁　相　山阴人。

曹　玉　陕西人。　　　　夏惟坚　江西人。

张闻诗　山东人。

儒学教谕

游 艺	长清人。		吴 宜	滨州人。
吴 翔	棣州人。		吕永福	信阳人。
赵 巡	兖州人。		潘 良	胶州人。
徐 镛	潞安人。		毛鹏翔	高密人。
李孟旸	复州人。		徐德元	吴江人。
曹应诰	郓城人。		郭 进	保定人。
郑思恭	新安人。		曹希植	平山人。
仇顺方	顺德人。		刘奇栋	咸宁人。
梅 焕	遵化人。		程正思	怀宁人。
王 津	雄县人。			

训 导

陆 镛	高邮人。		陈 聚	如皋人。
姚 宗	锦州人。		邵 昇	陈留人。
顾 霖	太康人。		史应熊	
范希纯	广宁人。		侯仁杰	清平人。
贾 恺	福山人。		王 昂	凤翔人。
盛 端	益都人。		魏邦彦	峄县人。
张元恺	长山人。		冯 时	海州人。
金汝臣	辽阳人。		马景和	金州人。
张 绅	成县人。		刘必东	灵石人。
杨 芳	清州人。		孙 镂	商丘人。
段尧钦	易州人。		黄 臣	兴济人。
秘 祯	晋州人。		李 玲	恩县人。
刘 芳	交河人。		孙继儒	辽东人。
郑应期	东海人。		颜思孔	新乐人。

杜好义　赞皇人。　　　　　　张　济　大宁人。

丘　芝

县仓大使　吏一人

李　柘　文英人，仓。　　　　王　访　代州人，仓。

王自省　广宁人，仓。

榆关马驿驿丞　吏一人

刘应亲　太平人，驿。　　　　郑中立　仁和人，驿。

段　珩　招远人，驿。　　　　耿　宪　昌平人，驿。

贾永泰　苑县人，驿。

昌黎县知县　司典吏十九人

永乐

杨　禧　大兴人，十年任。　　田　璠　乐陵人，十六年任。

张　约　山阳人，二十年任。

正统

于显祖　蓬莱人。　　　　　　王　玺

景泰

王　懋

天顺

王永亨

弘治

白纯道　四年任。　　　　　　殷　玘　寿张人。

梁　谊　山东人。

张云凤　济宁人，举人，十二年任。

张　完　辽东前屯卫人，举人，十四年任。

陈　纲　金华人，进士，十七年任。

赵　澜　修武人，举人。　　　郭　祯　巨野人，监生。

李　铖　金乡人，举人。

高文学　繁畤人，监生，十六年任。

嘉靖

秦廷税　武城人，举人，二年任。

阎　凤　汝州人，举人，八年任。

袁　禧　肤施人，监生，十年任。

泰志仁　长子人，监生，十二年任。

康绍光　巩县人，举人，十七年任。

李　桐　洛阳人，选贡，十九年任。

文世英　广西护卫人，举人，二十二年任。

郭　锡　汾州人，举人，三十年任。

李希洛　太原人，进士，三十二年任。

王世业　宁阳人，举人，三十五年任。

胡　溪　清平人，监生，三十六年任。

张彦良　辽阳人，举人，三十八年任。

刘　宪　赣榆人，监生，三十九年任。

楚孔生　曹州人，举人，四十一年任。

陈良辅　莒州人，举人，四十五年任。

隆庆

刘　泮　江都人，进士，元年任。

张存智　历城人，举人，二年任。

孟　秋　茌平人，进士，五年任。

万历

吴应选　会宁人，举人，五年任。

曹世卿　稷山人，举人，十一年任。

胡　科　武安人，举人，十一年任。

桂　伊　石埭人，举人，十五年任。

石之峰　山东丘县人，贡士，二十年任。

冯　恩　山西代州举人，二十年任。

张正蒙　山东历城人，举人，二十五年任。

张孔思　山东乐安人，举人，二十七年任。

县　丞

永乐十五年添设县丞一员管马，至嘉靖四十二年裁革，今存一。

李　良　　李　泰　　萧　铭　　苏　琰　　邴　郊

王　廷　　　　　　　　　　阎　兴　唐县人。

王　铭　嘉兴人。　　　　　苏　信　泰安人。

金　墉　舒城人。　　　　　彭　显　曲阜人。

白　矩　夏县人。

杨　清　馆陶人。

李　护　　李　泽　　刘　钦　　朱越才　　朱宗义

雄　坡　　　　　　　　　　孙文豪　山东人。

杜克敏　咸阳人。　　　　　齐　锽　临潼人。

左辅明　阳和卫人。　　　　王以文　汶水人。

魏　智　河南人。　　　　　张从义　洮州人。

毛　录　鄞县人。　　　　　张朝元　鄢陵人。

刘良翰　郏县人。　　　　　谷邦荣　南陵人。

霍　聪　山西人。　　　　　王　钟　辽阳人。

汪　阔　桐柏人。　　　　　王用宾　大同人。

王　琦　临清人。　　　　　舒　霖　金华人。

陈　滂　荥阳人。　　　　　胡景春　黎城人。

马鸿休　霍川人。　　　　　章朝用　鄞县人。

王 琚　安东人。　　　　　　蒙 赐　麻城人。

韩 烺　余姚人。　　　　　　杨大伦　大同人。

徐 金　长洲人。　　　　　　包文德　贵池人。

刘之良　神木人。　　　　　　朱道深　镇平人。

张思周　青阳人。　　　　　　李大纪　西安人。

吕凤阳　铜仁人。　　　　　　张 示　泰州人。

王 科　凤县人。　　　　　　方廷粹

王 俭　清平人。　　　　　　饶 钦　湖广人。

杨于芳　谷县人。

主　簿

李 恒　　　　　　　　　　郑 昭

李 浩　　　　　　　　　　牛 驹　容城人。

李 春　泰州人。　　　　　　杨 显　山西人。

常 忠　华阴人。　　　　　　王 贞　洛阳人。

霍 郭　单县人。　　　　　　詹 梁　芜湖人。

秦 通　　　　　　　　　　王 佐　齐东人。

刘 钿　延安人。　　　　　　马 琳　扬州人。

嘉靖十六年裁革主簿

典史

栾 奉　　　　　　　　　　段 进　翼城人。

师 理　翼城人。　　　　　　李 鸾

张 麟　临汾人。　　　　　　曹 瑄

袁 纲　巴陵人。　　　　　　李 泰　麻城人。

王 召　　　　　　　　　　董 经

马 海　　　　　　　　　　杨 清　馆陶人。

王天衢　泾阳人。　　　　　　汪 宋　徽州人。

吴 鸾　合肥人。　　　　　　范 科　杞县人。

董　金　滨州人。　　　孙尚温　常山人。
李一夔　当涂人。　　　暴孟瑞　屯留人。
郑　铭　泾县人。　　　姚仲韶　余姚人。
刘时信　叶县人。　　　郑应奇　黄县人。
赵　学　巨野人。　　　张　塾　绍兴人。
宋登高　辽东人。　　　于世德　恩县人。
王天福　华州人。　　　文永宁　泾阳人。

儒学教谕

赵　贤　　　　　　　叶　时　豫宁人。
叶思智　海门人。　　　王　礼　武城人。
王　崇　朔南人。　　　陈　苍　泌阳人。
陈　玮　　　　　　　宋　谦　河南人。
洪　忠　莆田人。　　　杜　辉　朔州人。
尹　平　义州人。　　　杨　志　汤阴人。
朱　继　睢州人。　　　李　彬　济宁人。
陈　彬　永嘉人。　　　张　锦　兖州人。
赵文显　商水人。　　　张　篦　霍州人。
李　梓　信阳人。　　　李　濂　平定人。
杨志皋　定辽人。　　　高尚志　辽东人。
张　莹　保定人。　　　常秉仁　榆林人。
笪献言　雄县人。　　　沈　敬　广宁人。
杨　文　　　　　　　石邦栋　完县人。
晏懋赏　顺天人。　　　闫　认　高邑人。
王　贤　通州人。

训　导

席　谅　长清人。　　　刘　政　本县人。

潘 玉	萧县人。	单 镛	沛县人。
闫禹锡	洛阳人。	陈 刚	
丁 瓀	泗水人。	韩 鸾	河南人。
刘 珊	黄县人。	谢天锡	聊城人。
丁 进	海丰人。	王 祯	山东人。
潘 文	馆陶人。	孔 爵	邓州人。
任 龙	祥符人。	王 淡	宣府人。
赵汝孝	德州人。	邹世才	莱蒨人。
金世重	长清人。	吴 钱	徐州人。
尼 封	临颍人。	张文茂	锦州人。
王日谏	汉阴人。	庞承之	汾西人。
杨继德	桐柏人。	林 鹗	东平人。
王嘉谟	海州人。	魏仲华	大同人。
刘商梅	德州人。	孙待祖	辽东人。
张士奇	保定人。	阎 秦	偃城人。
马授羲	真定人。	梁 桥	良乡人。
邢之超	辽东人。	何文奎	嶍峨人。
方应鳌	善化人。	吴崇业	肃宁人。
董 登	藁城人。	张腾霄	高阳人。

知　州

掌教养州民之事，凡诸州务，上视府，下视县，以月计上府，以岁计上省，以三岁之计上吏部。同知、判官为州之贰。

滦州知州　司典吏二十人

洪武

李益谦　德州人。

刘　政　南昌府人，举人，十年任。

谈　辉　华亭人，监生，十六年任。

永乐

卢　聪　颍州人，监生，七年任。

何　敬　新都人，监生，十一年任。

张　敏　阳曲人，监生，十三年任。

王务信　贵池人，举人，十五年任。

陶　安　常熟人，举人，十七年任。

宣德

李　宁　南海人。

正统

刘　弁　大同人，监生，五年任。

稽　昭　昆山人，进士，九年任。

郭　泰　延安卫人，举人，十二年任。

景泰

蔡　颗　长太人，举人，元年任。

天顺

尤　璹　武进人，举人，元年任。

郑　鼐　武进人，进士，六年任。

成化

李　端　郴州人，举人，三年任。

薛　穰　鄞县人，举人，七年任。

杨　鼐　南昌人，进士，十五年任。

李　智　曹县人，举人，二十一年任。

潘　龄　嘉定人，举人，二十三年任。

弘治

吕　镒　郓城人，举人，十年任。

汪　晓　六安人，举人，十三年任。

曹宗琏　郑州人，举人，十八年任。

正德

王　溥　海丰人，举人，二年任。

李　伟　丰城人，举人，五年任。

陈　溥　乐安人，举人，九年任。

彭　璘　兰州人，监生，十一年任。

高　堂　米脂人，举人，十四年任。

嘉靖

张国维　定远人，进士，三年任。

赵　业　东阳人，进士，七年任。

魏　谧　汝宁人，举人，九年任。

刘体元　南海人，进士，十年任。

周　佐　永丰人，进士。

陈　道　陵县人，举人，十四年任。

卢　杰　商河人，举人，十五年任。

徐　祯　长洲人，十九年任。

张士严　内江人，举人，二十年任。

陈士元　应城人，进士，二十四年任。

张　璜　海丰人，举人，二十八年任。

王家士　光山人，举人。

董宗舒　真阳人，举人。

孟鹏年　洛阳人，举人，四十年任。

韩应春　茌平人，举人，四十一年任。

李　成　江陵人，举人，四十二年任。

隆庆

邢元彻　阆中人，举人，元年任。

崔　炳　永宁人，举人，三年任。

刘欲仁　陈留人，举人，六年任。

万历

严守约　顺德人，举人，五年任。

邢子深　南郑人，举人，二年任。

周五凤　富顺人，举人，五年任。

吴敬夫　浙江余姚人，举人，五年任。

郑　琉　石首人，举人，七年任。

陆从平　直隶华亭人，进士，十年任。

白应乾　博兴人，举人，十一年任。

黄景泽　襄陵人，举人，十四年任。

张元庆　浙江山阴人，举人，十四年任。

王应选　山东阳谷人，举人，十九年任。

刘从仁　山西解州人，恩贡，二十一年任。

张尧辅　陕西宜川人，举人，二十三年任。

李鸣皋　山东博平人，举人，二十六年任。

同知　清军匠兼巡捕

宋　济	苏州人。	谷士中	
王　振	益都人。	黄　铨	麻城人。
朱　隆	莆田人。	王　珉	颍上人。
陵　茂	高邮州人。	项良贤	宁波人。
陈　琮	临朐人。	杨　雄	沂水人。
蒋必显	丹阳人。	魏　忠	衡州人。
卫　政	洪同人。	杨　宣	
宋　霖	荥阳人。	张　霖	上蔡人。
张　显	禹城人。	沈　仪	秀水人。
郭　永	德平人。	王　玉	咸阳人。
孔　经	山阴人。	王　瓒	黄县人。

张龙	上海人。	刘经	江夏人。
钟福	景德人。	安琦	富平人。
刘巍	武定州人。	王继远	费县人。
魏谧	汝宁人。	陆府	兴化人。
叶允扬	慈溪人。	李应时	咸阳人。
王贤	建德人。	晏早	兴化人。
马云龙	历城人。	周昇	四川人。
何思正	平阳人。	董行	江都人。
丘道充	上杭人。	林厚	长乐人。
陈遵	兴化人。	李尧兴	浑源州人。
崔佐	清江人。	陆经纶	南海人。
汤机	宝应人。	黄宗正	临江人。
冯应熊	阳江人。	靳学诗	卢氏人。
韩永淳	武安人。	石霖	江都人。
鲍钑	桐城人。	张思齐	博平人。
曾奇	安居人。	吴道光	余姚人。
谭文中	太平人。		

州 判

督粮、管马、管河、捕盗、治农，分职任事而领于知州，原二。

李祐	辽东人。	高文学	繁峙人。
完震	永宁人。	郝镗	玉林人。
张逵	葭州人。	原应聘	阳城人。
杜森	巩县人。	陈镕	涉县人。
冷时雍	胶州人。	尹昊	江华人。
王文相	考城人。	刘廷相	清源人。
夏天禄	夏津人。	张锦州	原县人。
刘规	定陶人。	陈端诚	通山人。

罗天爵	淳化人。	苏 术	阳朔人。
樊 龙	汾州人。	胡应奎	淄川人。
许 贯	鄢陵人。	颜子华	长安人。
元惟贞	汤阴人。	王 钵	许州人。
程 翰	金华人。	赵春原	武县人。
俞希声	永康人。	李 楫	
牛朝用		吕尧卿	
王镇省		彭 泽	池州人。
张 襄	江阴人。	刘永寿	监生，四十年任。

嘉靖四十二年裁革判官一员，存一。

戴光复	休宁人。	赵 敷	遂宁人。
何 柄	灵宝人。	韩士充	朝邑人。
赵延鹤	满城人。	时 楣	卢氏人。
傅履约	南安人。		

万历九年裁革。

吏目　典出纳文移或分领州事

刘 銮	忻州人。	刘 玺	陕州人。
孔 江	莒州人。	李 芃	应州人。
望 昙	卢氏人。	戴 通	徐沟人。
王 臣	庆阳人。	李 用	磁州人。
岳 钰	海州人。	徐景芳	郯城人。
夏 昂	威海人。	张应辰	太原人。
郭 宏	沂州人。	冯 玉	兴国人。
李崇文	长沙人。	徐汝勋	淳安人。
王 相	吉州人。	曹鸣岐	冠县人。
彭 溪	吉安人。	董 锐	宁阳人。
贺光亨	吉州人。	郭文翰	灵宝人。

李豸　曹州人。　　　　许光祀　灵宝人。

李向阳　临清人。　　　杨共学　茌平人。

台凤　磁州人。　　　　成师曾　盐城人。

朱臣　费县人。　　　　赵廷才　肤施人。

李珩　高平人。　　　　解应元　万全人。

杨回　阳城人。　　　　李思教　齐东人。

王擢　汾西人。　　　　顾宙　华亭人。

廖士元　峡江人。　　　胡艮蒙　福建人。

儒　学

生徒，廪膳、增广各三十人，附学无数，学正职如府学。

苏哲　　　　　　　　曹弘　诸城人。

齐裕　西安人。　　　郭顺　钧州人。

张思敬　历城人。　　黎鹏　新喻人。

齐熙　余姚人。　　　张浩　安阳人。

于清　固始人。　　　吴志　建宁人。

段泽　济宁人。　　　张瑰　祥符人。

吴祺　丰城人。　　　夏廷芝　章丘人。

韩铭　章丘人。　　　李蓁　东平人。

程辅德　舒城人。　　章伟　仁和人。

刘塘　寿光人。　　　王邦　辉县人。

华玉　陵县人。　　　顾中道　曲阜人。

康景　朔州人。　　　杨椿　湖口人。

易凝道　巴陵人。　　谭经　解州人。

耿爵　虞城人。　　　于彰　郓城人。

梁柱臣　顺德人。　　陈一中　安庆人。

陈禹道　历城人。　　汤仲贤

白贲　济宁人。　　　霍恩　万全人。

程子书　清丰人。　　　　胡其久　崇德人。
廖童训　故城人。　　　　田时春　昌平人。
高维岩　东平人。　　　　赵天民　江宁人。
宁　宏　河南人。

训　导

□□嘉靖三十二年裁革一员

赵　融　　　　　　　王　祐　辽东人。
王　利　　　　　　　李　瓒　河南人。
张　杰　济宁人。　　魏　琼　林县人。
徐　益　山东人。　　方　经　黄陂人。
刘　政　东平人。　　吕　通　平定人。
冯　经　武乡人。　　徐　英　历城人。
武　瑄　朝城人。　　刘　澄　辽阳人。
李　庆　广东人。　　高　瀚　宁阳人。
张　瑄　栖霞人。　　陆　宽　洛阳人。
朱　璿　昌邑人。　　吴　濬　同安人。
李　琦　阳信人。　　韩希奇　阳信人。
许　纪　寿光人。　　刘　瑛　偃师人。
钟　镛　唐县人。　　傅　佐　平度人。
孔彦宪　曹县人。　　高光大　胶州人。
朱　镒　海州人。　　何　栋　高苑人。
孟　玉　闻善人。　　王　琮　登封人。
胡　珍　辽阳人。　　刘泽民　掖县人。
宁　畏　稷山人。　　田　助　兰阳人。
王存仁　胶州人。　　傅　祐　庆阳人。
袁　琦　丰城人。　　赵舜贤　历城人。
黄　璞　咸阳人。　　沈　祺　潞安人。

冯 相	汜水人。	王仁廉	太和人。
张 英	萧山人。	赵其昌	
马思敬		王 臣	洛阳人。
尹志道		卫 官	临晋人。
孙宏道		柴 钺	白水人。
刘 蕙	临晋人。	傅 寄	平度人。
李 贲	广宁人。	邢天禄	德州人。
余 钺	复州人。	吴 桥	林县人。
马天禄	长葛人。	吴从仕	柘城人。
罗廷璋	霍州人。	卢 文	博野人。
慕 崇	固城人。	霍大观	阜城人。
刘廷梅	平谷人。	刘 懋	广宁人。
齐 启	广宁人。	蔡 仲	万全人。
唐克勤	辽东人。	孙 勋	真定人。
傅惟登	庆都人。	曹友益	钱塘人。

乐亭县知县　司典吏十八人

洪武

王文贵	三年任。	张似兰	平原人，九年任。
刘 盛	昌化人，十五年任。		

永乐

周彬甫	桂扬人，元年任。	魏 准	武城人，十六年任。
王继贤	德兴人。		

宣德

吕 渊	凤翔人，十年任。

天顺

董 昱	武荣人，十年任。

元　弘　安阳人，举人，六年任。

成化

王　弼　栖霞人，举人，十五年任。

李　翰　沁水人，进士，十八年任。

弘治

蒋廷桂　海阳人，进士，三年任。

张　谦　叶县人，监生，五年任。

郝　本　阳曲人，进士，三年任。

田　登　武城人，进士，十年任。

原　轩　阳城人，进士，十四年任。

王渊学　东平人，监生，十八年任。

正德

王　溥　海丰人，举人，三年任。

赵　宽　垣曲人，举人，四年任。

王　恩　宜兴人，举人，十三年任。

嘉靖

苏　文　南阳人，举人，三年任。

柴　轲　山东人，举人，六年任。

马　浍　武定州人，监生，十一年任。

王　述　吉州人，监生，十二年任。

蔡　洞　宿迁人，举人，十四年任。

卢　臣　钧州人，监生，十七年任。

彭　钦　定远人，监生，十九年任。

陈德安　章丘人，举人，二十年任。

杨凤阳　宿州人，监生，二十二年任。

梁公奭　高唐人，举人，二十七年任。

缪　俊　江阴人，举人，二十九年任。

吕　鸿　太原人，举人，三十二年任。

相文祥　钱塘人，举人，三十五年任。

侯　庶　泽州人，举人，三十八年任。

冯时中　范县人，举人，四十二年任。

宋国祚　钧州人，举人，四十三年任。

隆庆

王　暹　肥县人，岁贡，元年任。

李邦佐　陈留人，进士，元年任。

尧允和　怀庆人，举人，四年任。

万历

冯　露　襄城人，进士，二年任。

马　速　曹州人，举人，五年任。

林景桂　东宁人，举人，八年任。

赵子仁　定辽人，举人，十一年任。

于永清　青城人，进士，十二年任。

杜和春　陇西人，进士，十七年任。

潘敦复　夏津人，进士，十八年任。

刘芳久　河南安阳人，举人，二十年任。

胡　绩　江西丰城人，举人，二十六年任。

叶敬愿　德州卫人，进士，未任而亡。

王国祯　咸宁县人，二十七年任。

县　丞

韩　贵　怀远人。　　　　赵　达　安肃人。

张　启　武城人。　　　　徐　谨　单县人。

范伯奇　河清人。　　　　倪民新　祁门人。

来　敬　萧山人。　　　　卢　芳　河曲人。

狄　春　　　　　　　　　王　臣　静县人。

康 成	绛县人。	孙 鸿	山西人。
杜 智	文水人。	张 纶	平定人。
王 禄	蒲州人。	刘 镛	青州人。
李 芳	渭南人。	王 玺	沁州人。
刘 道	利津人。	王 昇	合肥人。
田 宏	仪封人。	童 章	遂安人。
任 询	温县人。	王 琦	阳曲人。
贾 芳	武城人。	赵 州	凤阳人。
刘 钛	卫辉人。	李光大	清水人。
柯 林	莆田人。	高应鹏	胶州人。
蒋 琢	任丘人。	张国祥	冠县人。
孙学诗	平阴人。	任 建	萧县人。
韩 奇	靖海人。	朱 春	文远人。
桑绍忠	濮州人。	张 楷	德州人。
李 佳	奉化人。	项 宾	太平人。
朱公敬	余姚人。	陈 亮	慈溪人。
江 时	歙县人。	林 德	济南人。
商祖舜	德州人。	朱应奎	益都人。
董士道	费县人。	李茹桐	夏津人。
邹九经	金溪人。	王兆珠	蓬莱人。
李之奇	寿光人。	翟 江	宁陵人。
齐 召	广宁人。	姚世和	镇平人。
顾 已	上虞人。	胡 辉	长汀人。
崔瑞恩	海门人。	马万程	德州人。

主 簿

| 冀 宁 | | 陈 璿 | 固始人。 |
| 翟 新 | 新城人。 | 张 敏 | 醴陵人。 |

杜 本　霍州人。　　　　张 懋　咸阳人。

李世芳　岚县人。　　　　田 瓚　河阳人。

郭 璠　登封人。　　　　王 沼　会宁人。

范继宗　历城人。　　　　王承庆　铁岭人。

蹇 旸　略阳人。　　　　王 迈　莱芜人。

李 惠　辽州人。　　　　聂 敏　寿阳人。

嘉靖十六年裁革主簿

典　史

李孟瑄　　　　　　　　王 琮

郭 谦　登封人。　　　　王 敏　安丘人。

孟 德　澄城人。　　　　邢 恕　阳武人。

高 鹏　清平人。　　　　曹 舟　渭源人。

廖 俊　荆州人。　　　　董 俸　乐安人。

张 文　棠邑人。　　　　高汝梅　济东人。

虞 时　麻城人。　　　　张本洪　上虞人。

贾 澄　掖县人。　　　　王 价　昌邑人。

李汝松　临清人。　　　　郝 衢　馆陶人。

王 溥　平阳人。　　　　管 义　郯城人。

尉士廷　肤施人。　　　　魏 元　南昌人。

张希颜　济宁人。　　　　徐梦鲂　淳安人。

苏云凤　蒲圻人。　　　　米汝宁　临漳人。

曾 镇　滕县人。　　　　柯大有　繁昌人。

邓 珏　南城人。　　　　张惟敬　旌德人。

王 信　珙县人。

儒学教谕

陈 智　虹县人。　　　　方 文　黄岩人。

刘 询	江西人。		李 希	陕西人。
张 珏	安阳人。		李 铨	益都人。
吴 瑞	寿张人。		李 英	洧川人。
姚 谅	祥符人。		马义泽	定远人。
李彦成	磁州人。		沈 继	闽县人。
李弘道	临清人。		程 坦	聊城人。
宗 兰	巨野人。		荣宗良	棠邑人。
郝 训	鳌屋人。		裴 宠	泽州人。
王 棐	襄城人。		柴廷佐	宁远人。
刘邦彦	龙阳人。		邓 楠	胶州人。
左 进	洛阳人。		周斯美	宁州人。
刘永祯	邢台人。		杨 芳	益都人。
胡 檠	安东人。		王 陇	汉川人。
王梦庚	郯城人。		洪 泏	锦衣卫人。
何云栟			陈希文	富顺人。
王嘉谟	巴县人。			

训 导

李 吉	榆次人。		刘文铉	孟县人。
王 钦			梁 宗	会宁人。
邵 鉴	洛阳人。		高 腾	忻州人。
贾 奎	蔚州人。		张 德	壶关人。
刘 铎	保德人。		郑 绅	汝宁人。
石 松	陈州人。		陈 珉	代州人。
陈 恺	陈州人。		郑 资	复州人。
周 京			萧 霞	金县人。
王 筵	河州人。		曾 富	开州人。
郭 玹	汲县人。		崔 佩	沁州人。

王之臣	陕西人。	蔚鸿渐	汾州人。
阎爵	费县人。	陈邦彦	汉中人。
李士中	宁远人。	张文桂	常山人。
李亨嘉	平度人。	李思谦	长山人。
丁柏	金州人。	王汝俸	密县人。
张谏	锦州人。	王楷	平陆人。
于鲐	前屯人。	张天桂	
王承恩	大宁人。	张敬之	玉田人。
苏良材	河西人。	赵鹤算	平山人。
武九棘	滑县人。	王公相	即墨人。
索云锦	顺天人。		

山海卫儒学教授

张恭	丹徒人。	王濬	莱州人。
周达	淮安人。	李英	饶州人。
钱晋	登州人。	何珍	惠州人。
高昇	临颍人。	张良金	镇原人。
宫善	洧州人。	王儒	宁远人。
刘礼	新城人。	徐溥	归德人。
张怀远	富平人。	陈绶	卫辉人。
邵坪	凤翔人。	王琨	开封人。
刘九成	钟祥人。	陈言	历城人。
许光祐	洛阳人。	栗儒	保安人。
张大化	历城人。	李永康	日照人。
徐公敏	大同人。	徐崇仕	兰阳人。
周一夔	济宁人。	张典	河南人。
陈时雨	任县人。	王世寀	湖广人。

训 导

曹 选	邳州人。	田 登	山西人。
王 安	登州人。	吕廷辉	建阳人。
房 巍	长清人。	贾宗鲁	峄县人。
牛仲和	宁阳人。	张 伦	沁水人。
谢 祯	山东人。	赵 钺	平遥人。
张 廉	广宁人。	马 镗	平顺人。
梁 楠	华州人。	何文绮	辽东人。
王 璧	宝坻人。	田 均	清源人。
范 梧	辽东人。	朱良相	辽东人。
高彦良	辽东人。	李守志	安平人。

阴阳学正术 占候晷漏，供救日月食事。

医学科正 司方药，诊疗人民。

僧纲司 都一、副一。

道纪司 弘治间革。

凡救日月食、请雨、请霁、祀厉坛纲纪，则谨率其徒，施其教事。凡春秋奏乐于先师，则以道童充乐舞生。

滦 州

阴阳学典术
医学典科
僧正司僧正
道纪司道正 （缺）

各 县

阴阳学训术 **医学训术**

卷之五

职官志

武　秩

东路协守营

正统元年设镇守，以中官充之。嘉靖九年革中官，改游击

戴　廉　镇东卫人，十年任。

九　聚　金吾右卫人，十一年任。

韩承恩　辽阳人，十五年任。

王继祖　密云中卫人，十七年任。

毛绍中　密云后卫人，十八年任。

程　棋　兴州右屯卫人，二十一年任。

张世武　兴州右屯卫人，二十三年任。

吴　涞　通州人，二十三年任。

王　住　居庸关人，二十四年任。

唐大节　山海卫人，二十六年任。

李　鸾　陕西人，二十七年任。

龚　业　大同人，二十八年任。

王应岐　密云后卫人，二十八年任。

李　意　蓟州人，三十年任。

戴　卿　保定人，三十年任。

毛绍忠　三十二年任。

三十三年革游击，改分守副总兵

李　贤　榆林卫人，三十三年任。

吴　佩　开元卫人三十四年任。

蒋承勋　义州卫人，三十五年任。

张承勋　怀安卫人，三十六年任。

马　芳　宁夏人，三十六年任。

雷　龙　巩昌人，三十八年任。

四十年革副总，改游兵参将

黄　演　榆林卫人，四十一年任。

尤　月　榆林卫人，四十二年任。

董一元　万全人，四十四年任。

戴　纶　宣府人，四十五年任。

隆庆三年革参将，敕协守副总兵驻扎建昌营

胡守仁　观海卫人，三年任。

史　纲　大同卫人，六年任。

万历

史　宸　永平卫人，二年任。

万历四年请给关防

杨　文　台州卫人，四年任。

孙朝宗　陕西人，伍年任。

曰　福　山西太原县人，七年任。

史　宸　九年再任。

李如柏　辽东铁岭卫人，十年任。

杨绍勋　广宁前卫人，十一年任。

麻承恩　大同左卫人，十五年任。

张　玠　真定卫人，十六年任。

任自强　阳和卫人，十九年任。

彭友德　兴州右屯卫人，十九年任。

陈　霞　大同左卫人，二十年任，二十三年改驻台头。

二十四年敕都督佥事为副总兵 改台头营以便应援。

今特命尔充副总兵官，协守蓟州东路地方，驻扎台头营，分理燕河营、建昌营、石门寨、山海关练兵事务。居常务要，往来督率，如法训练，修理城堡，督瞭墩台，防御贼寇。凡哨探传报、遇警截杀、抚处夷情及军需征遣、协济应援一应事宜，悉与永平道议处而行。前项四路参游守提等官，并客兵分布所属地方，俱听尔约束、调度。尔听督抚镇官节制。尤须持廉守法，用心训练、防御，以副委任。如或贪黩偾事，国典具存，法不轻贷。尔其慎之，故谕。

张守愚 陕西安定人，二十四年任。

麻承训 大同人，二十七年任。

山海路　原设守备

正统

王　整 羽林前卫人，八年任。

天顺

谷　登 永平卫人，三年任。

成化

陈　善 龙骧卫人，三年任。

陈　宣 永平卫人，九年任。

李　铨 锦衣卫人，十七年任。

弘治

李　增 永清卫人，元年任。

申　宁 沂州卫人，元年任。

王　喜 济州卫人，十四年任。

赵承文 锦衣卫人，十五年任。

杨　恭 府军前卫人，十六年任。

正德

王　福　旗手卫人，三年任。

叶凤仪　锦衣卫人，七年任。

季　英　锦衣卫人，十年任。

田　琮　大宁都司人，十四年任。

韩　聪　金吾右卫人，十六年任。

嘉靖

钟　杰　抚宁卫人，元年任。

宋　琦　景陵卫人，二年任。

田　登　平谷人，三年任。

九　聚　金吾右卫人，九年任。

宋　经　金吾右卫人，六年任。

张世武　兴州右卫人，九年任。

栾　锐　营州右卫人，十三年任。

萧　宝　永清右卫人，十六年任。

赵　仁　兴州后卫人，十八年任。

龚　廉　茂山卫人，二十一年任。

胡　潭　定州卫人，二十三年任。

涂永贵　山海卫人，二十四年任。

杨　舟　镇朔卫人，二十五年任。

李康民　永平卫人，二十六年任。

胡宗舜　神武右卫人，二十六年任。

唐承绪　东胜左卫人，二十八年任。

戴　卿　保定前卫人，二十九年任。

何　凤　忠义后卫人，三十一年任。

朱孔阳　保定中卫人，三十三年任。

申维岳　遵化卫人，三十四年任。

倪云鹏　天津卫人，三十五年任。

谢　隆　忠义后卫人，三十六年任。

周　冕　神武左卫人，三十八年任。

杨四畏　定辽左卫人，三十九年任。

赵云龙　义州卫人，四十一年任。

王廷栋　东胜右卫指挥使，四十三年任。

隆庆

周承远　大仓卫人，元年任。

万历三年改设参将

先该蓟镇督抚官题称，山海关守备合当改设参将一员，分守地方，该部议覆相应。今特命尔充参将，分守山海关，南自南海口关海边起，西北至寺儿峪堡，接一片石关南山墩南山崖止，计地五十里。所辖把总十二员，关堡七处。操练军马，修理城池，断绝隘口，防御贼寇，访察奸细。每遇深冬，督率军士打凿海口冰块，以防不虞。北山敌台时加修葺，两防之日照旧。修筑墩墙，削铲偏坡，多挖品窖，加谨堤备，不许怠忽。若本路有事止守本关，或前屯中前所有警，尔即统兵出关应援。若燕、石等处有警，听督抚等官随宜调用，方许离关。其盘诘事务、验放客商，与守关主事公同计议而行。不得偏执违拗。指挥等官敢有玩法怠事者，听尔惩治。尔仍听总督镇巡官节制。尤须持廉守法，以副委任。如或贪黩偾事，法不轻贷。尔其慎之，故谕。

隆庆

张良臣　宁远卫人，三年任。

莫如德　龙门所人，三年任。

管　英　金吾右卫人，四年任。

孙朝宗　榆林卫人，六年任。

聂大经　大宁前卫人，六年任。

万历

林　岐　彭城卫人，元年任。

陶世臣　永平卫人，二年任。

沈思学　宿州人，二年任。

王　通　榆林人，三年任。

王有臣　东宁人，四年任。

吴惟忠　义乌人，五年任。

杨　立　延安卫人，七年任。

谷承功　永平卫人，九年任。

王守道　广宁卫人，十一年任。

王有翼　铁岭卫人，十二年任。

谷承功　十四年再任。

张应种　东宁卫人，十五年任。

姜显宗　榆林卫人，十六年任。

张守职　彰德卫人，十八年任。

孙一元　宣府卫人，十九年任。

郭梦徵　广宁中卫人，二十一年任。

李承祖　绥德卫人，二十二年任。

杨　元　定辽左卫人，二十四年任。

蔺登瀛　龙骧卫人，二十四年任。

聂　钰　燕山右卫人，二十六年任。

李自芳　小兴州人，二十七年由海防任。

敕石门寨参将

　　先该总督蓟辽等处军务官题称，蓟州重镇，藩屏京师，各处要害地方，合当添官，分路久任，庶几事有责成，事下该部议覆相应。今特命尔以副总兵管参将事，分守蓟州、石门寨等处地方，尔宜查照先今题准事理，东自一片石南山崖起，西至甘泉堡西界，接星星峪堡交界止，计地一百六十里。其一片石、大毛山、义院口三提调官及关营寨堡共三十三处，俱属尔管辖。尔严督前项地方官，操练军马，修理城池，督瞭墩台，防御贼寇。一片石以西，专听尔将所管官军通融拨守，尔仍听总督镇巡官节制。尔须廉以持己，公以处事，仁以恤下，不许贪黩偾事，贻害地方。如违，必罪不宥，尔其慎之，故谕。

嘉靖

龚　廉　易州人，二十八年任。　王　芝　保定人，三十年任。

王允中　辽东人，三十二年任。　张　勋　遂州人，三十四任。

李　章　大同人，三十六年任。

佟　登　辽东人，三十七年任。

白文智　陕西人，四十一年任。

张　功　山东人，四十四年任。

隆庆

李　信　绥德卫人，二年任。

董一元　陕西人，三年任。

李　珍　榆林卫人，四年任。

张拱立　甘州左卫人，五年任。

万历

李　信　七年再任。　　　　　王抚民　绥安卫人，八年任。

毛　策　辽海卫人，八年任。　杨四德　辽东人，九年任。

戴朝弁　辽东人，十一年任。　王　轵　榆林卫人，十三年任。

刘承恩　怀安卫人，十六年任。李应春　虎贲卫人，十八年任。

陈愚闻　绥德卫人，十九年任。樊崇礼　榆林卫人，二十年任。

管一方　安东中屯卫人，二十一年任。

胡世芳　蔚州卫人，二十六年任。

王国梁　宣府前卫人，二十六年任。

丁世用　榆林人，二十五年任。

李芳春　平虏卫人，二十七年任。

牛伯英　二十七年任。

敕燕河路参将

先该总督蓟辽等处军务官题称，蓟州重镇，藩屏京师，各该要害地方，合当添官，分区久任，庶几事有责成，该部议覆相应。今特命尔充参将，分守蓟州、燕河营等处地方。尔宜查照先今题准事理，西自冷口、石门子口关西琵琶稍墩起，东至桃林口关河东界止，计地八十七里。其永平守备冷口、桃林口二提调官，并燕河等四营、冷口等六关、佛儿峪等三寨，共十三处，俱属尔管辖。尔严督前项地方官，操练军马，修理城堡，督瞭墩台，防御贼寇。凡军中一应合行事宜，仍听总督镇巡官节制。尔须廉以持己，公以处事，仁以恤下。不许贪黩偾事，贻害地方。如违，必罪不宥。尔其慎之，故谕。

成化

胡 庸	永平卫人。	王 福	吴 铎	赵 源
李 铭	山东人。	王 昶		
阮 兴	会州卫人。	赵 瑄	杨 胜	

弘治

白 琮 　 高 瑛 　 武城中卫人。

正德

李 洪	山海卫人，二年任。	刘 玉	金吾右卫人，二年任。
王 钦	应天卫人，四年任。	张 安	府军前卫人，五年任。
陈 勋	宣府人，七年任。	程 溇	济阳卫人，十年任。
夏 仁	蓟州人，十三年任。	叶凤仪	锦衣卫人，十四年任。
高 谦	燕山卫人，十六年任。	王孝忠	辽东人，十六年任。

嘉靖

朱 卿	真定府人，元年任。	杨 鼎	义勇右卫人，四年任。
白 珩	京卫人，七年任。	周良臣	营州前屯卫人，九年任。
王 钰	大同前卫人，十二年任。		
赵 卿	山东人，十三年任。	邓 安	京卫人，十五年任。

李　镇　武骧左卫人，十七年任。

萧　宝　永清右卫人，十八年任。

成　勋　蓟州人，二十一年任。**朱　楫**　永平人，二十四年任。

叶　昂　大同人，二十七年任。**何　镇**　卢龙人，三十二年任。

蒋承勋　辽东人，三十三年任。**王允中**　辽东人，三十五年任。

李康民　永平人，三十六年任。

时　銮　榆林卫人，三十八年任。

雷　龙　巩昌人，四十年以副总兵任。

李　意　蓟州卫人，四十年以副总兵任。

佟　登　辽东人，四十一年以副总兵任。

傅　津　榆林人，四十二年以副总兵任。

王治道　辽东人，四十四年任。

隆庆

张　冬　昌平卫人，二年任。　　张　礼　榆林卫人，五年任。

史　纲　大同前卫人，二年任。**王　通**　榆林人，五年任。

马承胤　永平人，六年任。

万历

张　爵　忠义中卫人，元年任。**聂大经**　大宁前卫人。

陈文治　登州卫人，五年任。　　**高如桂**　绥德卫人，八年任。

胡天定　义乌人，九年任。　　　**姜显宗**　榆林卫人，十一年任。

钱国用　阳和卫人，十二年任。**徐从义**　绥德卫人，十二年任。

王　通　十三年再任。　　　　　**任自强**　阳河卫人，十四年任。

孟尚义　宣府人，十五年任。　　**褚东山**　羽林卫人，十八年任。

管一方　安东中屯卫人，十九年任。

薛虎臣　定兴人，二十一年任。

刘继本　莱州卫人，二十三年任。

张　楷　济宁卫人，二十六年任。

陈愚闻　绥德卫人，二十六年任。

建昌路参将　原系协守营

嘉靖

卢国让　临清人。　　　　　　**周孚光**　蓟州卫人。

季　潮　绥德卫人。　　　　　**张懋勋**　山海卫人。

胥进忠　广宁卫人。

以上系游击，驻扎永平府。

隆庆

杨　腾　广宁中卫人，元年任。　**谷承功**　永平卫人，三年任。

王　轸　涿州人，五年任。

万历

谢惟能　开平卫人，元年任。　　**姚天与**　广宁左卫人，三年任。

张　爵　忠义中卫人，四年任。　**黄孝感**　睢阳卫人，八年任。

王国翼　万全左卫人，十二年任。

解一清　宣府前卫人，十三年任。

张汝忠　锦衣卫人，十六年任。

林　桐　太原右卫人，十八年任。

麻承训　大同右卫人，十九年任。

周　俊　太原右卫人，二十年任。

李如梅　铁岭卫人，二十一年任。

王承业　太原右卫人，二十二年任。

詹鞠养　铁岭卫人，二十四年任。

以上驻扎台头路。

万历二十四年敕署都指挥佥事为参将

今特命尔充参将，分守蓟镇建昌路等处地方。驻扎建昌路，操练军马，修理城堡，督瞭墩台，防御贼寇。凡军中合行事宜，悉听总督镇巡官节制。其三年之后，保塞无事，论叙优赏及拒遏贼退比例升级。与各分边墙交界所属隘口，东自梧桐谷地方东尖山东空，接燕河路属青山口提调下割属重谷口交界起，西至冷口关守备下白道子关地方白草洼，接中协所属太平路擦崖子守备下地方白羊谷东界止，计地六十九里零七十七丈六尺，俱属尔信地。该管桃林、冷口守备官二员。其建昌营都司专听协守节制，不属路将管辖。尔须持廉奉法，图副委任，不许贪黩偾事，贻害地方。如违必罪不宥。尔其慎之，故谕。

贾应隆　东胜右卫人，二十四年任。
魏邦辅　抚宁卫人，二十六年任。
陈　燮　滁州卫人，二十七年任。
杨　廉　二十四年任。

建昌车营都司

万历

叶　鎧　处州卫人，元年任。　刘德温　开平卫人，三年任。
李　蓁　密云卫人，四年任。　艾应诏　榆林卫人，五年任。
朱　寿　通州右卫人，七年任。马魁武　河间卫人，十年任。
胡懋功　青州卫人，十二年任。
茹宗汤　东胜右卫人，十四年任。
宗应魁　密云右卫人，十六年任。
陶思仁　金吾右卫人，十八年任。
王　问　义勇右卫人，十九年任。
李宗牧　营州右屯卫人，二十一年任。
刘国威　广宁中卫人，二十四年任。
王养贤　山海卫人，二十五年任。
胥应征　南京留守左卫人，二十六年任。

南兵营游击

万历

龚子敬　义乌人，十三年任。　张　榜　章丘人，十八年任。

沈　茂　山阴人，十九年任。　吴邦正　沈阳卫人，二十年任。

许国威　晋江人，二十一年任。

李皆春　松江府人，二十二年任。

骆尚志　余姚人，二十三年任。

李自芳　小兴州人，二十四年任，转海防。

万历二十五年添设海防游击，寻裁革。

柳邦奇　巴陵人，二十五年任。

马绍援　金山卫人，二十六年任。

吴存贤　锦衣人，二十七年任。

叶思忠　□□□人，二十四年任。

永平守备

正统

罗　政　永平卫人。　　　胡　镛　永平卫人。

陈　瑄　永平卫人。　　　胡　瀚　镛子。

罗　纲　政子。　　　　　郭　英　蓟州卫人。

王　瑾　羽林前卫人。　　郭　铉　金吾前卫人。

刘　瑁　羽林前卫人。　　单　聚　锦衣卫人。

萧　瑾　锦衣卫人。　　　杨　玉　锦衣卫人。

周　侨　锦衣卫人。　　　康　雄　锦衣卫人。

刘　宁　羽林卫人。　　　黄　瑾　京卫人。

李　铠　旗守卫人。　　　张天民　旗手卫人。

陈宗言　前屯卫人。　　　毛绍忠　密云卫人。

姚　海	腾骧右卫人。	成　勋	蓟州人。
吴　涞	定辽卫人。	周孚先	蓟州人。
陈　淮	东胜左卫人。	祝　福	山海卫人。
郭秉中	彭城卫人。	孙　昂	镇朔卫人。
周孚先	再任。	陈尧勋	宗言子。
卢国让	临清卫人。	陈逢吉	涿州卫人。
徐　勋	蓟州人。	胥进忠	广宁卫人。
罗维冕	广宁卫人。		

隆庆

姜　俊	金吾人，二年任。	李　沛	真定人，三年任。
葛绍忠	锦衣人，四年任。	李惟学	济宁人，六年任。

万历

王添职	绥德人，三年任。	刘应时	德州人，四年任。
陈汝忠	锦衣人，四年任。	吴道行	扬州人，七年任。
陈邦哲	定辽人，九年任。	陈永福	腾骧，十一年任。
陈　仲	济阳，十三年任。	陈　燮	滁州，十五年任。
王　洪	蓟州，十七年任。	陈曰栋	河南，二十年任。
王　诰	陕西，二十二年任。	青若水	陈州，二十三年任。
周永祜	锦衣，二十四年任。	顾邦镇	天津，二十七年任。

义院口　原设提调

嘉靖

刘　富	兖州，四十年任。	朱继文	定辽，四十二年。
薛　经	镇朔，四十四年。		

隆庆

李　文	永平卫，元年任。	李　蓁	密云卫，三年任。
黄孝感	睢阳卫，四年任。	陈　忠	金门人，六年任。

万历

刘文瀚　永平卫，三年任。　　李　诏　蓟州卫，七年任。

林大宾　镇东卫，八年任。　　陆国辅　东胜卫，九年任。

孙继祖　茂陵，十一年任。　　刘　勋　抚宁，十五年任。

周　表　忠义，十七年任。

万历十九年改设守备

程　灿　兴州，十九年任。　　呼　振　绥德，十九年任。

贾　柱　宣府，二十年任。　　吴一元　永陵，二十二年任。

李逢阳　山海，二十三年任。　万民英　陈州。二十四年任。

张继祖　山海，二十五年任。　吴　谭　绥德，二十六年任。

界岭口　原设提调

嘉靖

张　廉　南阳，四十一年。　　耒　臣　宁夏，四十二年。

王　统　东宁，四十二年。　　张　忠　梁城，四十四年。

殷　佐　蓟州，四十五年。

隆庆

徐从义　陕西人，元年任。　　刘　刚　密云人，二年任。

谷承功　永平卫，三年任。　　王　轸　涿鹿人，四年任。

陶于儒　卢龙人，五年任。

万历

王　杰　山海人，元年任。　　尤　政　观海人，三年任。

李宗召　定辽人，四年任。　　赵　绅　遵化人，六年任。

毛一隅　东胜人，八年任。　　王　钦

吴　颙　密云，十二年任。　　王伟忠　广宁，十二年任。

吴守德　密云，十五年任。　　徐光启　绥德，十五年任。

傅国忠　山海，十七年任。　　杨继祖　永陵，十七年任。

张光耀　抚宁，十八年任。

万历二十二年改设守备

杨应春　龙骧，廿二年任。　　王　璧　榆林，廿二年任。

夏应元　大宁，廿六年任。　　左守廉　遵化，廿六年任。

桃林口　原设提调

嘉靖

杨维奇　辽东，四十年任。　　李　景　蓟州，四十一年任。

文　栋　锦州，四十五年任。

隆庆

刘　坤　镇朔人，元年任。　　刘德温　开平人，四年任。

万历

胡天定　羽林人，二年任。　　周文锦　锦州人，四年任。

张维豆　绥德人，五年任。　　张茂桐　保定人，七年任。

宋可参　羽林人，八年任。　　张绍芳　东胜，十二年任。

张　旆　兴州，十三年任。　　崔大相　榆林，十五年任。

张　旆　十六年再任。　　　　何继善　兴州，十六年任。

张九皋　兴州，十七年任。

万历二十一年改设守备

李逢阳　山海，廿一年任。

吴一元　永陵，廿三年任。

嵇可教　神武，廿六年任。

冷口　原设提调

嘉靖

张　斌　永平，四十年任。　　褚光祖　忠义，四十二年。

李 文　永平，四十二年。　　　陈 耀　永平，四十年任。

隆庆

谷承功　永平人，二年任。　　　刘从武　万全人，三年任。

孙世勋　山海卫，四年任。　　　葛绍忠　永平人，六年任。

万历

李 燧　观海人，三年任。　　　刘 经　蓟州人，六年任。

彭友德　兴州人，七年任。　　　陈 仲　济阳人，十年任。

赵以钦　登州，十三年任。　　　张 澄　康宁，十四年任。

徐天爵　蓟州，十四年任。　　　郑济民　长安，十七年任。

马 鉴　蓟州，十八年任。

万历二十年改设守备

蓝守禄　绍兴人，二十年任。

朱洪范　武骧，廿三年任。

张九德　金吾，廿六年任。

黄土岭提调

嘉靖

王廷栋　东胜，四十一年。　　　王 杰　山海，四十三年。

江 川　兴州，四十四年。

隆庆

张 忠　梁城所，二年任。　　　李宗诏　定辽卫，三年任。

李尚贤　固原卫，六年任。

万历

卢盈科　濮州人，二十年。　　　王 龙　兴州人，六年任。

钱应乾　杭州，十二年任。　　　严 言　杭州，十一年任。

王伟忠　广宁，十二年任。　　　张耀先　抚宁，十二年任。

李时茂	永平，十三年任。	黑云凤	广宁，十五年任。
张茂桐	保定，十八年任。	贾 柱	宣府，十九年任。
呼 振	绥德，二十年任。	傅国忠	山海，廿一年任。
马大捷	通州，廿二年任。	张九经	睢阳，廿三年任。
吴 谭	绥德，廿四年任。	王 纶	保定，廿六年任。

大毛山提调

嘉靖

马文龙	广宁，四十年任。	张 覃	广宁，四十五年。

隆庆

孙继武	镇朔人，二年任。	张 纠	定辽人，三年任。
吴惟忠	海门人，四年任。	徐存义	绥德人，六年任。

万历

范朝恩	绍兴人，元年任。	景良忠	金华人，四年任。
华宗周	永清人，七年任。	王之翼	定辽，十二年任。
黄 钰	东胜，十二年任。	周尚文	镇朔，十六年任。
刁守节	兴州，十七年任。	王 勇	威远，二十年任。
丁世用	榆林，廿一年任。	周应乾	镇朔，廿三年任。
高如松	绥德，廿三年任。	黄宗懋	金华人，廿五年任。
高应龙	密云，廿六年任。		

青山口提调

嘉靖

康斗南	永平，四十年任。	张世武	辽阳，四十一年任。
白 素	保定，四十二年。	胡永昌	开平，四十三年。
柴良弼	保定，四十三年。	李 文	

周　用	通州，四十五年。	施国藩	山海，四十五年。

隆庆

王廷栋	东胜人，元年任。	赵大刚	山海人，二年任。
伍　潮	榆林人，三年任。	叶　鲙	处州人，六年任。

万历

刘　松	东胜人，元年任。	陆弘道	兴州人，四年任。
马得禄	绥卫人，八年任。	许大爱	平山人，九年任。
江一鹏	兴州人，十二年。	徐国祯	山海，十四年任。
尚国贤	万全，十五年任。	吴守忠	密云，十五年任。
吴继璘	抚宁，十六年任。	赵仲卿	辽东，十九年任。
焦时雍	定边，廿一年任。	王　藩	抚宁，廿五年任。
丁从启	直隶，廿六年任。		

永平卫

都指挥佥事

谷　祥	从军功升，承功袭。
李逢时	以参将升现存。

指挥使

马　驹	从军功升，今逢皋袭。
李　虎	从军节升，今尽忠袭。

挥　同

罗　忠	从军功升，今灿袭。
王　宪	从军节升，今效良袭。

李　忠　从军功升，今师靖袭。
李　贵　从军节升，今国聘袭。
张　福　从军功升，今继先袭。

挥　佥

曹　成　从军节升，今应登袭。
谷　成　从军节升，今宁国袭。
马帖木儿　从军功升，今承勋袭。
陈佛保　从军节升，今纪袭。
胡　昚　从军功升，今承宗袭。
庞　得　从军功升，今效良袭。
姚来旺　从军功升，今国舜袭。
范　广　功升，今济众袭。
侯阿鲁　从军功升，今大功袭。

镇　抚

李显忠　从军节升，今联芳袭。
王得聚　从军节升，今嘉猷袭。

千　户

葛　旺　从军功升，今津袭。
陈不采　从军节升，今守贞袭。
汪　成　从军节升，今之屏袭。
贾添祥　从军功升，今文升袭。
李　敬　从军节升，今鉴袭。
司　贵　从军功升，今文袭。

陈逢春　节升，今平东袭。

吴　成　从军节升，今守清袭。

李　胜　从军节升，今九成袭。

缪三儿　从军节升，今洪山袭。

路　彬　从军功升，今坦袭。

李　显　从军功升，今添福袭。

张　用　从军节升，今昌胤袭。

康　宁　从军节升，今三接袭。

石　忠　从军功升，今国用袭。

副 千

张　荣　从军功升，今应光袭。

倪　旺　从军功升，今尚仁袭。

周　敏　从军功升，今文耀袭。　刘　忠　从军功升，今守先袭。

高　文　从军节升，今勇袭。　朱　贵　从军功升，今奇勋袭。

章　永　从军功升，今思恭袭。　童　暹　从军功升，今文学袭。

张　相　从军节升，今寅袭。　陈　贵　从军功升，今金袭。

孙　贵　从军功升，今守业袭。

徐猪狗　功节升，今绍武袭，赐姓张。

白卯海　从军功升，今应节袭。　刘　勇　从军功升，今继祖袭。

倪阿保　从军功升，今国柱袭。　蔡　成　从军功升，今添爵袭。

郭　义　从军功升，今靖袭。　邵　福　节升，今宇袭。

陈　荣　从军功升，今应魁袭。　王佛受　从军功升，今国柱袭。

李　达　从军节升，今坤袭。　张　俊　从军节升，今策袭。

陈　胜　从军功升，今国祥袭。

谷承功　在成以把总领兵官功升。

赵　捏　从军节升，今仲良袭。　杨　胜　从军功升，今时振袭。

台　平　从军功升，今纲袭，赐姓刘。

吴　本　从军功升，今尚臣袭。　　陆阿昇　从军功升，今九龄袭。

殷　用　从军功升，今绍忠袭。　　潘　旺　从军功升，今柱袭。

钱甫海　从军节升，今遇选袭。　　王　兴　从军功升，今守仁袭。

张　隆　从军功升，今勋袭。　　　马文胜　从军节升，今爵袭。

顾　受　从军功升，今世勋袭。　　杨　兴　从军节升，今镳袭。

百　户

武　才　从军节升，今良牧袭。　　陈　荣　从军节升，今学忠袭。

陶玄儿　从军节升，今梦箕袭。　　陈　赛　从军节升，今光裕袭。

王　成　从军节升，今崇武袭。　　李良儿　从军功升，今国忠袭。

田　旺　从军功升，今遇春袭。　　华　资　从军节升，今国袭。

戴歪头　从军功升，今永康袭。　　陈来星　从军节升，今大本袭。

曾继先　从军节升，今勇袭。　　　毛　成　从军节升，今承爵袭。

贾小六　从军节升，今继宗袭。　　王　海　从军节升，今世功袭。

王　兴　从军功升，今守成袭。　　刘　安　从军功升，今雄袭。

邹魏来住　从军功升，今民慕袭。

吴　源　从军节升，今宗舜袭。　　陈　宗　从军节升，今守忠袭。

王　宁　从军功升，今廷福袭。

白达莫儿　从军功升，今耀武袭。

臧文成　从军功升，今继嗣袭。　　朱　真　从军功升，今克功袭。

管　胜　从军功升，今邦宁袭。　　郑　安　从军功升，今国忠袭。

姚　纯　从军节升，今明熙袭。　　许　胜　从军节升，今国相袭。

安　贵　从军功升，今世勋袭。　　姜　海　从军节升，今环袭。

邵阿孙　从军节升，今康袭。　　　何　贵　从军节升，今洲袭。

朱阿喜　从军节升，今世爵袭。　　俞胜孙　从军节升，今永昌袭。

胡保儿　从军节升，今秉忠袭。　　高　贵　从军节升，今世忠袭。

孙　旺　从军功升，今世爵袭。　　杨　清　从军节升，今国栋袭。

郝　寅　从军功升，今应奎袭。　　谢彦章　从军功升，今惟忠袭。

马　得　从军节升，今宗仁袭。　夏真三　从军功升，今云龙袭。

袁　四　从军功升，今相袭。　　郭　二　从军节升，今鸾袭。

李　贤　从军节升，今承业袭。　曲　镇　从军节升，今恩袭。

王　友　从军节升，今好学袭。　王　荣　从军功升，今仲文袭。

钮歪头　从军节升，今斌袭。　　侯　胜　从军功升，今进忠袭。

郭　经　从军节升，今文袭。　　顾志旺　从军节升，今启先袭。

沈均祥　从军功升，今大忠袭。

谢官音保　从军功升，今应时袭。

丁　铭　从军节升，今擢袭。　　吴　成　从军功升，今嘉宾袭。

吴九一　从军节升，今应节袭。

试　百

李从义　从军节升，今应节袭。　吴　斌　从军节升，今嘉庆袭。

宋保四　从军节升，今承爵袭。　李　福　从军节升，今汝孝袭。

王忙家　从军节升，今承勋袭。　杨　能　从军节升，今官袭。

陈　荣　从军节升，今应奎袭。　李狗儿　从军节升，今国忠袭。

蔡官保　从军节升，今光祖袭。　刘　兴　从军节升，今镇袭。

萧　一　从军节升，今承勋袭。　刘　茂　从军节升，今文瀚袭。

杨　显　从军节升，今得时袭。

杜自兴　从军节升，今朝栋袭。

盛　真　从军节升，今朝卿袭。

刘　刚　从军节升，今宠袭。

何　成　从军功升，今刚袭。

卢龙卫

指挥使

胡　旺　功升，今藩华袭。

挥 同

焦　恕　功升，今效良袭。　　宋　堂　功升，今大忠袭。

刘　江　功升，今麒袭。

挥 佥

高　彝　功升，今承祖袭。　　董　兴　功升，今胤绥袭。

郭　昱　功升，今世勋袭。　　陈　宗　功升，今秉忠袭。

袁　镇　功升，今世臣袭。　　张仁敬　功升，今国臣袭。

张　雄　功升，今国栋袭。　　李　贤　功升，今邦麟袭。

尚九皋　功升，今体仁袭。

镇 抚

刘　昇　功升，今文贵袭。　　赵　本　功升，今承业袭。

千 户

许文贵　功升，今延龄袭。　　杨　宣　功升，今承先袭。

许　通　功升，今进忠袭。　　聂　英　功升，今继臣袭。

李　春　功升，今惟夏袭。　　李　海　功升，今朝聘袭。

何　贵　功升，今承勋袭。　　李　旺　功升，今康衢袭。

副 千

刘　鉴　功升，今越袭。　　　才任礼　功升，今承恩袭。

杨　教　功升，今守节袭。　　王　昇　功升，今国忠袭。

孙胜博　功升，今朝用袭。　　赵　敏　功升，今大梦袭。

陈 义　功升，今继善袭。　　刘 碧　功升，今以忠袭。

吕 通　功升，今封世袭。　　刘 义　功升，今延祚袭。

李 真　功升，今国辅袭。　　王 兴　功升，今实袭。

邵 谅　功升，今世勋袭。　　王 成　功升，今世爵袭。

陈 宗　功升，今九洲袭。　　李 安　功升，今钊袭。

任恭礼　功升，今宗先袭。　　周 成　功升，今世英袭。

吴 铎　功升，今守正袭。　　贾 鹤　功升，今永宁袭。

百 户

赵 进　功升，今承德袭。　　夏 贵　功升，今承舜袭。

李官保　功升，今世臣袭。　　沈 荣　功升，今玉袭。

李 雄　功升，今春袭。　　　王 成　功升，今才袭。

贾 清　功升，今朝栋袭。　　卢 铭　功升，今涌袭。

刘 海　功升，今继武袭。　　张保儿　功升，今驰袭。

韦原佑　功升，今良相袭。　　孙得林　功升，今相袭。

许 信　功升，今守谦袭。　　徐中原　功升，今有为袭。

黄 善　功升，今恩袭。　　　孙 礼　功升，今光溥袭。

赵 铭　功升，今祯袭。　　　李 昇　功升，今承爵袭。

陈 礼　功升，今希尧袭。　　沈 官　功升，今恺袭。

费 贵　功升，今从光袭。

试 百

王 福　功升，今相袭。　　　仇 兴　功升，今和袭。

冯僧奴　功升，今世爵袭。　　周海马　功升，今继先袭。

李彦实　功升，今志真袭。　　廖 忠　功升，今汝槐袭。

东胜左卫

指挥使

张 玘 功升，今承业袭。　　唐 泽 功升，今宾袭。

挥 同

陈 德 功升，今继贤袭。　　孟分住 功升，今国用袭。
高 斌 功升，今崇谦袭。　　吴 兴 功升，今维藩袭。

挥 佥

李 旺 功升，今承爵袭。　　张 清 功升，今怀忠袭。
陈 忠 功升，今思效袭。　　谭里保 功升，今大道袭。
高 名 功升，今世魁袭。　　余 秀 功升，今世禄袭。

千 户

任 俊 功升，今国忠袭。　　陆 胜 功升，今充实袭。
陈合子 功升，今大利袭。　　周 亨 功升，今闰袭。
卢 俊 功升，今海袭。

副 千

罗 源 功升，今效忠袭。　　陈 兴 功升，今世爵袭。
张 友 功升，今世功袭。　　林 信 功升，今应乾袭。
徐 得 功升，今远袭。　　　金 聚 功升，今文耀袭。
李 祯 功升，今承福袭。　　李 义 功升，今应节袭。
陈 义 功升，今什儿袭。　　萧 兴 功升，今世登袭。

薛子钊　功升，今凤鸣袭。　　　刘　凤　功升，今师训袭。
周　山　功升，今继武袭。

百　户

黄　进　功升，今明弼袭。　　　潘甫祥　功升，今世爵袭。
萧　忠　功升，今廷臣袭。　　　闫　聚　功升，今忠信袭。
张　林　功升，今英武袭。　　　杨　兴　功升，今应和袭。
刘　福　功升，今承勋袭。　　　王彦良　功升，今抚民袭。
杜　铭　功升，今科袭。　　　　田　得　功升，今乃登袭。
李　从　功升，今中节袭。　　　李　斌　功升，今廷栋袭。
张文德　功升，今恩袭。　　　　白　恭　功升，今九臻袭。
汪　祥　功升，今廷福袭。　　　马　忠　功升，今永祯袭。
葛　兴　功升，今延松袭。　　　孙　芳　功升，今尚武袭。
杨　芳　功升，今六儿袭。　　　徐　福　功升，今贵安袭。
李　敬　功升，今延禄袭。　　　沈　福　功升，今继先袭。
陈　成　功升，今仲金袭。　　　卜秃子　功升，今继勋袭。

所　镇

李　昶　功升，今世臣袭。

内三卫经历

永平卫
王　瀚　山东人。　　　　吴光祚　休宁人，吏员。
陈　璧　上虞人，监生。　　倪　纯　怀宁人。
卢龙卫
梁　佳　常邑人，监生。　　胡崇尧　南昌人，吏员。

门向岱　内江人，吏员。　　　方道浦　弋阳人，吏员。

陈尚爱　四川人，吏员。

东胜左卫

陈存德　东莞人，吏员。　　　薛一谟　福清人，监生。

抚宁卫

指挥使

陈　敬　从军功升，今守荫袭。

林孛老察儿　功升，今有声袭。

孟　益　从军功升，今应麟袭。

毛　信　从军功升，今继麒袭。

挥　同

孙　聚　从军功升，今敬袭。　　刘　兴　从军功升，今国辅袭。

陈　福　从军功升，今力袭。　　赵真兴　从军功升，今科袭。

魏　成　从军功升，今邦辅袭。

挥　佥

张　辉　从军功升，今耀先袭。　高　得　从军功升，今万里袭。

吴汧　从军功升，今俊杰袭。　　凌　旺　从军功升，今效忠袭。

纪　二　从军功升，今国柱袭。　宋　忠　从军功升，今晖袭。

吴驴驴　从军功升，今世忠袭。　夏黑二　从军功升，今应魁袭。

钟　讨　从军功升，今楷袭。　　刘　聚　从军功升，今天梯袭。

萧　通　从军功升，今继英袭。　曹　得　从军功升，今纲袭。

张　能　从军功升，今绳武袭。　王　荣　从军功升，今藩袭。

镇　抚

陈　政　从军功升，今尚忠袭。

千　户

周　孚　从军功升，今继祖袭。　程　寿　从军功升，今万里袭。

陈召三　从军功升，今应魁袭。　任　兴　从军功升今先登袭。

范　琪　从军功升，今楫袭。　　李　忠　从军功升，今守浊袭。

丘佛僧　从军功升，今承武袭。　陈得信　从军功升，今国宁袭。

侯得源　从军功升，今贵袭。　　王　聚　从军功升，今承爵袭。

王　义　从军功升，今世功袭。　余　海　从军功升，今节袭。

副　千

王　胜　从军功升，今新国袭。　傅　文　从军功升，今永清袭。

胡　达　从军功升，今邦佐袭。　罗　福　从军功升，今世勋袭。

朱陶保　从军功升，今承印袭。　谢　成　从军功升，今宗鲁袭。

陈弟儿　从军功升，今王政袭。　王伯荣　从军功升，今国祯袭。

贾　成　从军功升，今承惠袭。　潘　成　从军功升，今炳袭。

白小厮　从军功升，今廷相袭。　汤回子　从军功升，今永袭。

蔡　式　从军功升，今滋袭。　　白　名　从军功升，今天极袭。

毕甫成　从军功升，今朝宗袭。　韩　大　从军功升，今效先袭。

袁　钦　从军功升，今光祖袭。　宋　英　从军功升，今朝用袭。

王　成　从军功升，今永焘袭。　黄牛儿　从军功升，今世禄袭。

邸得新　从军功升，今泰袭。　　张红眼　从军功升，今绅袭。

石　大　从军功升，今崧袭。　　张仲礼　从军功升，今廷梁袭。

殷　名　从军功升，今尚忠袭。　卢　敬　从军功升，今志道袭。

沈　成　从军功升，今朝卿袭。　孙　兴　从军功升，今雄袭。

陆　福　从军功升，今应登袭。　荣　华　从军功升，今应时袭。

百　户

李忭保　从军功升，今文登袭。　方狗儿　从军功升，今体乾袭。

董毛儿　从军功升，今应魁袭。　成乞马　从军功升，今天佑袭。

杨　忠　从军功升，今文袭。　　于　江　从军功升，今龙袭。

徐冬儿　从军功升，今承功袭。　陈　聚　从军功升，今大贤袭。

袭　辅　从军功升，今承恩袭。　王成甫　从军功升，今汝忠袭。

陈　福　从军功升，今万策袭。　罗　善　从军功升，今应爵袭。

樊　章　从军功升，今镇袭袭。　康　贤　从军功升，今云袭。

贾存儿　从军功升，今进忠袭。　梁　敬　从军功升，今材袭。

康成儿　从军功升，今济民袭。　曹彦和　从军功升，今光炫袭。

李和兴　从军功升，今文昇袭。　张成儿　从军功升，今国斌袭。

白　友　从军功升，今平袭。　　王　纲　从军功升，今应元袭。

解　九　从军功升，今国重袭。　贾　兴　从军功升，今应魁袭。

许　能　从军功升，今应科袭。

陈五十九　从军功升，今思恭袭。

王　兴　从军功升，今守志袭。

魏廷玉　从军功升，今自登袭。

于　原　从军功升，今相袭。　　晏大名　从军功升，今应选袭。

郝　福　从军功升，今陛袭。　　王四儿　从军功升，今祯袭。

赵善甫　从军功升，今相袭。　　公纳善　从军功升，今栋袭。

王四儿　从军功升，今大臣袭。　赵　成　从军功升，今国卿袭。

吴　胜　从军功升，今继先袭。　陆吴保　从军功升，今承恩袭。

于　成　从军功升，今尚武袭。　谈　信　从军功升，今承印袭。

刘　成　从军功升，今芳袭。　　李　大　从军功升，今凤袭。

高狗儿　从军功升，今朝用袭。
苏　得　从军功升，今承武袭。
赵　祥　从军功升，今久中袭。

试　百

郭　义　从军功升，今廷用袭。　苗　清　从军功升，今承芳袭。
牛　潜　从军功升，今世武袭。　尹　得　从军功升，今辅佐袭。
苏　贵　从军功升，今三省袭。

所　镇

徐　原　从军功升，今廷相袭。

山海卫

都指挥同

王　钦　从征功升，今世爵袭。

都指挥佥

赵来住　从征功升，今勋袭。

指挥使

赵铁赤　从征功升，今之珮袭。　吕　毅　从征功升，今功臣袭。
哈喇帖木　功升，今李天培袭。　张　忠　从征功升，今效良袭。
徐当海　从征功升，今启龙袭。　魏　忠　从征功升，今承爵袭。

挥 同

施 三　从征功升，今惟可袭。　你哈不花　功升，今李逢阳袭。

冻士通　克取功升，今应敕袭。　戴 成　功升，今邦瑞袭。

徐 义　从征功升，今承爵袭。　王 荣　从征功升，今道隆袭。

杜 赛　功升，今崇明袭。　郭 二　功升，今东光袭。

李 德　从征功升，今世爵袭。　石 柱　功升，今维岳袭。

符狗儿　功升，今应爵袭。　孙 荣　从征功升，今政卿袭。

刘 二　功升，今安民袭。

挥 佥

徐 整　从征功升，今世忠袭。　任 福　功升，今重袭。

何 通　功升，今廷瑞袭。　徐舍子　从征功升，今应兆袭。

吕大已　从征功升，今熊兆袭。　傅庄儿　从征功升，今国忠袭。

周黑斯　从征功升，今勋袭。　刘得全　从征功升，今应聘袭。

苏 能　从征功升，今冠袭。　林 得　从征功升，今树勋袭。

李源僧　功升，今春芳袭。　李子实　功升，今宗舜袭。

失 黑　功升，今李进忠袭。　赵 玉　从征功升，今继业袭。

张 俊　功升，今继祖袭。

哈喇勒　从征功升，今李天保袭。

曹 大　从征功升，今玉明袭。　吕闹儿　从征功升，今大治袭。

千 户

赵大洪　从征功升，今高尚志袭。

赵 谅　从征功升，今丕训袭。

居得成　克取功升，今福袭。　王 礼　从征功升，今守盈袭。

孙 原　从征功升，今一魁袭。　薛彦名　克取功升，今继勋袭。

王　忠　功升，今光祖袭。　　狄　春　从征功升，今守节袭。

孟　受　从征功升，今守清袭。　孙　林　克取功升，今懋冠袭。

陈木兴　从征功升，今得用袭。　杨瞎儿　克取功升，今畏知袭。

任祖得　从征功升，今进孝袭。　洪胜八　从征功升，今大金袭。

蔡不士　功升，今添启袭。　　范正兴　从征功升，今一元袭。

副　千

李　忠　功升，今承爵袭。　　李长安　功升，今应时袭。

邢　二　功升，今继祖袭。　　周　辛　从征功升，今继冠袭。

潘大先　从征功升，今鸿呆袭。　刘　兴　从征功升，今继祖袭。

施　成　从征功升，今效忠袭。　李　忻　功升，今时庸袭。

李　成　从征功升，今永清袭。　赵　兴　从征功升，今宗武袭。

杨　春　从征功升，今国宾袭。　钟五四　功升，今大节袭。

张文秀　功升，今承荫袭。　　朱　元　从征功升，今恩袭。

高　兴　从征功升，今大冠袭。　李　通　从征功升，今成光袭。

李　福　从征功升，今时泰袭。

孙　德　从征功升，今思艰袭。　杜孝德　从征功升，今承恩袭。

解　成　从征功升，今进忠袭。　周从善　从征功升，今良栋袭。

王　就　功升，今辇袭。　　　徐　胜　从征功升，今国宾袭。

叶　名　从征功升，今胜袭。　　刘　兴　功升，今福袭。

徐　舍　从征功升，今文模袭。

百　户

谭　成　功升，今大金袭。　　李　源　从征功升，今冠袭。

向仁轻　功升，今大臣袭。　　张缺关　克取功升，今朝臣袭。

李　宗　从征功升，今得延袭。　曹　安　从征功升，今思忠袭。

贾三汗　从征功升，今文学袭。　徐真保　从征功升，今承功袭。

郭　顺	从征功升，今良弼袭。	李　友	从征功升，今遇春袭。
高小七	从征功升，今承荫袭。	徐颇儿	从征功升，吴世勋袭。
徐　忠	从征功升，今可久袭。	周　浩	从征功升，今道行袭。
傅　兴	从征功升，今朝夯袭。	查　斌	从征功升，今添爵袭。
潘达达	从征功升，今应魁袭。	马旺乙	从征功升，今应选袭。
潘　福	克取功升，今良辅袭。	赵二公	克取功升，今英光袭。
吴　二	从征功升，今从政袭。	张仓儿	从征功升，今世清袭。
杨　荣	从征功升，今添爵袭。	郭　用	从征功升，今永安袭。
边　荣	从征功升，今围静袭。	计得林	从征功升，今廷辅袭。
高　官	从征功升，今祭袭。	陈　广	克取功升，今献策袭。
常　顺	从征功升，今思孝袭。	温闹儿	从征功升，今添爵袭。
魏　淮	从征功升，今承荫袭。	张均佐	从征功升，今鹏袭。
段　秀	从征功升，今九成袭。	张文裕	从征功升，今崇爵袭。
任广儿	从征功升，今世勋袭。	张　宽	克取功升，今文辅袭。
孙　荣	从征功升，今添相袭。	许保儿	从征功升，今承爵袭。
张　从	从征功升，今尚礼袭。	倪九三	从征功升，今国栋袭。

试　百

谭秃鲁	克取功升，今世禄袭。	周福善	从征功升，今进官袭。
吴　福	从征功升，今文用袭。	鲍　顺	从征功升，今一元袭。
刘　成	从征功升，今朝勋袭。	蒋　英	从征功升，今承爵袭。
仇　成	从征功升，今添爵袭。	刘九儿	从征功升，今士瀛袭。
汪　朝	从征功升，今继先袭。	张　成	从征功升，今双承袭。

兴州右屯卫

指挥使

魏　显　从军功升，今光袭。

刘　荣　从军功升，今世桂袭。
王大重　节升，今世宁袭。

挥　同

潘仲祥　从军功升，今一桂袭。
许　智　从军节升，今致忠袭。
朱　成　从军功升，今克俭袭。

挥　佥

彭　遇　从军节升，今友德袭。　陆　贤　节升，今世高袭。

镇　抚

程　高　从军节升，今耀袭。　　何　全　从军节升，今世勋袭。

千　户

赵敬忠　从军节升，今世勋袭。　朱　兴　节升，今承文袭。
孙　钦　节升，今振先袭。　　　蒋　显　从军功升，今国卿袭。
燕　旺　从军节升，今得秋袭。　张友德　从军节升，今斾袭。
周　铭　节升，今大观袭。　　　张继先　从军节升，今汝庚袭。
张　贵　节升，今中美袭。

副　千

黄　胜　从军节升，今承先袭。　汤遇泉　从军功升，今懋德袭。
赵　忠　从军功升，今国卿袭。　曾　善　从军节升，今世文袭。

张　真　从军节升，今九皋袭。　　李　荣　从军节升，今成袭。

沈　成　从军功升，今学诗袭。　　段　文　功升，今承功袭。

牛　信　从军节升，今世用袭。　　侯　兴　节升，今心膂袭。

王黑厮　从军功升，今国玺袭。　　韩玉春　节升，今国祯袭。

李　云　从军节升，今承绪袭。　　李　用　从军节升，今生光袭。

金　贰　从军功升，今声袭。　　　李　甫　节升，今应元袭。

百　户

潘孙儿　从军节升，今国忠袭。　　周　得　从军节升，今良翰袭。

包　遇　从军节升，今闵袭。　　　任　贤　从军节升，今万里袭。

危　原　从军节升，今勋袭。　　　阴　德　从军节升，今守忠袭。

夏　受　从军节升，今承胤袭。　　郝甫全　从军功升，今铎袭。

陆福四　从军功升，今应魁袭。　　聂圭乙　从军节升，今添佑袭。

李　兴　从军节升，今嗣强袭。　　王三姐　从军功升，今相袭。

李丢儿　从军功升，今宗尧袭。　　张　友　从军节升，今应乾袭。

韩　璃　从军节升，今学袭。　　　王　暹　功升，今廷佑袭。

孟　真　功升，今世爵袭。　　　　陈俊中　从军功升，今应节袭。

殷　广　节升，今世勋袭。　　　　吴　才　从军功升，今梦样袭。

周　清　从军节升，今文袭。　　　杨　春　功升，今遇时袭。

刘　福　节升，今东袭。　　　　　刘　清　节升，今永庆袭。

张　福　节升，今振威袭。　　　　杨　兴　节升，今继祖袭。

马　斌　从军节升，今效良袭。　　闫　敬　功升，今棋袭。

王　玺　节升，今承爵袭。　　　　张锁住　从军功升，今进忠袭。

孙　能　节升，今永禄袭。　　　　韩　荣　节升，今世登袭。

杨　兴　功升，今世臣袭。　　　　刘　浩　从军功升，今懋德袭。

曹　信　功升，今师斌袭。　　　　杨　蔑　从军功升，今继贤袭。

赵　贵　从军功升，今世功袭。　　刘　顺　从军功升，今世永袭。

朱　信　从军功升，今添爵袭。　　林　敬　节升，今承胤袭。

韩得春	从军功升，今守忠袭。	**韦思义**	从军功升，今璟袭。
许　德	功升，今受袭。	张　旺	功升，今惠袭。
高　禄	功升，今岳袭。	黎　瑨	功升，今应奎袭。
刘九儿	从军功升，今秉忠袭。	李　胜	功升，今承武袭。
国张家儿	从军节升，今廷相袭。		
王　英	从军功升，今廷刚袭。	王　兴	功升，今自安袭。
陈　聚	功升，今国栋袭。	张　喜	从军节升，今杨武袭。
闫　实	功升，今志功袭。	滕　俊	从军功升，今汝节袭。
轩　林	从军功升，今继祖袭。	赵　智	从军功升，今承爵袭。
丁　鉴	从军功升，今一敬袭。	邢　智	功升，今思敬袭。
刘　兴	从军功升，今勋袭。	赵　敬	从军功升，今得功袭。
周　原	功升，今臣袭。	邢　荣	从军节升，今春袭。

试　百

徐阿奴　从军功升，今宁袭。

李　保　从军功升，今廷保袭。

杨　忠　功升，今可守袭。

叶　广　功升，今应时袭。

所　镇

王　恭　功升，今亦谏袭。

许　富　从军功升，今凤奎袭。

黄福乙　从军功升，今希尧袭。

李　智　问遣今介明，武举有功袭。

右六卫，开国改路为府置卫。魏国经始，鄂国营之。内卫三附郭。靖难师兴，坚守以摧辽阵，从征而抵金川，弭成大业。特优旷典三卫。先胜左而今首卢龙者，以功状世次颇明，亦为卢龙首诸邑也。外卫亦三，其二附县，其一附关，俱属郡东道。而开右亦郡境，官则隶于中道，若赘疣然。诸卫率豢养以坠先绪，良可惜。

内二卫知事

永平卫

张汝昇　唐县人，吏员。　　　林登瀛　福清人，吏员。

陈明谟　青阳人，吏员。　　　周邦表　丹徒人，吏员。

苏康定　商州人，吏员。

卢龙卫

尉　铨　会稽人，吏员。　　　陈　恤　永春人，吏员。

梁志善　定襄人，吏员。　　　段尚恩　铜梁人，吏员。

谭可行　贵溪人。

外三卫经历

兴右屯卫

魏光祖　甘州人，吏员。　　　刘　梗　商丘人，吏员。

孙　洲　海盐人，吏员。　　　田济时　缙云人，吏员。

蔡大化　山阴人，吏员。　　　曹曰绶　青阳人，吏员。

抚宁卫

郭侯疆　龙溪人，吏员。　　　汪应鹤　歙县人，吏员。

吴世祯　贵州人，吏员。　　　甘继状　巴县人，吏员。

耿尚义　武定人，监生。

山海卫

周懋良　永康人，吏员。

王立民　蔚州人，例贡。

武学科正

赵　祐　卢龙人。　　　　　米万仓　锦衣人。

文应诏　锦衣人。　　　　　蔡国春　锦衣人。

戴时动　兴州卫人。　　　　王弘爵　大宁人。

陶世学　会稽人。

‖ 卷之六 ‖

选举志目凡八

唐始明扬，周重宾兴，所以延揽豪杰，以祯王室者也。自德光乱华，永地为戎马战争之场，岂知有中国声名文物之盛哉？故科目之士前志无考。迨我高皇混一幽夏，声教渐敷，至文皇徙都北平，兹地遂为辅畿望郡。人材争自濯磨，以文学起家，往往出为名卿硕辅，琼林瀛洲不啻矣。然国初重荐辟，三途并用，及武科列为四，是以发迹不同，勋勚各异，要皆耿耿烈烈，辉应后先。故志选举以彰我国家教化之治，且以为生斯地者劝。

进 士

洪武乙丑

宋弘道 乐亭人，历官左佥都御史。

永乐乙未

王 翱 滦州人，历吏部尚书、太子太傅。

辛丑

崔 碧 昌黎人，授御史，升山东佥事。

宣德庚戌

解 贯 抚宁人，历官太仆寺少卿。

正统己未

王　锐　迁安人，历官巡抚都御史。

壬戌

张文质　昌黎，礼部尚书、太子少保。

乙丑

李　和　迁安人，历官河南参议。

景泰辛未

刘　宣　卢龙卫，授编修，南京工部尚书。
杨　福　永平卫人，授御史。
李　胜　永平卫人，授御史，至河南佥事。
周　斌　昌黎人，授御史，至湖广布政。

甲戌

杜　谦　昌黎人，授主事，至工部左侍郎。
李　文　迁安人，授户部主事，升运使。
阎　鼐　滦州人，授御史，调主簿，升知县。

天顺丁丑

王　佐　卢龙人，授阳武县知县。

庚辰

刘　恭　乐亭，授兵科给事中，河南参议。

甲申

刘　珙　抚宁人，授刑部员外郎。

成化丙戌

郑　己　山海卫人，选庶吉士，改御史。
萧　谦　永平卫，授大理评事，湖广副使。
杨　祥　永平卫，授宜兴知县，山西佥事。

己丑

张　忱　昌黎人，授兵部主事升郎中。

壬辰

萧　显　山海卫，授兵科给事中，升佥事。

周　茂　卢龙，授大理寺，庆阳、永州知府。

谢　纲　滦州人，授上虞知县。

郝　隆　滦州人，历官金华知府。

张廷纲　永平卫人，授行人。

乙未

魏　琮　迁安人，授乌江知县。

赵　绣　抚宁人，授行人。

戊戌

高　瓃　滦州人，授临邑知县。

茆　钦　卢龙，授行人，改御史，江西佥事。

王　和　迁安，授知县升御史，山东副使。

才　宽　迁安，历工部尚书，赠太子太保。

辛丑

杜　源　昌黎，授大理评事，青州知府。

余　璘　滦州人，授行人，升南京员外郎。

甲辰

郭　镛　兴州右屯，任推官，选御史，副使。

崔　锦　山海卫人。

弘治庚戌

李宗商　乐亭，授主事，历陕西太仆寺卿。

癸丑

高　谦　滦州人，历平凉、巩昌知府。

王　廷　迁安，授兵科给事中，山西佥事。

许　庄　滦州人，授知县，历陕西参议。

李　金　迁安人，历陕西、云南副使。

丙辰

孙　炳　兴州右屯，授评事，历苑马寺卿。

王　春　抚宁人，授检讨，历周府左长史。

郭　经　卢龙人，授知县，历开封府同知。

任　惠　滦州人，授行人，升南科给事中。

王　蕃　滦州人，授御史，历平凉知府。

己未

李　炫　迁安，授主事，历陕西太仆寺卿。

朱　鉴　卢龙，授刑部主事，历青州知府。

王　珝　永平卫人，授兵科给事中，兵部侍郎。

王　辅　滦州人，授行人，历河南副使。

壬戌

张秉清　永平卫人，历按察金事。

鲁　铎　抚宁人，授推官，历山东金事。

陈　鼐　迁安，授知县，升御史，陕西副使。

李　鉴　滦州人，授御史。

正德戊辰

翟　鹏　抚宁，授主事，兵部尚书，总督宣大。

吴　吉　滦州，西安府推官，升户部主事。

辛未

王　念　迁安，授主事，历九江、程蕃知府。

甲戌

杨百之　迁安，授行人，升御史，湖广金事。

王道中　抚宁，授推官，历顺天府尹。

王　翰　昌黎人，授行人。

丁丑

高　轩　迁安人，授户部主事。

白　麒　永平卫人，授丘县知县。

辛巳

廖自显　卢龙卫，授知县，御史，汝宁知府。

嘉靖癸未

赵得祐　卢龙，授御史，历苑马寺卿。

卢耿麒　乐亭人，授主事，山西副使。

李　涵　迁安，授推官，历贵州左布政使。

王　庚　滦州人，历陕西右布政使。

万　义　山海卫人。

丙戌

詹　荣　山海卫，授主事，历兵部左侍郎。

李充浊　永平卫，给事中，左布政使。

段　麒　滦州人，历顺天府丞。

己丑

高　擢　滦州，授吏科都给事中，都御史。

钱　澍　迁安人，授知县。

王　镐　滦州，历右金都御史，巡抚宁夏。

戊戌

厉汝进　滦州人，历户科都给事中。

甲辰

周　冉　滦州人，授汉阳府知府。

庚戌

王好问　乐亭，户部尚书，赠太子太保。

癸丑

穆宁中　山海，授知县，升户部主事。

丙辰

王尚直　昌黎，历工部屯田司郎中。

壬戌

廖际可　卢龙卫人，历嘉兴府同知。

隆庆戊辰

王大用　东胜左卫人，历陕西参政。

辛未

李安仁　兴州右屯，历大理寺、知府。

王胤祥　抚宁，选刑科给事中，历陕西副使。

万历丁丑

韩应庚　东胜左卫人，历陕西、山东巡按御史。

庚辰

冯时泰　山海卫人，历山东参议。

己丑

高　第　滦州，授临颍知县，升户部主事。

魏可简　昌黎，授知县，历吏部主事。

朱文运　卢龙人，历户部主事。

乙未

白　瑜　东胜卫人，翰林院庶吉士，改兵科给事中。

徐云逵　迁安人，历刑部郎中。

戊戌

张鹏翼　滦州人，授滕县知县。

举 人

洪武甲子

温　厚　乐亭人，历左佥都御史。

宋弘道　见进士。

永乐乙酉

姚　著　迁安，授榆次知县，历高州知府。

戊子

刘　哲　卢龙人，任襄垣训导。

田　纛　迁安，授工部主事，应天府治中。

尹　恭　迁安人，授余姚县丞，升知府。

辛卯

李　旺　卢龙人，任灊山知县。

崔　旭　迁安人，任府谷县丞。

刘　让　迁安人。

吴　杰　抚宁人，历湖广右参议。

甲午

赵　忠　卢龙人，选御史，改刑部郎中。

吴　敏　迁安人，任鸿胪寺序班，历知县。

刘　会　滦州人，任固始知县。

刘　干　滦州人，任曹县知县。

王　翱　见进士。

丁酉

杜　兴　迁安，授同知，升大理寺，户部员外郎。

姚　政　抚宁人，历两浙运使。

费　隐　昌黎人，任泽州同知。

刘　鸿　昌黎人，任照磨。

阎　本　滦州人，任徐州同知。

张　勣　滦州人，授御史，升参政。

武　信　滦州人。

孙　白　乐亭人，任杞县知县。

邢　润　乐亭人，任商河知县。

庚子

刘　诚　卢龙人，任工部郎中。

高　明　迁安人，任岳阳县知县。

张　震　昌黎人，任永和县训导。

癸卯

邵　俨　卢龙人，历陕西右参议。

臧　敬　卢龙人。

任　泰　卢龙人。

刘　静　迁安人，任西安府推官。

刘　纪　迁安人，任平湖县县丞。

孙　缙　昌黎人，任税课局大使。

李　昉　昌黎人，任邹平县知县。

宣德丙午

陆　奎　迁安人，任祥符训导。

壬子

白　璧　抚宁人，任沁源训导。

乙卯

刘　懋　乐亭人，历袁州府知府。

正统戊午

王　锐　见进士。

辛酉

沈　继　迁安，任太原训导，升栖霞教谕。

崔　砺　迁安人，任三万卫学教授。

甲子

赵　玉　迁安人，历汉中知府。

刘　铖　抚宁人，历山西、浙江布政使。

李　和　见进士。

丁卯

沈　礼　滦州人，任淮安府通判。

李　懋　乐亭，授柘城知县，衢州府通判。

阎　骦　见进士。

景泰庚午

谢　衷　永平卫人。

陈　暹　永平卫人，任通许知县。

唐　福　东胜左卫，历随、滨、通三州知州。

徐　义　迁安人，任安庆府知府。

马　聪　迁安人，任平凉府同知。

王　杰　昌黎人，任南阳府通判。

郭　骦　昌黎人，任陵川县知县。

魏　安　昌黎人，授衢州府同知，升运使。

陈　恕　滦州人，任开封府同知。

王　亮　乐亭人，历蔚州知州。

刘　宣　解元，见进士

癸酉

李　宽　卢龙人，历安邑、齐东知县。

陶　献　卢龙人。

刘　铖　抚宁人，任介休知县。

颜　真　抚宁人，任曹州训导。

戴　记　昌黎人，任济宁州同知。

李　敬　昌黎人，任温县知县。

曹　纪　昌黎人。

吕　旻　滦州人，任邹县知县。

李　文　见进士。

丙子

崔　镛　迁安人，任武定州训导。

张　镛　迁安人，授教谕，升国子监录事。

欧阳懋　抚宁人，历宁波府同知。

杨　森　昌黎人，任沁州学正。

翟　旻　昌黎人，任沁州学正。

牛　本　乐亭人，授青州府同知，升知府。

天顺己卯

谢　宁　永平卫人，任项城知县。

崔　鉴　昌黎人，任安阳知县。

李　贯　滦州人，任忻州同知。

萧　显　见进士。

壬午

俞　衡　乐亭人。　　　　　汪　理　昌黎人。

郁　宣　乐亭人。　　　　　郑　己　见进士。

成化乙酉

李　昶　卢龙人，授中府都事，升经历。

马　銮　永平卫人，任大同知县。

朱　缨　迁安人，任沾化知县。

宋　铭　昌黎人，授莱芜、通许知县。

杨　琇　滦州人，任棠邑知县。

卢　敬　乐亭人，任兵部司务。

郝　隆　见进士。

戊子

印　玺　永平卫人，任太和知县。

谢　宥　永平卫人，任亳县知县。

周　本　卢龙卫人，历济南府同知。

王　泽　迁安人，任长子知县。吴　谦　抚宁人，任蒲圻教谕。

刘　昶　乐亭人，任昌乐知县。周　汉　乐亭人，任临汾知县。

辛卯

萧　临　永平卫人。

吕　麟　卢龙卫人，任凤阳知县。

郝　谦　卢龙人，历平定、六安二州知州。

郭　钦　抚宁人，任遂平知县。

谢仲达　抚宁人，任孟津知县。

张　愷　昌黎人，郎中忱之弟。

宋　儒　滦州人。

王　琰　乐亭人。任忻州同知。

谢　纲　见进士。

甲午

金　瑛　永平卫，授兵部司务，升员外郎。

李　昺　兴州右屯，授户部司务，升员外。

章　英　迁安人，历自在州知州。

黄　敬　抚宁人，任盖州卫训导。

金　茂　抚宁人，任昌乐知县。

李　鼎　昌黎人，任户部司务，升员外郎。

曾　韬　山海卫人，任应州学正。

魏　琮　见进士。

王　和　见进士。

丁酉

李　时　永平卫，授岢岚州知州，历知府。

王永清　迁安人，历阳武、延津知县。

刘　琦　抚宁人，任兖州府通判。

刘　玫　抚宁人，任汝宁府通判。

贾　琇　昌黎人，任交城知县。

才　宽　见进士。

庚子

赵　璞　卢龙卫人，任蒙阴知县。

李文盛　卢龙人，任溧水知县。

杨　东　东胜左卫人，任商河知县。

田　增　滦州人，任凤翔知县。

余　璘　见进士。

癸卯

杨　润　卢龙人，任金州知州。　杨　相　卢龙人，任安定知县。

朱　瑄　卢龙人，任兴平知县。　潘　奎　昌黎人，任淇县知县。

王　溥　迁安人，任安定知县。　沈　阶　滦州人，任亳州同知。

吉志学　滦州人，任东昌府通判。

冯　清　滦州人，任郿县知县。

毛　凤　乐亭人，任万泉知县。

郭　镛　见进士。　　　　　　崔　锦　见进士。

丙午

王　用　滦州人，历桃源、西平知县。

许　庄　见进士。　　　　　　任　惠　见进士。

弘治己酉

李　祯　永平卫人。

高　胜　昌黎人，授光禄寺署正，升通判。

安　民　滦州人，历户部郎中。

徐　瑞　滦州人，任宝丰知县。

张秉清　见进士。　　　　　　李宗商　见进士。

李　金　见进士。　　　　　　王　廷　见进士。

壬子

黄　胜　卢龙人，任沂州训导。刘　振　乐亭人。

高　谦　见进士。　　　　　　孙　炳　见进士。

乙卯

李　秀　兴州右屯卫人，任庐州府通判。

胡　宪　抚宁人，任大同府通判。

范　兰　滦州人。　　　　　　李宗夏　乐亭人，任汾州学正。

李　炫　亚魁。　　　　　　　陈　鼐　见进士。

王　蕃　见进士。　　　　　　吴　吉　见进士。

周　纪　卢龙人。　　　　　　李　溥　卢龙人，任东阿知县。

崔仲淮　昌黎人，任翼城知县。李　鉴　见进士。

鲁　铎　见进士。　　　　　　王　辅　见进士。

辛酉

田　跃　山海人，任金乡知县。王　念　见进士。

甲子

王　鷫　永平卫人，任淳化知县。

李士杰　兴州。

才　英　迁安人，任平定知县。王　轸　滦州人，任孟县知县。

正德丁卯

王　诚　乐亭人，任禹城知县。翟　鹏　见进士。

庚午

杨　锐　迁安人，历孝义、宁陵知县。

王　昕　乐亭人。　　　　　　高　轩　见进士。

癸酉

李　宏　永平卫人，历山东参议。

许廷璋　东胜左卫人，任上（虞知县）。

刘　镇　迁安人，任费县知县。

李时佑　滦州人，任沁源知县。

任　佶　滦州人，任郓城知县。

李伯润　山海人，历知县改府教授。

白　麒　见进士。　　　　　　杨百之　见进士。

丙子

吴　昺　滦州人，历汝宁府通判。

王　庚　见进士。

己卯

周良臣　抚宁人，授卫辉通判。

赵得佑　见进士。

段　麒　见进士。

廖自显　见进士。

嘉靖壬午

纪　纶　卢龙卫人，历延安府同知。

赵　瑞　昌黎人，任伊阳知县。

李　涵　见进士。　　　　　　卢耿麒　见进士。

王　镐　见进士。　　　　　　万　义　见进士。

乙酉

朱　淳　永平卫人，任昌邑知县。

李充拙　永平卫人，历南通州知州。

阙　杰　卢龙人，任石州知州。

梅如玉　兴州右屯，河南福山知县。

李充浊　见进士。　　　　　　詹　荣　见进士。

戊子

韩　梅　永平卫人，任大同府同知。

胡守仁　永平卫人。

邵鹤年 卢龙人，历岢岚知州。

王　钲 滦州人，任获嘉知县。

钱　澍 见进士。

高　擢 见进士。

辛卯

吉　占 滦州人，任通判。

周　冉 见进士。

甲午

郑　钦 滦州人，授河南府通判。

厉汝进 见进士。

丁酉

李一致 卢龙人。

张效俭 兴州右屯，任亳州府通判。

刘　卿 滦州人。

庚子

王好学 乐亭人，历楚雄知县。

癸卯

廖献可 卢龙人，任即墨知县。

茆世亨 卢龙人，任易州知州。

王　宥 迁安人，念之从孙。

丙午

郝宗启 滦州人，任泽州知州。

陈　情 滦州人，任孝义知县。

谭　坊 山海卫人。　　　　**王好问** 好学弟，见进士。

己酉

吉　守 滦州人。　　　　　**翟绍先** 抚宁人。

穆宁中 见进士。　　　　　**廖际可** 见进士。

壬子

陈嘉谟 滦州人，授济南府通判。

刘复礼 山海卫人，历行太仆卿。

萧大谦 山海卫，历怀仁、泰安知县。

乙卯

白　经 抚宁人，任寿张知县。

王尚直 见进士。

戊午

李　纁 迁安人，任陵县知县。

辛酉

张文炳 滦州，授开封府通判、知州。

甲子

王　淦 滦州人。　　　　　　**王大用** 见进士。

隆庆丁卯

李鸣鹤 乐亭人，历岚县、西华知县。

王胤祥 见进士。　　　　　　**李安仁** 见进士。

庚午

韩应奎 东胜卫人，历华阴县知县。

李承爵 迁安人。　　　　　　**张所修** 滦州人。

谭　讷 山海卫人，任知县。

万历癸酉

李汝茂 永平卫人。　　　　　　**张重立** 山海卫人。

刘思诚 山海卫人，历济南府同知。

冯时泰 见进士。

丙子

韩应庚 见进士。

己卯

魏可简 见进士。　　　　　　**朱文运** 见进士。

壬午

高　甲 滦州人。　　　　　　**魏汝桐** 兴州右屯卫人。

崔凤雏 东胜左卫人，任巩县知县。

乙酉

白　瑜 见进士。　　　　　　**赵养正** 滦州人。

戊子

徐云逵 见进士。　　　　　　**沈育民** 滦州人。

高　第 见进士。　　　　　　**孟陈义** 滦州人。

辛卯

杨文粹 兴州卫人。　　　　　**张鹏翼** 见进士。

王之屏 昌黎人。

甲午

龙负图 昌黎人。

丁酉

冯斗华 滦州人。　　　　　　**张孔教** 滦州人。

曹司牧 乐亭人。　　　　　　**邸存性** 昌黎人。

秦时跃 滦州人。

岁　贡

府　学

马　定 抚宁人，任翰林典籍。

杨　讷 昌黎人，任布政司检校。

孙　谦 抚宁人，任郓城知县。　**李　益** 滦州人，任华县知县。

张　彬　抚宁人，任江宁知县。　马　德　滦州人，任满城县丞。

万　信　昌黎人，历开封知府。　马　毅　卢龙人，任奉化知县。

李　举　卢龙人，任乡宁知县。　王　佐　卢龙人，任瑞安县丞。

裴　友　滦州人，历镇江同知。　李　芳　迁安人，任平陆县丞。

阎文昌　昌黎人，任河东运判。　姚　贵　抚宁人，任肥城知县。

王　纲　抚宁人，任萧县知县。　才　通　迁安人，任淮安经历。

王　纶　昌黎人，任恩县丞。　　王　贵　昌黎人，历庆阳知府。

张　忠　滦州人，任广德判官。　马　旺　昌黎人，任高邮判官。

姚　善　永平人，任武定学正。　邸　定　昌黎人，任扬州照磨。

李　玉　卢龙人，任襄城县丞。　龙　震　永平人，历庆阳同知。

王　毓　滦州人，任鲁府典仪。　鲁希贤　昌黎人，任登州照磨。

卢尚质　乐亭人，任布政司检校。

赵　祥　迁安人，任嘉善县丞。　孟　华　滦州人。

安　远　永平人，任河津知县。　蒋　泰　永平人。

赵　定　卢龙人，任临邑知县。　魏　洪　昌黎人。

杨　瑛　永平人。

骆　胜　永平人，任济宁州吏目。

殷　玘　永平人。　　　　　　　胡　宁　滦州人，任磁州判官。

奉　昂　滦州人，任蒲台训导。　朱　辉　卢龙人，任任丘训导。

傅　荣　　　　　　　　　　　王士英　滦州人。

胡　缙　迁安人，任阳谷训导。

陈　镃　永平人，任岐山主簿。

瞿　昂　昌黎人，任诸城训导。

刘　铭　迁安人，任洪县主簿。　邵　瑄　卢龙人，任照磨。

李　旺　卢龙人，任太谷知县。　张　凤　卢龙人。

朱　杰　永平人，任知县。　　　孙　武　滦州人。

叶　华　卢龙人，任知县。　　　张　昂　永平人。

谢　寰　　　　　　　　　　　冯　安　永平人。

杨　珍　　　　　　　　　　　张　文　迁安人，任主簿。

朱　景		俞　能	永平人，任训导。
阎　辅		王　璋	卢龙人。
张　学	迁安人，任知县。	胡　铨	滦州人。
杜　濬	昌黎人，历礼部司务。	孙　宏	永平人。
瞿　让		马　恺	
商　臣	任县丞。	张　仁	
王　阳	任检校。	靳　鸾	胜左人，任教谕。
张　宁	任训导。	周　锐	昌黎人，任桐柏教谕。
葛　玺	任吏目。	张　敏	卢龙人。
方　珍	任训导。	吕　鼎	卢龙人，任冠县教谕。
许　禄	任训导。	范孔贤	任巩县教谕。
刘　儒	任训导。	钱　胜	永平人。
俞　熊	永平人，任教谕。	吕　贤	卢龙人，任忻州学正。
刘　璧	任教谕。	王　宗	任训导。
杨　淳	永平人。	瞿　临	任训导。
俞　璋	任训导。	刘　经	
吕　辅	任训导。	张　阳	任教授。
朱　瑾	永平卫人，任武陟知县。		
张　待	卢龙人。	邵　岳	卢龙人。
徐廷璋	任训导。	傅良弼	任检校。
李　景	任训导。	谢　泾	永平人。
朱鉴之	永平人，任温县丞。	靳　泽	胜左人，任主簿。
李思睿	永平人，任大同知县。	胡　铉	永平人，任博兴主簿。
王　闰	卢龙人。	李　鹏	迁安人，任章丘主簿。
唐　骃	胜左人，任汝州学正。	潘　恩	
罗　乔	胜左人，任学正。	杨　昆	永平人，任教谕。
唐　宷	胜左人，任州判。	杨继恩	胜左人。
张司直	永平人，任教谕。	胡　江	永平人，任蓬莱教谕。
陈　悉	永平人。	杨　鼐	永平人，任新泰训导。

唐　寅	胜左人，任屯留知县。	王须用	兴州右卫人。
吕　鹏	卢龙人，任原武教谕。	吴　蒸	永平人，任训导。
朱　侣	卢龙人，任训导。	赵　英	永平人。
张惟吉	兴右人，任泽州训导。	李　举	卢龙人，任大兴主簿。
戴　㩟	兴右人，任河内训导。	杨守和	卢龙人，任山西主簿。
谢　恩	兴右人，任历城教谕。	朱允升	卢龙卫人。
卢　伟	胜左人。	刘天禄	卢龙卫人，任教授。
胡　朴	永平人，任教谕。	陆　纶	卢龙卫人，任青州训导。
杨守中	卢龙人，任兖州教谕。		
程　贞	兴右人，任朔州训导。		
侯　泽	永平人。	谢　塘	永平人，任教谕。
王应鸾	永平人，任莱州训导。		
潘国栋	胜左人，任淄川训导。		
杨　济	永平人，任辉县教谕。		
王　用	迁安人，任乐陵训导。		
杨　坡	卢龙人，任盖州训导。		
白　相	卢龙人，任辽阳训导。		
彭述古	卢龙卫人，任卢龙教谕。		
曹一新	任训导。	周　宦	兴右人，任金州教授。
王继志	迁安人，任朔州学正。		
孔思敬	兴右人，任安州训导。		
李　瀹	永平人，任郯城知县。		
唐承光	胜左人，任昌乐知县。		
俞志定	永平人，任济河训导。		
李守平	永平人，任海州教授。		
魏仕贤	昌黎人，任训导。		
陈一正	永平人，任岢岚州学正。		
程蓄德	卢龙人，任嵩县教谕。		
张思仁	迁安人，任介休训导。		

宋德正　卢龙人，任郓城训导。

朱子敬　永平人，任闻喜训导。

王廷献　迁安人，任东光训导。

唐　守　胜左人，任衡州推官。

任守约　迁安人，任训导。　　李充道　胜左人，任应州训导。

朱大鼎　永平人。　　　　　　张彦忠　卢龙人。

韦维翰　兴右人，任铁岭卫训导。

严　锜　卢龙人，任兴化教谕。

朱友仁　永平人，任金州训导。

韩继仁　永平人，任金州卫训导。

李登瀛　迁安人，任高州通判。

王尚宾　迁安人。

韩　珏　永平人。　　　　　　唐承先　东胜卫，历赞皇教谕。

王建中　迁安人，任涿州训导。

李　鉴　永平卫人，任训导。

朱子恭　永平卫人，任昌平训导。

徐可久　迁安人，任训导。　　赵养粹　滦州人。

何大吉　迁安人。

韩继忠　永平卫人，任沧州训导。

韩师范　永平卫人。

曾耿麟　永平卫人，任大名府训导。

李可培　滦州人，选贡。　　　罗文达　东胜左卫人。

陈大谟　卢龙人。

卢龙县学

苏　实　任太仆寺丞。　　　任　豫　任兖陵县丞。

刘　侃　任卫辉经历。　　　甄　显　任建宁照磨。

张　杲　任通政司经历。　　王　礼　授御史通判。

刘　本　任澄城知县。　　　　刘　恭　工部主事郎中。

国　用　授御史，历佥事。　　　郝　深　任鸿胪寺序班。

贾　昇　任神木知县。　　　　宋　铎　授经历，升知县。

陈　英　任解州同知。　　　　王　瑄　任鸿胪寺序班。

张　璧　任临洮推官。　　　　蒋　荣

王　昺　任彰德知事。　　　　王　翔　任中牟县丞。

邵　光　任腾骧卫经历。　　　乐　恕　任德平主簿。

解　宽　任兰阳主簿。　　　　朱　昭　任金乡知县。

顾　本　任延平知事。　　　　陈　卤　任蒲州判官。

张　溥　任杭州知事。　　　　邢　端　任鸿胪寺序班。

柏　茂　任遂平知县。　　　　李　诚　任严州照磨。

庞　恕　任秀水主簿。　　　　王　道　任安定知县。

刘　恭　　　　　　　　　　李　雍　任石头港巡检。

郑　杰　任绥德同知。　　　　郝　清　任灵璧县丞。

景　源　任阳武知县。　　　　郑　广　任醴泉知县。

萧　英　任义州卫经历。　　　贾　瑄　任滕县知县。

窦　广　任鱼台县丞。　　　　刘仲钦　任陕西照磨。

周　瑀　　　　　　　　　　董　胜　任晋府教授。

张　敦　　　　　　　　　　王　玉　任馆陶知县。

胡　忠　任青城主簿。　　　　彭　铭　任安邑主簿。

李　正　　　　　　　　　　李　信　任晋府教授。

杜　祥　任棠邑训导。　　　　韦　安

张　纯　　　　　　　　　　时　恭　任怀庆训导。

薛　钦　　　王　深　　　岳　寿　　　张　纶

刘　锐　任教授　　　　　　杨　昇

王　博　任知事。　　　　　苗　盛　任照磨。

杨　滋　任知县。　　　　　沈　秀　任教谕。

胡　渊　任教授。　　　　　徐　英　任县丞。

冯　恭　任训导。　　　　　李　龙　任教谕。

刘　金	任教谕。		郑　麟	
易　鸾	任教谕。		孟　熊	任训导。
薛　纯	任州判官。		李　纯	任县丞。
李永寿	任县丞。		岳　镇	任县丞。
郑　时	任主簿。		杨存性	
邵　骥	任训导。			

张源　　王阁　　胡梁　　窦崇德　　王登之

牛仲贤	任训导。		刘　经	任经历。
李一芳	任训导。		朱朝用	
李芳春	任吏目。		萧永常	
白　凤	任教谕。		刘　雄	
刘　纶	任教谕。		俞天爵	任训导。
茹一蒙	高秉清		冯国相	任训导。
鲁东山	任训导。		石　声	任州同知。
柏友松	任训导。		张思聪	任训导。
石　璞	任训导。		朱正颜	任训导。
陈三策	任训导。		程　宝	
张文华	任教谕。		魏凤鸣	
陆　鉴	任铁岭训导。		王汝器	任南皮训导。
吕登洲			刘　礼	任训导。
方　至	滦州人，选贡。		徐登云	迁安人，任训导。
杨尔俊	卢龙人，选贡。		钱青选	卢龙人。

迁安县学

李　英	任户部员外。		李　镇	任清原知县。
李　恕	任陕县县丞。		杨　昭	
周　凤	任序班。		张　琛	任户部主事。
何　彬	任本县县丞。		张　鲁	任清平知县。

邓　俊　任知县。　　　　　王　通　　马　麟

张　晔　任户部主事。　　　王　苑

魏　源　任温州知事。　　　朱　镛　任盱眙知县。

吴　诚　任河南道御史。　　刘　清

崔　勉　任南昌推官。　　　石　琳　　刘　海　　边　通

刘　杰　任代府典簿。　　　李　芳　任辰州通判。

李　珝　　窦　震　王　址　　张　玘

张　纲　任靖州知州。　　　李　荣

张　智　任定远知县。　　　王　昇　潼关卫学教授。

刘　耀　任郏县县丞。　　　玄　圭　任长沙知事。

刘　辉　任河南县丞。　　　杨　琏　任长清县丞。

田　治　任无为判官。　　　杨　春　　周　诚

董　德　任颍州吏目。　　　李　纲

章巨川　任海丰教谕。　　　谢　纶　任冠县训导。

曹　智　任抚州知事。　　　李　祯

王　辅　任嘉兴大使。　　　吴　性　任两当知县。

孙　琮　　　　　　　　　　徐　琮　任太仓经历。

蒋　盛　　　　　　　　　　唐　忠

石　磬　任曹县县丞。　　　王　瀛　任清水知县。

李　荣　任寿阳县丞。　　　包　诚　任高邮判官。

魏　琮　　梅　忠　李　治

杨　显　任汉中照磨。　　　徐　礼　任祁县主簿。

李　祥　　　　　　　　　　李　友　任伊阳教谕。

景　昭　兴右，秀水主簿。　张文遂　任宜君知县。

邓　昶　任周府教授。　　　李　彬　　周　文

张　旻　兴右，荣泽训导。　王　荣　任榆次训导。

许　闻　任馆陶县丞。　　　玄　端　　傅　俭　李士杰　　史　祥

周　濬　兴右，任卫知事。　李　濬　任阳武训导。

韩廷玉	任沈丘训导。	赵崇礼	任长清训导。
徐　昇		张　钦	任蒲城训导。
韩　举		郭　浩	兴右人。
吴　诚		马文明	任城武教谕。
徐　伸		徐登高	任乾州训导。
徐　瑭	任石楼教谕。	李　晟	兴右，宁远训导。
赵　清	任平原教谕。	李自立	
韩守忠	任阳信训导。	王　宥	
郭　璿	任泰安教谕。	侯　昇	任周府教授。
刘　东	任亳州吏目。	申　儒	任孟县知县。
李介福	兴右人。	赵邦岱	任绛县训导。
李　节	任荣河训导。	王　汶	任代府祀正。
李　泳	任宁远训导。	李　培	
国　翰	兴右，息县训导。	张　立	任汜水训导。
张效良	兴右，两当知县。	孙　愚	任孝义训导。
王之衡	任虹□训导。	王　科	任全椒教谕。
张效恭	兴右人。	杨　纶	兴右，周府教谕。
李应奎	兴右，历城教谕。	唐　润	任涿州学正。
李亦桂	兴右，诸城县丞。	杨汝继	任安州学正。
章　铭	兴右，周府教授。	李　铎	任高苑知县。
魏尚贤	任顺天府训导。	刘汝庚	任偏头关训导。
章国泰　　章国贤			
蔡维良	任前屯训导。	侯　度	
崔　岩	任府通判。	王廷贵	任博野训导。
蔡天鹭	任宁海训导。	张行义	任滑县训导。
王应元		彭友直	选贡。
周治隆	迁安人。		

抚宁县学

杨　建	任户科给事中。	乔　益	任寿州知州。
李　式	任工部主事。	朱　奠	任光禄寺署丞。
赵　通	任韶州府经历。	李　震	户部主事知州。
李　昇	任葭州知州。	刘　本	历严州知府。
周　郁	任垣曲县丞。	刘　清	任猗氏县丞。
赵　春	赵　祯		
李　显	任户部员外。	葛　永	任华阴县丞。
袁　节	任青城知县。	张　鹏	任阳和卫经历。
张　建	冯　晟　　王　辅　　张　瑞		
王　恂	任崇德县丞。	张　献	任太康知县。
陈　洁		张　勉	任安乐知县。
李　惠	王　干　　赵　璧　　董　鉴		
刘　俊	任滨州判官。	贺　祥	山西按察经历。
王　春	任桐城县丞。	周　密	任荣泽知县。
刘　芳		王　瑶	任怀庆知事。
郭　瑄	任西乡知县。	吴　洪	任上虞县丞。
俞　让	任定远知县。	马　驯	任绥德判官。
韩　昇		乔　嵩	任长山知县。
冯　彰	任英山县丞。	李　敬　　赵　宠	
张　本	任略阳知县。	陈　琰	任沁水县丞。
宋　吉	任定辽经历。	金　镛	任光禄寺署正。
单　雄	任太原知县。	姚　让	任汝州判官。
袁　通	任扶风知县。	白思谦	
乔　忠	任新野知县。	王　绍	任思明州吏目。
郭　理	任通州判官。	邵　镛	
王　楫	任晋府奉祀。	李　麟	任安庸卫经历。
张　琦	任祥符县丞。	孟　诚	

张　相	任高密知县。	堵　昶	
李　昱	任复州卫训导。	胡　英	
李　恕	任范县县丞。	周　南	任盐城县丞。
冯心宁	任徐州判官。	王　深	
金　夔	任武城县丞。	王廷相	任衢州照磨。
赵　通	任获嘉主簿。	乔　璜	任长洲县丞。
袁　奎		陈　翱	任临漳主簿。
贺　表	任宁海主簿。	金　溥	任江浦主簿。
王　廷	任招远教谕。	赵　铠	任莱州府教谕。
赵　武		张　淳	任茌平主簿。
郭宗质	任赵州吏目。	陈文辉　姚希贤	
袁　栋	任建水州吏目。	陈　镗	
张　诚	任广宁卫经历。	张　伟　陈文质	
石　坤	任栖霞训导。		
马　镶　赵　宏　徐　行　潘士英			
傅　金	任观城知县。	李　儒	任绩溪主簿。
朱　珍	任京太仓经历。	潘　锦	任丰宝县丞。
谢思浩　杨　闰			
冯学诗	任武城教谕。	乔明叙	任崇德县丞。
萧　韶		王　凤	任永城主簿。
袁　钱　杨　泽			
鲁　东	任卢氏县丞。	顾　伟　赵　钦	
朱　耀	任闻喜县丞。	李　相　金　榜	
张尚质	任崇信教谕。	郭　相	任临县教谕。
陈　言	任顺宁经历。	黄　镇	任大同训导。
黄　铃	任荥阳训导。	吴光晦	任太平训导。
王汝珍	任延长知县。	陈　清	任招远教谕。
王　卉	任榆林训导。	赵　相	任中牟教谕。
赵　轩	任容城训导。	朱自新	任太平县丞。

张九三	任汝宁通判。	丘维德	历定兴教谕。
朱正心	历房山教谕。	王嘉礼	历赞皇教谕。
杨凤仪	授儒官。	周尚卿	历米脂知县。
刘朝彦	历南阳教授。	傅如兰	任沧州训导。
周尚赤	任丘县训导。	黄道东	任复州卫训导。
陈所学	王学礼　黄道南	李蕴粹	陈中行
周宗尧	选贡。	苗来贡	抚宁人。

昌黎县学

万　信	历开封知府。	王　贵	历庆阳知府。
龙　云	工部屯田司主事。	阎文昌	河东运司运判。
杨　讷	布政司检校。	邸　定	任扬州府照磨。
鲁希贤	任登州照磨。	魏　洪	未仕而卒。
马　旺	任高邮判官。	王　沦	任恩县县丞。
瞿　昂	任诸城训导。	马　贵	任延安照磨。
王尚德	任河南经历。	卢　兰	任汉阳知县。
刘　澄	任叙州推官。	祖　述	任福建参政。
张　让	任经历。	石　确	任溧阳知县。
戴　成	任应山知县。	赵　彝	任宁远知县。
李　宁	任济宁吏目。	刘　森	任盐运司同知。
崔　清	任朝邑知县。	王　俘	任瑞州经历。
李　泽	任汾西主簿。	傅　贞	任齐河主簿。
于　原	任齐河知县。	张　伟	任郓城知县。
张　蕤	任郏城知县。	孙　通	任夏津知县。
李　超	任益县县丞。	郭　翰	任磁州判官。
张　麒	任平原县丞。	李　新	任陇州巡检。
马　骧	任府知事。	宋　祥	任乌撒经历。
王　琳	任阳曲县丞。	齐　聚	任吏目。

张　羽	任按察司检校。	冯　义	任孝义主簿。
刘　瑄	任信阳知县。	白尚文	任上蔡知县。
刘　萧	任榆林经历。	张　仲	任燕山经历。
杨　弘	任均州吏目。	牛　麟	任兖州知事。
才　俊	任华阳知县。	王　杲	
刘　信	任太平经历。	赵　范	任西安照磨。
刘　翔	任泗水主簿。	萧　政	任孟津县丞。
申　旻	任阳曲县丞。	喻　昭	任序城主簿。
任　震	任濮州判官。	石　瑀　　姜　颐　　郑　义	
张　瑾	任溧阳知县。	郭　玘	任知事。
雍　泾	任彰德教授。	李　志	任闻喜县丞。
赵　凯	任大使。	王　霖	使副使。
田　贡		董　敬	任穆陵关巡检。
董　济	任商河主簿。	孙　琦	任青城县丞。
朱　玉	任大使。	顾　宁	任德州判官。
李　凤	任忻州同知。	张　深	任大使。
冯　得	任安阳县丞。	费　文	
刘志道	任吏目。	范希贤	任朝城训导。
马添寿	任大同知县。	张时中	任宁乡训导。
刘　隆	任乐陵主簿。	张　麟	
景　德	任万泉主簿。	高　俊	任静乐知县。
王　缨	任吉安照磨。	周　明	任武定训导。
张　润	任济阳县丞。		
卜　昌　　贾　玺　　万　实　　李　春　　冯　瑛　　王　臣			
宋　鉴	任太康训导。	赵　绅	大同左卫教授。
李　贤　　李　棠			
贾　琮	任德清主簿。	郭如京	任池州检校。
魏文益	任石泉教谕。	李　祺	任平定判官。
汪大绅	任文登教谕。	王　鉴	任怀任训导。

宋　宽　任东平学正。　　宋　端　任济南训导。

范　芝　任登州训导。　　马　鼎　任阳信主簿。

李聘儒　任齐东县丞。　　白　瓘　任常熟县丞。

李　梅　任邓州判官。　　景维杰　任蓬莱主簿。

郭　晟　任宜兴县丞。　　魏　诰　任王府教授。

张从智　任冠县县丞。　　贾　韶　任瑞安主簿。

汪大纺　任蒲城训导。　　邢　念　任蓬莱主簿。

孙　严　任义州训导。　　邢　润　任金坛主簿。

李　珩　任秦州判官。　　李跃浪　任永城知县。

齐宗尧　任汾州知州。　　张奇龄　任莱阳主簿。

周　急　任武城训导。　　齐宗文　任泰安知州。

王尚贤　任富平知县。　　高崇本　任寿光县丞。

李学诗　任兰阳知县。　　王　槐　历工部左侍郎。

张　汲　任王府工正。　　齐克肖　任平凉通判。

赵克励　任孟县知县。　　汪可诏　任临洮同知。

田桂林　任费县知县。　　秦廷符

宋可大　任涞水训导。　　龙进忠　任潞城县丞。

赵文蔚　任山阳主簿。　　邹养正　任莒州判官。

张宗鲁　任江阳县丞。　　王纯义　　　马呈瑞

齐鸣凤　任自在知州。　　陈志俊

齐应祥　任阳城知县。　　刘思恭　任云□知县。

张彭年　任新乡教谕。　　张充鲁　任河间训导。

王　荐　　　　　　　　宋文灿

宋维周　任交城训导。　　齐鸣雷　选贡

蔡志学　昌黎人。

滦州学

李　益　任华阳知县。　　马　德　任满城知县。

裴　友	任镇江同知。	张　忠	任广德判官。
马　琇	任应天通判。	袁　谊	任光禄寺署丞。
张　彧	任蓬莱知县。	萧　俊	任固始知县。
李　春	任临汾主簿。	艾　寿	任汾州吏目。
王　毓	任鲁府典仪。	艾　广	任开化知县。
师　颜	任许州同知。	任　亨	任湘潭知县。
赵　伦　李　谦			
崔　卣	任户科给事。	王　恕	任江阴知县。
孟　华		徐　铉	任商河知县。
杨　兴	任费县知县。	程　选	任韩城知县。
宋　吉	任怀庆同知。	张　质	任溧阳主簿。
张　泰	任蒙阴知县。	张　翔	任祥符知县。
张　铨	任寿张知县。	刘　信	任太仆寺寺丞。
王　威	任解州判官。	王　鲤	任夏县训导。
宋　宁	任陇州同知。	刘　进	历按察司佥事。
李　恭	任怀庆照磨。	刘　源	任永和知县。
邸　泉	任杭州通判。	刘　贵	任许州同知。
吴　宏	任绛州判官。	安　泰	任稷山县丞。
齐　义		邢　政	任馆陶知县。
李　彝		王　珣	任繁昌知县。
张　亘	任平原县丞。	尚　庸	任宣武卫经历。
刘　永	任四川知州。	崔　清	任五河知县。
张　弼	任灵宝县丞。	高　谅	任武乡知县。
赵　冕	任寿州判官。	王　琮	任武进县丞。
王　睿	任陕州知州。	马　震	任长兴知县。
赵　玘		谢　宁	任原武知县。
冯　宁	任范县主簿。	田　华	任常熟县丞。
王　铎		周　让	任星子知县。
张　文	任鄠县知县。	李　让	

杨　暖	任即墨主簿。	安　和	任马邑知县。
王　佐	任峄县县丞。	崔　礼	任解州判官。
史　忠	任孟津县丞。	王　钦	任京卫经历。
伦　瑛	任布政理问。	胡　宁	任磁州判官。
秦　昂	任蒲台训导。	王　轼	
鲁　文	任辽东知事。	赵　鉴	任晋府奉祀。
徐　衡	任绍兴知事。	薛　茂	任莱州知事。
高　铭	雷　进　　邢　端　　杨　宁		
史　经	任清源主簿。	王　德	任满城县丞。
邸　深		吴　昂	任建宁通判。
王　端	任诸城县丞。	吉　哲	任商河知县。
张　举	任昌邑主簿。	高　玘	任汶上训导。
贺　盛	任思明同知。	王　镗	任通州同知。
张　勋	刘　鼎		
薛廷实	任米脂知县。	卢　胜	任沛县知县。
王　进	任潞州同知。	高　亮	任西乡知县。
艾　棋	许　临　　杨　聚		
杜　澄	任睢州吏目。	高　嵩	任凤阳卫经历。
杨　铨	任通许知县。	侯　爵	任商河县丞。
邸　隆		李　举	任浑源吏目。
郑　举	任昌化知县。	师　仁	任贵溪主簿。
马　璘	任怀庆照磨。	冯顺亨	任兴化主簿。
陈　因	任榆社主簿。	涂　敏	任原武教谕。
熊　瑾		张　仁	任宿迁县丞。
雷　泽	任陈留主簿。	张　纪	任夏邑训导。
张　祚	任辽海卫教授。	王　璋	博野王府教授。
刘　鲸	任黎城县丞。	于　隆	任昌邑主簿。
伦秉忠	任长子教谕。	赵岐凤	任海州判官。
吴　俊	任益都县丞。	张　渭	任行太仆主簿。

吉志道	任王府教授。	周朝献	解 经
萧 镇	任临清判官。	韩廷震	任临邑训导。
崔 鼐	任东阿训导。	刘 洋	任昌邑县丞。
田舜耕	任宣府卫经历。	曹 章	
李 瀚	任灵璧主簿。	杨 鲁	
李 永	任吉州判官。	王 镛	任长洲县丞。
王应昭	任灵石主簿。	张 珠	任隰州同知。
刘良臣	任吴江主簿。	李 需	
王 镕	任邠州判官。	卫 江	
王 结	任洪洞主簿。	高 荐	任主簿。
张文学	任辽阳卫训导。	杨 铁	任主簿。
任 价	任主簿。	马应期	刘克勤
冯余庆	任西华知县。	王廷玺	任齐河主簿。
吉 杰	任主簿。	王好言	王 钿　　翟世祥
刘 芗	任石屏吏目。	刘 昂	任莱芜教谕。
徐守信	王廷蕙　　高吉昌		
王承荣	任安丘主簿。	谢嘉谟	
谢九容	任铁岭卫经历。	安如盘	任青州训导。
任 午	任训导。	叶一芝	任同州同知。
王承恩	任辽东训导。	周汝夔	任主簿。
孙 扬	任武清教谕。	吉 宦	任训导。
刘鹤来		吴学颢	任荆门同知。
陈国教		萧继志	任洛川教谕。
葛为峪	历知县。	王 涬	
王立本	任知县。	王 松	任密云训导。
刘 照	任辽阳卫训导。	吴学颐	张文耀
吉士赉	任福山知县。	萧士毅	任沂水训导。
张名世	王子奇		
王文台	任宝坻训导。	高思聪	任任丘训导。

任应昌　　　　　　　　赵养心　滦州人。

乐亭县学

温　厚	见乡试。	何　兴	历湖州知府。
刘　规	任检校。	李　乐	授御史，升副使。
艾　兴	任修武县丞。	刘　郁	任长山知县。
刘　瑞	历知府。	张　贵	任曲阳县丞。
崔　规	历光禄寺署正。	吴　瓒	任卫经历。
李　辉	历宁州同知。	单　清	任金吾卫经历。
刘　钧	任寿州卫经历。	苗　盛	任鲁府引礼。
季　春	任临汾主簿。	张　亨	任榆次知县。
刘　浩	历金华推官。	史　怡	历郎中，升参政。
张　庸	任鲁府典仪。	赵　凤	历工部主事。
魏　昇	任吴江知县。	崔　庸	任卫经历。
卑　铭	任阳武知县。	刘景文	任确山县丞。
高　智	任卫经历。	崔　赟	
侯　彬	任安丘县丞。	李　茂	任高邮知州。
李　瓒	任序班。	段　宁	任高邮吏目。
郭　瑞	任按察司照磨。	齐　文	任运判。
丁　深	任汲县县丞。	张　杰	任临邑县丞。
冯　杰	郁　昌		
李　杰	任永康主簿。	孙　勛	任缙云典史。
王　能	任蒲县知县。	王　畿	
李　琮	任高苑县丞。	张　秀	
张　振	任平湖县丞。	张　泰	任开封通判。
晁　清	任胶州判官。	王　佐	任醴泉主簿。
李　祥	历太仆寺主簿。	郭　佐	任临乡知县。
王　福	任大使。	郭进忠	任临淄主簿。

蔺　泰　任石埭主簿。　　　赵　讯　任咸宁县丞。

崔　翱　任怀仁知县。　　　稽　源　　何　增

侯　铎　任典宝。　　　　　毋　瑄

姚　祯　任江浦主簿。　　　吴　睿　任曹州同知。

王　庆　任棠邑县丞。　　　吴　斌　任高平县丞。

李　振　任蒲州吏目。　　　王　卿　任常熟县丞。

王　钺　　郁　昕

张　璠　任会稽县丞。　　　刘　钦　任训导。

吴　哲　任蒲台县丞。　　　李　晟　任温州训导。

赵　锡　　　　　　　　　　张　锦　任淄川主簿。

魏　瓒　任信阳县丞。　　　郁　时　任仪封教谕。

刘　瑶　任信阳县丞。

马　寅　　张　寅　　张　鳌　　王　闻

李宗儒　任林县丞。　　　　杨廷璋　任闻喜知县。

卢　梁　历山西参政。　　　王　铿

王致中　任常熟县丞。　　　吴　祐

郁　佐　任章丘县丞。　　　李　瑶　任原武知县。

张应祥　任汉阳照磨。　　　王天祐　任章丘县丞。

刘孟纲　　　　　　　　　　郁从舜　任训谕。

郭孟豪　　　　　　　　　　王嘉言　任荣河知县。

王来聘　任新太知县。　　　刘　佑

杨　湖　山西都司断事。　　杨　沔　任平原县丞。

冯恩孚　　董承恩

王平康　任淇县训导。　　　孟　春　任栖霞主簿。

韩世贤　　李时元　　李　栋

曹九宵　任临清判官。　　　萧云汉　历河东运同。

张士让　任乐陵县丞。　　　徐　瑾　任沁州判官。

刘大章　任文水县丞。　　　王三省　任三河训导。

萧守卿　任泽州判官。　　　□用和　任密云训导。

高志颜

张自镐

曹九思　任淄川教谕。

王用刚　任锦州卫训导。

任　相　任怀柔训导。

李如松　乐亭人。

温德基　任宝坻训导。

李子香　　栗崇本

张　镐　任真定教授。

刘存仁　高文熙

王熙载

山海卫学

曹　广

刘　铭

赵　仁　任博平主簿。

张　宁　任磁州训导。

戴　刚　任黄县主簿。

张　铉　任朝邑县丞。

房　绾　任分宜主簿。

陈　策　任莒州训导。

侯　荣　任太仆寺主簿。

萧鸣凤　任金宪，显之子。

张　礼　任清江主簿。

何　清

王　相　任旗手卫经历。

王　伟

马应奎

路　通　任三万卫教授。

白九经

刘　俊　任新乐教谕。

田　鹰　任静宁判官。

萧瑞凤　任襄阳推官。

王　铎　任庐州检校。

苏　豫　任同州判官。

李　春　任邹平主簿。

刘　鉴　任鸿胪寺序班。

蒋　英

李　深　任沂州卫经历。

李　敬　任贵州卫经历。

赵　纬

杨　聪　任德府典宝副。

王道亨　任登州训导。

张　谦　任新城。

陶　恕　任开县县丞。

赵　聪　任临清训导。

李　锦　任庄浪知县。

李秉玉　任沂州同知。

萧大观　任商河县丞。

毛　传　任雄县教谕。

沈　渊　历平度同知。

高　宁　任秀水县丞。

刘汝祯　任庐州照磨。

郭大伦	辽东都司训导。	曹 越	任东城兵马。
林 锦	任长洲县丞。	孙 鸾	任襃城教谕。
辛三畏	任文登知县。	高 肃	任巨野主簿。
崔弘沛	任石楼知县。	刘 栋	任海州卫训导。
李承恩	任广昌教谕。	鲁孟秋	
曹 蕙	铖之子。	萧道远	任武城教谕。
张德立	任乐陵知县。	冯 瀛	任平原县丞。
张思聪	任洧川教谕。	毛 恕	任铁岭卫教授。
何秉元	任辽海卫训导。	辛 涵	任山阴知县。
谭 诗	任晋府纪善。	曹 芹	任齐东教谕。
李东升	任河间训导。	赵 鹗	任成山卫教授。
鲁应芳	任定远教谕。	郝完元	任锦州卫经历。
于思敬		王之藩	任西兴知县。
王从政	任莱阳知县。	萧大咸	任通判。
侯汝敬	任怀来卫训导。	张问明	任雄县训导。
田汝耕	任前屯卫训导。	何景奎	任定辽卫训导。
于思明	任束鹿训导。	刘熙载	
袁 钦	任玉田训导。	刘 悍	山海卫人。

武甲科

正德庚辰

程 源	兴州右屯卫。	李 贤	兴州右屯卫。

嘉靖癸未

张世武	兴州右屯千户。

丙戌

常 润	山海卫百户。	张世忠	山海卫镇抚。

己丑

郭　淙　兴州右屯卫。　　　　李介明　兴州右屯卫。

戊戌

陆万钟　兴州右屯指挥。　　　陆　祯　东胜左卫百户。
司　伦　永平卫人。

丁未

徐　惠　卢龙卫百户。　　　　朱承芳　永平卫百户。

庚戌

李　恩　东胜左卫百户。

己未

程　照　兴州右屯舍人。　　　周　径　抚宁卫舍人。

隆庆辛未

李逢时　永平卫指挥。　　　　郭应坤　卢龙卫舍人。

万历庚辰

王维新　忠义中卫人。　　　　程　灿　兴州右屯卫。

丙戌

张九德　兴州右屯卫人。　　　熊文济　山海卫籍，江西人。

己丑

张世忠　忠义中卫，应袭。　　王养贤　山海卫，应袭。

乡　科

嘉靖丁酉

谭　伦　东胜左卫。　　　　　彭　蟊　兴州右屯卫。

庚子

张　麒　卢龙卫。　　　　　　韩廷玺　东胜左卫人。

癸卯

邵　永　卢龙县。　　　　　　汪承恩　永平卫千户。

丙午

杨承光　东胜左卫。　　　　　罗　泾　抚宁卫。
郑　康　永平卫百户。　　　　徐　惠　中会。
朱承芳　中会。　　　　　　　彭　蠡
吕　镗　山海卫指挥。　　　　周　德　抚宁卫。
周尚文　抚宁卫指挥。

己酉

李　恩　中会。　　　　　　　谭　章　山海卫。

壬子

谷继节　卢龙卫。　　　　　　周　径　中会。

乙卯

谭时中　二科。　　　　　　　夏时霖　卢龙卫千户。

戊午

程　照　中会。　　　　　　　徐国柱　卢龙卫百户。

辛酉

程世禄　永平卫人。

甲子

赵　祐　卢龙卫。　　　　　　陈　忠　兴州右屯卫。
李时茂　东胜左卫，舍人。　　米　实　卢龙卫百户。
李时芳　二科。

隆庆丁卯

蒋国卿　兴州右屯卫。　　　　吴自科　兴州右屯卫。

庚午

李逢时　中会。

戴时动　二科。

郭应坤　中会。

万历癸酉

程　默　二科。

丙子

王梦奇　永平卫百户。　　　　高　腾　东胜左卫。

吕复亨　卢龙卫。

己卯

王维新　中会。　　　　　　　程　灿　中会。

陈应魁　卢龙卫。　　　　　　张九德　中会。

陶世学　永平卫籍，浙江人。

壬午

马逢乐　永平卫。　　　　　　马士元　永平卫。

乙酉

李平政　永平卫。　　　　　　胡自强　永平卫。

张　昆　二科。　　　　　　　毕邦辅　二科。

毕邦畿　忠义中卫，舍人。

戊子

王养贤　中会。　　　　　　　张世忠　中会。

翟居正　忠义中卫人。　　　　侯维翰　二科。

徐方言　东胜左卫人。

例　贡

府　学

张　宏　　王尚德　　廖　杰　　马　贵　　张　宇　　许　茂

樊 鋈	谷 景	龙 文	季 政	杨 愚	廖 儒
萧 汉	周 浩	何 永	许 芃	谷 茂	唐 鹏
杜 松	郭 伦	王 锡	张希杙	张 浩	张 保
李 儒	韩 沂	张泰国	杨天叙	杨天秩	周 宏
梁 贤	梁 儒	李思忠	宋 瑗	金 平	李 相
胡 楫	金 册	廖自泰	周汝德	宋 镇	朱大本
韩 瑶	杨 纶	杨 绪	王 栋	王 楠	张世昌
唐 驯	李一贤	阮 遂	杨尚文	靳 登	章 钿
柏时雍	谷继善	张廷福	段 锜	罗继先	罗三省
何如玉	廖行可	李 澡	廖简在	张正蒙	谷继文
廖汝楠	白 钥	李 浣	李 浴	刘 介	王承先
王廷宿	刘以义	郝 彬	梁应昌	张先志	吴世儒
张守一	王国翰	吉汝乾	蔡天麟	谷九有	唐 相
刘以道	刘以节	刘以德	王嘉谟	李保业	

滦 州

刘 濬	陈 宣	王 贤	冯 钦	田 润	王 学
何 义	高 逯	谢君卿	郑惟精	陈 瑶	郝孝忠
李 廞	王仪凤	吴 冕	王 麒	陈 溙	孙 镛
许 棣	王一夔	王 屏	张 金	崔 吉	高 尚
刘继祖	田守愚	欧阳燧	葛 桂	关 伟	吉 祐
吴 竹	赵 濬	赵一夔	王九韶	石 矿	胡 镇
王 诺	石崇德	陈 哲	夏 溥	张 彦	崔 莪
刘 忾	欧阳灿	欧阳璞	王永淮	陈 炼	刘 燦
高 朝	高 进	陈嘉言	王 臬	欧阳玳	欧阳瑮
王 爕	关 宪	陈国叙	胡 赓	王 沐	刘 昂
李 香	刘秉钧	高 朗	陈之屏	王裕后	陈 力
郑鸣吾	吴克让	董 镛	郝 郯	吉士胤	张大成

苏汝砺　　陈四端　　刘美政　　韩友柳　　耿良桂　　张守基
刘美俗　　张奇蕴　　任世昌　　李承栋　　王家栋　　韩友欧
刘秉安　　王　构　　王家相　　厉鼎臣　　严　肃　　陈王政
孙学颜　　高　阶

卢　龙

胡　琏　　王　铭　　马　瑄　　王　祯　　姚　镕　　窦　茂
李天叙　　张　琏　　柏　祥　　牛大田　　周民望　　李　润
杨尚忠　　李惟勤　　赵　相　　郝　钿　　王守正　　刘　愈

迁　安

王　庆　　才　宣　　唐　臣　　张　溥　　张　淳　　马　云
李天禄　　张　志　　石　琏　　胡　濂　　高　科　　高　跃
张效温　　王廷宥　　任　祯　　张效让　　王　淳　　程　燮
彭鹤年　　唐　甲　　张应轸　　彭世恩　　马　闲　　张师曾
申二阳　　李九功　　李九叙　　章　录　　王廷宿　　张先志
管　善　　李　濡　　张懋德　　姚　仁　　李果先　　王清泰
李果盛

抚　宁

乔廷桂　　傅　扬　　张　政　　陈献策　　陈九畴　　贺　镛
傅　诱　　翟重光　　周嗣昌　　吕希周　　夏　卿　　翟圻彦
周尚象　　贺　潜　　贺　瀛　　杨　栋　　杨　桐　　杨　相
金文照　　傅如篪　　惠尚贤　　夏尚质　　俞　旸　　杨　梓
杨　柱　　王衍庆

昌 黎

张 葵	刘 谷	张 润	任 凤	李宗道	常仲和
冯 汉	张 凤	齐宗仁	齐宗道	孙 禄	万 卿
张 昂	齐宗贤	孟 洲	董用文	刘守义	宋嗣远
贾秉彝	齐宗召	梁一孝	贾秉健	梁应节	郭建中
梁应时	梁应秋	刘思忠	王尧年	冯国宾	王之鹏
梁应昌	梁应期	贾继业	苏元化		

乐 亭

马 冕	王 俊	卢 迪	刘子中	郁 旸	郁 俸
吴 祥	李思聪	杨 镇	程 迪	王 杴	王 枢
尹君召	蔺文举	王 范	李元相	张 淳	张 宪
王九容	王九韶	韩秉哲	王一夔	王尚宾	李元税
刘承惠	朱惠民	张应时	张宗伦	黄 宪	张自强
韩应学	曹述业	王汝为	张维藩	李 灼	朱济民
王裴然	郗宗尧	王沛然	李 焕	李 灿	王利宾
胡允中	李 实	萧达秋	史惟高	王利用	王世儒
李 烨	王奋庸	朱国卿			

山 海

萧大临	张文选	张德禄	栾 表	王 鹤	王 鹭
李 镕	牛希哲	栾大中	倪 纶	王 缨	王廷辅
王廷佐	李 铸	王守正	王表正	刘 楹	郭世称
郭东都	穆 锐	萧大恒	王大宾	栾养义	栾养礼
郑文楫	张义资	高 儒	倪从政	穆思恭	穆思敬
郭东沂	郭东渊	萧被远	程继贤	王 聘	

恩 荫

卢 龙

王　珝　永平卫以巡抚功，荫其子国学。

迁 安

王　世　锐之从子，以锐都御史功，世袭锦衣百户。
才　荣　以父宽总制三边功，世袭锦衣百户。

抚宁

刘　铠

昌黎

张　皋　以祖文质礼部尚书荫。
杜　濬　以父谦工部侍郎荫，礼部司务。
杜　汉　以父侍郎荫，至知府。
王子兴　以父槐工部右侍郎荫，詹事府典籍。

滦州

高　霄　以父擢都御史荫，后府经历。

乐亭

王浑然　以父好问工部右侍郎荫，至刑部员外。

山海

詹　廷　以祖荣兵部左侍郎荫。

牌坊 附

本府历科乡会牌坊在府治东南。

卢龙县

四镇总戒　辽东马永、蓟州萧升、宣府刘洲、保定赵卿。
同朝都谏　吏科高擢、礼科李充浊、兵科王庚。
父子进士　父张廷纲，子秉清。
父子金紫　父知府李时，子布政充浊。
兄弟同科　举人李充浊、弟充拙。
连步瀛洲　进士廖自显。
双贲龙章　敕赠监察御史廖儒。
兄弟济美　进士韩应庚，弟举人应奎。
父子承恩　韩应庚父封监察御史。
两藩秉宪　陕西、辽东参政王大用。
恩纶申锡　诰赠户部郎中王堂。
都　谏　进士李充浊。
黄　堂　进士郭经。
进　士　廖际可。
玉署分清　翰林院庶吉士白瑜。
黄门司要　兵科给事中白瑜。
鸣　阳　举人王鼐。

迁安县

四面坊　进士李安仁父臣赠中宪大夫。
亚　魁　进士李炫。
宪使绣衣　进士陈鼐。
绍休甲第　进士李涵。

抚宁县

总督六镇　兵部尚书翟鹏。

都　宪　宁夏巡抚翟鹏。

廉　宪　陕西按察司翟鹏。

青琐名臣　刑科给事中王胤祥。

紫宸渥宠　祥父枕赠刑科给事中。

分巡辽海　山东按察司佥事鲁铎。

大鸿胪　鸿胪寺卿王道中。

登　瀛　进士鲁铎。

进　士　解贯。

青云得路　举人谢仲达。

謷　代　举人胡宪。

腾蛟起凤　举人周良臣。

昌黎县

司　空　工部侍郎杜谦。

廷　尉　奉政大夫大理寺寺丞王槐。

表　忠　监察御史王翰。

进　士　工部郎中王尚直。

恩　荣　进士王翰。

进　士　张文质。

少　保　张文质。

举　人　赵瑞。

举　人　郭痹。

滦　州

吏科都谏　都察院右副都御史高擢。

三世进士　高聪、高谦、高擢。

绣　衣　山东道御史王镐。

绣　　衣　陕西道御史王蕃。

大京兆　顺天府府尹高擢。

黄甲联芳　临邑知县高聪。

科第世家　巩昌府知府高谦。

大都谏　进士厉汝进。

兵科都谏　进士王庚。

进　　士　王庚父得春赠户科给事中。

司　　直　进士、亚中大夫郝隆。

金紫荣光　亚中大夫安民。

进　　士　山西参政许庄。

桂籍联芳　举人李时祐。

桥梓联芳　举人任佶。

登云应宿　举人王用。

乐亭县

进　　士　左佥都御史宋弘道。

恩　　荣　给事中刘恭。

司　　徒　员外郎王好问。

绣　　衣　御史王好问。

司徒尚书　好问父王臣赠御史。

进　　士　王好问。

参伯副郎　卢梁。

进　　士　刘恭。

承　　恩　知府刘懋。

恩　　光　同知牛本。

攀　　桂　司务卢敬。

世承天宠　知州萧富，运判萧云汉。

昂　　霄　举人李霖。

鹏抟　举人王亮。

登第　举人郁瑄。

钟秀　举人刘昶。

步蟾　举人毛凤。

飞黄　举人王琰。

雁塔题名　举人王诚。

山　海

给事　兵科给事中萧显。

天宠奕世　兵部左侍郎詹荣。

冬官驰封　少卿刘复礼封工部郎中。

独乘骢马　御史郑己。

进士　萧显。

进士　郑己。

进士　崔锦。

亚元　举人萧显。

豸府重光　举人田鹰。

麟经独步　举人知县李伯润。

盛世凤麟　举人知县谭讷。

‖ 卷之七 ‖

人物志

士生宇宙间，出与处而已矣。出则勋名施社稷，处则行谊表乡间，而其生也为不虚。永之上世若召公之封燕，而成其为出；若夷齐之让国，而成其为处。必如是而后议出处焉，则千古无人矣。亦曰：取法乎上，仅得乎中可也。《诗》咏《甘棠》，犹在人耳，及读《夷齐传》，不能无慨。岩穴之士，趋舍有时若此类，名埋灭而不称。悲夫！闾巷之人，欲砥行立名者，非附青云之士，恶能施于后世哉！此人物不容不志者。

名 宦

[汉]

周 勃 以相国为将，击卢绾军，追至长安，定右北平十六县。勃有安刘之功，封绛侯。

李 广 陇西成纪人，秦将李信之后也。材气无双，猿臂善射，匈奴入辽西郡中杀掠吏民，武帝诏起广为右北平太守，使击匈奴。在郡数年，匈奴畏之，号曰"汉飞将军"，避之不敢犯塞。尝出猎，见草中石，以为虎，射之，中石没镞，遗痕尚存。入祀名宦。

路博德 西河平州人。元狩初为右北平太守，匈奴犯塞，博德从霍去病领兵击之，至梼余山，斩捕匈奴二千七百级，凯旋。封符离侯。

赵 苞　为辽西太守。抗厉威严,名振边围。遣使迎母及妻子,道经柳城,值鲜卑寇钞,为所劫质,载以击郡。苞率众与贼对阵,贼出母以示苞。苞悲号谓母白:"为子无状,不图为母祸。"母遥谓曰:"人各有命,何得相顾以亏忠义?"苞即时进战,贼悉摧破,母妻被害。入祀名宦。

旧志有丕吉、闵业。据所传事不关于永,故略之。

[三国]

田 豫　仕魏,为护乌桓校尉。会素利为比能所攻,豫率兵救之。至马城,敌追围之,豫密使司马建旌旗、鸣鼓吹,从南门出,自将精骑自北门鼓噪而出,敌溃乱而走,豫追击二十余里,僵尸蔽野,自是不敢犯。

[晋]

卫 瓘　字伯玉,河东安邑人。泰始中,以幽州都督兼督平州,时东有乌桓、西有力微为寇,瓘至,不逾时而二寇平。

旧志有张华事不切永。

慕容廆　元帝时为安北将军、平州刺史。随才授任,政事修明,爱民重士,人多归之。后都督幽、平二州诸军事,封辽东公。

慕容皝　廆之子,雄毅多权略,喜经术。成帝时都督平州。

[后魏]

张 卓　上谷人,魏初为昌黎太守。卓父翼为辽东太守,卓子衮为幽州刺史。三世二千石,俱有善政,人称美之。

张 伟　太原人,太武神䴥四年,与咸阳公高允等三十四人并征,伟拜卫太将军,迁营州刺史。有善政,卒赠建安公。

旧志有于天恩、宋谟、陆士懋,无甚事绩。

[唐]

田仁会　平州刺史。岁旱,自暴以祈,而雨大至,谷遂登。人歌曰:"父母育我兮,田使君;挺精诚兮,上天闻;中田致雨兮,山出云；仓廪实兮，礼义申；君常在兮，不患贫。"后迁右金吾。子归道、孙宾延，三世并为金吾将军，入祀名宦。

张　俭　营州都督。太宗将征辽东，拜行军总管，领诸蕃骑，为六军前锋。

邹保英　平州刺史。万岁通天初，契丹入寇，城且陷，妻奚氏率家童女丁，乘城不下。诏封诚节夫人。

乌承玭　开元中，与族兄承恩俱为平卢先锋。沉勇而决，号辕门二龙。

张平素　懿宗朝为北平刺史，素有威望，州人服之。

裴　旻　守北平，善射，一日得三十一虎。

张仲素　德宗时，以列将事卢龙军节度使张允绅，擢平州刺史。允绅卒，诏仲素代为节度使平章事。

张仲武　为卢龙节度使。镇边有功，李德裕幽州圣德碑具载其事。

[宋]

宋仲义　旧志以宋仲义为滦州宣尉使，雍熙四年任。有传略云，定民间婚姻丧纪之礼，兴立学校，闾阎始知读书。按《辽史》滦有刺史。

尹　京　高宗绍兴三十年任滦州刺史，有传略云，为民开财源，推衍盐铁之利数万言。

[辽]

韩德枢　为辽兴军节度使。下车整纷剔蠹，恩煦信孚，劝农桑，兴教化，民获苏息。后迁滦营三州观察使，滦之名宦、乡贤祠重俎豆焉。

[金]

卢启臣　大定甲申任滦州。公清疾恶，非其道一介无取，尝斥马城县主簿之奴隶子民者。出马城七里碑有传。

[元]

郭仁义　武州人，为迁安尹。惠爱及民，秩满当代。县人保留不得，立石颂之。祠迁安。

潭　澄　至元初为平滦路总管，孜孜爱民，有循良之政。

刘德温　永平路总管。当天历兵革之余，野无居民，德温为政期年，而户口增，仓廪实，学校兴，庶事毕举。岁旱祷而雨。

周　宏　迁安人，至正间调昌黎尹。抚字有方，利泽及人。时平章程思中作乱，据永平，宏率民赴而拒守。城陷被执，宏七日不食，骂不绝口而死。民思，为立石。

柴本立　至元间，以邹平丞升乐亭令。敬事勤民，睹庙学颓圮，慨捐俸金，集同志撤而修之。民不告劳，时翕然称焉。

左　阔　良乡人。泰定间为昌黎尹，轻徭役，节民财，崇学校，市有权量之谨，农无兴作之妨。民皆怀之，立石以纪功德。

怀间公　皇庆兵燹后，宣圣庙鞠为茂草，公至，慨然兴复，其崇儒慕义类若此。

张　德　滦州人，横渠七世孙。皇庆中登进士，授本州学正，文章学行足世。其其家入滦名宦祠。

孙奉议　山后人。至正甲申由山北宪司迁滦州，一载之间，刑清政举，闻誉四张。且修学有功，特称英杰。人出重修圣庙记。

政　迹

[国朝]

政以迹书，未尝祀也，而与列祠同编，其既列者于本传下书祀以别之。

永平镇户部分司郎中

嘉靖

程鸣伊　先郎吕藿，经画部制，惜任未久，鸣伊因之。萧规曹随，创廒仓，建衙署，助粮修学，周恤贫士，为分司题名碑记。

许守谦 嘉靖间，充商者悉荡产赔籴，复诬坐、侵欺、充戍者四十余人。守谦力为辨豁，人皆戴之。

隆庆

宋　豸 时议觻商未决，豸廉知应者苦，逐一觻之，有利于永。

万历

马翰如 时郡岁租甚鲜，议金商籴买以实仓庾。永人骇愕，咸鬻产为逃避计。翰如广开中法，令盐商输粟各仓，不用土著，而金商之义寝矣，人举德之。

陈鸣华 文望素著，申明不用土商之令。客兵屯海上扰民，请撤之。士民止碑以颂。

李开芳 博学通才，出纳明允，议复长昂抚赏，有裨边政。

黎　芳 宽厚博大，军民并戴东征。烦费重修永丰仓，以储兵饷。

山海关兵部分司主事

天顺

杨　琚 公明练达，举措一中典刑，雅好作士。

弘治

张　恺 操持甚严，有冰蘗声，即黠诈者不忍欺。关法验籍与年，恺复稽貌，今因之。

黄　绣 启闭有常期，虽祈寒暑雨，他务丛集，亦弗爽。且一经睹记，终莫能眩。樵汲关外，给木牌以便出入。政尚宜民类如此，代去，夹道遮留万计。

陈　钦 简易无苛令，而民甚宜之。迎养侍游以娱亲，志雅好吟咏，卓有高致。

徐　朴 刚严莫犯，武臣有纵慢，辄面叱，公私巨猾咸敛迹避。暇则进诸生讲课，寒暑弗倦，今犹籍经传云。

正德

黄景夔 旧部使与守臣共事敌礼,景夔甫至,白部而革之,始庭参如下僚仪。时饥,举赈贷,兴义仓,居民赖存,活者甚众。禁浮屠、巫祝、淫祀及燔尸诸丑俗。卫学旧无廪饩,而垦田括租瞻之。暇则亲校艺课业,士彬彬兴起焉。

嘉靖

王 冕 任甫五旬,值妖民啸聚,露刃阶下,冕趋毋所而执兵以卫。贼胁,冕不屈,遇害,赠光禄寺少卿。

葛守礼 提躬范物,一准诸古道,取与严一介,关政肃然。始行乡饮,创养济院,著为令,纂《山海关志》。历官都御史。

谷中虚 事体练达,视关三年,淡泊俭素,一尘不淄。时辽左久不闻虏警,比屋殷富,马匹皆西售。公虑辽马强,半驱入关,猝有急,必不支,独加厉禁。然诸贩者皆领中官费,久饫倍利,遂挟巨珰祈本兵言之,竟执如初。历官兵部左侍郎。

陈 绾 熟谙边务,下笔数千言立就,按之皆中利害。如守边赈荒诸论,蓟辽大吏俱屈服。嘉靖三十五年大饥,公疏通关政,煮粥哺之,民赖以全活者甚众。

商 诰 壬戌,虏骑数千薄关东,乡民奔避。议者请亟闭关,诰曰:"是弃万人命矣。"大开门纳之。躬巡城堞厉将士,虏遁去。事闻被赉加秩,寻迁蓟州。

孙应元 早以才名推抵关。精明练达,事治民安。南北敌台之建,尤称石画。历官巡抚、都御史。

隆庆

王继祖 居官随至,有冰蘖声。新添参将有颉颃意,公严统体,不少假借,一切馈贶却之。盖平生古道,自处淡然于名利者。

万历

孟 秋 研精理学,启发后生。蔬布不殊,寒士平生。义利之辨尤严,少有罚锾尽捐,以置神枪、火器。时江陵擅政,边帅竞以贿进，辽左尤狼籍。公当关，严检阅，不便载重而西，竟借京察谪之。起刑部郎，累官尚宝卿。卒几不能殓，里中建祠。

杨　植　精敏有为，不受人馈遗，于当道亦绝无交际礼，上下服其清干。

陈　果　关无留滞，勤于课士，捐俸以助贫生。边将私遣军役下海捕鱼，风涛甚苦，公力禁之，咸颂其德。著有《筹边要议》。

永平道兵备副使

嘉靖

温景葵　嘉靖庚申，边事孔棘。初设兵道，景葵乃自霸州移任，创制运筹，详审精密。在任四年，政廉百善，事惬人心。立籴贮法以厚农，入仓法以苏商，稽涂法以清冒支径，解惜薪司法以全活卫职。修诸营寨、城堡，新郡城楼七座，处置有六。居民不扰，约军卫宽严相济。遴八庠士馆之孤竹书院，聘师丰廪，严程课如亲子弟。加参政俸。癸亥之变，总兵阵没，督抚重遣，朝议难其人，科道交荐，特擢都御史。巡抚顺天三载，告病归所。当特祀为世表仪者。后沈应乾绳纠武弁，优厚青衿，恢弘府县两学庙宇。

隆庆

杨　兆　抚恤疮痍，作兴士风，为德礼长者。升巡抚、都御史。

孙应元　刚介精敏，风裁凛然，军卫敛手，牙役重足。时坐商籴饷，罄赀赔补，犹拟戍，惨苦极甚，建议蠲商，生全万室。且力白当道，宥诬坐土商戍边者四十余家，人人尸祝之。每巡视边关，不惮险阻。修学宫，赒贫士，志学校，历官巡抚、都御史。

万历

陈万言　政尚宽平。岁祲，贫民共约投牒，请署执诣富家强贷，州县间准几作变。万言出示，力禁强贷乃止，境内用宁。

叶梦熊　豁达持大体，不事苛核。时守台南兵要赏，结聚欲为乱，梦熊抚定之。聘旧门下生郭造卿修郡志，以备一方文献。

杨 镐 疏达挥霍，风裁迥然。尝驰骑督将校出塞布阵，以威北虏。石门产煤，曩县辇送道府各署，以供官用，然力借里民挽运络绎，众以为殃，镐力禁，民快之。

知 府

永乐

马负图 孜孜爱民有善政，寻以迹最升陕西左布政使。

张从道 简静，人思之。

正统

李文定 遇事立辨，刚果有为。修建郡学殿堂、斋舍及鸣远楼，皆极壮丽。升福建布政使。

景泰

张 茂 公廉有威，吏民畏服，升山西右布政使。

天顺

周 晟 廉明干济，军民畏服，官至江西右布政使，入祠名宦。

成化

王 玺 公正廉能，多所兴作，辟学基，奏复夷齐庙，请赐额。入祀名宦。

刘 杰 廉而有为，未久为权奸害，去之。

弘治

吴 杰 以廉能称于学校。坛壝多缮治，裁减漆滦二河船夫岁费千余。府旧有志，永乐初年失矣，杰下车首访得一编，残缺舛讹，乃属致仕行人张廷纲、滦州学正吴祺修之。

正德

何 诏 时中贵王宏镇边，踞视郡邑长吏，谒者如属官。诏独竟不往其所。诬盗成狱者十有四人，竟出不坐。郡有叔杀人，而赂见知者，移罪于侄，狱成且二年，诏一讯立辩，诸所讯鞫心服。乃已厘宿弊，均粮役，即奸胥老吏不能索一钱。兴学校，勤考课。三年闻母丧去，民追送泣别，立去思碑，入祀名宦。

毛思义 奉法修职，弗避危险，以救民瘼。仕至侍郎，入祀名宦。

嘉靖

黎　良 以才识修举吏治，文章亦著称，入祀名宦。

后胡体乾人亦称之。

刘　隅 时大荒，滦、乐尤甚，人将相食，聚谋行劫。躬诣赈抚而变弭。其于学校尤笃，仕至都御史。

周洪范 有善政，人称之。

张　玭 方正廉能，甫下车，首拓夷齐故城祠，复于城内故祠址立孤竹书院，以风励士类。置睹赏簿颁示，各属吏无敢扰民。升酒泉兵备，寻巡抚蓟门。夷齐祠成，编志付梓。

后守辛公应乾坠而为监察行台，乃建书院于府治北旧卢龙县址，经度视昔弗埒矣。入祀名宦。

宋大武 宽大深沉，人乐安静。

纪公巡 以给事中出任，时境螫虏，疆场耸矣。公巡设策城守，人恃无虞。严治凶暴，禁游赌于恶少，籍记而间呼之，以防其恣荡。片言折狱，幽隐莫匿，人号为"活城隍"。遴郡士教育于书院，廪课造就。升宪副。

廖逢节 抚疮痍，问疾苦，宽刑罚，缓催科，与民休息。其自奉，衣不罗绮，食不兼味。设义仓，编保甲，立乡约，课士养蒙。设木铎自府治达闾巷，晨昏以圣谕号诏之，有崇古化民之意。时左道盛行，结聚罔忌，几于酿乱，逢节力诅严禁，罪其倡首，众用解散。三年，芝产后庭。升副使。隆庆辛应乾质实不欺，多所营缮。

万历

顾　襃 精明敏捷，不任吏书，招议数千言，援笔立就。讼狱一见即决，尽革罚赎，绝无留系，公门寂然。能知人，善者嘉礼，恶者恶之。甚严去弊政不拘成法。其兴利，如力主各衙门之顾差、驿递之顾役，小民十省七八；其除害，如杖毙滦州书役傅宗江辈，使盘错巨奸不至展脱遗螫，万心允惬。永民迄今有身有家者，皆公之赐也，实造福于无穷云。

任　铠　存心宽厚，慎用鞭笞。时丈地当覆勘，铠以小民无知，十止报九，当罪者众，乃新制步弓，比旧暗增五寸，俾执以度，则地视前丈分数相合，众举免辜。建南门楼凭虚阁。升宪副。

张世烈　见事风生，一庭霜肃，简八学才俊居肆二圣祠课艺，面上下之不事虚声，人咸佩戴。历布政，以疾辞去。

孙维城　操守冰清，衣履若寒士。于卫余金大户征收，立致罄产，维城决议，以收纳事尽责。各卫首领，著为令甲，卫余俱苏。与郡理沈之吟，聘闽名士郭造卿修府志，□期告成为百年旷典。升宪副。

马崇谦　政尚宽平，无赫赫声。时有不宜骤革者，惟恬然处之镇静，与民休息，六属晏如，忘所自焉。升湖广按察司宪副。

《春秋》不嫌于自叙，惟《春秋》则可。前传诸郡公悬车者十八九，若管府事徐宪副公。不佞承其史役，顾安敢为之传而无他嫌之避？惟按冬官叙河工言，徐准朗识鉴空，雄才刃解，分导赖其赞议，执持不惑浮言。补郡原属，循资酬功，宜加宪职，题奉圣旨："朕心加悦，合宜升赏。"遂加升按察司副使。地官郎王公大合因为序，略云："公守北平，北虞虏，东御倭，输挽征调，绎骚于道，而北平谧如也，是称通才者哉。徐公遇事敢为，屹然不可夺，有古人风。然以余习公殆宽大长者也，矜己而凌济，饰智以惊愚，公有赧颜，谢弗为耳。公方向于用读公疏者，其于公才器，亦略可窥其一班，不具论。"论公之为人如此，凡此类非一人私言，故录之，以俟后之君子者评焉。

同　知

永乐

任　祐　廉慎勤能，政声大振，历升四川布政使。

刘　让　刚介勤能，升夔州知府。

成化

楚　麟　由山西参议左迁来任，材器老成，操持清洁，升陕西参议。

嘉靖

张　守　清谨慈惠，念民疾苦，署滦州印。旧例草束上京输场，岁费不赀，民甚病。守为疏请郡属得改派附近仓驿，岁省草束银十分之九。建昌营中贵镇守恶其不利己，潜以妄奏，械系京师，南北科道交章荐救，升南京刑部员外郎，滦入祀名宦祠，郡亦祀焉。

万历

杨维桥　冲夷练达，不斤斤于文法簿书，而事自理，遇青衿不□岁府。擢守吉安。

张民范　褆躬雅素，敷政宽和，视篆众务称平。

林炌章　卓识伟度，七年惠政，民有遐思。

通　判

正统

刘傲成　明敏果毅，北狄寇边，练兵御虏，民赖以安。

王　中　勤于政治，民颂其德。

胡　纬　清苦勤能，马政修举。

万历

石朝选　古貌真心，不为矫饰。时山海关有虏警，兵饷弗给，当道移檄欲取办民间，督之甚厉。朝选宁身当其辜，不欲横索，从容处之。卒亦济且礼重学校，士民称之。

推　官

永乐

吕　卣　发奸擿伏，狱无冤滞，擢御史。

嘉靖

霍　冀　清介奉公，讼无留狱，人敬服之。以御史召仕至尚书。

宋　纁　精明敏练，动中准绳，善推鞫。擢御史，历官尚书。

丁　诚　醇谨详慎，迁户部主事。

高尚仁　忠厚慈祥，升昌平知州。

隆庆

陈　训　清介严明，吏胥无横索，公庭无留狱。每奉御史命行各郡，寒暑靡辍，善发摘业牍。卒于官。

万历

刘　鲁　摘发严明，施为详慎。

乔学诗　严明整肃。顺天属邑有侵匿宫用银数千金，以虚批应查，数年罔觉，学诗一见发之。时卫官征收徭银，入手即耗，以是犯科，落其祖职，复重并贫，余惨苦无告。学诗建议，令徭银输于各卫首领，允为良法行取，补工部主事。

丁汝谦　以礼科给事左迁来任。冲襟宏度，时称为长者。升礼部主事。

沈之吟　卓有担当，爱礼善类，惩恶不假。丁亥漆滦灾，之吟遍察冒险，几葬鱼腹，缚筏拯溺，散粟赈饥，生全万命。督修水圮城垣，增下水关，创明滦门。署滦州篆，革积役，剔宿弊，选南都给事。当行，念与太守孙公同修府志事未竣，乃携闽士郭造卿归南，自供浃岁，志因告成。

王业弘 操侔冰玉，鞠谳不慑不徇。凡查勘宽严中体，所至皆称之，委阅全辽清服巨帅。岁壬辰，倭警张皇，永民骚动，业弘白当道，有安戢之功，行取选御史。

詹献策 狱多平反，不畏权势。戊戌岁祲，饥民载道，出见必有所赉。每瘠己以肥人，寒素多蒙其惠。雅性博古，去惟书一车。永人如婴儿脱襁褓。升常州府二。

教　授

祁　凤 入名宦祠。

叶崇贤 万历间任。体惜士子，不较束脩，新进议赟，耻而不屑焉。

训　导

成化

殷衡 学行优长，有邹鲁之遗风。以三礼诗生徒，捐俸为纸笔油烛资，永平甲第，汇征多其教益。母性嗜鱼，扶舆迎养，值滦涸，衡祷，河水涨鱼跃。后辟为德庄王审理，王政多所裨益。卒赠礼部尚书兼武英殿大学士，入祀名宦。

卢龙县知县

成化

刘　魁 廉能公正，升御史。

乔　聪 宽猛适宜，升衢州府通判。

李景华 刚烈节爱，不事奔竞。

万历

王　衮 性坦才通，行通融法，并柜以省收头，厘革弊窦不一。马头市之都门，免贴银赔累之苦。倭犯东藩，按永籍兵民胥骇而逃，衮力陈当道得免，更为召募，应者立集，六属帖然安堵。升知耀州。

前令武成，精敏，好兴革，军民多受其益，然亦任性。若典史周纶清而直，遂故未特书。

教　谕

天顺

　李　伦

成化

　徐　润

训　导

成化

　王　纶　郝　淳　四师并以修廓学宫称。

迁安县知县

洪武

　萧　颐　草昧之初，诸事未举。颐首建学校，庙貌俨然，诸生游息得所，弦诵洋洋。人称其知务，入祀名宦。

弘治

　张　济　县残于兵燹，公宇圮秽，民为赋重流离。济子惠困穷，平定安集，诸废并举，尤加意学校。九年擢保定府通判，民到于今思之。

正德

邓万斛 清慎慈爱，酌处粮差以均贫富。时镇守中贵熏灼，人莫敢樱，独力拒之，征求每为阻抑，不为危言所动。升南京大理寺评事。

罗　玉 驭吏严而待民恕。岁旱，徒跣祷烈日中，乃雨。民饥，请发通州仓粟，全活者众。以才调武进，民攀号之。寻选御史，入祀名宦。

徐　州 廉介自守，惠爱元元，兴学课士，有古循吏风。

韦文英 发奸摘伏，爱民，作士亹亹不倦。升判本府，卒于官，祀名宦。

隆庆马仁之安静，随府之俊整，赵云翔之刚正，皆卓卓者，见本县志。

万历

白　夏 下车庙谒毕，即问县志，无之，闻邑致仕训道王之衡有草，遂属焉。诸务未遑而首举此，时谓其知榜，政成，升汾州知州。

雷　声 来任不干迎费。甫下车，摘兰文选杀弟之伏如神，革步快，惩市棍。编徭不碍权势，招稿悉出亲裁。清算经费以足岁支，酌议俵马务令公解，省各社递马银并东寨中火费。秋搭渡滦桥，草束木架，令民遇夏折收，注以簿，惠政班班可纪。卒于任，士民哀号，呈请入名宦。

前令冯露以循良称，减免永平等卫徭银，见备述志。

主　簿

洪武

金彦祥 洪武三年，东军攻围永平，彦祥馈粮不乏，及兵迫县，拒守，益力事平。擢知本县，转工部主事，至今称之，入府名宦祠。

教　谕

成化

胡　宪　督训甚严，尝夜过号舍，察诸生诵读者，辄劳以果蔬，否则有罚。故篝灯达旦，诵声不辍。以学在东廓门外，奏展东城，包学宫于城内，士民颂之。

张　鹏　嘉靖间任，士类称之。

训　导

吴　宜　见抚宁教谕传，议入名宦祠。

嘉靖

李　臣　师弟间恩义兼尽，谆谆训迪，诸生有过辄为鸣鼓。卒于任，类哀慕焉。

姚廷凤　仪度清雅，学问优长，善古文诗歌，士习丕振。

杜　伟　坦夷豁达，勤训迪，善吟咏，意在尘表，无叹老嗟卑之态，人以是贤之。

抚宁县知县

洪武

娄大方　时马颇僧儿为寇，大方率吏民避洋河之西兔耳山。获免，寇平，奏徙县治于山南，经营布置官廨民居。人怀其惠，入祀名宦。

成化

胡　方　六事孔修，士民安堵，入祀名宦。

姜　镐　恢廓县治，修建学校。升蔚州知州，有去思碑，入祀名宦。

弘治

刘　玉　民怀其德，入祀名宦。

赵彦之　廉明仁恕，百废具举，待士有礼，治民不事鞭朴，行取擢监察御史。

嘉靖

陈思谦　刑清颂简，吏畏民怀，升户部主事，入祀名宦。

叶宗荫　兴利除害，一境肃然。致仕去，士民攀送涕泣，如失怙恃。

谢应征　廉而有为，刚而不苟，入祀名宦。

段廷宴　性禀朴直，心存恺悌，行所无事，民实受福。竟以少文为人所恚而去，行李萧然，士民痛哭，虽妇女孩提无不垂泣者。未入祀名宦，为缺典。

姜　密　廉省明决，庶民举安，百废俱振。擢户部主事。

隆庆

张彝训　恩优学校，泽洽蒸黎，有去思碑。

万历

雷应时　耿介端方，不事脂韦，有实惠及民。保留加通判衔六七载，边邑晏然，可知其概。

教　谕

嘉靖

吴　宜　天性孝友，处众宽和，训士以道义相期，束脩不计。前为迁安训导，至今两庠慕之。

隆庆

曹应诰　性严行修，动必以礼，工诗文，乐义好施，尤勤课士。

杨　志　善教，士类称之。

训 导

景泰

史应熊 有师礼，持风教。入祀名宦。

昌黎县知县

永乐

杨 禧 勤督农桑，作兴学校，招复逃逋，威制屯。卒，民思不忘，入祀名宦。

张 约 勤于政治，六事修举。

田 蕃 廉能公正，政迹著闻。

正统

于显祖 平易近民，不尚鞭朴，百姓怀之。

弘治

张云凤 恩威兼著，民怀不忘。

殷 玘 清慎有为，庶务毕举，以内艰去。

陈 纲 公廉有为，吏民畏服，升大理寺评事。

嘉靖

文世英 八年惠政，民至今感戴，升保安知州，入祀名宦。

李希洛 文章政事濯濯炳著，后升给事中，入祀名宦。

胡 溪 约己便民，志向不污，民咸思之。

楚孔生 清操雅量，惠政多端，莅任五年，士民感戴。以县无志，属教谕杨志高辈草之，于滦州学正梁柱臣修饰焉。

陈良辅 持心清介，处事刚方，胡虏薄邑，共民死守保全。被诬奏谪，民思之立祠，以祭。

张存智 时当残破，修筑安集，尽瘁国事，士民感念不忘，官至户部郎中。

孟　秋　谈理学，有治才。均地轻徭，流离复业。造士会讲，行艺有成。累官至少卿。卒不能自殓，士民感德，入祀名宦。

吴应选　居官清慎，真诚待物，政通法理，允孚民心。升户部主事。

万历

石之峰　担当有为，正直不苟，修城葺学，功烈永赖，士民思之。

县　丞

李　泰　惠政及民，民咸思之。
张　示　一清如水，空囊以归。

教　谕

嘉靖

杨志　张锦　皆善教，士类称之。

训　导

景泰

阎禹锡　学行优而教有方，升国子监丞，迁御史，督学北畿。

嘉靖

赵汝孝　善教，士类称之。

滦　州

都御史邹来学、府同知张守、留守傅友德三公俱祀本州名宦祠。

知 州

洪武

李益谦 当草昧初，城墉、官署、学校、祠宇多所立，任九年，入祀名宦。

永乐

陶 安 吏事精敏，每农时郊劝，任三年，境内殷富。寻致事，入祀名宦。

宣德

李 宁 词严貌庄，寒暑衣冠不替。精吏事文移，每三属任九年，民无怨言，入祀名宦。

正统

稽 昭 刚介不阿，以廉静自守，莅民得体，博学善楷书。入祀名宦。

景泰

蔡 颙 勤慎严明，庶事修举，吏民敬畏，境内称治。

成化

杨 鼐 博学雄文，修学宇，铸祭器，滦士德之，入祀名宦。

李 智 冢宰炳之子。廉明公正，吏民畏服，次年以内艰去。历官郡守，清操一致，入祀名宦。

弘治

吕 镒 轻徭薄赋，兴学养贤。先是滦税输边，民甚苦之，镒奏允改运近边考绩。卒于京邸，民哀慕若考妣。入祀名宦。

汪 晓 都御史霖之子。平易近民，民不知苦。擢泉府同，民争留之。

正德

高 堂 廉明勤惠，有修学功，士人颂之不忘，入祀名宦。

嘉靖

赵　叶　以建宁同知左迁。勤农，捕蝗，兴学，课士，事多修举，为历官题名碑，迁刑部员外郎。既去，民思树之碑，入祀名宦。

张国维　兴利除害，宦迹著闻。

张士佾　性醇雅，政尚慈惠，赈饥民，葺庙学，升任保定同知，民怀焉。

刘体元　处事详明，持身端谨。

陈士元　作公堂，造祭器，赈饥，修仓。举名宦乡贤祠，作滦志世编。

卢　杰　政尚慈祥，民怀之，立祠撰碑。

韩应春　朴茂精敏，折狱立辨无淹系。岁饥，抚息流亡复业，清算徭役，岁省万金。力辨查盘诬坐军四十八名，俱释。卒于官，囊惟布衣二件，粟米三斗，百姓奔走悲号，立祠于西郊。

隆　万　来州人，称者：邢元彻、刘欲仁、严守约、邢子深。

万历

陆从平　善古文词，有记性。革积役，裁浮羡，岁省万金。令民自执由帖办纳，催征月试一比完者，不复入衙消卯。滦河自秦汉时为漕运故道，以供永平军饷，至永乐十八年始塞。从平曰："若欲足兵食以苏民困，必须复开漕运。"于是申白合于上司，亲临滦州。自王家闸至清河源，淤塞者仅一十五里，自清河入海挑浅者仅七十余里，即计工酌费，遂于农隙时浚治，犹虑代者变易，后果罢漕议。识者追思前工，后吴敬夫罢，民惜之。

白应乾　亲编徭役书算缩手。筑环城短墙四里，房不得薄城下。岁荒，劝富民出谷三千石，随处安插，量日给食。垦创黄花港等水田一十二处，督垦水利。尚宝司少卿徐贞《明纪疏略》云："兹田功重大，持议在督抚，协谋在司道，宣力在有司，惟是应乾有功，钦赏银二十两。"

张应元 黜城孤社鼠，痛惩顾役稔毒，修圣人殿。次年大水，城不没者三板，用举人张所修言，解衣抱土为民倡，众各囊土壅堁口，得免鱼鳖。即下令劝富民出粟千斛，益以官粮，随在安插，煮粥济之。山川之利听遭水之民取不禁，全活万余人。

刘从仁 威惠并宣，严戢杂役，节缩宴具，庭无留讼，审编户口，合六七十里贫富以足额数。补城浚池，增饬楼橹，栽植杨柳。鸠义修学宫，祭器经书，百烦咸具。于公暇即诣明伦堂，造士如课亲子弟。其窝访之家捏写访单，密相授受，延祸无穷。从仁廉得其状，由是恶者无所售，而善者安矣。

后张尧辅国论民思两不相掩，详见滦生祠碑中。

州　同

正统

杨　雄 生而聪敏，九岁通书算，十五精吏学，在任廉而有为。修城浚濠，懋著功德。以内艰去，州人怀焉，入祀名宦。

天顺卫政，人亦称之。

嘉靖

陆　府 政声赫然考最。未几乞休，当道嘉其志，多赠以诗。去后，民思之，刻像于碑，入祠名宦。

隆庆

李尧典 民称之曰："貌似古人，心如赤子。一竹不苦台，一钱不妄费。"任一年，卒，几不能殓，民哭之哀。

陆经纶 善书能诗，雍容温雅，全无吏习气。清军决隐，大有能名。邻邦丰润县水泊地争者，相持数年不决，按院委经纶清丈其地，分区别亩，尺寸不爽。豪强者榜示之，人各得其平。至今水泊地主家家图形祀之。后坐诬，士民伤其冤。

万历

靳学诗 少年筮仕如老成，有兄弟以赴军讼，学诗曰："汝生夷齐乡，不闻兄弟让国乎？"两人感泣争赴。政声籍籍，卒于官，民哭之。

后有**韩永淳**、**汤机**、**冯应熊**州皆称之。

州 判

弘治

商良臣 催科不扰，修学有功。

嘉靖

苏 术 英敏善篆隶，雅嗜古典。以御史谪。值茕剔暴，百废遍兴。政暇，即召诸生讲论不倦。升主事。

后**戴元复**隆庆末**韩士元**皆辞官去。万历初，**赵延鹤**卒于任，民共伤之。

万历

傅履约 征粮不扰，遇道殣辄给棺瘗之。捐俸市棂星壁外地，以通气，当秋辄中士二人，自后科科不乏，人多感之。九年裁革，补广东德庆州，在任无赫赫名。去任，人多见思。

吏 目

隆庆

李向阳 监司闻其能，有数十年前事皆批发问理。时群盗横行境内，向阳擒数十人，以徇盗为止息。先时刘玺亦休致称。

万历

成师曾 一钱不取，提盗有方。

学 正

弘治

吴 祺 笃学善训，士习丕振，尝修郡志有序，著《夷齐论》，典南畿文衡，登壬戌榜。历官金都御史，入祀名宦。

夏廷芝 善诗，笃孝行，以亲老就教。正德丁卯，典福建文衡，官至按察司金事。竟以父没不起，士论重之。

嘉靖

梁柱臣 言貌醇庞，风仪俊整，讲学读课，寒暑不辍。却节仪谨，厮役士廪饩者旧有常赞，一切罢之。善书，尽精诗文，有《宦游集》行世。甲子典浙江文衡，所取皆知名士。常修府志，未卒业升国子助教，历官大理评事。

毕前志工未刊，隆庆称陈一中，万历称白贲。

万历

田时春 力行古道，进诸生，讲究身心，砥砺名节，榜示巡方总约一款略云："今之士风日坏，视学校为利禄之场，以诗书为富贵之籍。"捐俸课士，布章程，正文体，士风为之一变。

前有**胡其久**亦尝讲学。

训 导

天顺

方 经 英敏勤学，善海喜吟永，乞致士子慕焉。

嘉靖末，**傅寄**、**李贲**，隆庆吴乔皆见称。

万历

齐 启 出《医间贺先生集》以示诸生曰："此书吾家世，讲以做人者也。"升茌平谕，例有车马之资，启曰："吾不忍苦人以快己。"

前有慕崇。

乐亭县知县

洪武

王文贵 干辨勤政，六事修举，公署学校，为之焕然，官至大理寺少卿。

成化

李　瀚 洁己爱民，宽而有则。自阉人汪直启衅，虏数犯境，城惟土筑，人甚恐。瀚下车甃以砖，为完城，迁儒学于文庙左，规制宏敞，铸祭器，育才贤，文教蔚然。隆庆初，重修城十余丈，坚巩异常，民不忍撤而止瞻者，若甘棠焉。自嘉靖前称贤无逾瀚者，擢监察御史，历官南京户部尚书。

弘治

郝　本 赋资英爽，莅政廉明，升知涿州，历陕西佥事。

田　登 修学校，建城堞，保民育才，政教兼举。擢御史，历按察司佥事。

原轩 不畏权要，笃志爱民，屡著异绩，仕至按察使。

正德

赵宽 醇厚宏博，不事苛察，吏民有严父保母之颂焉。以答嬖阉鹰房人坐事被逮，法司察其庇民无他，拟赎还职，寻挂冠归。今人尚称之。

嘉靖

吕　鸿 莅政慈祥，优士侍民有如保母，有馈者叱拒之。后升府同知。

杨凤阳 邑有八年逋负，凤阳以咎在催者、索收者侵也，乃尽革诸弊，于是百姓乐输，流者归业。庙学圮甚尽，撤而重建之。时有群盗狱具解府，累及无辜，凤阳为白其冤，恤茕弱，抑豪右，惩刁恶，清操不染。将迁，为人所陷去，追送泣下。

李邦佐 虏寇方退，按台郝公杰自献县调，邦佐至则殚力修城，高厚有加，于昔增四门月城，各置铁栈楼橹敌台。简丁壮造火器，民恃无恐。性遂直，剖决如流，除奸若刈，明赏罚，祛蠹弊，一方兵戴焉。丁内艰去，民为立祠，合前令李瀚祀之。

万历

于永清 通才，翼善良，锄强梗，人称神君。

潘敦复 缓征勤散，乡兵预练，公署一新。

县 丞

嘉靖

任 逮 亲终庐墓，及佐邑，政专慈惠，而性尤介直，士人谓其孝慈，无愧圣训。

典 史

嘉靖

贾 澄 性直介，志向高明，不以刀笔自期待，一介不染。尤笃爱百姓，虚心听讼，屈者恍服以制。归，囊橐萧然，邑人尝至其家，见衡门栖迟，略无愠色。

教 谕

嘉靖

王 棐 志行高明，诸生贫者馈多不受。修祭器，植松柏于庙，不自暇逸。

隆庆

刘邦彦 学问宏邃，志行端方，即威仪词章，亦卓有矩矱。以行谊作人，以经术迪士。戒浮薄，厘陋习，一事不苟，学者翕然向风。升高邑知县，仕至大理寺寺丞。

万历

杨　芳　往者新进，具贽先定甲乙。众以请，芳曰："此岂市廛，吾为贾人耶？"诸生觇其不较，辄具仪甚凉，芳卒无芥蒂意。其高迈类此。居常温恭待生徒，曲尽恩礼，人乐亲就，有过必正色戒谕。

训　导

正德

邵　鉴　平易笃实，善督课业，训迪有方，士风变焉。入祀名宦。

贾　奎　性行刚方，持守廉节，造士绰有矩度。武宗朝尝条陈八事，为上官所止。志大而用未究，士类悼之，入祀名宦。

嘉靖

崔　佩　立志端方，待士宽厚，诸生馈贽置不校。

山海卫学教授

成化

李　英　以师道自任，宴坐辄谈名理，辨义利有厚人伦，兴义举者奖进不容口。闻兄讣，哀毁竟弃官归。诗云："来时行李书一束，去时行李一束书。孤竹二君今此别，清风百世竟何如。"余干并胡敬斋称：山海并武宁王祀，王司寇为之传。裔丝司马公颐开府顺天，御倭驯虏，畿甸晏然，上益倚重，屡锡封荫，颐子领乡荐，玄孙又奇，移荫其侄，足征异泉先生家法。

训　导

万历

玉　璧　狷介而善诱，山海之科第久，自璧任癸酉、丙子连捷。升枣强教谕。

乡　贤

[商]

伯夷、叔齐　孤竹君之二子。君薨，遗命立叔齐，齐让伯夷，伯夷曰："父命也。"遂逃去。叔齐亦不立，而逃之，饿于首阳山。详见《艺文志》，特庙祀。

[汉]

田　畴　右北平人。好读书，善击剑，躬耕养亲。当董卓迁帝于长安，幽州牧刘虞简使展效臣节，畴时年二十二，虞祖而遣致命归。虞已为公孙瓒所害，畴谒墓泣陈章表，遂入徐无山中，附者五千余家。畴约法制礼兴学，众皆化之。乌九卑鲜致贡袁绍，数辟不就，曹操北征辟，畴趣治装，取路达柳城，斩虏逐北，封都亭侯。固辞，操义之，拜议郎。

公孙瓒　辽西令支人，举孝廉。光和中，将兵击张纯于渔阳，以功迁骑都尉，晋封都亭侯。常乘白马，乌桓畏之曰：避白马长史。

[三国]

程　普　玉垠人。初为州郡吏，有容貌、计略，善应对。从孙坚出征，复随孙策，拔庐江，下秣陵，辅孙权讨平不服，官至荡寇将军，子咨封高侯。

韩　富　辽西人，以便弓马有膂力幸于吴孙坚，从征伐犯，危难陷敌擒虏。后与周瑜拒破曹操，与吕蒙袭取南郡，封都亭侯，迁至昭武将军。

[南北朝]

韩　秀　昌黎人。父仕魏，为宣武将军都尉。秀聪敏才辨有文学，累官至青州刺史，有政声。

屈　遵　昌黎人，博学多才艺，仕魏为中书令。后以开拓功，赐爵信都侯，寻加昌黎公。

卢鲁元　昌黎人，父副鸠仕魏，为中书令。鲁元宽和雅度，工书有文采，累官至襄城公，谥孝。

卢　丑　昌黎人，魏太武监国，以博学入侍经帷，后以师傅旧恩，赐爵济阴公，位尚书加散骑常侍。

韩麒麟　昌黎人，魏孝文时，拜齐州刺史，居官不尚刑法。太和中，京师大饥，麒麟表陈时务甚切。为人恭慎，恒置律令于坐傍。卒日，惟有俸绢数十匹。追封燕郡公，谥康。

韩显宗　麒麟子，有才学。魏太和初中甲科，除著作郎，复兼中书侍郎。性刚直，面折廷诤，后与崔逸等参定朝议。

段　永　滦州石城人，晋匹䃅之后。魏正光末，拜东平将军。时贼魁王伯生攻陷城壁，孝武遣娄昭讨之。昭请以五千人行，永进曰："在速不在众，若星驰电发，出其不意，精骑五百人足矣！"帝然之，命永代昭，果讨平之，加永东平将军，封汶阳侯。

窦　瑗　辽西阳洛人，年十七荷帙从师，游学十年，仕魏为太常博士，从尔朱荣东平葛荣，封容城伯，乞以让兄叔珍。孝武时，释奠开讲，瑗为摘句，累迁太宗正卿，清操为时所重。

[隋]

豆卢通　昌黎人。祖长魏柔玄镇大将，父宁柱国太保。通弘厚有器局，历夏、洪二州总管，所在并称宽惠，谥安。

豆卢勣　通之弟，聪悟有才识，为渭州刺史，甚有惠政。华夷悦服，致有白乌玉浆之瑞。累功封楚国公，谥襄。

豆卢毓　义之子。汉王谅出镇并州，毓以妃兄为长史。炀帝即位，谅谋不轨，毓谏不从，语留守朱涛曰："王构逆，吾辈岂可孤

（辜）负国家？当出兵拒之。"后为谅所害。诏赠大将军，封正县侯，谥愍。子愿师袭仪同三司。

[唐]

田弘正 卢龙人，性忠孝，好功名。起楼聚书至万余卷。唐宪宗时为魏博节度使，封沂国公。元和间，诏命史官韩愈撰其先庙碑铭。

周　宝 卢龙人。曾祖侍选为鲁城令，安禄山反，拒战死之；祖光济左赞善大夫；父怀义工部尚书。宝仕武宗朝，为检校工部尚书，节度泾原。务力耕，聚粮二十万斛，号良将。中和初，进同平章事，兼天下租庸副使。以功封汝南郡王。

李惠登 昌黎柳城人，为平卢军裨将。安禄山乱，从董秦泛海，后为隋州刺史。兴利去害，为政清静，居二十年，田亩辟，户口增，人歌舞之。累迁御史大夫，赠洪州都督。

李光弼 昌黎柳城人，郭子仪荐其能，授河东节度使，累功进封荣阳郡王，图形凌烟阁，谥武穆。光弼用兵，谋定而后战，能以少击众，天下服其威名，唐室中兴，战功推为第一。

韩　愈 昌黎人。自晋韩恬入后魏，为玄菟太守，恬曾孙播徙昌黎棘城，故公尝自称昌黎人。自其曾祖任曹州司马，因家于河阳而子孙不复在此，今昌黎县有韩氏祖坟及文公祠在。公生三岁而孤，随兄会贬官岭表，兄卒，鞠于嫂郑氏。元和间，以文章倡天下，学者仰之如泰山北斗。累官至考功郎中、知制诰、刑部侍郎。以谏迎佛骨，贬潮州刺史。赠礼部尚书，谥文。宋元丰元年，诏封昌黎伯，特庙祀。

韩　会 愈宗兄。按柳子厚《先君石表阴先友记》云：韩会，昌黎善人，清言有文章，名最高。又曰韩衡，昌黎之善士也。

慕容善行 昌黎人。与博陵、崔仁、师弘农、刘凯等，俱被征为修文学士。

[宋]

郭琼 卢龙人，初仕契丹，后归汉，历团练防御祠。（周）初知宗正少卿事，宋初以右领军卫上将军，致仕。琼虽起卒伍，而尊礼儒士，孜孜乐善，盖武臣之贤者也。

姚内斌 卢龙人，初仕契丹，后归周，为汝州刺史。吏民诣阙举留，入家从平李筠，后为庆州刺史。在郡十数年，西夏不敢犯塞，号为"姚大虫"。子承赞为阁门祗候，死于阵，承鉴殿中丞。

陈思让 卢龙人，初仕后唐及晋，汉周历官刺史、团练使，宋加检校太傅，赠侍中。

[辽]

赵思温 卢龙人，少果锐，膂力兼人。仕平州刺史，迁汉军都团练使，伐渤海，力战拔扶余城，身被数枪，太祖亲为调药。后以功擢检校太保、保静军节度使，赠太师卫国公。

张珏 平州人，为辽兴军节度使。平州军乱，珏抚定之。州民推珏领州事。后辽败，珏以平州归宋，败金将阇母于兔儿山，诏加泰宁军节度使。及金将干离不袭破平州，以纳叛责宋，因杀珏以界之。

[金]

刘敏行 平州人，自太子校书郎迁肥乡令。岁饥盗起，民不敢出城耕种。敏行白昼借军护民，日夜躬亲巡逻，民遂安业。九迁为河东路转运使。

赵兴祥 思温六世孙，父瑾，辽静江军节度使。兴祥初以父任入官，后仕金。天眷初，累官同知宣徽院事，选太子少傅，封申国公。

赵质 思温裔。大定末，举进士不第，隐居燕城南教授。章宗尝幸其斋舍，见壁间所题诗，赏其志趣不凡，召至行殿，命之官，固辞，益奇之，赐田千亩，复之终身。

任询 滦州义丰人，正隆间擢进士，无书不读，其文章行实俱在《中州集》。善书法，作真草隶篆，气完力劲，世宝传之。历北京监铁使。

孟浩 滦州人，辽进士。金天会间为密令史，历转参知政事。平生性资笃实，刚正不屈，遇事敢言，有裨朝政。世宗时南北相安，民多休息，浩之力也。进尚书右丞兼太子少傅，赐通犀带。

李元璋 滦州人。兄元道，皇统间登词赋进士。元璋正隆间登律科进士，令夏津，以贤能举第一，奏对正纪纲、近忠直、远邪佞数事，金主嘉纳，超迁吏部尚书，爵陇西开国侯。侍父母甚谨，公余拱立父侧，温净定省，曲尽其礼。谢政家居，有古隐处风。子孙多贵显者。

齐陶 其先弘政人，徙居马城。天会间，授明威将军，仆马万余，而厌侈靡崇节俭，孝友慈惠，动以礼法律身，乡闻翕然称之。二子，名执中，修武校尉；允中，显忠校尉，俱恭谨能世其行。

鲜于仲权 乐亭人，少博学，娴古文词，重道义。明昌间登进士。增建黉舍，置学馆，勉励后学，文物始彬彬称盛。弟仲毕官昭信校尉。

王信 滦州人，文武兼济，官至开国侯。

李杭 乐亭人，天会初登进士。时平滦兵戈甫定，民未知学，杭特择东南隅地，创先圣庙。岁时祭享，以昌明圣道；虽风振俗，以贻远猷。仕至刺史，有声于时。

赵思文 平州人，累官至礼部尚书，时朝廷多难，思文在间关羁旅中，未尝堕于非礼，时人称之。

王元粹 平州人为南阳酒官。有诗名，诗见《中州集》。

[元]

王统 世居乐亭，刚毅有才力。金末为裨将，从帅出镇高丽，东方以宁。

王仲仁 统子，元初以功取金汴蔡。中统初，升奥鲁都总管。抚将士有恩威，卒赠镇国上将军。

王　珪　仲仁长子，至元间知商州兼诸军事。接人谦抑，政事有条，商人德之，见陕西名宦志。弟璲授本路镇抚，不愿出仕。珪子襫刚，授武略将军；璲子伯川，以祖荫至丰润县令，有政声。

王　祥　父珍，至元间以武略将军殁于王事。祥尝从父，有事江淮，发九矢毙九人，后数立奇功。乃牙叛乱，祥讨平之，加武节将军累章求退。潇然野处，以训子为事，卒赠都元帅。

张　晋　宋横渠五世孙，历官睢州防御使。太宗六年赐第于燕，并食邑于滦。见滦北有横山，追思其祖，榜曰："横云清逸"。筑横渠书院于城东南隅。弟智为王府参谋，皆滦居焉。

姚　枢　平州柳城人，有王佐才，世祖召至，首陈帝王治平大经，世祖嘉纳，自是内修外攘之政，咸委任焉。累官至翰林学士承旨，谥文献。子炜，官至平章政事。

姚　燧　枢之从子，少从为衡游，以真知实践为事，为文闳肆该博，有西汉风，累官至翰林学士钦旨，所著有《国统离合表》《牧庵集》。

陈　颢　卢龙人，集贤殿大学士。科举之行，颢赞助之。侍仁宗燕间，辄取圣经所载，有切治体者陈之，每见嘉纳。颢好荐拔士类，有诋之者，曰："吾宁以谬举受罚，蔽贤诚所不忍。"谥文忠，封蓟国公。子孝伯、敬伯，俱仕有名。

崔　煜　迁安人，任辽阳行省郎中。程思忠作乱据永平，剽掠乡民，煜领兵保障之，且孝于其亲，后官至参政。

张　勔　昌黎人。翰林院编修，累官至大学士。学问该博，为文缜密，人可矜式。

周　宏　迁安人，官无极、宁昌、昌黎三县尹。在昌黎时，程思忠作乱，宏率其民赴永平城拒守，城陷被执，宏不屈，七日不食，骂不绝口而死。

张　德　滦州人，横渠七世孙。皇庆中登进士，授本州学正，文章学行足世其家。

卑仲吉　滦州人，尚义敦孝。大德间为滦州节度使、金吾上将军兼授金虎符兵马元帅。行兵多谋略。掘凫茈以食，有贷者倒囊与之。州牒令监迁安园栗，凡求者即资之。公素与巡检许枚善，枚死，父年耄无所归，公载之家，事甚谨，及终还其葬。及为监军，公叹曰："大兵之后荐成饥馑，可坐视其死乎？"乃慨然躬耕垄上，与百姓同劳苦，妻孥亦令蚕绩以自给。郡人化之，争务勤本。

吉巨昌 滦州人，蕴大志捐小节，与万石山卑元帅、古冶杨公相友善。时天降鞠讻，人罹疫疾，强凌弱，众暴寡，叹曰："若是哉！使吾属靡有孑遗矣。"乃与杨公暨亲邻昆弟等谋，萃为保伍，各相扶助，时赖之全活者，不啻数千。

王仲添 滦州人，大德间为卑元帅副统，胆略过人。时金主南奔汴梁，封境骚动，仲添与士卒同甘苦，且耕且战为持久计。敌人入寇，与都统赵简松引兵逆战，所向皆披靡。虽中流矢，必战罢而后取，在军中谈笑无自伐之色。敌人复至，公在围中以寡御众，鏖战至晚，力尽而死。

吉士宽 滦州人，性资渊静，行己谦恭，深于翰墨，闲于治生。资巨万未尝有骄意，有不给者周济之。小过干犯，戒谕理遣，乡闾德其长厚。

卑　群 滦州人，仲吉子。英迈豪爽，辨博能文，一时名人碑记多出其手。

赵仁举 滦州人，登至元中进士，知晋州。政平事理，悉庶乐业，文章丰腴，才识明达，以礼乐为教，晋人立碑以志不忘，见《一统志》。

杨绍先 乐亭人，由进士，至正中为集贤院学士。德行文章俱载《元史》，置书三百六十三部，资本州学庙，藏之书府。子熟，令厌次，善篆书，不堕家声，见庙学碑。

赵　衍 滦州人，至元进士，仕至国子监司业。问学渊源，文章老练，曾作横渠五世孙张晋神道碑。

齐　泰 乐亭人，至正间任登封主簿。兴学劝农，平狱均徭，九年政成，民树碑颂之。

[国朝]

景泰

刘　宣　江西吉安人戍，充戍卢龙卫。应乡试第一，联举进士，任翰林院编修，累官至尚书，才德为时所推，祀乡贤。

李　胜　永平卫，由进士任御史，有声，升河南佥事，按历郡邑，摘伏如神，冤滞多平。

唐　福　东胜左卫，中乡试。孝友慕义，历知随、滨、通三州，有清白声。尝铸铜器以供圣祭祀乡贤。子骊器弘才赡，为汝州学正。以□□□堂谥且敝，捐俸□□改建，见本州□。

成化

杨　祥　永平卫，历山西佥事，清慎无玷，祀乡贤。

张廷纲　永平卫，由进士授行人，奉敕赐一品服，布告安南，修府志。

李　时　永平卫，中乡试。父贻产悉让诸兄，独养老母。知岢岚州，廉平多惠政。民俗因财退婚，曲为解谕完聚，吏卒有鳏者，捐俸以配之。同知汉中府，有去思碑。知平凉府，持守不渝。忤逆瑾，改授思州府，刚毅有治行，所至畏戴，德重乡评，祀乡贤。

弘治

王　珝　永平卫，登进士，为御史。核公藏，发密通贿者赃，滕太泉为作《却金传》。居刑科，奏省铺宫数千金以济边。为顺天府丞，赈荒活众。擢都台巡抚山西，裁宗室以法，且有御虏功。巡抚山东，筹刍粟以讨逆濠，兵用宿饱，扬历俱有伟绩。卒赐祭，荫子国子生。祀乡贤。

正德

廖自显　卢龙卫，家贫力学，以廉耻自持，登进士，知颍上，振饥活数万；擢御史，巡通仓，革中官监收弊；按宣大，将校科敛冒功者，执法厘之。嘉靖庚寅，疏革镇守建昌中贵，更置将官，至今快便附阉者衔甚，几为所兵。知汝宁府，以直退。著《拾烬集》《放言集》《悯遗录》，祀乡贤。

嘉靖

李充浊 永平卫知府时之次子。孝友力学。登进士，知叶县，收黄山巨寇。民立生祠，与楚叶公、汉王乔为三令同祀，有惠爱去思碑。征为礼科给事中，最善上封事；转河南参政，修筑隘口，顺德山西九百余里；按察陕西，辨宦家子五人积冤；历贵州布政使，转输赈铜仁荒歉，募民以备苗变。致归于城北营万柳庄结社，乡党深德之。

李充拙 永平卫知府时季子。与兄充浊同掇乡科。知陈州，州刁猾恋公门恩文檄，以扰害乡民，久莫能去。下车访首罪，杖杀之，余众悉逃散。后知南通州，政平讼理。卒于官，民祀于廊山。

韩 梅 永平卫，以文行著名，领乡荐。任大同府同知六年，廉平多惠政，士民永怀。有驿丞范姓者殁于官，妻流落鬻女为婢，梅捐俸赎归其母。当边事孔棘，而转输调度得宜，总督翁万达器之，荐欲大用，而遘疾归。居家惇伦任质，乡党称之，厥配胡氏抚孤，师范成行，诸孙复斌斌焉。

廖献可 卢龙卫，中乡试，不急仕进三十余年。赴铨授知即墨，寻归由。由于乡而好古文辞，称里中高品。

李思睿 永平卫，由选贡知大同县，复改安定，两有惠政，以侍养告致，民立碑。归，闭门谢客，教训生徒，足迹不至公庭。

隆庆

王大用 东胜左卫，登进士。授扶沟知县，执法无所阿避，当路衔之。左迁东平州判，升滕县令，明习吏事，每事必探弊端。一大珰进贡，折辱驿官吏索乾没，大用诣邮亭，令开箧验之，皆胖袄，遣人收捕其解户于狱，大珰甚惧求免。其练明肩事类如此，升大理寺评事，改户部郎中。历官辽东、陕西参政，两县并祀之。

朱大鼎 永平卫，孝友敦厚，力学安贫，人皆好之。甫贡而卒，乡里悼痛。

李　瀹　布政充浊之子。处世望而谦，素孝友。以恩贡授郯城县丞，郯称难治，民流税负。瀹于荒田立官庄，捐俸创庐舍三十余区，买牛给种，招集逃民耕垦，收获足公税及佣值外，余入义仓备赈。公私称便，民亦复业。铨部廉其贤，即擢知郯县，益为提励。病归数载后，郯人远送，匾曰："去后见思"。

韩廷义　东胜左卫，累封监察御史。祖文富而乐善，终身蔬素，不忍戕物生。父诚富益巨，博施不斬，受横不报。嘉靖中，岁屡祲，后先以粟二万石余贷贫者，竟不责其偿。廷义警敏有英气，通百家众技，更长武事，多奇谋，曾擒巨寇以靖一方，尤好作阴骘福德事。生三子，择师取友，乡印式之。长应庚成进士，为名御史，乐隐于滦浒钓鱼台；次应箕食廪；季应奎中乡试。四令名邑人以为积善所致。

白　钥　东胜左卫，少颖慧，为郡诸生。居家孝悌，事兄如父、嫂如母。由国学选南锦衣幕官迁汶上丞，执陈友宽等大盗置之法，锄暴植良，百姓德之。无何，挂冠，世高恬退处乡，恂恂不以贵盛骄人。课三子寒暑弗辍，长珩、季璞皆廪生，仲瑜选庶吉士，有光先德。

卢龙县

洪武

习　成　以才能擢用，历湖广金事。

永乐

赵　忠　由举人，拜御史，改刑部郎中，致仕，以行谊为乡饮宾，祀乡贤。

邵　俨　由举人，历陕西右参议，文章政事乡邦所称，祀乡贤。

邵　瑄　俨之子，由岁贡知朝城县。老成谦谨，行谊著闻，祀乡贤。子鹤年中乡试，知州，世其家。

成化

杨　润　由举人，历知金州，刚方廉介，德政著闻，家居惇穆谦让，施及后裔。

朱　辉　为诸生，母程氏亡，号泣柴毁，负土成坟。庐墓侧白狼驯扰，燕巢庐下，并谷秀双岐之异。奏闻旌表，抚院给近坟山场环五里许，官为植树。岁贡为任丘训导，祀乡贤。

嘉靖

赵得祐　郎中，忠之曾孙，为诸生。时邻人横逆，而读书自如，人服其量，登进士。公服以布，当道重其敦雅，选御史，纠劾辅臣，历任以清介终始，林居泊然一书生，枕席皆典籍，乡族称其孝友。

阚　杰　由举人，授荆州府推官，以治行行取竟补知石州，遂辞归，足不履城市者二纪，可为林下者式。

程蓄德　刚正有执，持以贡训导嵩县，教谕藁城。不责赞仪，士敬惮之，致归为乡饮大宾。

迁安县

正统

赵　玉　由举人，知高唐，严毅练达，剔蠹兴利，多所修建。升知汉中府，有惠政。两地皆立生祠。归田十年，平心率物，乡人进重焉。祠乡贤。

李　和　由进士，历官河南参政。清慎详密，祀乡贤。

王　锐　由进士，授崇明尹，天性刚毅。历转都御史，值开城土达满四谋反，讨平之。论功荫其侄，世袭锦衣百户，祀乡贤。

张　旻　兴州右屯，由贡训导荣泽，捐俸周乏。卒于官，士哀慕之。

成化

魏　琮　由进士，知乌城县，以清谨称。乐成就后进，诸名士皆出其门。

王永清　由举人，知阳武县，寻改延津。宽慈务德化，不忍加罚，民戴之。

王 和 登进士，知馆陶、金坛二县，布爱举滞，召御史，巡视凤阳，洗剔夙弊。在南道劾户部尚书张凤，在北道劾西厂太监汪直，并奏革西厂，声动朝野。按察山东，冒寒暑平青州剧盗。生平廉介利方，不移于时好。卒，日贫不能归葬，同官陈公璧哀金为赙。祀乡贤。

才 宽 登进士，弱冠知商和县，课最；知西安、淮安二府，多异政，决疑狱称神；迁都御史，抚甘肃，夷夏悦服；转尚书，以不附逆瑾出；总制三边，军法严峻，所向捷克，中有含怨者。正德己巳，虏犯边，督战遇害。加太子太保，谥襄愍，赐祭葬，荫子锦衣世袭，祀乡贤。

郭 镛 兴州右屯，由进士，授金华推官，刑清民服，修通济桥；拜御史，按宣大、辽东，纠劾权贵，绰有直声；转山西副使，节省粮耗，军民甚便，督修边墙，不惮劳瘁。卒于官，囊无一资。

弘治

孙 炯 兴州右屯，登进士，历陕西苑马寺卿，峭直敢为，两平流贼，胁从多释，不附权贵。

李 秀 兴州右屯，嗜学，事继母孝。中乡试，历知平原、齐河、诸城三县，爱民，善决疑狱，有异政。

王 廷 登进士，授兵科给事中，历山西佥事，才德为时所推，祀乡贤。

李 金 由进士，官户部员外郎。时仓储、马政多奸弊，清稽不少假，有贵戚诬占民田，勘实归于民。孝庙奇之，书名殿壁，赐宝锸以旌之。知德安府，赈饥节冗。有疑狱，祷庙得其情于梦寐，白程汉诬坐其婢，杀主母者伏其辜；淫祠为祟，杖僧而焚其庐；平剧盗周濂等，以神明称。次子涵，官至左布政使，清才雅度，所至人羡慕之，祀乡贤。

李 炫 幼而好学，冬夏兀坐一室，举进士，历甘肃行仆卿，居官忠信好士。甘肃叛将乱，炫匿民舍中，示方略而戢之。诬执甚众，炫谳鞫多全活。致政二纪，课子耕读，足不至官府。

陈鼐 登进士，勤俭明敏，历曹、濮、郴、桂兵备副使，临阵躬帅，斩获剧贼。

正德

王念 副使和之子，登进士。部使为立坊，念以民贫，谢寝之。知九江府，修复废毁，而民不劳。在程番，奏开贡额使知向化。居乡廉静，事母孝，以先业畀两弟，不言公事，处丧用家礼，士夫化之。平居鼓琴游咏，觞旧游忘倦。

张文成 由吏员，任郏县典史。时流贼猖獗逼城，文成奋身出战，多所斩获。总督彭公闻其才智，檄领兵马六千分路剿杀，前后得首级千余颗。汝宁、上蔡等路悉平，功加三级。邑人为立祠，举入名宦乡饮二十九年，允协舆论。

嘉靖

李涵 按察副使金之子。孝事媚母，以田产让弟。登进士，为户部郎、督兑运尚书，称为廉吏。知延安府，除水患，赈饥民，兵备肃州，修嘉峪城，事竣，赐金币旌功，军民勒石纪其事；补贵州兵备，雪冤理枉，民有天星之谣；转左布政，擒首恶龙许保等，苗民率服。

张智 由贡，知远定县，洁己守法，铲涤奸伪，修学课士，政教人行，有麦秀两岐之瑞。寻通判黄州，民不忍其去，为立祠，号清张。

张文遂 由贡，知宜君县，寻调马邑。留心学校，加惠穷民，民感戴之。

王荣 由贡，任榆次训导，未几乞休，居乡友睦。尝买人田，人不忍舍，辄还券无难色。

李士杰 为诸生时，聘陈氏女，女后失明，人皆劝更聘，杰竟娶之。人钦其义，登乡荐。

抚宁县

刘　本　由岁贡，历知严州府，祀乡贤。

正统

刘　钺　本之子，中乡试，历知府、浙江布政使，祀乡贤。子珙，登进士，授刑部员外，能世其家声。

弘治

王　春　由进士，选翰林检讨，侍寿王讲，以善道开悟，孝皇嘉之，赐正四品服，改周府长史。王在幼冲，春启迪如在寿邸。将婚，汴之巨室有贿，内竖谋为元配者，春发其奸，竟别选。又格卫职夺嫡者，王以春辅导功奏加秩。寻求去，卒祀乡贤。

鲁　铎　由进士，官大理评事，逆瑾擅权，有党系狱欲出之，铎按其罪竟置之法。分巡辽海，风节炳著，人咸服其公。祀乡贤。

翟　昊　以子鹏贵，赠户部主事，天性温厚，与物恂恂见义，辄勇为之。至辜恩负贷之辈，亦无愠色，苟辞以相较。遇颠连疾苦者尤爱惜，解衣推食其常也。行谊卓荦，入祀乡贤。

正德

翟　鹏　登进士。抽分务光，出守卫辉，卓有异声，上计考天下第一，扁于部楹。至守开封有并包之谣。巡抚宁夏，厘奸革弊，著有《筹边录》。嘉靖二十三年，虏大入寇，鹏时任兵部左侍郎，总督宣大等处，督兵追剿斩获，晋秩本兵，设策生擒逆酋王三，夺馘马器甚众，为宣大数十年来第一捷。竟以过直被逮，卒于京。穆宗即位，追恤赐祭葬。观其"惟有寸丹悬帝阙，更无尺素达权门"之句，可以想见公之为人。

王道中　由进士，授安庆府推官。太湖险远，人多匿避徭役，有一人至县者，即令赔纳荡产，民苦甚。道中亲诣其所，婉曲晓谕上令，输辨本家，民甚称便。扬州知府孙某，被劾赃巨万，道中一勘辄明，科道敬服。时宸濠余党未尽，当事者往往以平民诬作奸细，收捕甚冤。公查有赃仗旗帜者止坐四人，余数百尽释之，称神明，载彼郡志。为鸿胪卿，侍经筵，小心如一。尹顺天府，卒，著有《黄斋集》。

李　震　由贡，授户部主事，知沔阳州。刚介不阿，勤于抚字，尝修饰学校。去，民不忍舍。

金　镛　父禧早逝，母高氏守志，镛负米采薪以养之。母疾，祝天愿代，进饮食、药饵必先尝。夜不遑寝，贫而力学。以选贡，累官光禄署正，秩满将迁，因母乞归，终养。镛慷慨有古风，母节子孝，萃于一门，为世仪刑。

傅　金　由贡，知观城县，急流勇退，恬静可嘉。

隆庆

王彻祥　由进士，知郾城，升刑科，历陕西副使。性刚直敦孝友，杜门谢客，无一字通要津。岁饥施粟五百石，以济乡民；捐费建塔，以补风气；手著左史，以惠来学。

昌黎县

永乐

崔　碧　由进士，任御史。当官謇謇绰有能声，后升山东佥事。

祖　述　由太学生，授嘉定知县，居官廉谨，累迁福建右参政，祀乡贤。

万　信　由监生，官至开封府知府，居官屡有异政，祀乡贤。

正统

张文质　谨厚有容，言笑不妄。举进士，授兵科给事中，累官至礼部尚书，进太子少保，祀乡贤。

景泰

周　斌　由进士，任御史。以劾石亨骄恣不法出知江阴，在任多惠政，邑人立祠肖像。后擢开封，未几，转陕西参政，军民万余人遮道请留，立石颂德，祀乡贤。

杜　谦　事继母，不拂父意，时以孝状元称。举进士。岁饥以粥活人，保孤养老，佐失时不能嫁娶者。参政浙江合数郡，上供文绮工，人免破产之患，定赋役驳贷，流民议力农者，无重并之苦。勘余尚书侵渔事，不避上怒，而余事竟白。自少无声巴奉。燕居妻子不敢狎，交接则温然，人咸亲之。历工部左侍郎，子孙科第蝉联，人咸谓忠孝所感，祀乡贤。

成化

宋　铭　由举人，知莱芜县。仁恕清廉，士民思之，有德政录，今子孙绳绳，人以为清良之报。

杜　源　侍郎谦长子，举进士，历清州知府。有廉能声，内行修谨，置义田以周族姓，祀乡贤。

正德

王　翰　举进士，为行人，以直谏死，赠监察御史。

王　贵　授苏州府同知，升庆阳知府，有德望，祀乡贤。

嘉靖

赵　瑞　有才名，中乡试，知伊阳。清介不淄，逸兴飘飘绝俗。人比陶靖节，卒无遗金，几不能殓。

侯　显　太学生，尚气节，敦朴素。父母丧，俱庐墓侧，有鸠巢于舍，芝生于冢。旌。

贾　韶　志行严谨，拔贡，任瑞安主簿，有惠政，士民立祠祀之。

马　鼐　不尚浮华，由贡任信阳主簿，清名最著，士民重之。

杜　汉　侍郎谦季子，以荫至南宁知府。宅心希古，行重乡评，祀乡贤。

王　槐　由儒士，工书翰，任中书，历工部左侍郎，清慎正直，不阿权贵，世庙嘉其忠，祖封赠如其官。

齐宗尧　由贡，知汾州。恩加庶民，教治士类，有善政，当道贤之，升运同。子长鸣凤，选贡任知州；次鸣鹤，援例指挥；季鸣雷，选贡。

王尚贤 直□翰之子，性孝友，堂弟郎中尚直乏嗣，令次孙承祧，而不利其产。处乡恂恂仁恕，因号恕斋。由贡知富平有声，归复一寒素书生。孙之屏登科，人以为善报。若汪可诏亦由贡任巩昌推官，莅政严明，升临洮府贰。四子在庠，世其家声。

滦 州

永乐

王 翱 年五岁值元季兵乱，随父徙居盐山，遂籍焉。举进士，累官至吏部尚书、太子太保，谥忠肃。为人端方强毅、清白俭约，雄才雅望，为时名臣，祀乡贤。

张 勩 由举人，累官广西参政，平乱有功，膺赐奖犒。

王 济 曾祖善甫，洪武初从戎河间，子孙遂家焉。至济举进士，历官户部郎中。

正统

沈 礼 由举人，任淮安府通判。甚孝，父卒事母尤谨，稍不悦即竟日不食，如穷人无所归。母终丧礼，一遵古制，不用浮屠，所谓生事尽孝，死事以礼者。

刘 永 由贡，知莘县，厘蠹有声，迁知泗州。勋戚豪右畏其介直，不敢干以私，境内肃然。

许 进 以律算课最，授章丘县丞，迁福建布政司。理问博学多才，端谨孝友，在官多著劳绩。

景泰

阎 鼐 由进士，任御史，弹劾无所避，巡两浙，禁中官暴横，清盐矿奸弊，人以阎罗目之。著有《直庵集》，祀乡贤。

陈 恕 应乡试，适岁凶，民输挽于府，恕念偏凉汀道险，出宾兴银佣饥民凿为坦途。同知开封府。子民下士，严吏胥，折狱立断。尝道遇数人若贵游者，恕曰："此巨盗也！"逻得其实，称神明。归，泣送者塞路，行李萧然，跨驴入城。有司重其贤，有赠即市铁铸文庙祭器。

王　铎　博综群籍，有司尝造庐咨政，多中理道，膺贡。

成化

郝　隆　幼颖悟善记，登进士。初官评事，历知金华府，修通济桥，士民立碑，政宽民悦。

谢　纲　由进士，知上虞县。莅政慈祥，居乡以孝友称，有质者一判两服。殁，皆望枢而哭。

高　瑢　方严谦让，好学笃伦，举进士知临邑，勤政广积。岁大祲，全活甚众。暇即试士业，门下者多登仕籍。卒，囊无数金，几不能殓。

田　增　由举人。聪敏刚直，笃嗜书史，知凤翔县，奸除暴化。

余　璘　力学，甘贫偃蹇，亲友皆轻之，璘不介意而攻苦自若。及六十荐乡书，登进士，昔之诋者复来，遇之如平生。历官员外郎，卒于官。

王　用　由举人，知桃源，补西平令。厘革冗费，凡不便民者极力去之，两邑称贤。

弘治

安　民　中乡试，父和知马邑，卒，民幼扶衬归。事母尽欢，庐外三年不履房室。历户部郎中，清慎练达。乞休，授正四品进阶三级，空囊归，致别处小室，弟尚居积巨万，泣请同居，州守匾："友于之门"。

许　庄　登进士，知临汾、宝鸡二县，俱有声。迁平阳府同知，廉干，历升陕西参议，卓荦博学，纂州志，有《康衢文集》《心鉴警语》。

高　谦　知县瑢之子，早失怙，力本勤学，事母抚弟。举进士，知丹阳县，拓学授经术，建津梁仓宇，议赈贷，百度维新，士民勒碑颂之。历知平凉府，寻卒，咸惜其志焉。

任　惠　举进士，为吏科给事中。以弹劾太监高凤，革为民，寻起，已卒矣。世庙登基，诏旌为"忠直谏诤"。

王　蕃　举进士，授御史，与任惠交。劾高中贵为民，诏与惠同旌，起平凉太守。

王　辅　举进士，授行人。两使封藩，拜御史，历迁河南副使。乡人称为长者。

正德

吴　吉　行醇笃，登进士，历户部主事。

嘉靖

王　庚　登进士，敦笃寡言笑，明易，三为县令，有廉能声，征为兵科给事，慷慨敢言，历陕西右布政，卒于官。

王　镐　教书养母，自啖糟糠，事兄不私一钱，尝曰："居官廉，虽大臣无厚积，宦家子弟淫赌荡产者，乃天谴不道也！"登进士，授御史，监江西试考官呈中夏相婿。镐曰："不中相婿得罪于一家，中相婿得罪于多士。"夏相不衔，世两贤之。历官都御史。如蠲赎锾筑黄河堤，公荐举，备房患，却私书，懿行不能殚述，居家称盛德，复起教子讲学。

高　擢　知府谦之子，博通子史，承祖父家学，登进士，历官右副都御史，为世名臣。居乡三十年无一事干公府，与乡人处，平易和厚，不知其为世家尊贵人，济贫扶弱，年九十不疾而卒，祀乡贤。

厉汝进　苦学博览，善古文词，登进士，司理池州府，判积岁疑狱称神，征拜户科给事。劾柄相嵩与子世蕃恃宠弄权，廷杖八十，降典史。朝鲜使入贡问厉："给事安否？"以名重也！穆宗践祚，录忠直方复原官，乃以疾卒，祀乡贤。

周　冉　少贫，佣书养亲。做秀才时上巡抚条议：一曰兵失于遥制；二曰粮失于漕运；三曰田失于屯种；四曰虏失于抚赏，切中时务，登进士。坊银遍散亲识贫乏者。出使辽东，雪中却军官貂裘之馈。历汉阳知府，卒不能敛，有司钦悼葬之。

陈嘉谟 博学能诗。当贡邻次者，家贫亲老让之。是秋，嘉谟登乡荐，人钦其德，三仕县尹，有善政，居乡喜怒不形。训子国教拔贡。

王　镛 孝友乐施，历官长洲县丞。不忍取民，以直道难行，致归，作散人会，绝口不谈官府事。

冯　钦 童髫时，祖父遗书数百部悉成诵，游庠应制贡。遇婚葬贫乏者量助，晚年以十金散族人。历官京卫经历。见阉瑾擅权且衔之，乃曰："残民以成贿非人也，屈志以殉势非贞也，予用予志耳！"七月告归，吏户礼三部卿廖公等饯之都门外。兄卑卒，事嫂如母。先人遗产任诸弟自取，荒顿者自留糊口。州守延为乡饮大宾。

张　珠 由选贡，任隰州同知，升审理。敦伦醇谨，多士及门。

陈　情 刻力读书，天性孝友。父母怒，长跽，必待解颜方起，析产任弟所欲。知孝义县，捐俸修城，虏不能攻。转陷石州，人皆感服，有去思碑。居乡若布素，时称长者。

冯余庆 经历钦之子。幼举神童，善古作。置义田三百亩，以赡族里婚葬。事继母孝。知西华县，门无私谒，捐俸救荒，修理梁遂，有去思录。卒，子斗华方稚，攻苦克家，后中乡试。

高吉昌 父玉好施，以二千石救饥，舍地为义冢。吉昌警敏，膺岁荐善教。子长甲，登乡科；次第，成进士；季捷，为诸生。

乐亭县

洪武

温　厚 荐辟入仕，历职勤能，官至都御史。

宋弘道 当元季隐处教授，经学于乡，家业泊然。洪武开科取士，登进士，拜御史，有声，参政河南。乞归，惟琴书而已。

李　乐 由国子生，拜御史，有声于时，迁山东副使。家贫无遗产。子茂知高邮，孙珏判任州。

永乐

史　怡　以城守拒东军有功，授户部郎中，官至江西左参政。

景泰

牛　本　领乡荐，授九江同知。素性谦恭，莅官廉慎，清戎有惠政。将代，郡人赴部保留，即升知九江府。

张　泰　由贡士，授知桐乡。时桐乡新置，诸凡未备，泰至，措注建树，六事修举。俗多水火葬，泰禁之，购地为立义冢。他如辟险塞，核兼并，招商贾，皆可纪焉。以绩升，见桐乡志。

天顺

刘　恭　由进士，授兵科给事中。言事无避，寻补河南右参议，有惠政，吏民怀之。

成化

卢　敬　嗜学，领乡荐，授兵部司务。侃直不阿，腾冰蘗声。尝训其子曰："营利者为子孙计耳，吾甘清苦，子孙必有显者。"卒于官，家业萧然。子概、梁、棐，俱孝友，孙耿麒果登进士。

弘治

李宗商　霖仲子。沉静寡言笑，嗜学，登进士。历陕西行仆少卿，寻谪，操守不变。

嘉靖

卢耿麒　司务敬之孙。弱冠登进士，官工部郎，议节浮冗；转江西金宪，多洗沉冤；驻大同，当叛逆甫定，戢以恩威，虏当入，监兵有运筹功。督修五堡、世庙，纶音以巨镇赖以永安，褒之。卒，家无余费，性直方，敦孝友。父产悉让二弟，所居庭前无旋马地。博极群书，著有《蓝山集》。祀乡贤，为乡邑望。

王好学　领乡荐。父卒，肖像以奉。令陈留，蠲逋修学。擢判泽州，佐归德，多善政，及捕太原，弭盗祥刑，请治宗室骄横。檄抚石州，为画战守之策。为户部郎，督饷有执。官至楚雄知府，恳疏乞归，助城守火器，偿被诬者管金。训同宗，恤母族，与弟司徒公媲美焉。著有《游艺集》，祀乡贤。

王好问 知府好学之弟。生有异兆，弱冠抱当世志，登第，授太常博士。擢御史，即劾巨珰不法事。出按秦晋，上兴革便宜，却诸祥瑞不以闻。穆宗朝益多献替，而重孝思，止行幸，查内库，诸疏并劾，近习谋典，兵柄尤极剀切，迁大理寺，历官户部尚书，忧时思职无少替。南中米涌贵，先发仓粟而后以闻，有古大臣风。先是为卿贰，即抗疏求退，至是章屡上，始得允归。数月卒，赐祭葬，赠太子少保。立朝恭谨，动足矩矱谦抑，若不胜衣，而内实不可夺。乡谊族范，逡迤共孚，所著有《春煦轩集》。荫子浑然，任刑部员外，子确，庠生。祀乡贤。

李宗儒 霖季子，勤励好学，醇谨诚悫，温恭抑抑。由岁贡授林县丞，亡何归，益褆躬睦里，为乡邑望。

李 瑶 幼有远志，长于诗赋，贡授平度判官，寻升原武知县。所至吏民皆信怀之，无何竟挂冠归。瑶为人严恭好礼，士之游其门者，循循雅饬，其教养子孙，睦和亲族，种种可为乡邑式。

山海卫

成化

郑 己 成童属句辄惊人，贫而向学。隆冬，夜燃柴诵书达旦。登进士，选庶吉士。刘文安典教，每阅其文辄叹曰："山海乃有此子！"改御史，会廷推抚臣有弗当，抗章论之，语忤当道。又累践指摘辅臣及中贵，权要人多忌之。巡按陕西甘凉，诸路灾沴连岁，边境绎骚。上匦时图治等疏，亹亹数千言，极凯切，得上允。举赈饬边，陕以西赖焉。时勋贵出镇，子弟怙势凌下，监司莫敢问，已捕而杖之，乃诉公谪戍宣府。有黠卒怨总戎，奏不道事累己，系阙下诬白，放归田里。知者欲荐用，坚谢不起。盖其生平亮节，谈世事弗平，辄攘臂愤惋，其不耦于时有以云。祀乡贤。

萧　显　举进士，授兵科给事中。有武臣连中贵势焰，张大边功希重赏。显批奏尾驳之，直声震一时。有巫矫邪神淆惑都城，显劾之。而巫逐权幸愈嫉之，迁远地镇宁州。夷俗献馈，流官拒则疑，且恚至相戕，显理谕，皆敬服。同知衢州府，勾稽戎籍，焚非法刑具，抚茕嫠，修学舍，士民赖之。为福建屯田佥事，勘督交，至岁无留通，寻归。显性醇笃，不妄言笑，孝弟著闻。山海本用武地，举科第，工词翰，皆自显始。所著有《海钓集》《镇宁行稿》。其书法擅时名，祀乡贤。

嘉靖

詹　荣　性敏学赡，早举进士，官户部郎，督饷大同。适军叛杀主帅李瑾，闭城以桅，王师官军不能下，荣与武臣数辈歃血计诛元恶，乃示顺逆，激动贼党擒首恶出献，地方底宁，上褒美，超擢历都御史。巡抚大同，得总兵周尚文死力，宗室充灼等通虏谋逆，廉得，民先机发之，械送京师。考绩升兵部右侍郎，荫孙廷国子生。荣为人忠信不欺，沉毅有谋，信赏必罚，人争效用。其制伏豪右，再平叛逆，盖有所本云。

又，进士冯时泰，官工部，推材望第一，兵备辽左，直节忤时美业未竟。父母丧，俱三年不近私室。

刘复礼　中乡试，宅心坦夷，提躬谨饬，历官陕右同卿兼宪御二纪余。致政归，服食居处，澹然如儒生，桑麻外无厚产。幼以孝闻，迨暮年尚与季弟同爨每举箸必呼弟，倘它往，必辍不食。有修郤者相与质成，愧服，平生清而俭，简而有礼，可匹古人。管府事徐申请入祠。

萧大谦　素履清贞，屡空中，拾遗金直还之。后领乡荐，令怀仁及秦安。耻结纳，专意实政。以故取忤罢返里，潇然处之自如，濡墨攻书，摛章吟讽，草舍仅可旋蜗，瘠田尤不供爨，无愧祖海钓风，管府事徐申请入祠。

萧瑞凤 给事显之子，历官大同路通判。在任俱有声，直谅端介，古文笔法允继父风。不迩声色，以诗书自娱，为乡邦所钦式。

右志名宦、乡贤，古今仕于永，产于永，大都可见。惟是祠中木主，岁送散失无可稽凭。所稽而凭者：《大明一统志》及弘治十四年府旧志，并所属州县各本志，共得什之六七。其什之二见万历十九年府续志，今所采而入者才什之一。徐公郑重其事，以公道出，学校悉令师生开报。犹恐其滥，请郡荐绅先生征之，更于诸生中取已贡、应贡，每学各一二老成面确必核其实，然后登名于策。前辈已祀者于本传下注祀，当祀未祀者复表。表传中，其他有一政便称迹，有一行便称谊，得与编次。是亦君子取节之意，未必其人皆可俎豆也。夫岂一无可思耶？自非孝子慈孙且不知有祖考，况远方之游宦者哉！此叔季人情风俗，无怪乎其然，有炙热灶，而无探冰渊。郭史君可无嫌矣，印玄子复何疑？

武　功

徐　达 凤阳人，年二十二值元季兵起，慨然有济世之志，诣皇祖于军门，与语奇之，留置麾下，日加亲信，随拜大将军。凡帅师征讨，所至捷克，军有纪律，罔事屠戮。洪武十四年，上以燕民新附，又地邻北虏，命公镇之。乃依山阻海创立关城，复修筑边墙，阻塞隘口，联络周密，规度宏远。累官太傅中书右丞相，进爵魏国公，卒追赠中山王，谥武宁。景泰间山海士民感念功德不忘，请于朝，得建专祠，春秋以时享云。

赵　彝 永平卫指挥。靖难师兴，首以城降，封相城伯。

郭　亮 以迤北征进有功，升永平卫指挥佥事。靖难兵起，杨都督领军攻围永平，亮捍守城池，又节有战绩，升左军都督府同知，封安城侯，故近封兴国公。

吴　成 本名买驴。永平卫百户，以从靖难攻真定等处，克扬州，入金川门，功升都指挥使。永乐年，三出塞垣破巨虏，封清平伯。宣德年，出喜峰塞败虏宽河，进封侯。故追封梁国公，谥壮勇。

费 瓛 袭永平卫指挥使。以靖难功累升都指挥同知，镇守山海。宣德元年功封崇信伯。仍出镇和易，善抚循士卒，守边二十年塞境宁静。

刘 江 山海卫总旗，骁勇有谋略。洪武末年，从文庙。靖内难累建殊勋，升中军都督府左都督。永乐中镇守辽东，剿杀倭寇有功，进爵广宁伯，卒追赠广宁侯。其子孙以世嗣。

戚继光 邓州卫人。以浙东西、闽、广剿平倭寇功。隆庆初，虏寇蓟急，言官交请召入京营练兵，出蓟镇总理寻兼镇守。与督府谭襄敏诸公及抚台王曲周诸公，先后协谋历边度夷险，建空心敌台森列千里。且不苦军民，振古未有。严侦候，增饷廪，制车战及火器兵械，皆精利。有才者投贤，有力者投用，鼓舞得法，众为乐效。立传烽，制掣旗，举炮顷刻百里，边务百废具举。营堡、馆署、桥渡之缮，不能悉数。至镇辄以军法从事，违令者徇斩。三军服栗奔走，诸将檄飞随羽而至，大阅三十万众，咸遵纪律，阅视大臣每以光弼称之。旧虏寇来攻，据墙而守。属夷长昂辈最犷悍扰边，乃扬兵出塞声讨，而昂遁，缚得渠酋长秃归，诸部服罪始纵之。坐镇十五年，虏不敢一大举。幕客皆海内名流，后以人言移镇广东，至广即请告赐归听召，寻卒。讣闻，山谷中老妇儿女亦悲泣，感怀立祠三屯名公报馆。奉尝家同寝荐。著有《止止堂集》《纪效新书》《练兵实纪》。

陈景先 东胜右卫使，勇介练达。永乐初守备山海关，时中官刘通潜谋不轨，多防范而沮。后以都督佥事镇守三屯，以关隘弯远，恐应援不及，乃立营驻操及添设墩台。

王 彧 密云卫人。旧行伍从征迤北，累立奇功。宣德间以都督佥事总兵。先大体谨边防，爱民恤军，重学礼士。沿边设立关营寨堡，联络相制，胡虏远遁，边鄙清宁。又建府城南沙河石桥，至今人便之。

宗 胜 在京人。正统初为中路参将，同应城伯孙杰修理边城及府、卫、州、县城池、楼橹。升镇守总兵。时虏猖獗，人心皇皇，胜与巡抚邹公同协心力，保障北门关营城堡，整顿一新。

胡镛 永平卫指挥佥事，精韬略，善干济，守备永平等三卫。正统末，虏寇犯边，巡抚邹公保升参将。修治沿边关营、寨堡、长城、墩堑。寻升都督佥事，镇守蓟州迤东地方。

李铭 邹平县人。成化间任巡抚。彭韶《边政记》曰：自太傅徐公以来，关口亭障久而湮玩。公总戎涉险相度，岁加修理，逾数千里，屹然巨防。喜峰口为朵颜三卫贡道，公乃即关内造大室，至则居之，不令露宿，夷人感悚益坚。内饷军有不给，令垦余地。每岁预檄老稚寻采山菜、榛、橡之属，以备荒凶。有龙潭元世庙，遇岁旱辄诣祷，雨随大注。虎出为暴，行边祷于山，只二虎毙于猎，群虎北逾关去。选东西路精卒万人，供待优厚，亲团练闲习，贾勇皆可一当十。遇敌营阵以不可败为本，夷虏知名，而二军畏爱。兵部令各边必以李铭为法。

阮兴 在京人。弘治间以都督佥事、总兵，在镇四年，骁勇善战，每遇敌身先士卒，虏畏，边静。卒于官。

温和 河间卫指挥，以都督佥事，正德初总兵。刚方清正，自奉尝薄，军士无不饶。谨烽火，多间谍，故常得虏情先备，虏不敢入。时逆珰瑾柄国，贿赂公行，和独以义自守。权势请托，一切不阿，坐是取回久之。瑾反叹曰："温总兵真儒将也！"卒不能害，乃令佥书都督府。

马永 迁安人，金吾左卫指挥使。读《左传》及兵法，机警善骑射，剿刘贼有战功。正德间镇守三屯，简练有法，一军称雄，后先击虏斩首无算，武庙欲出塞，永扣马谏而止。大同兵变，上疏力言不可抚。辽东兵乱，永往总兵戡定之。卒，辽人为罢市，两镇俱祠。

萧升 抚宁卫佥事。嘉靖癸巳，大同内变结连北虏，兵部推升以副将协守大同。升至诣督抚，献捣巢计，以贼全部在内巢穴必虚，督抚任之，贼遂瓦解。升前军都督佥事，寻镇守蓟州。卒赐祭葬。

刘渊 山海卫佥事，刚之孙。刚视山海篆有声，渊以后军都督佥事挂镇朔将军印。嘉靖初改镇蓟州有名，调提督西官厅听征总兵官。

祝　雄　广宁前屯卫佥事，调山海卫，历镇蓟州。善养士，而士乐为用。虏入塞，率子男为士卒先，子少却，立斩以殉。虏望旗帜即遁。在镇三年，虏马不敢南牧。名闻书于御屏，廉静自持，奉客无兼味，行边布袍毡帽如行伍。卒于官，私囊仅足为敛，蓟为立祠。后罗希韩立文庙褒节义，人举称其贤。

周益昌　锦州卫人。嘉靖初，起武科，历升镇守三屯，当土墙拒堵，匹马不入。其多算善战，忘身家，任劳怨，九死不避，一介不取，尤走多云，卒赐祭葬。

郭　琥　永昌人，故关西骁将，镇蓟有战功。当嘉靖癸亥，郑官屯副将逃，而总兵陷。琥出古北口，游击于鸽子洞，杀首虏五十级，夺回男女牛羊以万数。后召镇真蓟，虏不敢犯，抚爱士卒，有廉谨声。代日攀辕卧辙者，扶携道路。近来边臣廑廑云。

蒋承勋　嘉靖中协守东路，报国忠亡，详见备述。前李贤曰：饬械秣马。张承勋曰：处事公平，管军如子。马芳曰：抚恤军士，骁勇绝伦。雷龙曰：正直忠厚，军士悦服。

史　纲　隆庆东协。正己率人，军心允服，干理边事，清慎公勤，有古君子风。去后益思焉。

张守愚　协守东路。闲于将略，得士卒心，尝服叛酋长昂，属夷向化，定诸边，抚赏所至有声，升大同总戎。

高　瑛　迁安人，武成中卫指挥使。器识弘深，文武兼济。弘治中，推将才居第一等，举充右参将，分守燕河营等。公勤干济，介胄之士归心焉。前有永平卫指挥同知李忠。

白　琼　刚方不屈，智勇过人，尤长于骑射。弘治间，奉敕协同参将分守燕河等。

张世忠　山海卫署指挥佥事。生而神爽，志向不凡，通兵法兼文艺，中武试，掌卫篆有清干声。历升山西大同中路参将，矢立战功多斩获。移守偏头关，关兵濒年失利，人为忠危之，忠跃然曰："此吾报国之秋也。"嘉靖壬寅，虏众二万入犯太原，忠与同事者分五哨进，歃盟互援，适遇贼于六支村，公麾下健卒仅千人，挺身血战，自己至酉矢石俱尽，后援竟不至。虏且增轻骑合围，射忠中额，寻殪其马，忠犹跨墙对射，被流矢死之。事闻，上悯悼赐祭葬，赠右都督，谥忠愍。六支村、山海关俱准建祠享祀。

李光启 乐亭人，性忠孝有才干，任葛峪参将。虏入犯，率兵亟击之，以寡不敌被缚去。乃以赎给虏引回亭障下，语人曰："我非畏死，恐人疑我苟全，负辱国大罪。"遂骂虏，虏怒支解之。事闻，诏立祠以祀，见《宣镇志·忠烈传》。

刘继本 燕河参将，抚士卒，善骑射，有冰蘗声。历太平路副总，卒于官，囊无遗资，尤总府为之殓。

九　聚 嘉靖壬辰，建昌革守备设游击，自聚始边务尽心，熟闲弓马，抚字得宜，军人感戴。

又称程棋、袭业之恤军，王继祖之端方，李意之廉静，号为清水李。前称守备戴廉，后称参将黄演，又称韩承恩，不酷不贪。

赵文明 山海卫指挥。清介自恃，晚年方见知。当道荐历游击。

王　整 正统间守备山海，沉毅有谋，长于干济。前草创规制未备整，次第兴举，凡庙学楼橹廨舍之属，多所增建，迄今赖之。且抚士驭下，宽而有体，任十五年，军民畏爱如一日。

谷　登 永平卫指挥使，骁勇有为，精于骑射。顺天中领敕守备山海。

陈　宣 永平卫指挥，干济有为，成化间领敕守备山海。

罗　纲 永平卫指挥，刚毅有为，兼通文事。成化间，代胡瀚守备永平，前守备罗政者纲之父也。

继纲者有**郭英**、**王瑾**、**郭铉**，旧志载其名于武迹。

申　宁 弘治初任山海守备。安静不苛，升山东都司。后嘉靖末，杨四畏以廉勤，勒名于石门路之彰善碑。

祝　福 山海卫指挥。嘉靖中任永平守备，清操如玉，士绅所难。

刘　广 永平卫指挥同知。洪武中胡虏寇边，奋勇力战，为流矢所中而殁。

李　端　卢龙卫指挥。廉介有为，驭众以恩，筹边奋勇，勉效忠义。

刘　刚　山海卫指挥。天顺间视卫篆以贤能称，体统甚严，于学校以提调任，创建东西庑暨学舍，诸生违教者必戚。咸服其公，诸综密类此。

陈　舜　抚宁卫指挥，举将材。嘉靖中虏入寇，奋战死之。

兴右使**魏一清**以护驾升都司，恧守不妄交接，遇事权贵不避；抚宁卫使**刘恩**有称于卫；永平卫指挥同知**李文**屡任边提，勇干著迹；先同卫使**程鹏**有修卫功。

狄　珍　山海卫千户。少时泰海钓萧公同肄举子业。志趋甚端，长承荫视所篆，文雅忠厚为流辈所推重，比致仕守关，诸公慕其高致，咸以实礼遇之。

右武功，有产于永而建迹者，有仕于永而建迹者，无非有裨于封疆，其编次则以爵之崇卑为先后焉。

流　寓

［晋］

公孙凤　字子鸾，上谷人。隐于昌黎之九城山谷，冬衣单布寝土床。夏则并食于器，停令腐败，然后食之。弹琴吟咏陶然自得，人咸异之莫能测。慕容晔以安车征至邺，及见晔，不言不拜，衣食举动如在九城，宾客造请，鲜得与言，数年而卒。

［元］

黄　赟　江西临江人。父均道，元延祐间求仕京师，留赟江南。时赟幼，及长，闻父再娶居永平，乃往省之，则父已没。其妇挟资更嫁居乐亭。赟至求见，拒不纳。赟曰："吾来省父，不幸父没，幸示墓所。"妇终不与见。一夕梦一老以杖指葬处，启棺得父骨归。

张 昇 定州人，徙居平州。幼警敏，长力学，工文。至元末用荐授翰林编修，补汝宁知府。辩奸民、诬枉治，行举最，迁辽东廉访使。永平大水，请发粮十八万石，钞五万缗赈饥。顺帝朝，访问治道，昇陈十事甚剀切，授奎章阁大学士，谥文宪。

[国朝]

包永昌 字宗盛，号雪蓬居士，其先闽人。成化初父绮任淮安盐运司大使，永昌以能诗为淮重，名家子弟多受学焉。弘治间，与其亲滦人郑刚同归于滦以终身。永昌学主静，诗至冲澹径节，有松柏之操，著述吟咏，德行高名。滦之后学仰之如山斗。

隐 逸

[元]

宋谦亨 滦州人，博学能文，隐居不仕，号东岩老人，曾作吉士宽碑。

张志柔 滦州人，号黄洛野人。

焦 格 滦州人，号青滦逸叟。隐居乐道，曾传《通津桥记》。

宋 祺 滦州人，乐道不仕。

郑好义 滦州人，号龙岩居士。有学不仕，曾作《重修文庙记》。

[国朝]

朱 昶 字鸣远，号卧云先生。其先嘉定人，国初迁滦。昶幼聪慧博览，隐居，善书能诗，尤详史学，凡事忠厚，内外重之。著有《贻笑集》二卷。

孝 子

[元]

李彦忠 卢龙人，性至孝，父丧，庐墓八年不至家，至治中旌之。

宠　遵　卢龙人，母病肿三年不能起，忽思食鱼，遵求于市不得，归途叹恨，忽有鱼跃入其舟，作羹以献，母悦而病瘥。

任伯仁　滦州人，有孝行。

路进兴　滦州人，自幼性孝。大德间随伯颜丞相破贼，矢石不避，累获大功，受敕印赐敦武校尉。辞归奉母，尽菽水之欢，母卒，居丧尽哀，乡里感伤，远近无间，人谓忠孝两全。

[国朝]

蒋　盛　迁安庠生，庐父墓三年，诏旌。

韩　瑛　迁安庠生，庐母墓三年，深山独处虎卫之，冬产瑞芝，诏旌立孝感坊。

侯　显　昌黎国子生，尚节敦素，父母丧，俱庐墓侧，鸠巢于舍，芝生于冢，诏旌。

韩　栋　昌黎人，为井平所吏目，节次庐父母墓六年。

田　绅　乐亭生员，葬父母而庐居，负土成坟，至今百余年封土巍然独高。

张云鹏　山海人，父病，夜不假寐，汤药亲尝，父没丧敦古礼，庐墓三年。

王　渊　燕河营人，幼失父，母陈氏少寡，七十余卒，渊庐墓三年，宪台表其门。

杨　腾　迁安庠生，母目几瞽，以舌舐而愈。居母丧，哀毁逾礼，既葬，庐墓有冰花芝草之异。诏旌立纯孝格天坊，给冠带复其家。

孙　渤　昌黎人，幼丧父，痛母早寡，力耕尽孝。母没，庐墓有蛇伴宿三年而归，都台温景葬表其门。

杨有成　抚宁生员，庐母墓三年，日服斩衰，包土筑坟，泪血交集，感枯木复生，异鸟巢测。

袁　卉　抚宁人，庐父墓，蛇驯蓐。次忽有泉涌出，可以供溉。按院表其门。

刘文焕 乐亭省祭官。素行端朴,为吏无过。父早逝,事母王氏孝,妻卢氏又孝。姑疾,焚香祝誓,疾果愈。姑殁,愿为庐墓。文焕曰:"庐墓此为子事也。"葬母后即庐墓所,日举土三次,坟高可望数里。尝凿井墓傍,汲以自纍,不数尺泉水涌出,枯苦忽甘,人以为孝感,号其井曰"孝子泉"。署县事推官沈之吟奖之,给米而至其庐。

张廷佐 迁安生员。父绅有疾,佐同寝处,不解带五旬余,父失明,祷神舐之而明。及没,夜眠枢下,风雨或枢前烛忽光如莲,良久乃息。殡后,蝗蔽野,恐伤禾无以奉母,号于墓,蝗不落。蝻又来,复祷之,蝻至落地死。母疾思鲇羹,廷佐祷于河,见鲇浮而沉,借钓一饵而得,母疾以愈。知府阎先潜奖以纯孝恳至。

赵文举 山海人。幼孝,父早丧,母疽痛不可忍,医皆云不治,祝天愿代母疽,旋愈。母病疽日,自所居三步一拜,至神庙焚香,祈母寿。家甚窘,供母具即富者不过。

萧韶凤 山海人,年十九岁,父病蛊,医曰:"得樟柳根可愈。"求之弗得,或告产于海阳城。时河涨不可渡,韶凤毅然往,家人止之,泣曰:"父病危矣,吾畏水而止,忍乎?"竟涉河溺死。三日尸浮海上,人哀痛之。

张懋勋 山海卫指挥都督世忠子也。痛父殁于王事,母语及辄流涕,事媚母孝养备至。母卒,庐于墓侧,躬负土成冢,寒暑不辍,当道屡旌其门。

冯恩孚 乐亭岁贡,事亲称孝,有老来风。父出,虽隆冬深夜必俟归,然后就寝。母性严,恩孚略不违意,素性谦和与人无忤。

张自镐 乐亭岁贡,素持谨最孝。常以几谏感悟其母。县尹廉其贤,延之训子,毫无请托。人称孝廉。

宋德诏 卢龙县人,母故,庐墓三年,有司奖表。

萧大用 卢龙县人,父故,庐墓三年,有司奖表。

杨 珍 由吏员,雅重谦恭。母早逝,事父病笃,尝泄知不起,乃治后事,如礼葬,庐居三年,未尝履帷室。诏旌。尚书翟鹏为珍行云:"古人读书为明伦,今人读书只荣身。吾党明伦有孝子,却乃不是读书人。"

义 士

安 尚 见兄安民传。

王 臣 乐亭人，精法律，比为郡吏，有赂求谊罪者，臣指天谓曰："吾敢欺此乎哉？"尝曲为人求生，郡守贤之。奉母枢归乡，舟几覆，抚枢悲号得无患。岁饥，倾廪活饿者。有自山东鬻产来籴，入市遗金而哭，臣与粟二车，未尝识其人也。姊无嗣，而产夺于其族，嫂早寡而双瞽，皆迎养。而没，厚葬之。年几艾无子，祷泰山，梦神予之子，逾年而生知府好学，又生尚书好问。臣数谓曰："律刑书也不足独任，必圣经为师。"故二子为名宦。

白 绘 东胜左卫人。世负隐德，理光铲采，里中逊为长者，子瑾，业贾志儒，积善乐施，养真衡茅下，时谓其身虽未显，必发于子孙。

冯 恩 昌黎人，由都吏为州同知，廉明多惠政。聘里人郭氏女，瞽，不更娶，相敬如宾。

刘自安 白羊谷军余，父早亡，母不安其室，每谏不从，乃弃妻居观音庵，见贫寒人即解衣推食。母知其故，一日随之，欲与言，自安撞崖死。

刘 甫 乐亭人，八世同居，御父。张戩命县具礼奖励，以激薄俗。

高 汉 乐亭人，六世同居，知府刘隅表其门。

尹 朗 台头营人，年二十余，以孝友称，与兄显同爨。有田为土豪张氏所夺，显愤，与巷豪以伤死。讼于官，显当坐，朗朝夕泣，以不能救兄为恨，忽告母曰："兄年长能治家养母，我幼无知，欲生何为？愿死抵张氏命以救兄。"即出秤锤，自击脑裂死。母奔诉于官曰："氏有二子，杀张者朗，非显也。今自死偿若命，敢乞出显。"官怜而允之，乡人慕朗义立祠。

魏　琦　迁安生员。虏大入寇，琦率乡人保守，格杀二虏，而群至力不能支，被执，骂不绝口，与弟同遇害，当道命周恤其家，给费葬祭。

温　钦　乐亭人，质实尚让，不与人竞，亦绝无过忒。非遇编徭不至公府，耕田自给，贫而乐善，有古人风，年百有二岁。

汪德立　昌黎生员。隆庆初，元胡骑薄城，掳德立及弟正立。正立甫四岁，德立负之。群虏以刀迫德立弃正立，德立野宿三日，备极艰危竟不置。虏亦感，送至城下，兄弟保全后，俱食廪于庠。有司以德行旌。

施　与

[元]

杨有道　滦州人，学士绍先之子，为永平路经历。捐田数顷于州学，碑记称：其父捐书，子捐田，皆有人仁君子之心。

程　锐　滦州人，家资饶裕。因溯河水深艰于济渡，乃捐己资为石桥一座，至今人便之。

[国朝]

谢　福　滦州人。倜傥疏财，不拘小节，好善乐施。子纲、婿高璁，俱登进士，人以为善报。

吴思文　滦州人。庄重寡言，处事不苟，岁饥施粥，全活者众。遇笼禽，高价市放之。以输粟赐官，孙吉登进士。

王　信　抚宁卫人，进士，王胤祥祖也。出粟助赈，有司以闻，诏旌。

萧　富　乐亭人，性醇厚，少孤事母孝，以祖居让伯仲。尝为府史，廉而有阴德。岁大饥，鬻邑居为饔飧计，有求借者即分给之。抚孤睦族，重义轻利，乡人咸孚，以子云汉赠知州。

徐　珠　滦州人。嘉靖中，施棺瘗道殣数百有奇。

沈　滦　滦州人，好施予。知州韩应春卒于官，不能归葬，滦念韩在任力辩豁诬坐军罪四十八人，乃具棺敛，立追思祠，并前知州卢杰祀之。

李　福　滦州人，与马城靳我理交善，我理极贫，父、母、昆、弟四丧不举，福助之葬，及我理卒，又葬之。虽素不相识者，亦为资举。

徐　礼　滦州人。隆冬施衣，每岁不倦。

王永昌　乐亭省祭官，家富好施，能周人不给。乡人称贷，率以田庐为质，久之转鬻，昌卒不竞，尝捐地为义家。其输粟、输金、输工以佐公家者不胜纪。又捐财任建二令祠及神祠门，所为皆晚近所难。

马　麟　卢龙县人。

吕　信　卢龙卫人。

杨玘　宋会　董全　周清　迁安县人。

许　敬　抚宁县人。

才震　高信兴　昌黎县人。

姚清　徐俊　石敬　乐亭县人。景泰间，遭水患，斗米百钱，盗寇大作，各出粟八百石以助赈。诏旌。

刘　会　滦州人。嘉靖间出粟千石，按台奖之。

王　鹤　山海监生。

牛希哲　山海监生。

李　禄　山海人，嘉靖间各出粟三百石。

王　华　迁安人，都御史锐之曾孙也。隆庆间，出砖十万，灰五万斤，助修县城。抚按给以冠带。万历十五年大饥，输粟八百石助赈，诏旌表坊。

贞　烈

[辽]

王　氏　滦州李宝信妻。信为义丰县令，张宽以平州叛，王陷贼中，贼欲逼为室，王骂贼，贼怒支解之。金大定中赠贞烈县君。

韩庆民妻 庆民为宜州节度使，天会中攻破宜州，庆民不屈而死，以其妻配将士，其妻誓死不从，遂自杀。

[金]

张 氏 乐亭人，金信武将军妻，锦州故工部尚（书）九思后也。能抚其前将军卒。蒙古军入平滦大掠，乃携家之燕。乱宁归业，已焚荡无余，张甘辛苦拮据治家，竟能保有宗祀，孀守三十年卒，及殡而执绋送者千人，乡贡守素其子也。

石 氏 乐亭人，适丰润县尹王伯川，生子守兴。伯川卒，其子亦夭，石抚其妾子无异己出。又丐文立碑祖茔，纪先世功德，翁璸恶之，为磨其文而削其妾子名，石氏抚之，卒成立。比翁卒，犹为立石，纪璸不仕高蹈之志。此亦妇人中慈孝两全者。

周 氏 滦州石城人，年十六适李伯通，生子易。金末伯通监丰润县，元兵攻之，城破，周与易被虏，自投于堑，主者怒拔佩刀，三刃其体而去，得不死，追携易间关至汴，绩纴自给，教易读书有成。

[元]

董贵哥 滦州裴某妻。裴死戍归葬，董投墓穴同掩，以死从夫，旌碑今尚存。

董 氏 滦州人，南麓先生五世孙任椿妻。未三十而寡，历冰雪操抚成诸孤，大德间旌。

王 氏 昌黎李贤卿妻。年十八夫故，纺绩养舅姑，人无间言，至正间旌。

宋 氏 永平王宗仁妻。从夫避兵铧子山，夫妇为军所掳，有窥宋氏色美，欲害宗仁者，宋氏顾谓夫曰："我不幸至此，必不以身累君。"言讫，遂携一女投井死。

也先忽都 蒙古钦察、大宁路达鲁花赤铁木儿不花之妻。夫免官居大宁，至正间红巾贼至，也先忽都与妾玉连为贼所得，令与众妇缝衣，拒不肯为，贼并玉莲杀之。先是其子完者帖木儿年十四，与父出城见执于贼，完者拜哭请以身代父死，贼爱完者秀遂挈以从，久之乃获脱归，访母尸并玉莲葬焉。

杜　氏　大宁路人，少寡守志，割肉疗姑病，旌。

赵哇儿　大宁人。年二十，夫萧氏病剧，谓哇儿曰："我死汝年少若之何？"哇儿曰："君幸自宽脱，有不讳妾不独生，必从君地下。"遂命匠制巨棺，夫殁，即自缢死。

安　氏　赵朧儿妻。

张　氏　陈恭妻。

刘　氏　武寿妻。

谢　氏　宋敬先妻。

萧　氏　撒理妻。

白　氏　高塔必也妻，俱大宁人，并以早寡，不忍独生，以死从夫，俱旌赍。

袁　氏　瑞州李马儿妻。李亡，袁誓不再嫁，以养舅姑。有闻袁姿色挟势欲娶者，袁曰："闻烈女不更二夫。"遂往李墓痛哭，自缢树下。

孝媳妇　滦州人，失其姓氏。与姑同采薪山中，偶雨巨雹，妇以身翼蔽姑，为雹所毙，姑得无恙。人感其孝，因名是山为媳妇山。

陈　氏　昌黎人，司徒陈陉之女。通经义，览诗赋，辄成诵。适邢简，孝舅姑，宜家人，亲授六子以经。子抱朴、抱质，皆仕辽魏，宰相辛赠鲁国夫人。

贞　妇

[国朝]

卢　龙

钱　氏　燕河营翟堂妻。堂卒，钱方十九，子守忠在襁褓，钱奉姑守节，姑八十余终，子寻死。门无五尺童，家无升斗储，钱子妇相依为命，以女红糊口，人称双节，按院表其门。

李 氏 吕文秀妻，年二十二而寡，遗孤在哺，比长亦故，李以针工绩纺自给苦守。诏旌。

周 氏 李泽妻，年二十五而寡，无子。剪发誓天以守，姑安氏七十余患风痹不能动，履候起居，侍汤药久无怠意，诏旌。

张 氏 进士郭经妻，初适经甚贫，以针工易食佐夫业，姑杨氏病，尝药以进，同知楚麟作传美之。经卒无嗣，张率妾织纺，劳以忘思苦守。有司表以孝节。

杜 氏 卢龙生员李达妻，侍郎谦之姊。年二十五遗孤二岁，杜守而成之。诏旌。

孙 氏 刘俭妻，年二十六而寡，苦守，养舅姑抚孤，诏旌。

叶 氏 王铭妻，年二十三孀居苦守，以纺绩自给。教子有成，诏旌。

戴 氏 府学生员陈表妻，年二十九，抚遗孤以女工自给，四十年无闲言。诏旌。

程 氏 府学生员李鹗荐妻，年二十七而寡，子学孟在抱，奉舅姑抚孤，充府学生，诏旌。

胡 氏 府学生员李梦妻，年二十而寡，抚孤苦守。诏旌。

霍 氏 青山驻操营艾秀妻，年二十余而寡。不茹荤、不服采五十余年。

刘 氏 东胜卫总旗卢尚钦妻，年二十一夫故，遗孤彦忠甫三月。哭不食欲死，姑与父母曰："汝死其如孤何？"苦劝止之。子生二孙，俱成立。抚院表其门。

崔 氏 永平卫镇抚杨成妻，年二十六而寡，二子兴旺在抱，纺绩自活，守三十年。诏旌。

茹 氏 永平生员朱廷芳妻，年二十一而寡，孤克勤在抱，窘甚，茹苦守。抚按命给粟米，表其门。

张 氏 东胜左卫知州唐福继室，年二十四福故，遗腹子騆例宜袭世爵指挥职，族人争之，张吁天曰："得存此息奉蒸尝足矣！"让之而抚，由岁贡任学正。騆二子：采选贡为州判，守选贡为推官。采二子：承光恩贡任知县，承先岁贡任教谕。玄孙青衿斌斌承武者未艾，皆遗腹一线所遗也。张九十六卒，盖柏舟之操坚，杯棬之泽远矣。

李　氏　布政充浊之女，适卢龙卫指挥焦承勋。勋居官廉，有父润风。卒，李二十余，誓欲殉。媚姑谕以遗孕在腹，当念焦氏后，乃忍死。生子效良，茹苦吞酸，上事媚姑，下抚孤子，无事不出中门，非骨肉至亲不面。后效良成立，承世爵，寻痛母节，杜门奉养，诏旌建坊。

杨　氏　永平卫监生张世昌妻。无子甘贫，矢心守节，诏旌。

韩　氏　永平光禄监事李浣妻，封御史廷义女也。浣素以安静善良称，卒无嗣。韩营墓筑坟庐其侧，欲殒于雾露以相从，乃三年无寇鸷害，复构祠，肖夫、并夫之父方伯公、祖郡守公像于万柳庄。别业事之以补，妇道所弗。及给事白瑜勒石纪其事，当道交奖。按察副使管府事徐公表曰："泣对寒松"。

张　氏　东胜左卫白镛妻。镛没，张尚少，甘贫矢守，自枵肠以养媚姑，始终一节，诏旌。

王　氏　卢龙卫指挥佥事孙鉉妻，鉉没，年二十抚二岁孤光溥，承袭甘贫，矢志皓首如一日，通学举，呈管府事徐申表。

迁　安

许　氏　魏樟妻，年二十而寡。祖母刘乃进士琮妻老，二孤始孩，家窭，励志纺绩自给，教子有成，媚居五十余年闺门不出，有司奖之。

吴　氏　杨彪妻，年二十五而寡，号痛欲死，因姑存，贫无倚，躬纺织以给。教子孙并为弟子员。年八十余卒，有司奖之。

丁　氏　王钥妻，年二十媚居，坚贞苦节。子之义、之孚、之砥，乡闻俱称孝友。孙士选入邑庠，屡试有声。抚按宪台檄县表其门曰："母节子贤"。

郭　氏　任佑妻，年十七孀居，艰辛守节六十余年，抚孤成立。抚按宪台檄县表其门曰："贞节"。

谭　氏　建昌舍人李堂妻，年二十，抚遗腹子六十二年，八十余终。

沈　氏　建昌人李伋妻，年二十二，抚遗腹子。几七十余终。子为弟子员。

李　氏　建昌军余周维屏妻，年二十余，孤子方周岁。母与姑诱其他适，辄欲自尽，矢心守之。

徐　氏　三屯马杰妻，年二十八而寡，抚子十岁金、一岁玉，玉长以魁梧，充将军授锦衣百户。

陈　氏　兴州右屯百户李承恩妻。于归三岁，生子国栋，而李殁。陈孀居竭力奉舅姑，务得其欢。亡则葬祭，举无失礼。为二叔择配皆得成立。教子以义，长而在官，有过必挞不苟容，虽至亲会未尝一出。

纪　氏　兴州右屯指挥魏一清妻。屡孕不育，夫五十无子，劝纳妾。魏义不许，纪自为纳三，各生一子，魏卒，方在襁褓。纪脱簪珥，抚孤如己出，与三妾誓守。长如枢袭祖职，次如楹武庠生，季如桐举人。自二十七孀居，三十年卒。勤俭睦慈，人无闲言。抚按檄县表其门曰："节义双全"。

石　氏　兴州右屯张縢妻。少寡无子，孀居七十始终一节，寿九十卒。知县马仁政吊表以"天寿贞节"。

李　氏　三屯忠义中卫军丁王天禄继室也。天禄先娶马氏，不育乃聘徐氏，生子阶。马故，天禄以徐与子在不欲娶，徐劝曰："中馈妾可任之矣，蘋藻非嫡敢主乎？"天禄乃复娶李。居数载，李怀妊七月而寡。生子墀时年二十，舅姑怜之，并命再适，李曰："吾乃妻也，之死无他矣。"徐曰："吾虽妾岂事二夫哉！"遂携手悲号相励不易志，训育二子，勤织纤以供朝夕。李卒年六十三，徐几八十，子孙二十余人同居。儒服者三人，家业日盛，礼教日兴，人皆谓李徐之报，抚道表其门。

　　吴　氏　兴州右屯武状元陆万钟妻，吴总兵之女。年二十无子，孝事翁姑，寡居五十余年终。

　　周　氏　三屯营军韩金妻。金随征古北口阵亡。无子，三十而寡，以女工自活。

　　杜　氏　建昌军余张源妻，寡居无子，翁姑父母咸以杜芳年欲其改嫁，杜守愈励，六十终。

抚　宁

　　李　氏　金鼐妻，年二十八而寡，无子，李矢守之。舅姑张氏、刘氏感其行，同守不渝，诏旌。

　　李　氏　姚斌妻，年二十七而寡，子政在抱，绩纺供政读书，后政举乡荐，诏旌。

　　王　氏　乔闰妻，年二十六而寡，子嵩在抱，抚成知长山县，诏旌，赠太宜人。

　　高　氏　金禧妻，年二十五而寡，子镛二岁，舅姑欲夺其志，高知，闭门灼面，勤女工，课镛读书，诏旌，享年九十，以子贵受赠。

　　王　氏　翟昊妻，尚书鹏母。年二十五而寡，守节教子，诏旌，赠太安人。

　　刘　氏　生员许俊妻，年二十四而寡。遗孤始孩，刘以纺绩抚孤诏旌。

　　袁　氏　庠生贾真儒妻，儒故，袁绝饮食，欲殉。亲属劝以姑老子幼无所赖，袁悟勉从，亲女红，敦俭约妇道，母仪克尽，按院表其门。

　　李　氏　举人周良臣妻，无嗣孀居。抚先室女及妾女，同妾相守三十余年，善持家，人称女丈夫。李父充浊官布政，有闺训，人谓李能重其家。

盛　氏　百户陈奉妻,年二十二而寡,贫无嗣,盛奉姑,守节不渝,按察奖之。

昌　黎

刘　氏　白瑛继室,年二十而寡,前室子聪方二岁,刘视如己出,奉姑教子,纺绩以资,诏族。

王　氏　齐逍妻,年二十一而寡,纺绩自给,事姑至孝。抚子宗尧为时名宦,诸孙文武济美,人以为天报王氏云。

汪　氏　张湖妻,年二十而寡,汪知孤少难立,将湖分得财产尽遗张族属,就养于弟可留、可诏。家清白为邑首称。

李　氏　郭宗愚妻,年二十五而寡,抚孤子镇,纺绩自资,寿九十余。

李　氏　生员郭然妻,年二十五而寡,抚孤茹苦九十余。

赵　氏　生员王尚宾妻,御史翰之媳也。年二十五而寡,抚二女,闭门自守六十余岁,名重乡评。

滦　州

吴　氏　王弘妻,未二十而寡,数十年奉姑教子,诏旌。

许　氏　许昇女,适王侃未逾年而寡,课孤蕃登进士,诏旌。

李　氏　王珏妻,居孀励节。

刘　氏　郝孝敬妻,少寡能守,有司表其门。

王　氏　生员萧士弘妻,年二十而寡,子继志甫周岁,纺绩自给,教子有成。

尚　氏　李恕妻,年二十七而寡,遗孤甚幼,其姑与夫弟谓尚少,欲夺其节,尚断发誓死,众乃止。以针工度生,事姑终年,抚孤有成。

陈　氏　李发妻，诏旌立坊。

厉　氏　王思文妻，诏旌立坊。

傅　氏　生员王泮妻，诏旌立坊。

赵　氏　监生欧阳玭妻，诏旌立坊。

谢　氏　监生高朝妻，有司表其门。

吴　氏　生员郝邠妻，诏旌。

乐　亭

孙　氏　宋昇妻，年二十七而寡，二孤甚幼，织纺给食，抚育既成，后相继亡，又抚遗孙立成立，诏旌。

王　氏　刘敬妻，诏旌。

李　氏　宫富妻，诏旌。

商　氏　生员刘孟紘妻，年十八，子珠甫三月，馔粥不给，躬织纴奉姑，尽其欢无闲言。

王　氏　高琛妻，年二十六，孤尚仁，甘贫而守，仁又夭，抚孙成立，及卒，县丞任建葬之。

李　氏　适刘炫四年，鞠三岁婴儿。炫卒，遗田三、室一间，李甘贫自守。姑病且老，李悲号啼不饰，历艰苦以奉姑，姑殁殓葬如礼。子后成立，犹执劳不辍，每诫子：勤生业，崇原让。

杨　氏　生员卢继伯妻，年十六于归，逾年而寡，欲自尽，时有娠。姑李恭人亦寡居，止之曰："天不绝卢，得一子亦可续嗣，奈何以死为？"后生子奉姑极孝，闺范甚肃，抚子成立。卒，有司表其门。

李　氏　王沛然妻。沛然早卒，李守节不屈，或劝之改适，李恚曰："从一而终，妇人之道也！"于是屏居一室，其家私分毫不干与，独淡泊自甘十余年而卒。

山　海

郭　氏　百户朱澄妻，年十六适澄，守节。继子继宗娶李氏，李年十四入朱门而夫夭。郭李同志矢节。

萧　氏　生员张云鹗妻。鹗卒，遗子重立甫五岁，室如悬磬。苦心抚育，竟荐乡书。重立又卒，遗妻王氏及幼子三人，萧复艰关共守。后诸孙长并攻儒业。兵部分司表其门。

郭　氏　参将忠愍公张世忠妻。世忠死虏，郭年二十九，抚孤矢志二十余年，御史以忠节双义，题请特竖旌坊。

林　氏　罗荣妻。荣死，家贫子幼，苦志孀居六十九年。

倪　氏　监生栾养义妻。义亡遗二子，苦心训育，誓不二醮。

张　氏　刘复初妻。夫卒仅一女，语及改适，辄惭愤。孝养其姑，孀守无玷。

韩　氏　千户高世勋妻。勋卒，子方怀抱，韩坚志抚之，子尚志世其职。

田　氏　千户刘世隆妻，年二十九夫死于战。姑老子幼，事孤抚子，孝慈备至，后子殇，田守愈坚，历五十八年，备尝艰苦。兵部分司表其门。

高　氏　千户张堂妻，年二十四寡无子。闻劝改嫁，辄哭欲绝。家贫女工自存者，四十四年终。

余　氏　揣源妻，年二十五而寡，不饰铅粉，所居童仆不敢近，有言改志者，厉叱之。训生女以工，视夫侄如己子，口无恶言，自持整肃。

烈　妇

周　氏　三屯生员马玺妻。玺疾革遗言曰："妇人晓理道者少，汝肯守节乎？"周许之，乃屡欲自缢，家人救解，百方而劝谕之，周佯诺，理丧事如常。玺未殡，乘间自缢殉之，年二十二，诏旌。

王　氏　昌黎谷钟妻，年二十钟卒，誓以死从，亲戚劝不能解，防少怠遂缢死，诏旌。

葛　氏　乐亭党文明妻，归五月而夫逝，痛号不辍。其母止之，葛恚曰："夫死再嫁，娼类耳！"因自缢，人觉而救之。夫既殡，防少弛，竟缢死。

张　氏　榆木岭关军余孙忠妻，年二十一归忠，才三月夫贫甚病，昼夜举汤药。夫死潜缢。按院匾曰："烈妇之门"。

张　氏　山海李百户长男昇之妻。夫死未抱子，张哀毁备极，闻者感动，度舅姑必将强之嫁，七日自缢死。

郭　氏　夫山海卫学生何容，外游久不归，连遇凶岁。郭依父母家以生。里有闻容死，求郭为妻者，父母欲嫁之，郭缢而死。士夫怜之，祭于家，送于垄，兵部分司表其门。

王　氏　东胜右卫程玉妻也。氏少玉四岁。玉惑方士语而远游三载，归随得嬴疾不起，氏称未亡人。而里媪欲夺其志者，陷姑以厚利，氏窃知之哭曰："妾即婆家儿，顾可以利而卖义乎？"亡人即好游，愿终天与俱耳。遂投怀而死。家贫暴尸牖下，总兵罗希韩奠而襄之，以礼合葬于城西之芦岗。及隆庆初，总理戚继光即其墓为"王烈妇"，表立碑。

余　氏　滦州员外余璘女，年十七归州人陈瑛，二载，瑛卒。余哀毁柴立，奉舅姑尽道。母悯其无依，欲夺其志，余闻之悲愤成疾而死。

谢　氏　永平卫杨太芳妻。夫病革，九日不食而死，与夫同棺以殡。

仇　氏　兴州右屯百户沈凤妻。凤守栈车岭寨，虏陷寨，仇被掳，将污之，不从，遂支解。

李　氏　燕河营人适杨户，不解出闺阃，虽邻里罕见其面。夫死无子。虏人犯，李适在田间被获，拥之上马，李不从，遂遇害。

马　氏　迁安生员何秉善妻。虏入寇，被执上马，至青龙河，滚入水中死。县有贞节坊。

陈　氏　三屯高贵妻，性坚洁不苟，邻有逼而污之者，赴井死。戚总理立石于傍，题曰："全节井"。

郭　氏　山海生员何志道妻。夫卒，舅姑子女俱无，父母取归养之，屡强以别醮，乃佯许曰：即改嫁须还何门。及至何，痛哭竟日，中夜自缢。兵部分司表其门。

贞 女

华　氏　抚宁卫军华寿女。父之原籍卒于途，母潘氏以夫枢未归，女方五岁无依，不再适。女稍长知母为己守，誓同甘苦，命嫁辄号泣自绝，母不能夺，遂相与闭门，为人缝缀资炊爨。母卒，乡人为具棺，华枢母于床侧，事之如生，破屋半间，闭门诵经，孤苦莫过焉。

黄　氏　山海卫人，许嫁里人龙昇，未婚昇故，女闻哀惋不食，有求婚者坚志不从。父母度不可夺，乃已，事亲尽礼，叔婶继亡，遗弟在襁褓中，亲为抚养，教之成立。年七旬颜发童如，古人所难。

烈 女

赵氏女　父一片石关戍卒。女年十四未字，有恶少瞰其父母俱出，以淫词挑之，女且骂且殴，已而邻叔闻，具陈所辖司，加惩恶少，女以辱且出官，深惭忿，决欲自尽。次日母回述所由，痛哭不食，母知其志，旦夕守之。既三日绐其母他往，阖门就缢。知府张公营葬竖碑坊，以旌其烈。

蔡氏女　父洪，山海卫人。母早逝，父出外，祖母年老以针工自给，后许为人妾，嫁期前一日笑语如常，至夜祖憩自自缢死。

‖ 卷之八 ‖

艺苑志 目凡二

《易》曰：观乎人文，以化成天下。文之有关于世运也亦大矣。自汉孟坚氏作《艺文志》，以隳括事情，故凡贯道纪政、治万民而垂百祀者，胥于文焉。稽之古者天子五年一巡狩，命太师陈诗以观国风。即里巷闺中之咏，采摭不遗，而人之贤否、俗之美恶见焉。孔子叹曰："足则吾能征之矣。"于是乎以艺文终。然而骚人墨士连篇积案，非关政治、助风教者，虽工弗录。

文 部

纯皇帝成化九年，颁清节庙额及祝册。（孤竹国，《地里志》在辽西令支县。）册曰：逊国全仁，谏伐存义，惟圣之清，千古无二。怀仰高风，日笃不忘，庸修岁事，永范纲常。

追封制 至元十八年

元世祖

制曰：盖闻古者伯夷、叔齐，逃孤竹之封，甘首阳之饿，辞爵以明长幼之序，谏伐以严君臣之分，可谓行义以达道，杀身以成仁者也。昔居北海之滨，遗庙东山之上，休光垂于千载，余泽被于一方，永怀孤峻之风，庸示褒崇之典。於戏！去宗国而辞周粟，曾是列爵之可縻，扬义烈以激清尘，期于世教之有补，可追封伯夷为"昭义清惠公"，叔齐为"崇让仁惠公"。

列 传

汉·司马迁

　　夫学者载籍极博，犹考信于六艺。诗书虽缺，然虞夏之文可知也。尧将逊位于虞舜，舜禹之间，岳牧咸荐，乃试之于位，典职数年，功用既兴，然后授政。示天下重器，王者大统，传天下若斯之难也。而说者曰尧让天下于许由，许由不受，耻之逃隐。及夏之时，有卞随、务光者。此何以称焉？太史公曰：余登箕山，其上盖有许由冢云。孔子序列古之仁圣贤人，如吴太伯、伯夷之伦详矣。余以所闻由、光义至高，其文辞不少概见，何哉？孔子曰："伯夷、叔齐不念旧恶，怨是用希。求仁而得仁，又何怨乎？"余悲伯夷之意，睹轶诗可异焉。其传曰：伯夷、叔齐，孤竹君之二子也。父欲立叔齐，及父卒，叔齐让伯夷。伯夷曰："父命也。"遂逃去。叔齐亦不肯立而逃之。国人立其中子。于是伯夷、叔齐闻西伯昌善养老，盍往归焉。及至，西伯卒，武王载木主，号为"文王"，东伐纣。伯夷、叔齐叩马而谏曰："父死不葬，爰及干戈，可谓孝乎？以臣弑君，可谓仁乎？"左右欲兵之。太公曰："此义人也。"扶而去之。武王已平殷乱，天下宗周。而伯夷、叔齐耻之，义不食周粟，隐于首阳山，采薇而食之。及饿且死，作歌。其辞曰："登彼西山兮，采其薇矣；以暴易暴兮，不知其非矣；神农虞夏忽焉没兮，我安适归矣？吁嗟徂兮，命之衰矣！"遂饿死于首阳山。由此观之，怨邪非邪？或曰："天道无亲，常与善人。"若伯夷、叔齐，可谓善人者非邪？积仁洁行如此而饿死！且七十子之徒，仲尼独荐颜渊为好学，然回也屡空，糟糠不厌，而卒早夭。天之报施善人，其何如哉？盗跖日杀不辜，肝人之肉，暴戾恣睢，聚党数千人横行天下，竟以寿终。是遵何德哉？此其尤大彰明较著者也。若至近世，操行不轨，专犯忌讳，而终身逸乐，富贵累世不绝。或择地而蹈之时，然后出言，行不由径，非公正不发愤，而遇祸灾者，不可胜数也。余甚惑焉，傥所谓天道，是邪非邪？子曰："道不同不相为谋"，"亦各从其志也"，故曰："富贵如可求，虽执鞭之士，吾亦为之。如不可求，从吾所好。""岁寒，然后知松柏之后凋"。举世混浊，清士乃见，岂以利其重若彼，其轻若此哉？君子疾没世而名不称焉。贾子曰："贪夫徇利，烈士徇名，夸者死权，众庶冯生。"同明相照，同类相求。云从龙，风从虎，圣人作而万物睹。伯夷、叔齐虽贤，得夫子而名益彰。颜渊虽笃学，附骥尾而行益显。岩穴之士，趋舍有时，若此类名埋灭而不称，悲夫！闾巷之人，欲砥行立名者，非附青云之士，恶能施于后世哉？

首阳碑　略

皮日休

太史公以其饿死责乎天道，呜呼！若夷齐之行可谓道不由天者乎？如不得仁而饥死，天可责也。苟夷齐以殷乱可乎而臣于周，则周召之列矣，奚有首阳之厄乎？若夷齐者自信其天不可得而应者也，天尚不可应，况于人乎，况于鬼神乎！

颂

唐·韩愈

士之特立独行，适于义而已。不顾人之是非，皆豪杰之士，信道笃而自知明者也。一家非之，力行而不惑者，寡矣；至于一国一州非之，力行而不惑者，盖天下一人而已矣；若至于举世非之，力行而不惑者，则千百年乃一人而已耳。若伯夷叔齐者，穷天地亘万世而不顾者也，昭乎日月，不足为明；崒乎泰山，不足为高；巍乎天地，不足为容也。

当殷之亡周之兴，微子贤也，抱祭器而去之。武王、周公圣也，从天下之贤士与天下之诸侯而往攻之，未尝闻有非之者也。彼伯夷、叔齐者，乃独以为不可。殷既灭矣，天下宗周，彼二子者，乃独耻食其粟，饿死而不顾。由是而言，夫岂有求而为哉？信道笃而自知明也。

今世之所谓士者，一凡人誉之，则自以为有余；一凡人沮之，则自以为不足。彼独非圣人，而自是如此。夫圣人，乃万世之标准也。余故曰：若伯夷者，特立独行，穷天地亘万世而不顾者也。虽然，微二子，乱臣贼子接迹于后世矣。

论

程敏政曰：范文正公韩文中独取伯夷颂书之，隐然立懦廉顽之意，与先忧后乐之语如出一辙。

李翱曰：孔子绝粮于陈蔡之间，谓子路、子贡曰：使仁者而必信，安有伯夷叔齐？使智者而必行，安有王子比干？

张栻曰：夷齐所为，率夫天理之常，而其胸中休休，然初无一毫介于其间也。若有一毫介于其间，则是意之所执，而岂夷齐之心哉？

真德秀曰：千乘之国，可谓至重，夷齐此心，少有不安便视之如敝屣。盖伯夷违父而立，则是不孝；叔齐先兄而立，则是不弟。不孝不弟，则不可以为人，故宁舍千乘之国，而不忍失其所以为人之理。

清节庙记　略

商辂

盖伯夷以父命为尊，叔齐以天伦为重，其逊国也，皆求所以合乎天理之公，而即乎人心之安。诚有功于世教，如孔孟之所称道是已。夫有功世教，虽天下犹将祀之，况宗国乎！

重修记　略

张廷纲

永平府即古孤竹国，史称其君墨台氏，盖商支庶所封。其子伯夷、叔齐，让国而逃，清风高节圣贤所推重。故城遗址距滦河上游，历秦而汉，必有能表章之者。及晋以来，五胡乱华，沦入夷狄。唐宋因之。迨元加以清惠、仁惠之号。我祖宗奄有九有，首求忠义清节之士，以崇名教，命有司兴举二贤祠祀。迄正统中，郡守张公茂建立祠堂。成化中，郡守王公玺请于朝，赐额"清节"，并降祝册，其二贤封谥，皆仍宋元之旧，春秋命有司致祭，开设祭田，太学士商公辂记其事，遂为令典。弘治甲寅，维扬吴侯廷臣永平守是邦，行礼祠下，周回顾瞻，以为表扬风节化民之本，先贤庙貌弗称，具瞻甚阙典也，慨兴修葺之谋。

清风台记　略

廖自显　御史

构亭三楹，突然而起也。十丈殿、诸栋宇，坐于河滨，仰插云汉，俯瞰钓艇。登山兮清风飘渺，奇花香散。放舟兮清风邀月，波纹垒兴。荡扫云埃，而天得以清，流韵遗响，又安究乎古今？升高望远，感外激衷，将有遭人伦之变，而义洁去就者乎？决性命之正，而泥涂轩冕者乎？嗣此而渭滨、而严濑、而啸台，风非不清也。要之济世之才，遁世之见，则有之矣，进之清风之圣，则未也。永石公何以锐情于此哉？若夫游骋山川，纵眸花鸟，恣乐吟眺，流连光景，进则望风趋避，退则驾风放达，而不求知风之自风斯下矣。

续传　略

王好问　御史

汤武之志，欲天下之有君臣也；二贤之志，忧天下之无纲常也。天下有纲常而万古有君臣矣！

夷齐考

伯夷、叔齐，墨台氏九世孙，孤竹君之子。君名初，字子朝。伯夷名允，字公信；叔齐名智，字公达，夷齐其谥也。君薨，遗命立叔齐。叔齐让伯夷，伯夷曰："父命也。"遂逃去。叔齐亦不立而逃之。率乎天理之常，以全性命之情，证在《论语》卫君之问。夷知有父，齐知有兄，国何有焉？大故隙越，食不下咽，仓卒而逃，糇粮安备？饿于首阳所必至矣。以齐景观之，奚啻鸱枭之视鸾凤，民不称彼而称此，在仁不在国也。孔子叹曰："嗟哉！斯人彼有内求于心，弃国不顾如夷齐者独何人哉？彼所以千古不泯者，岂以富贵哉？"《诗》曰："采苦采苦，首阳之下。"在河东之蒲坂，盖晋地也。国人立君之中子，终丧。三年夷还，而居北海之滨。于稽其地乃渤海之北，燕齐之交，为夷所居，汉时于此置郡，是为幽分。夷岂比迹箕山而欲成其为逸耶？避纣故耳。一闻文王起为西伯，遂欣然喜曰："盍归乎来，吾闻西伯善养老者而归之。"当不为口体计，诚欲佐文王以清天下。而身为天民，故孟子以大老称夷。考其时，宜在文王为西伯之初年，世纪文王专征伐，质虞、芮，伐犬戎，五十年间之事。而夷齐之归为首，以是知之，然竟得与太颠、闳夭、散宜生、鬻子、辛甲、太公之徒同其用。无亦老之，故或病且死，民不夭而逸之，亦命也。归周时称为天下之大老，五十年之后夷盖殁焉，不及如师尚父之谅武王也。而齐之存殁先后已不可考，但谓死因，淑媛之言而辍餐则诚诬矣。尚论其世，伯夷叔齐不降其志，不辱其身，不克不忌，不念旧恶。夫不降不辱圣之清者也，不克不忌清之圣者也，清而隘焉何以语圣？谓夫由其清而未圣，则隘所不免耳。孟子论教之所始，故独举伯夷；夫子论行之所异，故兼称叔齐。夫子之论以德，孟子之论以学，是传夷齐者莫详于语孟，后世可无作矣。自战国处士横议、庄周寓言以自放，先辈谓《让王》以下五篇尤赝，即篇中引夷齐谏伐事不经见，《吕氏春秋》乃从而增益附会之。总之，类咸丘蒙语"饿于首阳"，《论语》未尝言死，而《家语》言之。安知其非汉儒撰，以窜而入于孔氏之门？然亦未尝明言其为不食周粟者，马迁借之发愤以自伤其不遇，遂妄采轶诗，不自顾其与《周纪》相矛盾。彼采薇之歌多怨辞，断不出仁人之口，歌之非也，则不食其然耶？国初王公祎怪其传体乖舛而考定之，孰知体不变不足以驰骋其辞，不驰骋其辞，不足以发舒其愤闷无聊之意。所乖舛而可怪者，当不在其文，而在其事。独王公直之十辨，奉语孟为律令，真夷齐之实录，史记之断案，而千古之直笔哉！二王之识趣因可见，诸子不足辨矣。修永志而不考夷齐，何以志？为僭逾之罪，印玄子不暇辞。

祭昌黎文

阮鹗　都御史

鹗少挟为山之术，从兄竹崖，游匡山之洗药池，揖九华，拜匡庐，慨然欲浮河历华，登太山而观于沧海也久。悠悠卒岁，屡兴屡仆者盖三十余年。庚戌岁春三月，受圣人命督畿辅之学政，夏五月东巡至昌黎。事事毕，偕昌黎士登仙台山之观海亭，将以求先生之所自来也。盘龙踞虎，仪凤游麟，七十二峰联络星辰，乐哉山乎？其诸先生之仁乎！南望沧海，一鉴万顷，静影浮光，沉璧耀金，变幻烟云，五色成文，乐哉水乎？其诸先生之智乎！鹗始恍然若有悟，顾诸士而窃叹曰：天下之奇观也，天下之奇遇也。三十年志于是，而今得之于此。人亦有言，玄之又玄，浑浑沦沦中有异人，不遇不闻。湘子者，昌黎之异人也，其将遇乎？不然鹗将之山海矣，胡为乎来哉？鹗固知先生之不我弃，而使湘子一遇我也。湘子，湘子，岂能削香山之石，清我之骨乎？掬龙潭之泉，浴我之德乎？裂五色之云，裁我之衣裳乎？扬东海之波涛，明我之襟度而休休有容乎？鹗欲振万里之长翼，驾天风跨辽鹤，翱翔于溟渤之间，而至止于泰山也，二三子其孰予从乎？语讫，雷雨交作，海天溟濛，云封仙台，莫之适从。相与二三子枕石眠云，汲玉餐风，以待东方之白也，而忽不觉其万缘之皆空。嗟乎！昌黎先生之故国也，湘子先生之犹子也。裂其裳以为云，假之雷以自鸣，皆先生导之也。然则先生之化，奚止于亲炙之徒也与哉？虽然为山，不极于岱宗，未见其止也。先生之学，其止诸否乎？如其止也，则干执政礼太巅，人犹有议焉。如其未也，则佛骨一表，生色千古，原道非遗格致，实牖群蒙，谓非萃山水之英，而深于仁智者不能也。不然，执政之书其诸奔走卫楚齐梁之意，而太巅之礼其诸问李耳命夷之之心乎？不然，先生忠矣勇矣，文足以起衰，道足以济溺矣，夫岂不详于此乎？入其乡尚友先生而未之能也。谨此告处并质所疑。

重修文公祠堂记

瞿銮　大学士

昌黎县治之东北隅，故有文公祠宇在焉。我太祖高皇帝龙飞四年建也。兹百六十载，楹桷摧毁，丹青漫漶，且规制卑隘，享祀弗称，无以上慰圣祖崇重咸秩之典。嘉靖丁酉，山西柱史景君溱按历其地，瞻拜慨然谓："观风首事，景行莫先焉。"遂属永守刘君隅、郡宪柯君乔，拓地易材，鼎新其制，越数月而告成。乃走伻京师，征予为文，以纪岁月。余读唐史，考公世系南阳邓州人，昌黎本源地也。高祖以上实葬于斯。其在邓，七世祖茂，后魏以功封"安定王"，盖以功名显。其在唐，诸父云卿铭志，擅声大历，择木书法，媲美阳冰。滂、湘辈，文学及第相望于时，盖以文章显。植本发源，兹地之灵，信不可诬。国初肇建祠宇，不于南阳而于昌黎，圣祖真有见哉！顾岁久则敝，敝斯忘。方今浮屠淫祠遍天下，金碧装严，四方士女争致金钱，日夕奔走，顾名贤之区视若庞赘，或存或敝，恬若不闻。然则侍御君景仰尚友之心端不可及。宋儒论公，文起八代之衰，此记体裁之华实耳。若辟邪辅正，左右六经羽翼，圣轨与孟轲氏相表里。岂托诸空言无益理道者同日语哉？又，公忠勋法应祀典。唐穆之世，藩服不庭，攻围制师，公奉命往谕，君臣上下莫不危公，公开谕忠梗，卒折其逆将而出我王人，是公一时之功，贤于四节度之师劳，孰甚焉？夫以公经世之文、定乱之勇，崇德报功，万世血食可也。兹庙貌一新，梓里对峙，九泉之下，公必神游其处矣。侍御君望重山岳，百废俱兴，崇植风教急先务矣。太守君幼笃心学，与郡宪君皆以前柱史来莅是邦，是故相与以有成也。未几皆迁秩去。嗣守郡宪钱君橐方以柱史征，乃诸君用心之勤，遂怂惥襄其事，乐善之心咸可嘉尚也。已并书以记。

显功庙记

商辂

中山武宁王，早以雄略首从太祖高皇帝举义，平定天下，混一海宇，已而率师漠北，收其余民。比还，留镇于燕，慎固封守，为长治久安计。以平滦榆关土地旷衍，无险可据，去东八十里得古迁安镇。其地大山北峙，巨海南浸，高岭东环，石河西绕，形势险要，诚天造地设。遂筑城移关置卫守之，更名曰：山海。内夏外夷截然有限，隐然一重镇也。自山海以西，若喜峰，若古北，大关小隘无虑数百，葺垒筑塞，既壮且固。所以屏蔽东北，卫安军民，厥功甚伟。景泰甲戌，今左都御史李宾奉命巡抚，卫人萧汝得等合词告言：昔中山武宁王镇此，城池关隘皆其创建，边陲宁谧，殆将百余年矣，愿立庙祀以报王功。为请诸朝，许之。属岁屡歉，事未克就。成化辛卯，李进握院章追惟前诏，因谋诸总戎，募义敛材，卜日崴事。乃即山海卫治之西，建王正殿三间，翼以两庑，树以重门，缭以周垣。兴造肇始，适巡抚左佥都御史张纲下车，锐意倡率。时镇守太监龚荣、总兵右都督冯宗、参将刘辅、李铭悉以俸赏来助，用底完美，实癸巳春三月也。纲告成于上，赐额"显功"。仍降祝辞，命有司春秋致祭，岁以为常。山海军民闻命，欢呼踊跃称快。有以见王之功德及于人者深且远矣。李以事之始末，属守关兵部主事尚轼述状，征予以记。谨按《祭法》有云："能捍大患则祀之"。若王之设险守国，使百年之间，夷虏莫能窥其隙，室家得以奠其居，其功不亦大乎？祠而祀之，岂不宜哉！虽然，王为开国元勋，当时南取吴越，北定中原，东平齐鲁，西入关陕，王之功居多，独山海之人思慕之深者，盖王镇抚燕蓟十有余年，丰功盛烈宜非他处比，庙祀聿严有以也。夫王姓徐氏，讳达，凤阳人，累官太傅中书右丞相，进爵魏国公，追封中山王，谥武宁。其履历备载国史，兹不重述，姑述立庙之意，俾刻之坚珉，庶来者有考焉。谨记。

重建永平府城楼记

陈循　大学士

京师之东有永平府，盖孤竹国也。虽为禹贡冀州之地，然舜分十有二州，已隶于幽矣。至秦为辽西郡，汉属右北平，魏为卢龙郡，元为永平路。国朝始改路为府，置永平卫戍守。府故有城筑土，而已卑隘不称。洪武四年，指挥费愚廓其东而大之，周围至九里十三步。其形势则东表碣石，西界滦河，大海在其南，群山限其北。山之外为朔漠之地。城有四门：东曰"高明"，南曰"得胜"，西曰"镇平"，北曰"拱辰"。门上有楼，傍有雉堞相属，已壮伟宏丽矣。而于城之东、南暨北三最高处，又各为楼，以望烽火，名之曰："望高楼"。太宗文皇帝建北京，以其畿内东藩且为夷夏喉襟之地，朝鲜诸番朝贡必由之路，乃增置卢龙、东胜左二卫所，以控制守御乎一方者严矣！近岁，朝廷虑典兵者久则或生懈惰，往往简命大臣之刚廉者俾总其事，且典其机焉。圣天子践祚之初，都察院右佥都御史麻城邹公来学，实以提督军务巡抚是邦而至。公既遍阅关隘，悉设险固戍守，以防外患于不测矣。顾视永平城楼颓毁俱尽，无以壮观内服，威视远夷。会岁屡丰，人用咸给，乃聚工材，悉仍其旧而重建之。赞襄之者则总兵官都督佥事宗胜、左参将都指挥佥事胡镛暨都指挥佥事罗政，永平府知府张茂亦皆协力助成其事。盖经始于景泰二年秋七月十六日，而落成于是年之十月十五日。文武勤于奉公，故用虽费而不以为侈；军民乐于趋事，故成虽速而不以为劳。

其视致力于释老无益之祠庙，若其他所为者，何可同日而语也哉？既成，宗公以为不可以不记其成之岁月，乃介翰林庶吉士刘宣来请文书于石，且以彰邹公之美焉。宣，予同郡人，尝自永平成举进士，固予所爱重者。而邹、宗二公，又都宪总戎之贤者也。故不辞而书以归之。

迁安县重修城池记

江渊　翰林院

己巳岁冬，胡虏入寇。时海内承平日久，武备少弛，关门不戒，城郭不固。一旦烽火骤警，中外震惊，民庶遗走，惶惶无依赖。王师累捷，虏败遁去，民浸复业，犹顾望再三，不敢即其庐舍。至则焚毁过半，生计索然，又散而之他者有矣。朝廷于是升通政司参议麻城邹公来学，为金都御史往抚之。自京北近城至永平、山海一带，城池、关隘、士马、甲兵、钱谷悉俾便宜从事。公发自名科，素蕴才器，廉勤公正，足以有为。始营沿边诸司隘口，增筑城堡，益兵哨守。明斥堠，谨烽火，千里岩险屹然如天造地设。虏众莫敢窥视，民获安止。越明年，岁登人和，复经理腹里诸郡邑城堡，以谓迁安要地，东抵榆关，南界至海，西近京师，北与沙漠接壤。永乐中，尝移兴州右屯卫官军屯驻前来。旧有土城，岁久陵夷颓陷，寇至卒不能抗守。公与总兵都督宗胜、参将胡镛、马荣议以克合。遂命工举板干，视旧制高厚，而外包以砖石。以七月甲子首事，告成于冬十月甲申。楼橹翚飞，雉堞联络，门塞壮丽，池水深浚，其为役诚大矣。然民经变离之后，室家幸而无恙，而又有城郭为之保障，甲兵为之捍卫，乃相劝乐于趋事，虽费而益勤，劳而不怨，故其成尤速也。昔南仲城于朔方，仲山甫城于东方，周人作诗美其有攘夷狄安中夏之功。是则城郭者，先王所恃以卫民，不可以后使有其患而图之。无其具，虽有智勇亦何足恃？然则公于斯城，不徒完固之，而又择贤将以守之，凡练习进退击刺之节，公亲为之教阅指授。是盖图之有其具，守之有其人，治之有其法，一劳而永安也。公可谓不负朝廷之所付托者。其视南仲、山甫何如哉？是役也，将吏归咸谓公之功及于民者溥矣。不可以无述，来请记其岁月，将旧镂诸石，以传于方来云。

抚宁县新城记

彭时 尚书

距京师之东五百余里，有府曰永平，又东八十里，有县曰抚宁，是为永平属邑。盖其地在汉隶右北平郡，汉以后率多荒废，至金大定末，升新安镇为抚宁县，抚宁之名始于此。元无抚宁，与昌黎邻地，或并或析，最后乃并置焉，国朝因之。洪武十一年，知县娄大方以避寇，故请迁治于兔耳山之阳。永乐中，复即旧治置抚宁卫。而卫与县相去十里许，皆未有城，居者凛焉。惟外患是惧，名虽曰抚宁，而实有不能自宁者矣。时提督左都御史李公秉、巡抚右佥都御史阎公本，询察民情利病，乃具疏请城卫并复县治学校于一城，制曰：可。于是镇守右少监龚公荣、总兵官东宁伯焦公寿，相与赋财鸠工，命永平府同知刘遂、抚宁卫百户郝铭督率军民，分工筑砌。始成化三年三月一日，越明年五月告成。周围一千一百六十丈，高一丈有九尺，其上为堞口一千八百七十，其东西南北辟门以通往来，县治学校并列于内。自外观之，城垣崇固，濠堑深阔，森严壮观，隐然为一邑之保障矣。

同知刘遂、指挥毛绥，具事本末，致书兵部左侍郎昌黎张公文质，托以求予记。予惟天下郡邑有僻有要，恒因时势为轻重。抚宁之地，在唐宋以前僻居东北，概视为荒远，未之重也。迨永乐肇建北京以来，是为畿内要地。盖其北密迩戎狄，东控扼山海，为辽阳襟喉，其要且重如此，故军卫置焉。置卫所以安民也，而县与卫异治，非因循之过与？兹当承平百年之久，所宜思患而预防，不合于一，何以相守以安生民？不固以城池，亦何所凭借以相守也？《易》曰："王公设险以守国"，斯其时矣。阎公有见于此，于是首倡请城之举，而龚、焦二公乃能谐谋经营，以成厥事。府卫诸隽，亦殚心劳力以佐其成。

非皆有忠爱上下之心宁及此欤？可谓得大《易》设险守国之义矣。虽然，险可设也，不可恃也。继今军凭城以为固，民资军以为安，拱翼京师将有赖焉。司军民之政者尚思和辑其心，使居有以乐，患有以捍，而奸宄不敢作，庶几抚宁名与实相称。长治久安，永为京师之巨防也。傥恃城而怠政，不恤其人，则人心嗟怨离叛，虽有金城汤池之险，奚益哉？此又来者所当知也。昔圣人修《春秋》，凡城必书，说者以为重民力，兹所谓书者不独重民力，且将使民德诸公不忘，并告来者，是修、是葺，益善其政保民于不怠云。

卢龙县儒学辟逵竖坊记

白瑜　郡人　庶吉士

国家建学育才，星联棋布，奕奕人文，称极盛矣！卢龙负关带险，戎马战场。然而清风渐人，斗山在望稔且久，矧为我圣朝股肱郡，距五百里教化旁皇四暨，而卢独首被之。弘正先制科，乡举不乏人，又多巨品，上之以身匡卫宗社；次之以治状纪贤良，领方岳，流泽黎甿；下之即矜廉隅，不逾尺寸，亦无愧循循。于时荐绅成帷，佩珂铮铮，文物甲于畿辅。自嘉靖癸未、丁酉后，掇科甲者晨星，师儒悴之。或曰："学趾逼城堵，故佳气不萃。"寻议徙地，议辟门，卒虖掣不果。吁！倘亦归柄于堪舆氏乎，唯唯否否之。一地也，昔盛今衰，地奚罪？地实弗灵于人也。夫灵握于上之人心，上鼓之而下奋，上振之而下起。人灵则胜地，地灵则应人，今日所际是已。邑侯王公壬辰夏来绲墨视学，师儒复白之，公心许而未诺，意殆有属。夙夜拮据，当官襟摩，保子烹鲜游刃，雅如古循良清宴时，督学博讲经义，呈课业，口授而面砭之。二祀来，士志淬劂，蒸蒸涤变。公慨然曰："吾卢讵谓无人乎？是地效灵之日矣。"乃征材鸠工，撤棜星门前土屏，开云路于层城，铺以陶甓，缭以危垣。上竖坊云："北斗平临南山岭若文笔"，东西二坊翼之，左"思齐"，右"仰止"。金碧绣莹，朱垩辉耀，霞映云浮。若料直匠饩多所劝助措置，不烦公帑，不疲民力，而事告成也。是役营于甲午九月，襄于乙未中秋。无论妥圣灵、新庙貌，登斯豁目爽神。倏忽舒百年之郁，而挽斯文之衰。即至不肖瑜顾化速捷，一旦脱迷津，登彼岸，固其券契，翩翩国华。人握灵蛇家纫兰，蕰有不邀，惠而连茹者，愚不信也。夫邑侯遇我文学厚矣，顾愚与诸友胡以报邑侯？孔子曰："百工居肆，以成其事"，独不闻宝宵练之匣乎？曩有宝宵练剑者藏之千金匣，剑化去犹宝匣焉。愿宝剑勿宝匣。身蓬枢而尚志，官华膴而培节。附乡先哲人以声施后世，是乃所以居肆成事、报邑侯于不朽者也。邑侯名衮，号仲山。癸酉乡举，山东阳谷人，善政百难罄述，托贞珉以志其一云。

重修抚宁县儒学记

白瑜

我祖宗甫定天下，武事未销，诏旨僻壤遐方，并建学广厉博士弟子，责有司督课之，其意四方日苦钲鼓，简才敷教，固兴文以佐太平，而实武之裨也。抚宁县翼都径辽，错峙关塞。旧创学岁久日就圮，嗣张侯彝训重葺之，复圮。甲午孟侯召来周视。嘻喑！于时海鲸煽祸，辎车星驰挽征，旁午未皇休沐，侯锐志力饬之，曰：造士春秋教礼乐，冬夏教诗书，且也干戈羽龠必时及学。士有味哉，不观孔子夹谷之会乎？挺挺面折，挥兵卒坚，两好非向。所尝闻俎豆者，文武时出息争，饰治无先于至圣，当兹控偬而鼓舞士类，亦无先至圣。乃鸠工庀材，以缮厥事。始启圣祠，次圣殿，次二庑，次棂星门，次乡贤、名宦，次明伦堂、教官廨，一一壮丽博敞，朱垩烂耀。计营与成日，历丁酉、戊戌二祀。曾不费公庾，丘乘多方办之，不有废也，其何以兴？自是祭菜者、骏奔者、负笈鼓箧者。望宫墙、升皇序，济济跄跄，目注心钦，畴匪是物乎？或曰：侯深念邑科第，晨星籍鹄，以示射者的耳。嘻嘻！侯三年陈说经笥，雅意作人，讵独为梯荣地乎？梯荣非所以颂法孔子也。孔子前圣贤，生都显位，没亨大烝，诸生不以祀，而独赫赫宗祀，孔子与日月悬天壤共，其垂世淑人，政不在区区名位间也。

明十一世三载宾兴榜罗，计吏绅笏成帷，即蕞尔邑亦指数不乏，而载在人物者盖寥寥焉。不能当上第巨卿百一，其何以称士？不佞幸得为孔子徒也，请与诸同志者盟大舜，何人有为？若是肯佩服忠信，勿藻棠华，无难师圣德；体认节爱，勿市鸾音，无难师圣功；冥解性道，勿谬椎凿，无难师圣言。师之久，文与行合，名与实券，倘亦立于三不朽之林乎，进则不愧贤科，退不失为隐君子。时平拱揖痒序，仓卒可以亲长帅齐民，如此岂惟举祀先师，临之庶不终负侯兴学意云。侯，陕西灵州人，善政种种，将俟后之传循良者，不具述。

乐亭县重修庙学记

冯琦　左春坊

乐亭有学，创自金大定之末年，迨我太祖定天下，诏郡县饬新学宫，唯时稍稍拓兹旧基。成化、嘉靖间再一缮葺，迄今五十余年。蚀于蠹蠹，颓于风雨，不修且日就圮坏。邑侯潘君为令之明年，百废俱举，岂弟作人，建议鼎新。又以学宫西鄙闭塞，棂星门外仅数武，卑隘荒芜。夫圣道若宫墙数仞，而士贵进广大高明，奈何卑塞若是，乃出赎锾佐役，构旁舍地为圣域环桥街，鸠工计资，庀材辇石，克日始事，再稔而竣。殿庑门墙瓦墁棼橑，金碧丹垩，莹耀参错，以至铺篹、管铉、胡簋、云雷之属靡不修饰，凡为敬一亭三楹，就中亭三楹，为斋若厨者八楹。起正月十五日，落成于七月二十四日。诸博士弟子谓不可无籍，不佞按隋《地理志》载："邑本卢龙故郡，据险乘塞，实东北上游，而清潴一带绵亘淳滀。其人率豪杰任气，习于戎马击刺，而间不雅驯已。"又读元庙学碑乃谓："士多朴茂，彬彬礼让之。"遗何两者所载刺谬甚也？岂其豪杰戎马，尚未讲于俎豆，而朴茂礼让，则兴诗立礼之后乎？议者谓国家二百余年，弓矢在櫜，干旄在巷。畿之地，童子舞勺，成人秉籥，道且大明。而比者东西告警，所乏不在诗书，而在韬略。然则乐邑之故习，故今之所急而后乃秕稗也。是又不然，《诗》曰："既作泮宫，淮夷攸服。"古者璧宫桥门之内藏焉、修焉、游焉、习焉，出以受成，入以献馘，有文事，有武备，则学之所为学也。夫子不答军旅之问，而自命曰"我战则克"，至其论人材，则喟然三叹于狂狷、忠信之徒。夫豪杰近狂狷而朴茂近忠信，乐邑之风气人心，吾夫子所愿见也。孚而翼之，道心弘矣；鼓而用之，德心广矣。然则昔之所谓戎马击刺，宁无悦礼乐敦诗书，而今之彬彬礼让也。天下无事，则不争不党；天下有事，则不吴不扬。倡率化导，是在有司耳。夫子修《春秋》，宣榭桓楹皆谨书之，而泮宫之作无讥焉。录其诗，以彰鲁公之美。今之为政者，簿书日不暇给，何暇问两楹？潘侯广励学官，兴贤育才，不费公帑，不程民力，今且以治行高等征。而乐邑文物日浸月长，将相文武之选，云蒸龙变，则无忘侯之教也。因为志其岁月于泮宫之左。

山海卫儒学记　略

李东阳　大学士

国朝建学之始，惟府州县有之。越自正统改元之诏诸戎卫始得置学，而山海卫学实为建焉。予惟唐虞以降，治天下者大抵以武功戡祸乱，以文治致太平，故草昧之世，不遑他务。及其久也，化甲胄为干羽，变韬略为经籍，故汉之学校至武帝始为之。宋初虽有国学，而仁宗之世，州县学始遍天下，其功效次第有不得不然者也。

山海卫学田记

黄景夔　主事

治世养士，衰世使士自养。士自养其弊三焉：上焉者，自食其志，无所事养，守其道甘死不悔，然其不遇也，其困也极矣；下焉者，自食其力，徙其业从而之他；其次焉者，诎于志而惰于力，不能自食，资于人以食，若战国四公子之养士，美恶淆而廉耻丧。冯骥之歌曰:"长铗归来乎食无鱼",可哀也已,非国之耻欤! 三代盛时,其养士尚矣,然其详不可知已。后世乃有学田,然不能皆有。我朝无学田而有学粮,府、州县有差无地,无之者,唯卫学则无焉。窃意当是时介胄子弟罕学者,卫虽有学,仅存空名,故不为置粮,非法不备也。山海关东地民久私,景夔稽而归之公,仍令业焉,而出其租地四千九百五亩,米七十三石五斗七升五合,得诸生经试优等者十二人,人月食五斗,载于籍以为恒。呜呼! 尔士一夫一妇之养,此差足矣。此地今以前之士无养,然不闻弛业,奋而出者有人焉。今以后之士有养矣,奋而出如前焉,恒也。吾不尔异其奋也倍焉,斯异矣。然吾愿尔士不惟是。《易》曰:"颐贞吉。"又曰:"圣人养贤以及万民,尔养尔贞。"吾兹观尔、处尔、推尔及将俟尔仕哉!

山海关罗城记

张佳胤　尚书

开国统一,既逐胡元,于燕故五郡封大藩,有四取五方。闾左适戍连衡掎角而为卫。燕首膺茅土,绣错州县间,徐太傅所经营于陲厄备矣。故其幕南为我王庭,宁出于松亭,谷出于居庸,辽出于山海,而各域以重关,其胡马敢闯三藩窥燕,而为之设哉? 盖候徼支辽遏。初戍逃亡居重以驭之,不独燕计也。乃帝念功锡祠,惟镇于山海者,彼二区之为劳,古有而缮之耳。非若临榆久废,经始为之,再卜于山后之虏,及海上之夷,枕流藉阻,壮哉关乎咽喉于一隅,吐吞乎万里。迨燕龙飞,建都藩封,胥以南徙,大宁都司亦移,其地弃于兀良哈,辽谷之故壤中断,而松亭以外为属国。始视此若内边羁縻之以犬羊,鲸鲵亦遁于望海,承平久而变生焉。嘉靖初,辽暴客戕主,关事胡马如故。中季以后,乃四五至瓮城外,比间亦为海盗资,防之斯无宁日,遂视为外边矣。

岁癸未之春,参将王守道筑土墙未讫,秋,而部刺史长垣成君巡边，虑而将为之图。未几，虏犯前屯，郊原血战为墟，惟拒墙者完，是土功固足恃也。若甓而石之，其图不亦有永哉？爰咨群策初议，雇役用帑金四万两，佐以班军一部，期之两防，毕役力诎而费不赀。当诘奸之严关，尤不便于讥察，弗若悉用主客便。时有大工未报命，何敢全用其力乎？况虏睥睨有日，秋而戒严，且筑且御，能不愆于素哉！不谷合而调剂之，会抚台邯郸张公以二万金请，司农不忍，予为再四于当路司马，乃复于上。圣明洞见，边画破格取太仆藏，佐以军力之半，不待毕于秋防，兹代谋之全图也。属成君裁，而巡功文武各效厥劳。甲申仲春爰作，而告成于仲夏。日不及百其功则倍。周五百四十七丈余，高二丈三尺，广丈四寸半。表裹石，址垒以瓴甋，顶则方墁之，面势秩如也。西接故关，为敌楼二、附墙候台七、便门二。以楼东门丽谯有闉出入，新旧间重关而复矣。夫城以盛民，故众心成城。古今石画者筹利害两端，较多少以从事，不无一彼一此。而名为俱利者惟秦赵，东西于会遇则然，非为民保障也。兹关法有期，多顿舍于外，藉馆谷之利者，土人受廛日众，耕种亦取自便，相与聚族于斯，倚之安于巢幕，岂虞今有虏灾哉？自辽阳如线背瓯脱襟，渤澥而戒为畏途，离关以厮留，及关以宿留，而苟留于抱关，夜不能安枕，昼不能解鞍，驱尝虑其不保。商贾所以垂橐，而东之惮人告衰，西亦未尝席厚利，且不免震剥之虞焉。居者既晏堵，则远至如归，百利万全而无一害。秋防届期，岂不燕胥为奏乐府？碣石有云：天气肃清，繁霜霏霏；鹖鸡晨鸣，鸿雁南飞；鸷鸟潜藏，熊黑窟栖；钱镈停置，农牧积场；逆旅整设，以通贾商。岂不幸甚至哉，歌以咏志之秋乎！他日富庶必倍于关内。虑始虽为御虏，乐成其究安宅矣！若但为守围计，掌固自有司存，罗以重关而复之，非所以贵攻取也。彼陈仓连筑者，虽诸葛不能攻，而受降之退忸，不以瓮城失邪！岂不谷与诸大夫所以蜂厉戏下士，横海伏波万里外，及绝幕犁于天山之庭乎？试延宾僚，假日登之，南秦岛，北汉塞，扶桑日出，医闾在望，朝鲜女真叩关而贡，雉连翚飞，夺目愒志。今奏侏离之乐，而佐之以碣石鼓舞，斯民于太平，不谷愿望不浅也，今者之劳而岂徒哉？爰附记其姓名，以旌之于左方。

重修永丰仓记

黎芳　户部郎

　　镇仓以永丰名，由来远矣。我朝初航海以饷北平，于时建在城外，规制闳巨。后徙城内制半之，及罢海运而仓始废。先是营路饷务咸隶于蓟，箕虽长难及马腹，率病之。世宗朝岁纪阒逢下部臣议分置饷司，一如蓟密。是时计君程复葺之，仓之沿革具载郡乘者可考镜已。嗣是议者谓营路业置仓，而永丰如故不已虚乎？遂议裁，而仓遂倾圮过半，嗟乎！此盖计睫前者耳。

　　岁丁酉，余衔命来计是镇，值岛酋猖獗，需饷孔棘，前部永春李公视篆东曹，议开芦浙引凡二万，以佐军兴。故事召商中纳，余上橄，制府邢公、抚台李公佥俞缮永丰贮之。木石砖瓦，籍资官帑，工匠量鸠州县，创造者凡十二楹，补葺者凡十五楹，新盖碑亭二所，大门一座，神祠官厅类皆修饬之。经始于丁酉之冬，落成于戊戌之夏，甫及一周，而废坠焕然聿新。是事也，主裁则兵宪蒲城樊公，经制则管郡事副宪新城徐公，而奉行之者则卢龙叶君洎诸贤令也。饷厅随君新莅与有力焉。顾土运商夙习长芦，不习浙引，巧脱者观望，掉臂几于苦窳，余数请大司徒杨公，方得允改。而诸商始翕然乐就，后有继此而开者其尚殷监浙焉。役既竣，卢龙尹请记其事，余惟永镇神京左辅也，顾不重耶？乃阻塞限海，边关禁制，延衮可四百里许。且土瘠民贫，夫以弹丸之区，而襟喉辽韩，拥卫都会，其郑重若此。主客旧额数几十万，而岁征民屯粟米仅仅四万有奇，止足支两月士饷。若遇海塞交讧，征调四集，旱涝岁俭，民多转徙。当是时召买则室空如悬，折给则腹枵以待，是不可深长思乎！古称，未雨而彻桑土，未济而谨衣袽，言贵预也。昔荆川唐公尝请复海运，其说盖自天津出洋，以达滦河海口，自滦达郡最为省便，旋以台议惊涛而寝。太守孙公亦尝议通运河，自王家闸引滦导青以入，交流进黑洋，出大沽，入运河，以通于天津。乃所勘议凿凿，可举试一仿而行之。则岁可省太仓十余万缗，而水旱师旅始无可虞矣，无已则广积贮乎？东警底定请将新开盐引留贮永丰，勿拘年例，时其敛散，易其陈新，期以恤卒济边，是又常平之遗意也。不然，庚癸以呼而后谋，及于爨必不几矣。然则盖藏之计，顾独可忽乎哉！余黩剪代匮一稔将半，谬竽西秦惭无裨益行矣。乃若为镇计久远图永利，则以俟后之君子。董是役者，例得次之碑阴。是为记。

偏凉汀记

丘濬

太行西来数千里，环帝畿。而东数百里，散一支南出为平滦诸山。滦河自边塞迤逦东南，行入平滦境始益大。去滦州城北五里许横渡山下，是为偏凉汀。汀出众山间，据川流之汇。山之列其傍者，若五、若龙、若榆、若洞、若紫金瓦陇之属，参错联亘，狻猊踞而龙蛇走其间，林壑幽胜，草木葱茜。水之经其下者，若漆、若撒、若沮、若横、若肥如青龙之类，下流胥会膏黛停，而绮縠张其间，凫雁翔集，鳞族潜泳，是诚一郡之奇观也。昔人凿崖通道，因此建亭，岁久而圮。近时中贵人重为修筑，然未殚厥美也。及天顺庚辰，御马少监韦公将命道，兹因旧加高，下为圆门，上为新亭，规制宏侈，丹碧照映。登临眺望，一目千里。山若增而高，水若增而深，与夫风景云物之美，咸若踊跃奋迅而突出也。知永平府事古相周侯晟，按属至斯，慨曰："是不可无记。"乃以书走京师，征予记。予复之曰：山川信美矣，景物亦奇矣，瞩目之顷可以尽得之，奚用记为哉？然有不可不知者。盖兹地在古为孤竹国，汉唐时皆属内地，不幸五代初始辱于夷狄，始终四百五十余年。当其时，山川如故而其人则贸贸焉，忘其为华也久矣。人伦日用之常尚不可得，而况有所谓山水登临之乐者哉！幸而我高皇帝再造天地，大正疆界，兹地始复于古职方氏。今日二三君子得以于此，因胜游以恣奇观，可不知所自哉？登兹亭也，见行旅往来于此，以车以舟而无水陆之虞；居民环处于此，或田或渔而遂生育之乐。近而瞰乎城市：官寺、屋宇、衣冠、文物如此其盛。远而望乎边徼：城堞、楼橹、烽堠、关隘如此其固。若是者，孰使之然欤，要不可不知也。后之人，有事过此而登斯亭者，其尚悠然而长思，恻然而深虑矣乎！于是乎记。

重修贞女祠记

张时显　主事

天地间之气，阳刚与阴柔异齐，有阴柔中得阳刚之正者，是女子而丈夫者也。若人也，生有裨世教，死无愧庙食，谓之间气，所值亦宜。关之东行八里有望夫石，石之巅为贞女祠。考诸野史，女许姓，居长，故名孟姜，夫为范郎。时秦兴长城之役，由临洮抵辽左，郎操版锸于辽，无返期。女矢心远觅，至则郎已物故矣，遂哭而死。土之人遴高阜祀之，因名曰望夫石。然郎之即膏此土，及女之曾跻此石，皆不敢遽附其说。世久庙貌湮没。岁甲午，前关尹张公栋始修复之。表章意烝烝盛矣。

丙申夏六月，显赍瓣香往。先望见其祠额曰"贞女祠"，即中肖圆通大士像一，南向；旁肖贞女像一，西向。余乃私讶曰："大士清净法门也，人世女获配祀芳魂岂不慰？第神既王位其中，而祠额实为它设，女既称有专祠，而位次若同仅附，两者皆无当也。事疑偏而不举，是在后之人耳"。于是，谋诸前屯协守赵副将军梦麟，并檄八里铺千总李栋董其事。将军鸠工伐材，而陶埏糗粮，余佐之。关内外有慕义者，且子来也。始相祠外无剩地，四至皆傀儡石，则命石工施锥凿，突者铲之，凹者补之，甫匝旬而石之平若碾、方若画矣。再命木工即石之上，增构前堂三楹，堂之外，复砌祠屋三楹，左右翼以僧舍，后草亭已圮者并葺之。三阅月竣事，而规模视昔益弘敞幽邃云。至大士仍旧祠不迁，明尊也，贞女像移置今祠，明专也。中堂则游客籍以憩息，亦所以妥神也。庶几祠之名不虚设，而于前人之复之意，谓相成而非相庀，可乎？抑余感此而尚论往事。

晋公子出亡，孤赵诸人相从，十九年于外，臣道也；宋朱寿昌幼失母，足迹半天下求之，幸遇于蜀，子道也。寻夫之事史不多见，惟《博物志》载舜南巡不返，二女追之不及，泪染竹，死为湘神，顾亦不知何据。大抵身不逾闺壸，即归宁有时，而废此礼之经也。艰关万里，徒行旅宿，必死与同穴，则所遭之不幸者。窃意姜女当时舅姑已殁，可无井臼虑。不则，安得事远征，又或以无后为郎惧？倘有子代行必属之矣。故不量礼之可为与力之能为，而执一为之者，是苟难之行也，姜女必不然也。凡为贞者所当知也。嗟乎！秦人是役，百万生灵悉膏草野，孰从诘其姓氏？今千载之下，独知有范郎，则郎有妻如姜女耳，节义之感人心，千古不朽如此。余故曰：若姜女者，是女子而丈夫者也！何可以无祠，又何可以无专祠？因续为记。

名宦异泉李先生传

王世贞　大司寇

李先生者，讳英，字文华，饶之余干人也。尝自号异泉，学者尊称之曰异泉先生而不敢名。先生少好学，念邑中鲜有授礼经者，而余姚多知名士，因徒步千里，负笈往寻师。数年尽得其学，归而试博士弟子，它博士弟子亡能抗者。遂食廪学宫，而至省试辄不利，先生怡然曰："我能工于禄，不能工命。"归而勤学如初，然竟不利。五十余，始以贡上春官，得教授山海卫。山海故中山武宁王达置戍，以限辽水为左辅，络其戍卒即冒青衿而以击技取大官，不甚晓书史。先生精心诲之，课业之暇相与反覆开谕。归之忠孝礼让，咸彬彬质有其文矣。时中贵人瑾用事，鱼肉荐绅大夫。先生闻而叹曰："逢萌何人哉？"移书台使者，乞骸骨归，台使者三挽之不得，诸生前后追饯数百里外，先生示之书一束曰："偕我而来，偕我而往者此耳。"因赋诗见志。先生归而道遇寇，略先生橐，亡所得，仅得其衣冠去。先生抵家犹褕裘。其婿张偶者，藩伯吉子也。以父衣冠遗之，先生却弗御曰："吾岂倩它人衣冠者！"先生性友让，其少时与兄弟分财必居少。伯兄病疫，早暮视亡间，或谓："疫不虞染耶？"先生曰："疫诚染者，吾亦不忍使吾兄独疫也"。其后，里大饥，先生谋赈之，不获遍则捐郭外地为义冢，收胔而瘗之。于书好诵小学，每谓使我终身行之不既。又好举赵阅道，夜必告天以昼所为事，及司马君实平生未尝不可对人言二语。宗戚子弟有小不善，辄谕之曰："得无不可告天乎！"又曰："君实不畏人知，若乃畏人知，何也？"以是诸宗戚交相戒，为不善何以面李先生。而其弗便先生者，谓先生伉不藏人过。顾有盗夜穿窬入，家人掩而缚之，呼请烛。先生曰："吾代若守缚，若取烛。"已解缚，纵使去，徐谓家人曰："民自急瞻死耳，一烛而得其人，即纵之何以自新？"其为长者又如此。先生澹然一切，亡所嗜好。子弟即不布素不敢见也。前后邑令谢仪、马津、石简皆清峻。鲜所折节，独礼重先生，时时造门，请质疑难，先生亦亡所报谢。邑令每谓："先生迹可数，非元旦乡饮我何能屈先生？"盖寿至八十六无疾而终。后先生五年所而志山海者，以先生为名宦。其又若干年而志余干者，举先生乡贤。王子曰：夫二志者郡邑史，其犹行古之道也。夫中山武宁王，国元勋，无两也。先生以一儒官厕名而亡愧色。余干有胡居仁伯仲、吴聘君而乃举先生并称而亡轻辞，其犹行古之道也。

　　夫余治右辅，时广平守江君谓余："郡祠乡贤滥，请简之。"余曰："谁当简者？"曰："一医而竟，百年寥寥亡闻。"问："有后否？"曰："毋后。"余曰："此必隐君子也。以为亡闻者子自不闻也，医而毋后而能使郡祠之必公！"江君遂语塞去。王子又云：余与先生之耳孙李使君善，自称曰"及泉子"。怪之："将谁及？"曰："思以及吾大王父异泉公也。"曰："子得无贵乎？"曰："吾幸贵！然吾何敢望我大王父也。"已而曰："子为传之，使二志以吾幸贵成者，不敢以信志请使，子不以二志传，而以吾传者亦不敢以传请王。"太史从旁赞曰：知言哉！使君名颐，太史名锡爵，王子则世贞也。

　　读《异泉先生传》及司马公自谓何敢望吾大王父。然公抚京辅重地，塞虏肃清，岛夷荡定，卧苍生于衽席，为国长城八年于兹，帝方眷注无已。自有开府以来，托重恃力，未有若此之专且久者。犹以望大王父，为何敢？则先生之表里，徐胡益信，而王氏史为直笔验矣。

万柳名园记

印玄子渡江游长安，登盘山，浴汤泉，涉滦，望二墨氏而至止也。太守徐中宪公托以郡乘纪形胜，表风俗，传人物，作贞孺人《韩氏传》："韩营墓筑坟庐夫浣侧，欲殒于雾露以相从。乃三年无寇鸷害，复构祠，肖夫、父、祖三世像于墓左。"郡庶吉士白瑜勒石纪其事，管府事徐公表曰："泣对寒松"。其他传："讳充浊，孝友力学，历贵州布政使，善政斑斑者孺人之翁也；讳时，知汉中平凉，刚毅有治行，德重乡评，俎豆贤祠者，孺人之祖也；讳廷义，警敏有英气，尝以二十万石散贫人，以子贵封监察御史者，孺人之父也。"皆表表郡乘中其见盛。太史撰光禄思斋，李君致政序，则孺人夫之高致焉。

志役未半，投笔叹曰："虞生非穷愁不著书，曷为拘拘为人作鬼录耶？"乃扬鞭出东郭，不一二里许，至万柳庄谒思斋祠，拜瞻像肖。俨雅一堂，四壁哀词皆孺人笔，言言酸痛，读之令人泪下。祠前起高阁，振衣直上，商风荐爽，飞雁篆空，四望萧森，古今一瞬，凭栏而歌曰："仙子乘云秦岛阙，汉王台上空明月，我非宋玉心伤悲，惟有孤竹清风解。"见知歌阕，两袖飘飘而下之。不数武，接莲花池，池心跨桥，小亭瞰泚，泚夹万柳翠滴水。水清且涟，纤鱼出游，是庄周之鱼乐也，所以乐者，栩栩然蝶也。鱼之乐即周之乐，周之乐亦思斋之乐。周可以为蝶，思斋可以为周，则夫寄乐于是园者，其将何所尽状耶？观乎群芳绣地，薛荔可裳，千崖列屏，众窍齐响，郁林珍果，深树文禽，黄菊绽金，满目嘉丽。复有舞玄裳者、吹风箫者、鸣瑶琴者。舞者谁？鹤也；吹者谁？松也；鸣者谁？泉也。人人皆知园可乐，而乐思斋之乐。四时游观，不知几何人？纡金拖紫，飞盖而临，知其为仕宦游；臂鹰挟弹，驰骤而至，知其为壮士游；早度严关，暮投长堡，知其为商旅游；披风切月，散发狂歌，知其为留连光

景游；烟瓢雨笠，饮露餐风，知其为高超象外游。予兹游兹人何以名
我，我何以名游，则亦不自知其为何品而何乐者矣。孺人命庖人治豆
觞以里戚，韩君崇正尝同史局事，可以追陪酬酢，竟日秣马。言旋倏
忽风雷大作，烟雨溟濛，水溢数尺。少焉，星月交辉，天地如镜，造
物小儿玩弄无常态，以是知四大假合子孙委脱，其幻化亦如是，万物
一鱼，浮生一蝶，此达人之所以达也欤，孺人之木共矣！

　　谓系籍圣贤文犹可得，南洲高士，世不一遇，因价崇正求予记。
予出世间者，安能文世间？虽然世间法不可尽废。自辽金元腥膻此
土，永之人且不知有生之乐，又安知有园之乐哉？幸版图皈我大明，
而隆庆丁卯之事复可惧。洛阳多名园，识者以花木占盛衰。乐兹园
者，尚思彻桑土而绸缪之。异日沧海扬尘有客焉，挟吕公剑术来游园
中，摩石而读此文，识其岁月。其为时也，世斯邈，碑斯古，园斯
寿，是思斋君之灵也。而游人亦与有幸柳于此时，万中有一精将于客
乎是从。

卷之九

艺苑志

韵部

[魏]

艳　歌

曹　植

出自蓟北门，遥望胡地桑。
枝枝自相值，叶叶自相当。

[晋]

拟四愁诗

张　载

我所思兮在营州，欲往从之路阻修。
登崖远望涕泗流，我之怀矣心伤忧。
佳人遗我绿绮琴，何以赠之双南金。
愿因流波超重深，终然莫致增永吟。

[燕]

慕容家自鲁企由谷歌

慕容垂

郎在十重楼，女在九重阁。

郎非黄鹤子，那得云中雀。

[北魏]

捣 衣
温子昇

长安城中秋夜长，佳人锦石捣流黄。
香杵纹砧知近远，传声递响何凄凉。
七夕长河烂，中秋明月光。
蠮螉塞边绝候雁，鸳鸯楼上望天狼。
（蠮螉塞在卢龙北。）

[周]

从军行
赵王招

辽东烽火照甘泉，蓟北亭障接燕然。
水冻菖蒲未生节，关寒榆叶不成钱。

塞下曲
王 褒

飞蓬似征客，千里自长驱。
塞禽唯有雁，关树但生榆。
背山看故垒，系马识余蒲。
还因麾下骑，来送月支图。
（始皇至东海蟠蒲系马，至今其地蒲生皆纠结。）

出自蓟北门行
庾 信

蓟门还北望，役役尽伤情。

关山连汉月，陇水向秦城。
笳寒芦叶脆，弓冻纻弦鸣。
梅林能止渴，复姓可防兵。
将军朝挑战，都护夜巡营。
燕山犹有石，须勒几人名。

［梁］

燕歌行

元　帝

燕赵佳人本自多，辽东少妇学春歌。
黄龙戍北花如锦，玄菟城前月似蛾。
如何此时别夫婿，金羁翠眊往交河。
还闻入汉去燕营，怨妾愁心百恨生。
漫漫悠悠天未晓，遥遥夜夜听寒更。
自从异县同心别，偏恨同时成异节。
横波满脸万行啼，翠眉暂敛千重结。
并海连天合不开，那堪春日上春台。
乍见远舟如落叶，复看遥舸似行杯。
沙汀夜鹤啸羁雌，妾心无趣坐伤离。
翻嗟汉使音尘断，空伤贱妾燕南陲。

出　塞

刘　峻

蓟门秋气清，飞将出长城。
绝漠冲风急，交河夜月明。
陷敌摐金鼓，摧锋扬旆旌。
去去无终极，日暮动边声。

[陈]

紫骝马
后 主

蹀躞紫骝马，照耀白银鞍。
直去黄龙外，斜超玄菟端。
垂鞭还细柳，扬尘归上兰。
红脸桃花色，客别重羞看。

有所思
前 人

佳人在北燕，相望渭桥边。
团团落日树，耿耿曙河天。
愁多明月下，泪尽雁行前。
别心不可寄，惟余琴上弦。

闺怨篇
江 总

寂寂青楼大道边，纷纷白雪绮窗前。
池上鸳鸯不独自，帐中苏合还空然。
屏风有意障明月，灯火无情照独眠。
辽西水冻春应少，蓟北鸿来路几千？
愿君关山及早度，念妾桃李片时妍。

[隋]

望 海
炀 帝

碧海虽欣瞩，金台空有闻。

远水翻如岸，遥山倒似云。
断涛还共合，连浪或时分。
驯鸥旧可狎，卉木足为群。
方知小姑射，谁复语临汾？

出　塞
杨　业

漠南胡未空，汉将复临戎。
飞狐出塞北，碣石指辽东。
冠军临瀚海，长平翼大风。
云横虎落阵，气抱龙城虹。
横行万里外，胡运百年穷。
兵寝星芒落，战解月轮空。
严谯息夜斗，辟角罢鸣弓。
北风嘶朔马，胡霜切塞鸿。
休鸣大道暨，幽荒日用同。
方就长安邸，来谒建章官。

昔昔盐
薛道衡

重柳覆金堤，蘼芜叶复齐。
水溢芙蓉沼，花飞桃李蹊。
采桑秦氏女，织锦窦家妻。
关山别荡子，风月守空闺。
恒敛千金笑，长垂双玉啼。
盘龙随镜隐，彩凤逐帷低。
飞魂同夜鹊，倦寝忆晨鸡。
暗牖悬蛛网，空梁落燕泥。

前年过代北，今岁往辽西。
一去无消息，那能惜马蹄。

[唐]

于北平作

太　宗

翠野驻戎轩，卢龙转征旆。
遥山丽如绮，长流萦似带。
海气百重楼，岩松千丈盖。
兹焉可游赏，何必襄城外。

辽城望月

玄菟月初明，澄辉照辽碣。
映云光暂隐，隔树花如缀。
魄满桂枝圆，轮亏镜彩缺。
临城却影散，带晕重围结。
驻跸俯九都，停观妖氛灭。

春日望海

同　前

披襟眺沧海，凭轼玩春芳。
积流横地轴，疏派引天潢。
仙气凝玉岭，和风扇八荒。
拂潮云布色，穿浪日舒光。
照岸花分彩，迷云雁断行。
怀卑运深广，持满守灵长。
有形非易测，无源讵可量。
洪涛经变野，翠岛屡成桑。

之罘思汉帝，碣石想秦皇。

霓裳非本意，端拱且图王。

送郑少府入辽共赋侠客远从戎

骆宾王

边烽警榆塞，侠客渡桑干。

柳叶开银镝，桃花照玉鞍。

满月临弓影，连星入剑端。

不学燕丹客，空歌易水寒。

关山月

卢照邻

塞垣通碣石，虏阵抵祁连。

相思在万里，明月不长悬。

影移金岫北，光断玉门前。

寄语闺中妇，愁看鸿雁天。

送幽州陈参军赴任寄呈乡曲父老

蓟北三千里，关西二十年。

冯唐犹在汉，乐毅不归燕。

人同黄鹤远，乡共白云连。

郭隗池台处，昭王樽酒前。

故人当已老，旧垄几成田。

红颜如昨日，衰鬓似秋天。

西蜀桥应毁，东周石尚全。

灞池水犹绿，榆关月早圆。

寒云初上雁，庭树欲销蝉。

送君之旧国，挥涕独潸然。

从军行

杨　炯

烽火照西京，心中自不平。
牙璋辞凤阙，铁骑绕龙城。
雪暗凋旗画，风多杂鼓声。
宁为百夫长，胜作一书生。

感　遇

陈子昂

朔风吹海树，萧条边已秋。
亭上谁家子，哀哀明月楼。
自言幽燕客，结发事远游。
赤丸杀公吏，白刃报私仇。
避仇至海上，被役此边州。
故乡三千里，辽水复悠悠。
每愤胡兵入，常为汉国羞。
何如七十战，白首未封侯。

蓟丘览古

南登碣石馆，遥望黄金台。
丘陵尽乔木，昭王安在哉。
伯图怅已矣，驱马复归来。

送著作佐郎崔融等从梁王东征

金天方肃杀，白云始专征。
王师非乐战，之子慎佳兵。
海气侵南部，边风扫北平。
莫卖卢龙塞，归邀麟阁名。

古游侠呈军中诸将

崔　颢

少年负胆气，好勇复知机。
仗剑出门去，孤城逢合围。
杀人辽水上，走马渔阳归。
错落金锁甲，蒙茸貂鼠衣。
还家行且猎，矢去速如飞。
地迥鹰犬疾，草深狐兔肥。
腰间带两绶，转盼生光辉。
顾谓今日战，何如隋建威？

辽西作

燕郊芳岁晚，残雪冻边城。
四月青草合，辽阳春水生。
胡人正牧马，汉将日征兵。
露重宝刀湿，沙虚金鼓鸣。
寒衣着已尽，春服谁与成？
寄语洛阳使，为传边塞情。

燕歌行

陶　翰

请君留楚调，听我留燕歌。
家在辽水头，边风意气多。
出身为汉将，正值戎未和。
雪中凌天山，冰上渡交河。
大小百余战，封侯竟蹉跎。
归家灞陵下，故旧无相过。
雄剑委尘匣，空门唯雀罗。

玉簪还赵妹，瑶瑟付齐娥。
昔日不为乐，时哉今奈何。

从军词

前　人

鬓头夜落捷书飞，来奏金门看赐衣。
白马将军频破敌，黄龙戍卒几时归。
秋风明月苦相思，荡子从军十载余。
征人去日殷勤嘱，归雁来时数寄书。

塞下曲

少年辞家从冠军，金装宝剑去邀勋。
不知马骨伤寒水，唯见龙城起暮云。
辛苦几出黄花戍，迢递初随细柳营。
塞晚每愁残月苦，边愁更逐断蓬惊。

从　军

王昌龄

大将军出战，白日暗榆关。
三面黄金甲，单于破胆还。

出塞行

前　人

秦时明月汉时关，万里长征人未还。
但使龙城飞将在，不教胡马度阴山。

塞　上

高　适

东出卢龙塞，浩然客思孤。

亭堠列万里，汉兵犹备胡。

边尘满北溟，虏骑正南躯。

转斗岂长策，和亲非远图。

惟昔李军将，按节临此都。

总戎扫大漠，一战擒单于。

常怀感激心，愿效纵横谟。

倚剑欲谁语，关河空郁纡。

燕歌行

汉家烟尘在东北，汉将辞家破残贼。

男儿本自重横行，天子非常赐颜色。

摐金伐鼓下榆关，旌旆逶迤碣石间。

校尉羽书飞瀚海，单于猎火照狼山。

山川萧条极边土，胡骑凭陵杂风雨。

战士军前半死生，美人帐下犹歌舞。

大漠穷秋塞草腓，孤城落日斗兵稀。

身当恩遇常轻敌，力尽关山未解围。

铁衣远戍辛勤久，玉箸应啼别离后。

少妇城南欲断肠，征人蓟北空回首。

边庭飘摇那可度，绝域苍茫无所有。

杀气三时作阵云，寒声一夜传刁斗。

相看白刃血纷纷，死节从来岂顾勋。

君不见沙场征战苦，至今犹忆李将军。

营州歌

信安王

营州少年厌原野，狐裘蒙茸猎城下。

虏酒千钟不醉人，胡儿十岁能骑马。

吊王将军墓

常 建

嫖姚北伐时，深入强千里。
战余落日黄，军败鼓声死。
尝闻汉飞将，可夺单于垒。
今与山鬼邻，残兵哭辽水。

孤寝怨

崔 珪

征戍动经年，含情拂玳筵。
花飞织锦处，月落捣衣边。
灯暗愁孤坐，床空怨独眠。
自君辽海去，玉匣闭春弦。

伊州歌第三叠

盖嘉运

闻道黄花戍，频年不解兵。
可怜闺里月，偏照汉宫营。

春 怨

金昌绪

打却黄莺儿，莫教枝上啼。
啼时惊妾梦，不得到辽西。

燕歌行

屈同仙

渔阳八月塞草腓，征人相对并思归。

云和朔气连天暗，蓬杂胡沙散野飞。
此时天气尘埃遍，瀚海龙城皆血战。
两军鼓角暗相闻，四面旌旗看不见。
昭君远嫁已年多，戎狄无厌尚不和。
汉兵候月秋防塞，胡骑乘冰夜渡河。
河塞东西万余里，地与京华不相似。
燕支山上少光辉，黄砂碛下无流水。
金戈玉剑十年征，红粉青楼多怨情。
厌得殊方久离别，秋来愁见捣衣声。

出自蓟北门

崔国辅

塞北胡霜下，营州索兵救。
夜月偷道行，将军马亦瘦。
刀光照塞月，阵色明如昼。
传闻贼满山，已共前锋斗。

题虚池驿屏风

宜芬公主

出嫁辞乡国，由来此别难。
圣恩愁远道，行路泣相看。
沙塞容颜尽，边隅粉黛残。
妾心何所断，他日望长安。

公主豆卢氏女，有才色。安禄山请嫁奚酋，质子以主妻酋。至番，质子见杀公主，亦遇害。

出自蓟北门行

李　白

虏阵横北荒，胡星耀精芒。
羽书速惊电，烽火昼连光。
虎竹救边急，戎车森已行。
明主不安席，按剑心飞扬。
推毂出猛将，连旗登战场。
兵威冲绝幕，杀气凌穹苍。
列兵赤山下，开营紫塞傍。
孟冬风沙紧，旌旗飒凋伤。
画角悲海月，征衣卷天霜。
挥刃斩楼兰，弯弓射贤王。
单于一平荡，种落自奔亡。
收功报天子，行歌归咸阳。

后出塞

杜　甫

献凯日继踵，两蕃静无虞。
渔阳豪侠地，击鼓吹笙竽。
云帆转辽海，粳稻来东吴。
越罗与楚练，照耀舆台躯。
主将位益崇，气骄凌上都。
边人不敢议，议者死路衢。

闻官军收河南北

剑外忽传收蓟北，初闻涕泪满衣裳。
却看妻子愁何在，谩卷诗书喜欲狂。
白首放歌须纵酒，青春作伴好还乡。

即从巴峡穿巫峡，便下襄阳向洛阳。

赠裴将军
颜真卿

大君制六合，猛将清九垓。
战马若龙虎，腾陵何壮哉。
将军临八荒，煊赫耀英材。
剑舞若游电，随风萦且回。
登高望天山，白云正崔巍。
八阵破骄虏，威名雄震雷。
一射白马倒，再射万夫开。
匈奴不敢敌，相呼归去来。
功成报天子，可以画麟台。

观 海
独孤及

北登渤澥岛，回首秦东门。
谁尸造物工，凿此天池源。
澒洞吞百谷，周流无四垠。
廓然混茫际，望见天地根。
白日自中吐，扶桑如可扪。
迢遥蓬莱峰，想像金台存。
秦帝曾经此，登临冀飞翻。
扬旌百神会，望日群山奔。
徐轮竟何成，羡门徒空言。
唯见石桥足，千里潮水痕。

边庭怨
卢 弼

春衣昨夜到榆关，故国烟花想已残。
小妇不知归未得，朝朝应上望夫山。

卢龙塞外草初肥，燕乳平芜晓不飞。
乡国近来音信断，至今犹自着春衣。

疲兵篇
刘长卿

骄虏乘秋下蓟门，阴山日夕烟尘昏。
三军疲马力已尽，百战残躯功未论。
阵云泱莽屯塞北，羽书纷纷来不息。
孤城望处曾断肠，折剑看时可沾臆。
元戎日夕且歌舞，不念关山久辛苦。
自矜倚剑气凌云，却交闻筑泪如雨。
万里飘摇空此身，十年征战老胡尘。
赤心报国无片赏，白首还家有几人。
朔风萧萧动枯草，旌旗猎猎榆关道。
汉月何曾照客心，胡笳只解催人老。
军前仍欲破重围，闺里犹应愁未归。
小妇十年啼夜织，行人九月忆寒衣。
饮马滹沱晚更清，行吹羌笛远归营。
只恨汉家多苦战，徒令遗镞满长城。

卢龙塞行送韦掌记
钱 起

雨雪纷纷黑山外，行人共指卢龙塞。

万里飞沙咽鼓鼙，三军杀气凝旌旆。
陈琳书记本翩翩，料敌张兵夺酒泉。
圣主好文兼好武，封侯莫比汉皇年。

送李中丞归本道

皇甫曾

上将宜分阃，双旌复去秦。
关河三晋路，宾从五原人。
碣石山通海，滹池雪度春。
酬恩看玉剑，何处有烟尘。

塞下曲

戎　昱

北风凋白草，胡马日骎骎。
夜后戍楼月，秋来边将心。
铁衣霜雪重，战马岁年深。
自有卢龙塞，烟尘飞至今。

关山月

耿　纬

月朗边徼静，戍客望乡时。
塞古柳衰尽，关寒榆发迟。
苍苍万里道，戚戚十年悲。
今夜青楼上，还应照所思。

蓟北思春

张　籍

澉澉水云外，望来乡信稀。

因逢过江使，却寄在家衣。
问路更愁远，送人空说归。
今朝蓟城北，又见塞鸿飞。

蓟北旅思

日日望乡国，空歌白苎词。
长因送人处，忆得别家时。
失意还独语，多愁抵自知。
客亭门外柳，折尽向南枝。

永嘉行

黄头鲜卑入洛阳，胡儿持戟升明堂。
晋家天子作降虏，公卿齐走如牛羊。
紫陌旌幡暗相触，家家鸡犬惊上屋。
妇人出门随乱兵，夫死眼前不敢哭。
九州诸侯自顾土，无人领兵来护主。
北人避胡多在南，南人至今皆晋语。

征妇怨

张　祜

九月匈奴杀边将，汉军全没辽水上。
万里无人收白骨，家家城下招魂葬。
妇人依倚子与夫，同居贫贱心亦舒。
夫死战场子在腹，妾身虽存如昼烛。

塞下曲

欧阳詹

闻说胡兵欲利秋，昨来投笔到营州。

骁雄已许将军用，边塞无劳天子忧。

塞下曲

陈　陶

边头能走马，猿臂李将军。
射虎群胡伏，开弓绝塞闻。
海山谙向背，攻守别风云。
只为坑降罪，轻车未转勋。

塞　上

张　乔

勒兵辽水上，风急卷旌旃。
绝塞阴无草，平沙去尽天。
下营看斗建，传号信狼烟。
圣代垂青史，当书破虏年。

边游录戍卒言

于　濆

二十属卢龙，三十防沙漠。
平生爱功业，不觉从军恶。
今来客鬓改，知学弯弓错。
赤肉痛金疮，他人成卫霍。
目断望君门，君门苦寥廓。

伤温德彝

温庭筠

昔年戎虏犯榆关，一破龙城匹马还。
侯印不闻封李广，他人丘垄似天山。

边 情

张 嵘

穷荒始得静天骄，又说天兵拟度辽。
圣主尚嫌蕃界近，将军莫恨汉庭遥。
草枯朔野春难发，冰结河源夏半销。
惆怅临戎皆效国，岂无人似霍嫖姚。

爱碣石山

刘 叉

碣石何青青，挽我双眼睛。
爱尔多古峭，不到人间行。

读古史

白居易

朝采山上薇，暮采山上薇。
岁晏薇亦尽，饥来何所为。
坐饮白石水，手把青松枝。
击节独长歌，其声清且悲。
枥马非不肥，所苦长縶维。
豢豕非不饱，所忧竟为牺。
行行歌此曲，以慰常苦饥。

感士不遇

陶 潜

夷投老以长饿，回早夭而又贫。
伤请车以备椁，悲茹薇而殒身。
虽好学与行义，何死生之苦辛。

贪　泉
吴隐之

古人云此水，一歃怀千金。
试使夷齐饮，终当不易心。

[元]

采薇图
卢　挚

服药求长年，孰与孤竹子。
一食西山薇，万古犹不死。

滦河吟
宋　本

滦河上游狭，涓涓仅如带。
偏岭下横渡，复绕行都外。
颇闻会众潦，既远势滂沛。
虽为禹贡遗，独与东海会。
乃知能自致，天壤无广大。

题道者山
宋　网

兹山介平营，特与太古存。
碣石拱其侧，水岩何足论。
东北医无闻，罗列为弟昆。

[国朝]

洪武

钓 台

刘 基

伯夷清节太公功，出处非邪岂必同。
不是云台兴帝业，桐江无用一丝风。

登兔耳山

娄大方　知县

回首群山百二重，平临独与太行同。
雄盘龙尾连沧海，直驾鳌头接碧空。
云里寒潭晴作雨，霜前老树夜生风。
曾登兔耳三千丈，此日犹如到月官。

永乐

谯 楼

张从道　知府

谯楼鼓角起中天，下有渊渊玉井泉。
龙气薄檐飞翠雨，香风出水涌金莲。
霏微迥与潇湘接，迢递遥看井干连。
此日凭栏衣欲湿，疑沾恩露五云边。

宣德

谒武宁王庙

顾 佐　都御史

云龙风虎际昌辰，铁马金戈靖虏尘。
百雉层关今尚固，千秋报祀永难沦。

乾坤疆宇恢前代，带砺山河启后人。
庙貌仰瞻生气凛，朔方长赖庇吾民。

正统

东水岩寺

王　翱　郡人　尚书

未到仙人顶，先登道者山。
兴随流水远，意共野云闲。
鹤唳空冥外，钟声叠嶂间。
追游赖朋友，杯酒话禅关。

景泰

喜逢口关

姜　永　副使

自古名关说喜逢，岩岩非豹亦非熊。
悬崖松影遥摩汉，绝顶泉声半入空。
北抵烟沙通塞北，东连山海接辽东。
可怜秦世防胡策，万里长城弃虏中。

昌黎石门

杜　谦　郡人　侍郎

鳌驾山来碣石间，两崖雄峙作重关。
地桥水自龙津出，仙馆人从鸟道还。

天顺

过定流河

方　经　训导

滦水朝宗一派流，寒烟萧索古津头。

鸡鸣远浦家家月，渔老空矶处处鸥。
将伴沙边人待渡，忽呼江上客同舟。
西风回首中流楫，桐叶芦花两岸秋。

孤竹故城
祁　凤　教授

何年孤竹改卢龙，一片荒城宿莽中。
独向夷齐祠下拜，山河犹自起清风。

刘达己

孤城遗迹尚依然，一吊风生万里天。
薇老空山闲暮雨，祠荒故国锁寒烟。

成化

过平滦有感
杨　璿　巡抚

凉风如水马如龙，往事分明一梦中。
二十七年重过此，野花犹作旧时红。

游横山寺
薛　穰　知州

数椽僧舍俯青溪，细草春香路欲迷。
野水乱流滩上下，岩山斜矗树高低。
天生石井泉通海，地接滦江柳暗堤。
抚景畅然心赏逸，半林花雨鹧鸪啼。

偏凉亭
刘　丙　御史

公余憩此值新晴，山色苍苍木向荣。

沙鸟乘波来自去，汀花隔雾暗还明。
僧归自识潭中影，渔唱频赓月下声。
不独寻常供赏咏，天应设幔壮神京。

仝 前
潘 龄 知州

胜游何处觅蓬莱，对坐幽亭四望开。
清籁满窗情自适，白云连海首重回。
柳塘船出鸥飞远，松磴棋收鸟下来。
偏觉此中多逸兴，莺声犹解劝余杯。

仝 前
张时泽 主事

远山青插汉，流水浅拖蓝。
月冷波心钓，风清柳外骖。
咏觞追洛下，览景类江南。
诗兴登临壮，徘徊至再三。

箭笴山顶
朱 禋 寺丞

三边四望绝烟霞，箭笴峰头此最佳。
玉壁千寻横鸟道，冰天万里接龙沙。
白连辽海空夷岛，烽暗长城咽暮笳。
应是玄冥怜摇落，年年来作黑山花。

长 城
前 人

一带蜿蜒绕北平，堑山堙谷亦天成。

城边向有秦人骨，涧下长流汉水声。
西尽云中横大漠，东连辽海卫神京。
于今塞上无烽火，饮马胡儿不敢行。

郡景杂咏四首

谯　楼

陆得举

六六栏干百尺楼，断虹细雨未全收。
蛟潜古甃阴连昼，鹤过寒汀早送秋。
拂翠檐花飘几席，摇光日影下林隈。
品题何必潇湘外，咫尺蓬莱有十州。

都　山

群峰环立拱都山，积雪遥连玉宇寒。
气彻九秋无六月，光摇孤竹照三韩。
雪边顿觉迷银海，月下浑如舞白鸾。
莲社高人同避暑，好披鹤氅倚松看。

碣　石

丹峤撑空屹海湄，孤峰笔立六鳌齐。
势雄东表三韩小，气彻中天北岳低。
神斧曾劳修砥柱，仙灯应见下云梯。
扶桑枝上晨光早，常听天鸡半夜啼。

碣　石

谁檠玉杙立山巅，东表称雄障百川。
高揭彩霞来紫气，远扶晴旭上青天。
云梯隐隐神仙近，鳌极峨峨岛屿连。
西望神京长咫尺，蓬莱宫殿五云边。

都山霁雪

朱　吉

同云冻合天一色，鸟不高飞苔石裂。
朔风卷海声如雷，一夜都山满头雪。
千岩万壑光玲珑，琼台瑶室开仙宫。
是中可望不可到，安得一访浮丘翁。

卢龙古塞

陈　述

黄沙漠漠黑山陬，紫色风云拥上游。
金肃三关严虎豹，兵屯万灶壮貔貅。
狂胡岂少腥膻党，上将先多俎豆谋。
烽火不红山自碧，征鸿飞断楚天秋。

榆关怀古

闵　珪　巡抚

我从广海来辽郡，看遍千山复万山。
路入迁安偏近塞，马经榆水恰临关。
姜坟有迹空遗恨，秦岛无丹可驻颜。
欲吊唐文写新句，萧萧故垒五花环。

山海关

前　人

幽冀东来第一关，襟澄沧海枕青山。
长城远岫分高下，明月寒潮共往还。
贡入梯航通异域，天开图画落尘寰。
老臣巡历瞻形胜，追想高皇创业艰。

山海关南海口

洪　钟　巡抚

晓日江城景霁和，抚巡时复一经过。
五云西去恩光重，九译东来职贡多。
固国有关严虎豹，绥夷无事用干戈。
太平功业超千古，六合同欢海不波。

观　海

吴绍生　员外

曙色催残漏，寒威入绨袍。
驱车登峻坂，拥节出平皋。
地接南溟近，天连北斗高。
陇云迷古塞，关月照空壕。
语话乡音异，奔驰仆从劳。
所希微补报，不是效游遨。

山　海

董廷圭　副使

太行尽处高摩空，蜿蜒起伏如飞龙。
振衣千仞览八极，禹州九点罗心胸。
秦人筑城跨崖起，竟海为关万余里。
黄昏虎豹卫重门，白日蛟龙见尘市。
桑田几变城依然，尚与汉塞通人烟。
巉岩巨石剑戟列，槎牙老树藤萝悬。
险如云栈穿剑阁，一夫当关万夫却。
浩如天堑阻建康，谁能飞犯钟山阳。
黄埃散漫迷征道，对景令人面如槁。

戈旌影里鬼神愁，刁斗声中天地老。
古来雄杰几经游，势奔雷电气横秋。
万骑无功李唐悔，只轮不返辽金羞。
我皇抚运真尧舜，不重边功重边镇。
内修外攘两无虞，白首无人识行阵。
关门锁钥长不扃，坐厌方国来王庭。
禁中颇牧此高枕，吟对蓬莱数点青。

偏凉亭

吴　杰　知府

偏凉亭何奇，纷纷聚野马。
冰壶一片清，六月不知夏。
天地若许人，劳逸不相假。
何如均此凉，偏及挥汗者。

仝　前

邵　逵　同知

祝融鞭龙山石裂，四野虫虫燩炎热。
滦江西畔起高峰，峰上高亭形峨嵲。
滦江俯瞰碧涟漪，清风徐动来岩扉。
红尘匝地飞不到，赤日行天苦不知。
昨来揽辔观民瘼，独坐亭中景寥廓。
不须羽扇动摇频，顿觉祥飙起天末。
是风谁知雌与雄，只输宋玉歌王风。
下来随步寻幽胜，襟怀不与尘埃同。
循行垄亩不堪暑，锄禾农夫汗如雨。
缅思亭上自清凉，几度嗟咨不众与。
凉兮凉兮我不私，愿与吾农相共之。

污邪但得满车载，输却公家了度支。

秦皇岛
仝　前

徐福仙舟去不回，銮舆从此驻丛台。
寻思何事长生药，回首沙丘绝可哀。

抚宁道中望榆关驿有感
董　越　学士

晓别抚宁郭，天低海气连。
苍茫初出日，惨淡未收烟。
茅屋多依树，村氓半在田。
榆关前驿近，伐鼓正渊渊。

山海关赠张职方
秦　夔　布政使

高城设险壮金汤，作镇直临大海防。
筐筐每来重译贡，关门常峻外夷防。
草肥深谷熊生白，波暖春洲蛎吐黄。
天遣仙郎此持节，年来文化及殊方。
燕云百二拥皇都，万里边城入壮图。
到海有山皆设险，入关无吏不持符。
诗书已足怀殊俗，筹策还看翼庙谟。
闻说高秋戎马健，也须辛苦事防胡。

天顺

秦皇岛
杨　琚　主事

岧嶢神山峙海边，始皇曾此驻求仙。

羽轮飚驾今何在，方丈瀛洲亦杳然。
古殿远连云缥缈，荒台俯瞰水潺湲。
红尘不动沧溟阔，芳草碧桃年复年。

镇东阁

高楼百尺枕城头，午夜裁诗月满楼。
四座彩辉明似昼，一帘香雾冷于秋。
解围犹说刘琨啸，乘兴应追庾亮游。
徙倚栏干正怀古，金波穆穆海东流。

成化

角　山

尚　纲　主事

双峰叠翠倚云端，天限华夷是此山。
蟠结应知关塞险，登临却觉海门宽。
层城远近荒烟里，古树参差落照间。
更愿攀缘凌绝顶，手摩霄汉望长安。

仝　前

马　敭　主事

人生常怀忧，流光只虚过。
逍遥对珠林，忘形依石坐。
鸟驮烟霞还，猿穿藤萝破。
雨霁觉风幽，衣冷耽云卧。
不求东海仙，愿访西山饿。

角　山

青山暇日一登临，物候偏惊远客心。
杳杳钟声玄雾湿，萧萧禅室白云深。

东风满地自春色，幽鸟隔林空好音。
西望燕城怀胜友，何时尊酒共开襟。

秦皇岛

葛守礼　主事

长城争奈禁宫胡，不死神仙亦有无。
寂寞阿房深草木，空余绝岛伴烟孤。

游角山寺

陈　绾　主事

每日城中见角山，入山初觉远人寰。
松云细袤龙宫静，石藓斜侵鸟道班。
殿阁影从沧海落，梵钟声度碧空还。
关门吏隐无多事，犹羡僧斋尽日闲。

显功庙

太傅提兵靖虏还，更因榆塞起榆关。
石驱到海南成堞，垒筑连云北倚山。
辽水至今来鞑鞨，蓟门终古镇置颜。
岁时伏腊犹祠庙，麟阁勋名孰与班。

榆　关

汉寨秦关控海隅，长城千里为防胡。
月明满地无传箭，静听军中夜博卢。
榆关东去是营州，门外车轮似水流。
夜半边城吹觱篥，何人不起望乡愁。

姜女坟

妾身本在深闺里，十五嫁夫作胥靡。

赭衣就役筑长城，闻道辽东今已死。

妾身本为从夫来，夫死妾身朝露耳。

间关呕血竟何归，万里将身葬水涘。

孱躯虽死心未灰，化作望夫石嵬嵬。

江枯海竭眼犹青，望入九原何日起。

正德

李 广

李梦阳

李广昔未遇，射猎谁见称。

君主犹未识，他人岂不轻。

日从田间饮，夜止灞上亭。

醉尉前呼呵，小吏亦见凌。

一朝剖符郡，飞盖赴北平。

凭轼览百邑，树羽宁干城。

亭障不设燧，枥马跃顿缨。

弯弓射虎归，淡淡黄云生。

自从结发战，舍镝无虚名。

威慑五单于，胡人癙痲惊。

孰知身运乖，数奇竟无成。

壮颜逐年衰，白发忽见婴。

寄言雄图者，俟命莫吞声。

山海关观海

施 儒 巡关

偶与仙郎约，相携出郭来。

有亭临瀣渤，无客跨蓬莱。
水气薰残照，潮声殷怒雷。
大观当作赋，愧乏子虚才。

秦皇岛

始皇曾驻跸，渡海欲求仙。
白起终亡赵，荆轲竟误燕。
乾坤经百战，山水自千年。
古刹萧萧处，寒潮蹴远天。

晓发迁安

水落寒滩静，烟消晓嶂新。
荒城孤竹国，匹马远行人。
冠盖扪心愧，闾阎到骨贫。
采薇祠屋在，犹得荐溪蘋。

乘雪发建昌

将军鼓吹开阴雪，使者旌旗卷塞云。
孤竹城边才送客，长峰寺里又逢君。

（时陈将军、高内侍从至长峰岭与罗迁安相会。）

卢龙道中

谷继宗　进士

白雪卢龙道，青毡使客车。
日瞻沧海近，云带碧山斜。
烽火宵传警，材官晓建牙。
降王能款塞，归及报重华。

宿七家岭驿

野馆停车骑，青灯照绮罗。
闻钟疑近阙，振袂想鸣珂。
夜久霜华重，山高月色多。
邮人戒明发，鼓吹渡滦河。

三屯营

岁晏黄沙冷，山高紫雾蒙。
防秋万马健，较猎五兵雄。
大漠花当北，穷庐女真东。
汉庭三表策，此日愧无功。

山海关会马兵部

开府今郎署，分曹旧职方。
当关严锁钥，草奏问豺狼。
剑匣青蛇绕，吟囊采凤翔。
知君文武器，翘首待鹰扬。

观海亭二首

李学诗　推官

秉节来沧海，奇观足胜游。
城连危欲动，天接势将浮。
怒浪鱼龙吼，澄光日月流。
三韩云外渺，逸兴未能休。

迢递关中道，留连海上亭。
片云回岛屿，一鹗下山城。
汗漫濠梁意，风流庾亮情。

浩歌看落日，尘世是浮萍。

织罗洞　即阇黎洞
厉汝进

巉岩山水接，仙洞石岩悬。
绝壁疑无路，凌空忽有天。
窗明红日近，路隐白云连。
禅静三垂外，香花不记年。

塞上曲送元美
李攀龙

燕山寒影落高秋，北折榆关大海流。
马上白云随汉使，不知何处不堪愁。

卢龙署中偶成
王世贞

朱帘翠泊过杨花，睡起中庭日未斜。
却似深闺娇小妇，楼头痴坐怨天涯。

卢龙署中有寄

山城小雨鹧鸪啼，杨柳辞寒绿正齐。
我梦春闺独不见，怕乘云雨过辽西。

题燕河营行院
刘　仑　巡按

剑戟森森战气横，云黄草白燕河城。
胡儿不敢边头牧，远向沙间学陇耕。

塞下曲

伊介夫　副使

月上城头身满霜，五更筹尽手犹僵。
明朝又是扬兵日，强挽雕弓射白狼。

雪满阴山月满营，角声吹彻梦魂惊。
八姨不惜征夫苦，一夜寒风吹到明。

孤竹怀古

王好问　州人

镐京商邑总蒿莱，千载何人吊墨台。
啼鸟似伤人世改，野花还向故原开。
荒城隐隐水声去，古殿峭峭山势来。
一望凄然成旷感，尘车欲发更徘徊。

登井峪

孟　秋　知县

四壁山光列翠华，松风满峪落书葩。
云中仙子知何处，独立峰头一片霞。

咏偏凉汀二首

高　擢　滦州人　都御史
其一

凿石通周道，临流构短楹。
层云霭岭翠，落日映沙明。
野寺山腰迥，长江槛外横。
凭栏遥对月，万古有余清。

其二

危阁回风入，崇台返照悬。

江鱼随意逝，林鸟倦知还。

垂钓沧浪水，行吟薜荔篇。

避喧惟藉此，坚卧可常年。

游偏凉汀次先君韵

高　霄　宗人府经历

其一

石磴盘纡险，侵阶结丽楹。

岩依晴霭秀，波逐晓霞明。

渡口轻帆渺，滩头短棹横。

披襟潜静厦，祛暑午风清。

其二

地峻浓阴满，巉崖绕嶂悬。

雏莺腾翼哢，老衲解禅还。

艇泛银涛涌，经翻贝叶篇。

脱尘思绍迹，宴赏乐尧年。

万历

寄戚都护

汪道昆　侍郎

一从铜虎出中朝，坐见匈奴气不骄。

衰赐尚方新鞑鞯，羽传西域旧骠姚。

比年大宛无留马，何处阴山有射雕。

猎罢平原宾客散，闭门冰雪日萧萧。

寄郭建初

谁从万里客辽西，铜柱天南到马蹄。

塞下试听横笛好，分明一曲武陵溪。

君家燕市有高台，四顾曾空冀北才。
枥下只今垂两耳，无人知自渥洼来。

和大将炮名，元戎车名

戚继光　总理

飞羽辽河上，移军滦水东。
前驱皆大将，列阵尽元戎。
夜出榆关外，朝看朔漠空。
但期常献馘，不敢望彤弓。
（公善诗，有《横槊稿》。）

山海关
观海

黄洪宪　编修

关城风急扬征袍，潮落天门万籁号。
槎泛银河浮蜃气，山衔紫塞卷秋涛。
月明午夜蛟珠泣，沙白晴空雁影高。
司马风流偏爱客，桃花羌笛醉蒲萄。

晚　眺

茫茫沙碛古幽州，日落乌啼满戍楼。
万雉倒垂青海月，双龙高映白榆秋。
虎符千里无传箭，鱼钥重关有扦揸。
自古外宁多内治，衣袽应轸庙堂忧。

登天马山

傅光宅　巡关

倚剑登天马，冷然御远风。
乾坤双眼外，今古一杯中。
怪石悬疑堕，晴涛望若空。
胡尘清万里，白日海云红。

题台头演武台松树

细柳环金甲，孤高见此松。
名应留汉将，爵不受秦封。
云影来归鹤，风涛起卧龙。
清霜十月尽，苍翠照千峰。

同中州马计部滦江夜泛

歌吹逐江流，青尊夜唱酬。
繁星低映水，新月近随舟。
文武河山改，夷齐姓字留。
因君见嵩少，秀色满中州。

赠郭建初

以戚大将军聘修蓟乘，客营州十年。

于达真　蓟州道

寒客衣单露始零，风高木落水天清。
鸟啼横海将军幕，人识江湖处士星。
蓟史一编存往迹，燕然万里勒新铭。
莫愁旅病无供给，波满寒塘月满庭。

秋日登钓台暮宿沙渚

白　瑜　郡人　庶吉士

仙槎遥望斗牛边，袅袅商风荇蒂牵。
水浴矶头时隐见，云横雁字任翩翩。
数献棋韵杂歌扇，几点渔灯起暮烟。
榻下主人能款客，疏星犹挂子陵川。

秋日登汤泉玉皇庙有感

前人　给事中

玉殿参差覆柏阴，淡烟疏磬度空林。
雁从寒渚风来急，草傍温泉霜不侵。
北眺戍楼迷远树，南凭古堞动高砧。
伤心簪绂成朝暮，园木凄其锁噪禽。

谒清节祠

高　第　滦州人　主事

树压荒城古庙幽，千年遗像肃悠悠。
采薇高节首阳在，孤竹清风濡水流。
香火山翁频伏腊，沧桑世代几商周。
我来瞻拜增伤感，不为登临览胜游。

过卢龙塞

萧近高　中书

塞外卧铁衣，闺中泣素帏。
何时征战尽，莫复问金微。

感　述

过妻曾祖刘文懿公髫年读书营中。

前　人

河山回合古北平，灯火当年彻夜明。
策马独来寻故垒，凄风落日不胜情。

观海亭

叶梦熊　兵备参政

金轮忽拥巨鳌来，万里波光一镜开。
试问乘槎天外客，好风几日到蓬莱。

行　边

六月都山雪未消，胡儿牧马傍山腰。
大宁城阙花如锦，何日看花醉碧霄。

郭建初修燕史聚首塞上

寒风吹雁入秋深，客思萧条半不禁。
衰鬓十年关塞梦，敝裘千里薜萝心。
黄龙事往燕云隔，青海疑传碣石沉。
一自编摩跨博物，符融嗟异到于今。

吊夷齐庙二首

王大合　户部郎中

采薇已辟东山谷，荐芷谁添北海尊。
小径杉松寒白日，荒祠烟火隔黄昏。
月明华表堪闻鹤，风急空山有断猿。
最是首阳俱浪迹，不须宋玉为邵魂。

滦江一曲北平东，江上岿然有故宫。
见说孟津传叩马，谁从渭水卜飞熊。

天寒半挂千山月，树老长吹万里风。
欲撷江蓠频酹酒，松云无数落烟空。

钓鱼台

韩应庚　郡人　御史

石壁青含雨，松台迥入烟。
碧潭鱼上下，斜洞鸟飞还。
波漾桐江月，云连渭水天。
倚楼频骋望，长啸欲携仙。

登钓台月白楼

韩应奎　庚弟　知县

载酒过滦江，登歌兴欲狂。
台朝天北极，人在水中央。
月白芦烟淡，楼高海气凉。
一竿垂钓罢，清梦到羲皇。

登昌黎山

魏可简　昌黎　吏部主事

扳折试登山，临风解笑颜。
摩天星斗灿，瞰海波涛翻。
迟日莺花醉，停云鸟道闲。
尘襟一洗尽，何事列鹓班。

读书清节祠

唐守　郡人　推官

孤城咽寒水，古庙照斜旸。
国让仁奚让，身亡义不亡。

墨台有中子，殷民无二王。
圣朝额清节，只为重纲常。

边行述怀

詹献策　推官

息偃非吾愿，驰驱心复兢。
长亭宿新月，单骑逐晨星。
沙迥云屯阵，塞寒冰作城。
拊膺徒自尔，何以报升平？

谒清节祠

王之屏　推官

寒鸦栖古木，清节俨滦濆。
脱屣浑无国，承祧赖有君。
西山人已远，北海风犹存。
一圣邈难得，况乎亲弟昆。

登天马山

安所止　通判

胜日登天马，东风海上多。
物华春已暮，尘鞅鬓将皤。
意适看云起，身轻羡鸟过。
禅关此阒寂，徙倚欲投戈。

夷齐庙

叶世英　知县

商周宫阙今何在，二圣祠堂尚可寻。
沧海桑田成幻迹，天伦亲命不磨心。

碑残苔藓香遗墨，芷荐清芬蕨共歆。
更羡一泓台下水，滔滔千古自成音。

喜雨

钱吾德　知县

四郊作旱蕴虫虫，耗蠹伊何丁我躬。
无数龟肠枯草树，一声雷鼓起蛟龙。
先秋僻壤沾霖雨，后乐平州慰老农。
倏尔云收天欲晓，弹冠百拜谢穹隆。

初入翰林言志

白　瑜　郡人

奎壁辉玉堂，簪合邦之彦。
济济业雕龙，惭予独袜线。
清切缥缃林，密迩蓬莱殿。
花砖淑景移，兰省虹光见。
容与依五云，披寻穷万卷。
言念景前修，讵独词赋擅。
山期覆篑成，染惧素丝变。
抚此幼学心，敢虚大官馔。
鳌禁日方中，凤池阴易转。
眈古结肺肠，畏影常锻练。
椽笔补尧裳，春霖浃禹甸。
百年一念丹，温饱非所羡。
空言似无当，克终乃称善。
愿不负师型，政以酬圣眷。

永平十二景

徐　准　管府事

漆滦带玉

双流潏潏汇平城，好向溪边濯我缨。
万顷琉璃看不足，波光偏映彩霞明。

阳台列屏

削就芙蓉挂碧空，开门放入画图工。
浮云但愿无相蔽，西望长安咫尺中。

卢龙迹古

燕呼黑水作卢龙，塞北风沙泣断蓬。
汉将已随羌笛老，秦人莫恨久从戎。

石虎名高

常将仰手接飞鸢，此夜弯弓石可穿。
莫谓侯封无处觅，至今猿臂畏祁连。

孤竹风清

两岸齐开落玉虹，孤城半没断碑蒙。
凭虚一望秋飔爽，起懦廉顽百世同。

钓台月白

皎洁冰轮碧槛前，溶溶河水漾清涟。
一丝钓罢矶头者，问是桐江是渭川？

都山望雪

何年积雪满都山，银海光摇玉宇间。
天限华夷留此险，单于不得渡榆关。

碣石闻鸡

百谷来王势若倾，鲸波一息海天平。
肖然碣石中流立，上有天鸡咿喔鸣。

仙台气爽

瑞霭灵岩古木苍，台悬绝壁搏山香。
湘童果老争棋局，腰斧人儿不在旁。

溟海波澄

鲸蛟作浪岛风腥，岁岁干戈事远征。
赖得皇威扬外国，依然北海际清平。

偏凉亭趣

小亭高处面羲皇，万国如炉此独凉。
安得祥飔遍寰宇，薰兮一奏解愁肠。

织罗洞奇

灵窈天成亦幻哉，神工不藉五丁开。
寻幽未折登山屐，疑是桃源归去来。

上十二景皆徐中宪新制于政事之暇，辄游戏翰墨以舒怀赏胜，其陈风也有足观矣。

答叶夫子

郭造卿

吾宗偶尔昔人贤，况复今嗟不自怜。

受业独归东海上，移文谁到北山前。
春风坐散三千士，秋月行逢二十年。
白首角巾腰未折，龙门还似李舟仙。

偏凉亭

尹乐尧　滦庠

风烟万里望中收，路入偏凉六月秋。
水转东吴千古稻，山邀北镇五花楼。
渔樵曾识终军过，锁钥今同寇准游。
对酒相看形胜在，风光谁说是边头。

题崆峒 以佛洞改今名

一方灵秘人知少，盘古天奇一旦开。
我欲此中成小隐，不妨山脚泊舟来。

观海句

云去蓬莱近，潮回碣石高。

九日饮南台寺

陈　琦

客里登高醉几回，黄花羞向故人开。
好山当户青松出，国士弹棋红粉来。
海屿秋光通梵宇，边城落日倒金罍。
临风莫把茱萸看，一曲吴歌酒一杯。

近阳山小窗

韩师范　郡贡

谩道平州秀，东南独蔚岑。

数峰长拥背，二水自交襟。
劳骨甘岩版，清谈愧竹林。
西山虽绝响，梁父亦堪吟。

附修永志一律

印玄子　散人

麟经笔已绝，毁誉多不情。
错认南洲士，堪为北郡评。
刑余记司马，穷极著虞生。
莫谓分明志，犹嫌志太明。

　　愚受徐中宪公志役，备郡载籍，虑不忠，若文若献，不能不于郡学士大夫是征。即郭建初氏郡书多可采，韩君师范辈雅可询，规制大略复出中宪，予曷有焉？夫圣人慄慄为天下浑其心，作《易》者其有忧患乎？《春秋》衰世之书，非圣人之得已。嗟嗟！世变若江河，即稽古传信亦托之空言耳，谁将能浑耶？因诗以道意，所赋形胜，为志象方，艺文中仅附夷齐考，其他题咏虽一二涉平营，无足多纪。

吊夷齐赋

　　卢龙故孤竹也，城西有伯夷叔齐祠。吴人王世贞奉使过此，酌水酬焉而为之辞。

　　日予奉辎以东逝兮，束马放乎令支。山巑岏而嵬垒兮，众草赟蕼而条纬。俞阢道余于卑耳兮，武夫磷磷其参差。曰青帝之握枢兮，颛改煦沉寥而惛凄。玄宫承云而黟霿兮，佥告余二子之所都。羌回虑以返照兮，澳涩蹰靡而内疑。足次且欲却兮，又雀跃而前趋。段含光刿余之素兮，挽清冷使濯余。之岁巑招沆瀁以酳醴兮，襄朝霞以为饻馐。嘘玄冥之窍机兮，噫噫拊歌之懔怆。受哀弦于太娥兮，涓延和之以清商。灵萧萧而若睹兮，冀回燿烛乎微躬。又惝恍其不可即兮，掌梦疏帝以奚从。眺孤竹之亶曼兮，台要灵以故祐。生剽举而脱屣兮，宁郁郁处彼幽方。溟波委输潆貉兮，箕蒙难而延宗。灵庶偕以翱游兮，语侏离而不可通。北海泱漭灵所辟兮，受浡漪使不得宁。将岐丰沃以愉兮，灵又薄周德而莫宫。诸毗绵延具区兮，太虞夷犹于其旁。羌德配而耦娱兮，灵谓狎附乎周盟。陂陀首阳忽崒嶏兮，益薇以荃之芬芳。灵阊阖而下临兮，将绁驾以憩息。掌梦申申以表诚兮，丰隆奊而求假。霓车殷殷以翩缤兮，皎双鸿之次翼。匪宝璐而陆离兮，舍篞芷以弥馥。介九宾而见予兮，祝史要予以靡忒。伯从父以成命兮，叔违亲以成德。俶舍君以明志兮，既殉主以明极。昔巢许之让皇兮，托勋华而稍佚。尹五就而拯涂兮，愀然面故主以惶怩。谓题跂以死名兮，庄任诞而废节。迁哓哓于骥尾兮，嗜微声之有托。彼累修辞而求白兮，卒牢骚沈乎湘泽。绎邹人之无怨兮，乃从容于天则。世滔滔而愍涌兮，战伐莽其相仍。顾蒿目以挨挡兮，竞含沙而蛊光。驺虞草以伏食兮，於菟夸咀夫衡生阳。鱬之啗纤鳞兮，偃蹇神龙以自矜。灵既悼农虞之忽没兮，氓踯躅而殷慕。愧突梯之苟容兮，将捐足乎灵御胡。司命之不晰微兮，抑餔糟以昏鹜。盼姎娥之要渺兮，碛浊躯而不及顾。

观海赋

陈士元　知州

玄黄肇分，一六凝质，冥浣呈灵，函维斡极。北抱穷发，南殁炎溢，西环聚窟之洲，东浴扶桑之日。曼倩之记不能详，玄虚之篇不能毕也。若有蓬瀛仙子同游，历迈八埏九垓，无往不届。乃濯足于北平之滨，尺度乎？东渤之派吸洋吐，词即小喻大，四海之广固可想像，其形依稀其概也。曰：惟兹裨海，幽冀之陬。浸碣石、薄莱州，掩朝鲜、萦辽丘。尔乃洪波炭漫，细沫滑涣，潏湟涠濊，溠湤泱沜，纳川不盈，浮空无岸。洸瀁乎析木之津，漩濆乎京畿之半。一潮一汐，烟昏沙濍，倏晦忽明，鲲腾鹏乱。若乃飓风发罔象齰，海若呀，冯夷舞，天吴怒，阳侯鼓。于是，徙沃焦，闭尾闾，扬霾幕，震雷车，骇浪山叠波电驱，淜湃磕荡，訇匐煦嘘！泰岳掀揭而反覆，河浍涨灛而沦胥。状如湫盘，转侧会曲江而同区，又如飚轮，逆运倾天潢而下潴。迅势所涤，余湍所居，盐畯为之陆沉，林皋为之潢淤。乃若淡曀潜消，晴布初旦，鲛室出奇。蜃楼斯烂，变幻无端，珍灵璀璨，图画成于顷刻，远尔恍其辉焕。地皇辟土而直视，羲和弥节以长叹，孔父东登而无语，苏公惊走以难判。若乃极深之府、至静之央，颎洞渺漠，沌灏浑茫，察之无际，测之无旁。则有百灵栖息，阴火澄光，神龙之所隐蛰，巨鳌之所撑当。寰宇是奠，民物用康。岂但鲸鬐插云，凤髓储浆，珠玉林积，宝贝山藏。徒无求于寒饥，空竞侈于退方。而已哉！若乃陶唐之世泛滥延靡，夏禹施功此焉攸始。二老出而周兴，重译来而波止。卞人好勇于乘桴，河伯见笑于秋水。乃有不死之药，黄金之宫。望之如云，就之有风，鞭石莫及，牵犬无功。羡门驰骛乎驺生之术，五利漂泊于琅琊之东。悠悠海德，何损何隆，纳污受涓，居卑量弘。原泉盈科后进而江汉，一泻已瞬息而朝宗。

附摘句

山头看月近，草上知风急。蓟门海作堑，榆塞水为城。

——[梁] 戴暠《度关山》

何处最伤心，关山见秋月。

——[唐] 长孙辅佐《关山月》

山自太行分出秀，水从孤竹过来清。

——朱昶《横山》

暑中不羡三秋节，夜半曾凝六月霜。

——御史尹洪《偏凉亭》

山色青连鸟外天。

——朱禋《偏凉亭》

门对乱山青入座。

——薛穰《偏凉亭》

风挟潮声来海上，雁拖秋色过汀南。

——夏遥《偏凉亭》

觉后正嫌鸥梦破，醉来偏爱藕花香。

——张时《莲塘避暑》

野淀空传红粉楼，淀边衰草覆寒流。
可邻萧氏能倾国，不及王嫱草一丘。

——陈士元《长春古淀》

镜光倒挂银蟾淡，桂影横拖玉案平。

——李瑶《坨呈半月》

戍楼烽熄函金钥，龙塞风清闭玉关。

——主事吕荫《建靖边亭》

古今人度关门险，南北山分海路斜。

——佥事刘时敩《山海关敥》

望中楼阁浮秋色，天畔松篁落雨声。

——都御史张汉《五嶂屏开》

蓟门东下留遗庙，辽海西来见故城。

——薛移《夷齐庙》

北海化传风自古，西山人杳蕨犹香。

——滦州进士高第《夷齐庙》

补诗三律

印玄子

旅 怀

塞北惊蓬断，胡笳声转悲。

壮心随烬冷，乡思逐鸿飞。

对月邻孤影，逢人问寄衣。

江南好泉石，不去复何希？

赠徐中宪公考迹以大参任海盖

齐鲁衣冠列上京，几年琯带莅平城。

春风桃李千门晓，灵雨郊原万汇蒸。

令肃榆关严虎豹，化驯溟岛息蛟鲸。

贤劳始奏辽西迹，又见辽东海角清。

不佞为诸生，苦研时义试辙前，既而厌去，笺石经《大学》，删朱子《纲目》，一旦煨烬，亦天刑也。荷仙师五陵子授以《参同契》，阐发三道惟一之理。仰承师命，手注梓行，遂别妻子，师一了。闭圜三茅，神光满目。百日功灵，复下山参禅，解《金刚经》。大士缨络无风而动者月余，松江人见者疑信相半。所解尚未脱稿，大彻色空无住，悬双眸于海内，一以察识山川，一以物色人品，浪迹和光十余年。渡江谒祖陵，观旺气；登尼山，拜孔林，徘徊洙泗间；涉汶过涿鹿，游金台。复注老子会旨于龙虎张大真人行府，北平徐中宪公为刻之，因冒此役。时辈妄推南州高孺子，旷千古复得一士，与鲁仲连、关子明相先后使居内馆，当作一代大记述。其托而逃诸释老之林者，非得已也。太史公为夷齐作传以自伤其不遇，缅想上世如巢由、务光者不少，竟泯泯无闻，彼将奚憾哉！出处原无二，聚散亦何常，因补海角江南诗以道意。

别葵心徐二哥

天涯游子日萧萧，把手扪心论结交。

燕处献棋过永昼，清谈秉烛度良宵。

泰山品格高无敌，吴地风流半已消。

孤竹城边分袂去，何时樽酒复来邀。

二哥翩翩佳公子也，时在局评，诗入艺苑，史竣赋此以别之。

‖ 卷之十 ‖

备述志目凡八

《春秋》谨严，左氏浮夸，由此言之，史贵实而不文尚矣。然纪载所以备稽考，与其失之略，宁过于详。前所未悉者，复以备述系之卷末，靡非为永而志，观者无视以为费辞焉。

祥　瑞

弘治元年六月，滦州金泉池产并蒂莲。

嘉靖二年六月，滦州野蚕成茧。

二十五年六月，昌黎城西南，生并头莲二里许。

是年，本县麦二岐，谷双穗。

二十六年十月己巳，滦州五色云见。

三十二年七月，抚宁五色云现。

三十九年三月，昌黎五色云现。

四十五年六月，府廨后产五色灵芝。

四十六年六月，昌黎五色云见，晃耀人目。

隆庆三年三月丁未，三屯五色云见。

四年正月初八日，抚宁见日下五色云现。

万历元年六月望日，甘露降山海学宫，本科中三人。

二年正月己卯，五色云见于三屯营。

九年甘露降于理刑厅。

十二年，三屯莲心馆池龟游莲叶上。

十七年，府北郊黍穗两岐，系乡宦韩应奎庄。

二十五年正月，迁安妇一乳三子，陶村庄张可贤妻任氏。

二十六年，北郊瓜并蒂，谷两岐，仍韩乡宦庄。

神 奇

国初，祥云岛寺僧杨不语驯虎。祥云岛古刹在乐亭海岸，寥寥人无村落。国初时，有僧杨姓滦西人，常栖其中。终日寂然不哆口，人乎为杨不语。特信其淳实，未之奇。后往往见二虎来卧寺门，杨驯之，饮以水。至宣德间，百岁余化。

成化三年，刘家营佛儿谷十三山风洞，岁为灾，赛之息。

正德六年七月，开平卫观音阁兽像口现五色祥光。

八年，开平城观音阁西墙上龙起，至今墙上有龙迹。刘家口关峰口谷风洞岁为灾，立风王庙祀之。

嘉靖二十七年，蛟龙斗于石门子沟。七月龙出景忠山玉皇殿。

隆庆二年三月，滦滨岸裂，露白骨长二十五丈余，大二十余围，头颅峥嵘。迁安昌军人等取异药肆，以为龙脱，鬻至蓟州乃尽。

六年，山海关外海牛死，浮带家河岸，长十余丈，高数丈，皮厚一尺。汤河溢，有大树数百筏入海。由义院口入至刘家寨。入海筏止，夜有灯火黄旗，人谓龙王取木造龙宫。

万历十四年七月大水，冷口关北水中有似形非形，晶白蜿蜒可二丈余。漆河上流箭杆岭时亦见。历年常有，土人恬不为异。

漕 议

洪武三年，符下山东行省，募水工于莱州洋海仓运粮以饷永平卫。

八年，颍川侯傅友德疏陈转输之法：由鸦洪桥至永平，道里颇远，宜通青河、滦河故道漕运，则用力少而成功多。上嘉其言。

嘉靖三十七年，巡视郎中唐顺之疏：滦河自永平可通滦阳营，省陆运一百五十里。后巡抚温景葵、巡按孙丕杨、梅惟和各疏请之。

隆庆元年，巡抚耿随卿议复、巡按鲍承荫并勘，挑挖青河自王家闸至新桥海口止，凡百四十里乃漕运故道。滦河海口至天津卫四百二十六里，纪各庄通海潮处至府西门一百五十四里，沙浅一十八里半。又勘，自天津卫至新桥海口盐船往来，民船亦通无滞。海洋百二十里中流遇风，有建河、粮河新挑大沽、小沽可避其船。撑驾必须滦州、乐亭、昌黎附海捕鱼装载惯习海道人民，酌量人丁身家，坐派大船八名，小船三名，各领官船粮，令其驾运粮完，听其捕鱼。如年久损坏，动支官银酌量修补。则改滦河省便，无容别议，但中间倒载之所，未免关隔，如海口卸至纪各庄约有二里，滦河卸至永丰仓里亦如之。船运脚价，临期听管粮郎中处给。其该镇岁用本色军粮数多，运道既通，则前项粮石应该户部酌派漕运。然山海离滦仅二百里，私越易便，则海防不可不谨，合令府清军同知兼管海防，仍听兵道督率巡视，及山海主事督巡捕把截，违禁如律，部覆从之。（御史刘劓题海道险阻罢。）

知府孙维城议：本府躬视滦河迤东二十里马城堡，西为王家闸。其南闸相距十里，原系海运入滦故道，闸迹尚存。原运皆由口北上王冢闸，今马头营固其旧囤仓处。李家庄西民田约十数里，过即王冢坨河。滦河涨入青不能容，必从李家庄西泻遂下注之。自樊各庄起，凡四十余里至杨家庄南有沙坨，长一里，高河五尺，若穿之，即艾家青沟，东西长七里，其地多无钱粮，堪浚为河。过即梁各庄，而靳家河流经焉。河名交流者，由海潮而成。故微有五里淤浅，外则大潮所至。横斜行七十余里入黑洋海口，又三十里则建河海口。又四十里则堂儿上海口，又四十里则大沽海口，出口入通州，运粮白河百余里天津卫矣。是此道一通，不过三百余里，舟可径天津抵滦，比西由芦台河其道岂但倍近，且惟黑洋海口至大沽百十里，由海随盐船出入，当保无他虞。比由绿洋海口造湾，其远近、险夷、安危，亦不啻十百相悬焉？中间应挑之处计大费工力者，不过交流河接靳家河五里，黄坨抵艾家青沟十二里，李家庄抵樊各庄十里，暖泉抵南闸头八里。与夫王家坨河之经杨家庄、印步店、狗儿村、贾各庄，土淤高厚者十二三里耳，其余或止应挑深五六尺、七八尺，阔五六步，七八步者，约以河五丈计之。论工大小折半通算，阔三丈深一丈者，总不过百三十余里耳，工固不甚多也。况下，因川泽不损民居，妨田不及五顷，其价未足百金。验河所经惟李家庄西有沙三里，杨家庄南有沙一里，其余俱土脉胶固无忧。其善崩河之所，自若暖泉、若沂河、若陷河、若靳家河，俱水性如常，可弗苦其变迁，则语有利无害又孰以逾乎？此惟王家闸一处，议者每言，挑接滦河虽便通舟，然滦河西下平岸一丈八尺，焉能使之逆流而上入青河哉？且滦暴湍，常带沙石，涨则闸不能制，退必遗沙填积，将来岁挑，繁费恐反为青梗，莫若挑青至马城□堡。方议修壕，以壕土筑城，而惜濠为河，使可容数十舟，南来运艘俱住此焉。虽隔滦尚五六里，道不甚多且平坦，便车至滦，易舟而运。则青不受沙石扰，而挑夫可省岁费，似于计两全也。

辽东海运，常苦损舟。若永平运通，则由府城而车至山海，或舟车至辽东，皆免风涛之险。其土饷尚亦有赖，是所谓无穷利也。然而不为者不过惜财力耳。盖浚河非夫不成，募夫非财不济，今议动官帑则匮无所资，议用民力则穷非可任，惟财力之俱诎，故议者多难之。然咽喉不进，则腹终不饱，可惜一时之劳费，而失无穷之富饶乎！惟今永镇入卫，客兵万余，春秋防守不过分修边工。今议通永运者，非为之乏食虑乎，倘借各兵之力，而通边饷之道，揆之于义岂曰不？然合行各路客兵，应修边工暂行停减，或量分主兵代修，而移其众以浚河，计名限日，画地分工，若倘有不足，则量加民夫三四千佐之。仍委贤能有司分督如法，则众力竞劝，可不月而成。无烦奏请，无费帑金。于客兵未为劳于边，方实为永赖矣！（皆出委官王弘爵所稽访。）

军民利病

嘉靖四十二年卫徭改解武库司 国初军余采办柴炭上供，后折银交解后军府，以供惜薪司在均徭朋办，卫所罢惫。征解稍有过期，后府牙官即谋差下卫催解，辄将视篆指挥千百户囚禁拷掠，莫敢谁何。正征止欠十金，需索反逾七八。前者方行，继者旋至。岁鲜宁时，卒使荡产，正供终负。一经查参，即拟永成，填满犴狴，并追莫轸。至是兵备温公景葵，力陈抚按，奏禁牙官，令卫所径赴武库司交纳，前害尽祛，卫秩保有身家祖荫世世者，温之力也。

万历九年裁省卫余大户　推官乔学诗议：卫所徭银，旧俱该卫所掌印官收受、起解、支销，后因卫官将征银荡费，乃比照州县事宜，即于丁余中择稍殷实者，佥为大户，使收受本所徭银。卫官止许催征，不得预其出入。但卫职当未派之先，骗吓丁余纳贿，至派定后，使大户坐名扳告帮收，不以银之多寡定名数，唯以贿之到否为去留。于大户方坐即付起解、批文、向取，支使杂差刁勒，迁延不与应收花名底簿，即与又多泛将旧册逃亡杂入其中，绝不差人追敛花户。将大户解赴，督催官并此监拷，只得包赔。完日不复征补，且将遗下花户减征入已，岁以为常。如往年完银在先，给簿在后，以致大户变产业，鬻子女，立致坑荡累已不堪，况又加之需索罚米石则科之；遇馈遗则派之；至于交游、星相、工瞽、俳优之属，悉付馆谷给赉之。千方饕取，既尽其心肉，犹唆其骨髓，以致富者贫，贫者逃，为沟中之瘠，不可胜数。窃计亦照有司近行投纳之法，每所掌印官造匮一方。置本卫经历司官处所官散票催征，对册收受。凡花户纳差者，止许秤兑分两，较其成色，旋即包封，书名投匮，给与收票。不许所官迟留入手。按季定期日，司官、所官，公同开匮，点簿点封。应解者即解，应杂用者公付司官收掌。遇有杂差，许所官执票，赴支登记候查。宜尽革大户，以杜弊端。时是其议未能尽行，而大户一卫止编二名，在审户官坐派人稍息肩矣。

万历十七年专委经历征收卫徭　巡抚准卫余状及六卫申文行。知府孙公维城议：大户一设，贪残武弁相率目为甘饵，剥剥百端而有不穷之家者，幸也。故此余视就死地，每岁告替愈滋矣。本府博访，有用卫掌印官者，侵欺无异，所官而威劫纳户为甚。或索秤耗银，或索勾簿银。银不足，则小票不得入花户之手，致所费常倍所纳，此以肉投虎者也。有兼用卫掌印首领者，未能使卫掌印不为侵欺，而首领莫敢谁何，此十羊九牧者也。不如将卫徭银，改委各该卫首领官经收，于计甚便。盖首领官历事多，必知自爱，则侵欺事必无矣。此其一官所系花户之来纳者，必不敢分外压索。纵有压索，亦易惩创，定不若卫官之难绳以法也。但钱粮经手，易生嫌谤，乃官箴所系为虑，不可不详。况银簿内累名逃亡之丁，全属卫所作弊，致其无人上纳，经收且为所累。若概以拖欠督过之，查盘混坐罪名，一家之哭将后，尤甚于大户矣。仍宜责令卫官，督催各所，各所催纳户，悉听首领官按季征收。其已纳有短少低假，及故不即给票付纳花户者，此经收之过也，与卫所官无干。其未纳系拖欠及将花户银同催头私用，不以纳官者，此管催之过也，罪与首领官无预。卫所官不许挠制经收，首领经收，亦不许通同卫所官虚出私借，及受其挠制。至官审编徭银，凡无影鬼名及远逃故绝人丁，不许听卫所官妄报，后果无人，即于卫所官名下追赔，不得仍前借口逃亡延欠。若近逃亡系有资产，承受人代纳；其无者，阖户摊出。如户无人，听本卫所以别户空闲余丁查补，庶钱粮不致侵渔而大户之困苏。

万历十七年苏省卫余力差　知府孙维城议：六卫牢伴、书写与夫库禁、防递等夫，皆谓力差以下丁金充。盖谓上丁有力出银为便，下丁无力出役为便，意非不甚美也。但纳银每丁不过六钱、八钱，即多一两二钱止耳。有力易办，朝完夕无事矣。苦力差不然，其身终岁役官，不获一朝自如，有不能亲应各役者，则又雇人，工食不下七八两，加以卫官见面需索故，节次有累逃累及亲族者。况掌印官得以径摄，尝以执鞭之役辱，若善良并读书子弟，以恣索取，转摄无已，最六卫之余所共苦也。今查，卫钱粮各有催头，催督乃掌印官。巡捕、管屯官所官：旧金牢伴名数太多，镇抚司原无库藏，其官银收贮寄附县库内，而各有库役，不亦虚设乎？卫中文移不多，且各有当该吏典，而外又设写字各数名，无乃为冗滥乎？今不议处则贫余疲困，曷时其苏？除防禁二役，原非滥设免裁外，所据旧编，掌印金书、指挥、牢伴、书手，量行裁减，定其名数，通编概卫均徭银内，听各卫首领官征收。各官照名领取，任其募役。其一切原应力差下丁，尽数归农，止照本等办纳徭银。仍严禁卫官有私擅拘摄余丁供役者，听被害指实禀告行之，卫余称便。

万历三年民丁雇差 自昔公衙各役，名曰力差，编审时于民丁坐名应役，量力劳逸，另坐一人或二人贴之。所坐大率下贫，身既在官不暇为生，自乡鄙裹粮僦居听役，岁费不止十金三二，贫丁岂能供办？多致逃亡。间稍有业而朴懦者，惮于应官转雇，游手积猾代役，然巧于索勒。兵道皂役一名，雇值三十两上，其偏累莫堪。知府顾褒，力除弊政，一切议以雇差，以条鞭法计丁出银，征之于官。官为召募，量其劳逸，大率以十二两为上下。在民之输者，众擎易举；在役之应者，争为投用，官民俱便。

万历四年驿递雇役 旧夫役州县金自田亩，十年轮次。计所佃粮地，合五百亩作马夫一名，百七十亩作牛夫一名，百三十亩作驴夫一名，推一人为头，余者敛银贴之。然有常例之弊，有杂差之扰，兼之积牌之刁索，乡民朴弱多不能承。只得转雇占驿猾卒，然恣其刁勒，岁费马夫不下二百余金，驴夫五六十金，牛夫四五十金。车夫亦如牛夫出银。帮贴者固苦，而出身作头者尤难。一金是役，必至荡家，即鬻其地，亦未足用。此役行，人皆以田为害，承习已久，民苦其累，而自计莫知所去之方矣。知府顾褒议，先编民户，走递而民困矣，今革民户，止照地亩条鞭通融。征银在官，官为召募，每亩额定银数，造实征册。金坐大户，收纳按季。本府挂号预发州县，支给应募马牛驴夫，当堂逐名分散。不许总给驿递官，以致侵欺；亦不许大户私将布畜等物折算，以致亏损。在驿计一夫领二马，共给马价及饲养工值银一百二十两，驴夫亦各领其二，而银则递减。在递革车夫官为造车，每一辆牛六只，一夫领二牛。岁一夫工食银十二两，一牛饲养银八两，牛价五两。又酌量其烦简，另给短雇及扛夫以济之，大都工食从宽，给银必预，不苦夫役，俱有条规。其省与费什百相悬，且佃田者输银于官亩，止数分而不苦于多应，雇者乐役争投，以身受值，何尝言其累？事济民苏，一更而百余年之弊除矣。

万历十七年增复驿递经费 知府孙维城议：先年各驿所车马等夫，原系州县金轮十头应役，后因民户易虐赔累不堪，故万历四年改议征银召募，比十头所省不啻百倍矣！然召募愿充，非足其用不可，若减削太过，不惟难赡家口，反鬻产卖子为家口累，则应募之尽逃，不得不仍用十头，而阖境复沉疴增剧矣。此有识务实者，必知所权之耳。滦河五驿初议每一马一夫，岁给草料工食银六十两，仍各驿设短雇马银一百两，以备临时用马之多。东关等三所，初议每二牛一夫，岁给草料工食银二十八两，仍各所设短雇车银或三百五百余两，以备临时用车之多。若夷人饭食银九十两，皆因费，为数非有滥设者也。乃万历八年为之裁革，谓节省冒滥，听闻岂不甚美？不知勘合往来，月无虚日，驮载抚货，应付不赀。且夷人残忍，鞭棰驰骤，马常跑毙；行李重压，牛多倒损。虽续添，复不多，即今各夫苦告，困累难支允矣。情所当体，但欲如丰润金派民头帮贴，恐此端一开，而告帮者无厌，民间必受驿递之累，是为宽马夫，而滋民病也。揆之事理非添复驿银不可，合以今年为始，通行六州县驿站地亩内，照数通编征派。其所添设银数皆在原裁之中，并非出于旧额之外。各夫用度稍宽，而疲驿不至无所支持矣。兵道王毓阳覆议：马车等役，先系金派，小民苦累，征银召募，民困顿解，止于办纳赋税，不复知有此役，闾阎相安，此明效也。时议从宽颇赢，意在趋募乐从耳。未几，奉行裁抑者未悉初意，概从省减，致驿递纷然告累。后虽量为议复，犹未免于赔累。今夷贡复至，供亿骚然，故各募役苦告不堪。该府目击时艰，审思却虑，切恐募者势不能支，将仍用正头。民复何堪，因酌时量宜权应付之，繁简为增复之。等差如各驿递原岁额支银，今议仍旧，总计添复银一千九百四十七两。自万历十七年为始，于所属六州县驿站地亩内，通融计算加征。一切区画调停事宜，诚为明便从行，倘后驿递多事，人苦应募，尚宜每亩加征毫厘，以益其费，民自愿输，而役者无不乐应。

隆庆二年变卖种马 国初，畜种马于民，每儿马一匹，骒马四匹为一群。每群岁俵孳生马一匹曰大马，解太仆寺备用。马头俵马四年一轮。儿马占粮地五十亩，骒马占粮地一百亩。但养种马有饲秣之劳，有点印之扰，官司时常差拨，而鞍花瘦损则必科罚，物故则令赔补，产马类多不堪。遇俵解，则别易腾壮马头与贴户，计亩出银，是种马徒具矣。况又有群长之设，终岁而役于官，平民久坐，此累皆以为成法不可擅变。巡抚刘应节廉知此弊，题准一半变价。万历九年，总督吴兑题准，种马尽数变价，而无益之费省矣。昔盖徒若于苛也。

万历六年官解马价　旧解大马，俱系四户轮应。每匹头役向百亩内及儿马朋贴，起银五十余两，尚不充买马及解俵之费。倘马有物故，将田地尽鬻而赔之矣，失业费财，民不堪命。马屯御史奏准，马以十匹为计，二为俵马，八为折银。每匹三十两解仆寺。民省且便。但仍用马头敛银不能无弊，苦乐不均。知府顾褒议将州县实征册地亩马价的数摘簿印钤，用条鞭法剂量，按亩出银，投匮封纳。金坐大户收受差官起解，全不扰民，民称善变矣。若应俵马者，既条鞭令民纳银，在官复坐旧头之名，给银三十两买解，然费不止三十，不无偏累，当如解银例不必据地金头，官为市解。倘三十两不足于马价，中通融再增毫厘以益之，庶根株拔而害不滋也。

嘉靖四十年定仓法　庚戌虏后，土兵寡弱，调集外镇入卫，京圻蜂屯塞下，饷费不赀。请内帑岁数十万计，发附边县卫招商籴买输边。名虽曰招，实报派之。中产以上陬坐商，领籴多不及时。客兵急索上仓，而官攒刁索。挖运而脚价迁延，兼斗斛上下，浥烂包补，领金倍赔不足。况部银未发，兵马适至，且借领于商，谓之预支，立至荡产。或籴未及入仓，即商给散，谓之对支，无异劫夺。且方派转扳，贴买已完，而罪攒告包，故未报日夕不安，既报惨于就戮，投水逃亡，间阎惶扰，举以有家为累矣。兵备温公景葵切轸此苦，势不能革，姑为定法。商人主籴、仓家主收，禁预支、对支之弊，民用稍苏。

万历元年革商人　旧惟招商任其投认，招之不应则派定富室。富室不堪，则延扳中产。永之家满千金称富室者有几？其云中产则沽浆卖饼之佣耳。领银倍赔，立致坑荡，其事家人生业者，莫不朝夕惶惧。恐一坐商人，则罄产莫赎，而身命随之也。故未派千方以求规免；既派，则百计以图脱身。况奸役猾胥恐吓局骗，稽盘勾扰坐罪问拟，号天泣血惨苦极甚，触目酸心泪与俱堕者也。兵备孙公应元力主革除，将永镇民屯正供刍粟俱征本色，剂量调停，不用招买，生全万室。复请于抚按，豁商人诬坐、侵欺，已拟永戍将遣者四十有余家，人人户祝，乃再造永民者也。后吏胥规贿，复兴派商之议。万历十四年户部分司郎中马公翰如，灼鉴前苦，切轸民艰，极力筹思，广开中法，以充边庚，申著派商之事决不可行。

嘉靖四十四年题免营军互稽 山海郭腾曰：庚戌古北失守，当时议增兵边隘。乃佥永平等卫丁余数百人，发戍曹家寨、石塘岭等处。视卫篆者金垛时以贿入否为去留，人心怀怨。兼曹家等处险远，以乡市平丁一旦应此，不啻汤火白刃也。其安家银有领有否，有死而不赴，有赴而即逃，因累全家流离，勾捕扰害，哭泣之声达于逵廛。况始议每岁一给安家银，且不累户丁顶补，上既失信，人益解体，随补随逃，累及无辜，为时大青。后设永平游兵营督抚，省谕永平等卫军役，不愿赴曹家等处者，许就便改投，其在曹家等处有定业不愿回者，听一时改投者五六百人。当事恐其影射，令两地互稽。军吏作弊，在役开为缺伍，或姓名增减字画致不相对，其勾扰之害反加于昔。兵备王维宁白督抚会题，两地据今各以籍为定，不许互稽，其逃亡故绝者，不必搜补滋扰。有一名误二名或重役不堪者，为豁之。人情始定，两地各安矣。此议上有安边之益于国，下有生全之惠于人，不可泯也。若四十五年兵备沈应乾禁谕，凡营路军役在逃，开名申道，令卫县按籍勾补，不许管军官差人径勾、恐吓、骗诈，鸡犬不宁。人赖以安。

隆庆六年奏免募军勾补 边军戍守，国初迁发之众逃亡故绝，徒具尺籍而已。嘉靖庚戌后，召募充实行伍，应募者覆籍贯给赏安家。遇有逃亡，据籍勾补，其游食浮诡之徒、酗博犯科不齿于族党者，希安家之赏且申横被之私，首名投募得赏即逃，不旋踵而累延户族。有因一军逃，而一门举逃者。有因一门逃，而合户亡命者。是弊相寻，村落十弃六七。间有断发截趾自刑规避者，重地空虚，实为可虞。巡按苏士润奏分二项，祖军缺伍者，即于本户清补召募。逃亡者严捕。本军果故，勾其所出，子孙替役故绝者，住勾免补，不许累及户丁。本兵覆议曰：足兵安民两得，其便准行。而民稍复业惠全镇，而永尤多焉。

万历十五年水灾拯济　推官沈之吟报勘水灾：按所属地方，今七月雨甚，俄顷数丈，庐舍俱冲，哭震天地。水退饿殍填衢，有商人积粟，虽经水不甚坏，减价粜赈，共米七百五十五石。又煮粥赈济，动米五十五石。续赈谷六千一百四十石，米二百六石，民苟存活。奉道□勘，共倒屋六万二千五百余间，溺死一千二百二十余人，塌禾三万七千八百七十余亩，物蓄每处不下万余。奉委，凡死者量给埋葬之资，伤者薄捐仓腴之积，然涓滴之惠，不足以慰云霓之望，必破格优恤，斯可拯之于涂炭也。请蠲、请赈、请宽积谷之例，及赃罪并追者。纚纚数千言，皆有切于灾民。时其议未尽，行诸皆因以宽减。

嘉靖三十六年驱民挖运　山海郭腾曰：永部分司之设，为边饷也。居常无难而应变当豫。如隆庆丁卯，虏掠城外，上下汹汹，乃大索城中民储以供，几致大变。若虏寇边，调兵防御，本路仓储不敷，须移内地济之。挖运之法，亦当豫计。每警急则派卫县运送，或起人丁，或金比屋赔补，苦累方收敛。人畜入堡时，顾反驱之使出。如嘉靖丁巳，乡村人不敢入城，入城则驱，而尽赴于边总残于虏，是可鉴也。况卫、所官指一派十，漫无可稽，若万历甲戌、乙亥是也。

万历二年大派门银　军余徭银，亦为三等九则者，酌其贫富而均也。每则二钱，极富至两有八止。嘉靖初，永平卫经历某编审，憾富家不贿者，而坐以上则，且巧立名曰"门头银"加于差银外，坐房产多者一人二三两，一卫一二家。至万历甲戌通判某编审，大坐门银一人十两者为少，有至六十两。及于士夫军职令讦报随口而坐，骚然告缯之续矣。自是城中室圮不敢葺，市井不聊生。丁丑迁安知县冯露编审核出额之弊，为减免者多而未尽去门银，恐其徭银不敷也。六卫事体相同，抚宁无此，何为而敷哉。

二十六年立海防招兵　兵备樊东谟及管府事徐准因倭警，请立海防营，招兵二千，倭平，寻散之。

本年抚定东征广兵　广兵五千余，噪变于山海、卢龙，知县叶世英抚定之。

本年卫徭称平　卫徭每三年一编，视产业兴替为增减。旧审者往往陡增，以致骇辄减以启幸。且任访役则滋吓骗，听卫所则售诈害。卢龙知县叶世英出榜谕众，不差访役，不信卫官，当堂公审。令各户自平，一时承应如流，三卫称平，六属当法。

二十七年诏复经费旧额　东征兵马十余万，由永平度辽，供需飞挽，增派地丁，皆徐公及附郭令叶世英为之调停。倭平奉诏：一应减复旧额，但驿递最苦，所增雇银似不当，与别项经费概从裁减。

七月兵备道顾云程酌议新税　时中官四出括商，顾公云程等五道会议：从一而税，照依府属州县多寡大小从公分派。永平道属一州五县，每岁约税银二千七百七十二两（山海关、石门、台头、建昌营在内）。呈云，若欲取盈十三万，势必不支，将必市货断绝，行路愁叹，甚且有不忍言者矣。

八月兵备道顾云程建议抚赏七款，顾公云程议略于左：

一议委官。夫关寨等官及世职官，贤不肖亦不齐，彼犹见任自爱者必多。若废将一节既为破甑，奖戒无所施。惟宜责成各路，令该路将官并中军官，于所属千把总内，或世职中选贤能练达者二员，解送本协，移会本道，呈详各院定委后，领银前去置买物件。则自己人置自己货，不容不尽心，货必如式，而抚赏有实用矣。

一定查验。大小抚赏，俱先送协守衙门验估，然后解道转发贤有司细验。给赏时必要买抚赏官在旁，眼同赏去，不许守提官私自易换。倘物件有不堪者，即令买抚赏官名下追价还官。

一酌验期。如大抚赏速则三四月，迟则五六月给银。起程限十一月、十二月内到蓟镇，极迟不过正月。小抚赏八九月领银置买，亦限十一月、十二月送验，有违限者按法究治。

一戒过省。方今财竭之候，皆以撙节为贤。今岁某人节若干，明岁某人又节若干，年复一年，节愈多，而货愈不堪矣。须将每岁样缎、样布，用叩铃记抽验之，时有不如式者，从实驳价。再查得金衣乃违禁之物，京城寻买等于偷盗，用费不啻加倍。故小抚赏之差，人人赔累无愿买者，而大抚赏之差，却有余利，钻刺者如云。先年大小抚赏俱在本路置买，今则有害者仍归本路，而有利者竟属他人，亦事之不平者也。若照前例，一切大小抚赏俱责成本路，省有银两，该协查核明白移会本道，转呈各院登记循环簿，俟该路有赏夷公用，即呈请动支，且省一番采办，亦弭衅一道也。

一议勘合。先年每协给勘合二张，一用之苏杭，一用之山东。今永平一协三路分买赏物，所买多少不同，起运先后不一，合无每路给勘合一张。至苏杭置买先完者先行，即来之先后以验其官之勤惰。山东道路稍近，止给抚院宪牌三张，填注船只车辆数目明白，使之速往速来，抚用亦克有济。

一招客货。查得先年买大小抚赏，俱在京城、武清、河西务等处。今差官往出产处，所收买货有定主，不得不入其牢笼。若令委官从便收买，则缎布等物闻风争来，委官亦得照货还价，甚为便益。

一明赏罚。先年亦申赏罚之令，然未见着实举行。须以抚赏一项并入岁终甄别。中委官买到抚赏验果，货物精致，价值相当，不误期限，夷人欢领者，不惟委官有奖赏，路将及路中军皆有荐有赏。设若货物低恶，价值克落者，不惟委官罚治，路将及路中军官轻则议罚，重则议参，或者谓修筑防守劳在边陲。故入甄别，不知抚夷得策，自然无衅抚赏与修守，殆无以异也。

督府尚书邢批：据议买抚赏七事，深探弊源，其见该道筹边苦心至计，如议举行。

巡抚左侍郎李批：抚赏七事既经会议停妥，仰备移蓟、密二道，悉如议举行。其各路分给勘合，及入年终甄别内，叙参仍候酌议会题。

题　监察御史徐批：据详七事，发从前之弊端，图将来之实用，法无密于此矣！诚令委买得人，物无滥恶，价无虚冒，期无逾越，令夷人悦而边境安。此为功劳，岂在修防者下耶？赏罚之例，并入岁终甄别可也。若各协事体稍有不同，随一道所赏日增。虏女、夷妇赏例开，抚费安得不烦，而边事日糜矣。

贡 酋

兀良哈 在大宁都司北，乌龙江南。元故王元帅部落酋长。国初各赐冠带，俾领所部并边为外藩（乃潜与北虏通）。

永乐壬寅，上亲征北虏，以克兀良哈捷告天下。

宣德戊申，上亲征北虏，有宣捷敕。

正统甲子，福余、泰宁引也先入寇，朵颜扼险不从。

弘治年间烧荒出塞，掩杀起边衅。

卫制首**泰宁**、次**福余**，二卫浸衰，独**朵颜**负险，部落蕃盛，**花当**为贵，种子十有一。然三卫同俗，喜偷剽，颇为边患者多，花当次儿之裔，常为虏向导，又利中国赐予，辄以虏情告。我虽藩篱失，而耳目犹在，在朵颜尤密迩也。其贡期初以圣节元旦，后改冬至两贡，每贡卫百人、马百匹。旧制许驼马后，但贡马法以镇守官验核。因景泰间尝为鞑靼间谍挟其侦探入关，始有巡抚兼核贡夷之敕。每次巡抚总兵临关，令兽医验毛齿、䐀壮，进御近多老羸，备数给军辄死累偿。

宣德间命置邮。茶饭管待后，司宴司邮克其礼物，虏亦骚，据传多通事嗾使之，然诸皆失制，独尊敕及验印文不废，无印文敕谕叩关者得杀之。

右三卫贡夷三百员名，奉敕八十七道：朵颜五十六、泰宁十九、福余十二。除无敕领牌头目舍人三百十三人不具。赐物品数具会典如左：三卫差来并自来，都督赏：彩缎四表里，绢二匹。都指挥：彩缎三表里，绢二匹。指挥千百户所镇抚头目：每人彩缎二表里，绢一匹，各织金绽丝衣一套，又各加采缎一表里。舍人：每人彩缎一表里，绢一匹，织金衣一套。达子：每人彩缎一表里，绢一匹，素绽丝衣一套。妇女有进贡者：每人一表里，绢一匹，绽丝衣一套。随来妇女：一表里，绢一匹，绢女衣一套。以上靴袜各一双。奏事进贡都指挥：绢二匹，采缎三表里，织金衣一套。指挥：每人绢一匹，绵布一匹，彩缎二表裏，纻丝衣一套，靴袜各一双。舍人因事进贡者：每人彩缎一表里，织金衣一套，绢一匹，靴袜各一双。回赐自进并带进马匹：每匹彩缎二表里，绢一匹。进驼：每只三表里，绢十匹。在卫都指挥：每员加赐彩缎一表里。求讨情旨量与之物到，议责成力行亦无不可，悉如议行。

钦差巡按李批：抚赏事宜，既查议妥当，如议候通详行。

抚　赏

石门路　义院口关　夷人十二起，计部落三千八百六十五骑。岁赏银二千七百九十四两二钱四分二厘（帑银八百八十二两五钱，采办银一千一百三十八两七钱四分，煤课银七百十三两。）

燕河路　界岭口关　夷人三十起，计部落五千七百三十骑，岁赏银二千九百八十八两七钱九分（帑银一千九百四两，采办银九百一十三两二钱二分，加添有功蟒金等赏银一百七十一两五钱七分。）

建昌路　桃林、冷口二关　夷人十起，计部落五百一十四骑。岁赏银三千五百七十六两六钱六分四厘（帑银二千三十五两，采办银一千四百五十八两八钱八分，加添有功夷人长昂男伯魂大赏物银八十二两七钱八分。）

自花当结亲迤北，其妾夷女皆有口分，故我抚京者照名给散在卫者，请敕具付，来使令去，领赏毕日，许于会同馆开市三日，市人将货入馆，两平交易，顺天府仍行，蓟州、遵化等处听令。两平交易，每人许收买牛一只，犁铧一副，锅一口。不许将违禁物私夹卖，违者巡按御史究治。

边　事

洪武元年八月，信（魏）国公徐达徇永平。

二年四月，元行省丞相也速入寇，五月常遇春逐胡守御之。

四年正月，信（魏）国公达徙山后民散处境内。藉为军者给粮，籍为民者给田。十一寨，户一千二百二，口六千。

六年十二月，胡兵寇抚宁及瑞州。诏罢瑞州，迁其民于滦州。徙抚宁县治于洋河西。胡寇大肆剽掠，上以瑞州逼近虏境，宜罢州治，迁民于滦州。民之近边者，皆徙内地。

九年八月，敕永平卫分兵守关隘。时燕山等十一卫，烽堠相望。

十三年十一月，元平章完者不花入桃林口，指挥刘广战殁，千户王辂擒完者不花。胡骑入，广率四十余骑，至蔡家庄遇胡骑千余，即击之。胡兵射广中马，马惊仆地，遂被杀。千户王辂被伤，裹疮临阵，会后军至阴，令部下分兵邀其归路，又分兵出燕河夹击之。胡兵败走，辂乘胜追至迁民镇。伏发，擒完者不花，乃儿不花遁去。

十四年九月，置山海卫。

十五年九月，以永平各卫校卒戍守关隘。

二十四年四月，减守关军，令屯田。一片石等关，每处止存军七十余人，讥察捕逃，余悉令屯田。

洪武三十三年，靖难兵抵永平，指挥赵彝、千户郭亮、百户吴买驴以城降，遂从燕将徐忠等克滦州。九月，吴高、耿献、杨文率辽东兵围永平，随退保山海。高等以燕兵在真定，悉众围永平，永平告急，燕府来援，追奔百余里。斩首千余级。高等退保山海，郭亮升指挥使。

燕府由刘家口关出会宁，王权执以归：燕府以穷迫绐权，转上书宥过。因居大宁数日，既行权郊钱，伏起执权，下其城。诸胡戍卒皆附燕，拥权及妃妾世子偕南，而大宁为空。

十二月，高、文数以辽东兵攻永平，燕府以计去高：燕王遣书盛誉高，极诋文，故易其函投二人所，二人得书并闻，上竟疑高，削爵徙广西。是月，郭亮升都指挥佥事。买驴等并收真定、大宁郑村坝，功升永平卫指挥佥事。

二年四月，辽东兵收昌黎县掳掠。为燕哨夺回八百余人。耿献遣镇抚王成槛私通燕府，山海卫百户袁义、周允赴京伏诛，李英亦以私通诛。

五月，辽兵围永平及掠滦州，燕山指挥蔡拔辽兵屯寨四。五月克石门寨，六月克大虫寨，八月克白鸽堂及兔耳山寨，皆辽兵屯也。

八月辽兵围永平六日而退。郭亮升都指挥同知，十二月买驴等并广昌、白沟、馆陶，功升永平卫使。

三年闰三月，辽东兵掠滦州，五月杨文围永平城，凡八十日而退。文兵纵恣多杀戮，百姓苦之。燕府遣指挥刘江率众趋永平。命之曰："尔至，敌必遁归山海，勿追之。第声言师还北平，既出，则夜卷旗囊甲复入永平城中，敌闻尔还北，必复来侵，尔速出击，必大获矣。"江如命，果遇于昌黎大破之。斩首数千级，获其指挥王雄等七十余人。十月，燕府回至北平。悉纵遣之仍令归，谕文以举兵，故雄等顿首涕泣去。

十一月，论守永平功，军士普升一级。军升小旗，小旗升总旗，总旗升试百户，以上普升一级。郭亮升左府都督佥事，买驴并从征夹河、藁城、西水寨，功升都指挥佥事。

四年五月，杨文兵临永平，指挥李忠、谷祥退之。燕兵破灵壁，乃调杨文兵十万赴济南。文兵临永平城作践田禾掳掠，都指挥谷祥领军退之。

郭亮奉旨升赏小河功。河东列队小旗，普升总旗。河西列队总旗，普升试百户。以上普升一级。

移东胜左卫于永平府。以宁藩既空，防阿良哈入犯也。

永乐四年正月，调大宁营州右卫军至永平，立卢龙卫。

十六年十月，虏略界岭口人畜。守口千户陈聚论死。

宣德元年八月，山海等卫赴京备操。军随驾征安乐州，禽叛王高煦。

正统九年二月，兀良哈三卫寇边，发兵二十万讨之。分四军：成国公朱勇出喜峰口由中路；左都督马谅出界岭口由北路；兴安伯徐亨出刘家口由南路；左都督陈怀出古北口由西北路，逾滦河，渡柳河，经大小兴州，过神树。至全宁遇福余逆战走之。次虎头山及流沙河遇泰宁朵颜又败之。自是三卫虽衰，然怨我刺骨。因通也先导之入寇。

十二年十二月，内使李豆、都督王贵等出界岭口烧荒。

十四年七月，永平等卫兵从驾出居庸关北征。八月土木北狩。永平卫镇抚吴政，副千户倪成、白正，东胜左卫千户刘能、王亮阵亡。十月，永平卫佥事胡镛奉敕充左参将镇守永平山海。越六日，敕调兵马二万策应京师，永平卫使赵原及子福阵亡。卢龙百户聂斌、姜善等在西直门白石桥阵亡。

十月，命都御史邹来学提督京东军务经略，以防三卫。初，也先将入寇，泰宁、福余结为向导，朵颜独扼险不从。也先不能入蓟寨，大掠福余人畜去。是年，革朵颜三卫互市。次年七月，上皇在迤北。东虏寇边，西虏寇山西。蓟镇皇皇奔走无地。来学独广斥堠、谨烽燧、处财用、举将材、守要害、精兵械，虏不敢犯。而京东以宁固，由其经略功。亦朵颜未为导，泰宁、福余被创也。乃修喜峰迤东至一片石各关城池及仓廪，兵民分屯耕守，一时保障之力其关社稷者大矣。

景泰三年春，虏入小毛关。六月，邹来学议夷贡。兵部尚书于谦奏曰：夷人自祖宗来，世官为我屏蔽，通使不绝。乃者也先犯边皆以此贼前锋先导。自也先朝贡请和，三卫亦还本卫，节使赴京进马，朝廷礼待如初。今若一旦无故阻绝，彼怀疑贰，奔投也先，或相纠扰边，是自贻后患矣。犬羊之性无常，利在货物、饮食，其受制也先，不过威胁势迫，朝廷恩信赏劳，既得彼之欢心，安知不为我边屏蔽也哉！上是其言。秋七月，朵颜结也先窥塞下。

成化五年五月，虏入永平境。

六年，虏人界岭口，东胜左卫千户谭珍死之。

十五年五月，虏犯界岭口，平山营管队百户陈旺出口阵亡。

十六年五月，虏犯界岭口，燕河参将王宣出关逐之。永平卫百户张能、总旗姜和阵亡。东胜左卫指挥使王钦、抚宁卫指挥佥事周建，毁虏车辆，收回被掳人畜。至椵木，虏伏发，战殁。

十八年闰八月，虏入义院口。

弘治四年秋，东虏犯一片石、大小毛山，掠黄土营粮草。

十二年二月，东虏入桃林口。

十七年五月，虏犯界岭口。

十八年十二月，虏犯苇子谷及板场谷关。

正德元年，虏犯青山口关。

四年三月，虏犯小河口、小毛山关，山海千户赵纲阵亡。

五年七月，虏入大毛山、长谷口。

七年三月，虏入寺儿谷。五月，犯花场谷关，千户高鸾阵亡。

九年三月，虏犯界岭口，把总陈业御之。八月，犯铁门关，守关王滦追至灰窑谷战死。其自柳子谷人至郭家庄二空，无敢御者。

十年五月，虏从板场谷入，又从神仙岭入。六月西虏入界岭口关。

十一年六月，虏由桃林口入犯，内臣守备张绅御之。七月，虏由刘家口关入，绅御之。领兵官唐诰阵亡。自是白羊至东密务一空，水门等关亦陷，擦崖等关零贼屡犯。

十二年二月，虏犯青山口，总兵马永逐之。连射八贼，获马匹器械无算。十一月，虏犯董家口。闰十二月，虏由刘家口入，管墩千户张辅，百户倪升阵亡。管关官追而出之。

十三年四月，驾幸喜逢口，出至浓积岭，次验马厅，五月由建昌滦河回。

十四年五月，虏溃青山口，将攻台头营，管队千户殷洪死之。洪欲挫贼锋，咸阻之。独引队兵数十人，离城四十里催军口据险截战，颇力。俄贼逾山绕出军后，腹背受敌，战益力寡不敌而死。队兵素荷恩无一奔北，悲愤鏖战。虏惊疑而退，城赖以全。永平卫总旗谢贵阵亡。

十五年正月，犯建昌营。管队千户蔡云、杨杰阵亡。随入星星谷，杀守关官王汉。九月，又犯花场谷关。

十六年正月，虏入星星谷及界岭口。七月入刘家口关。

嘉靖二年十二月，虏犯燕河营，参将朱卿出御。复犯铁门关。

三年七月，虏入燕河营至谷口，永平千户石宝阵亡。

四年正月，虏犯重谷口关。

六年六月，东虏犯大毛山关，深入大掠。

七年九月，虏入界岭口关及犯小河口。

八年十月，虏自刘家口关西入至大岭。由徐流口关出。守关官邵刚追之。十二月，又入桃林口。

九年，虏至石门子东窃入虏三人，求赎。管操指挥朱官战殁。李能遣朱官帅三十六人，追至关外八里塘子川，据中心山青杨树御之。死者二十员名，官死之。贼多伤，乃去。前所总旗黎瓒阵亡，管队抚宁百户荣耀、把总李棋出冷口关阵亡。

十一年九月，虏酋犯冷口关，建昌游击九聚御之。虏二千为两股，一自关东月城南，一自莺窝墩东空入，南掠。聚率二千人御之，追至绵线谷而还。时酋阿堆哈利赤数入建昌、喜峰、太平诸寨。

十八年正月，虏入燕河。

二十一年，东虏犯青山口、乾涧儿关。

二十三年十月，虏犯柳河冲。巡抚朱方以请撤兵太早杖死。

二十五年，兀良哈大入塞犯山海关，御却之。

二十七年，虏犯大毛山、柳河冲二关。

二十九年，初设蓟辽总督。八月，俺答等部称二十万攻入古北口。东至巩华城、西至邦均店、南至河西务。德胜、安定门外居皆毁。陵寝为震，所至焚荡，掳掠无算。自是调边兵入卫及移戍蓟镇，无虚日矣。三卫勾引莫敢请问。

三十三年正月，虏潜入桃林口关杀掠，总督杨博会议，以私赎罪将领及惩戒诸酋。博会巡抚议，三卫纠合丑类夤夜入边杀掳，往时不惟不问，且科敛贫军私赎，譬以果啗儿，稍不如意，辄生忿詈，实蓟镇夙弊。上下相安，恬不为怪。今参将李意等将贼酋通汉，构执监候，待贡期重加刑具，押赴喜峰口关会集，头目令传部落谨守，毋自取夷灭。

三十五年九月，虏万余骑攻一片石，以炮石退之。复攻三道关，寺儿谷，西洋河口，指挥吕纳等击之，策应兵至乃退。

三十六年三月，大虏犯冷口关，六万余骑攻刘家口关，又出精骑至河流口通岭。管兵官思忠遁，副总兵蒋承勋力拒战殁，乃陷桃林等三营，掠卢龙、迁安县。承勋帅士先登力拒，孤身而援，数冲贼登墙，指为截者，不移时数百势众不能敌，墙溃，左右邀乘马且避。承勋大呼曰："平生臣子志藉此，遂何避焉？"遂死之。虏遂攻刘家营，城几不守，乃陷桃林营、正水谷、孤窑谷，掠迁安县及卢龙至双望。总兵欧阳安抵建昌稍与角。四月朔，陷河流口，纵火陀子空而分股：一从桃林口西燕窝，一从刘家口，一从河流口，一从冷口东西圪了谷、瓦窑沟入四掠。昏折墙出。凡阵亡官军千余名，口亦有斩获。以闻，上怒制云：贼入犯，各官不能设计堵截，致四掠得利去。总督王忬姑降职；管事承勋赠都督同知，谥忠烈，荫子。予祠其阵亡官：曹相、董璋、黎潮、戴恩、刘楫、李景芳等，各升袭有差。

三十七年九月，虏六七千骑攻界岭口黑峪驮，零贼由驮间路入，天雾迷道而出。攻界岭口及罗汉洞，其零贼数百骑自驮间路入，天雾，窥山无道，南望皆大洋，惊骇，仍奔旧口出。副总兵马芳堵截，百户夏时霖阵亡，以堵截功，钦赏王忬等金币。

四十三年正月，大虏攻溃黄土岭城。参将白文智挫衄之。虏奔南海口，冰开被陷，转趋山海关，守备赵云龙堵退。钦祭海神，论堵截功。谍报东虏土蛮，将犯一片石。山海关虽严守护，而南海口冰坚人马可通。是夕，海潮忽作，凌涨深丈余。次日鸡号，虏到铁场堡以数万计。天明虏劈城八处，先锋七八百骑入墙。文智先抵黄土岭，占北山梁，趋下奋击，援兵至，拣杀其酋悬首城上处。虏气衄，出墙径奔南海口，试水以冰开被陷，关有备而回营，分三股，一冲大安口、西洋关；一冲大青山无名口。虏开墙十三处，我兵乘夜御之。鸡号复趋山海关攻南海口。有援墙上者三，为截落雷击退，云龙等出关尾之。兵部主事商诰有运筹功，总督刘焘上功及冰解状，上遣巡抚温景葵祭海神，各升赍有差。

四十四年，虏潜入禄庄杀掠，兵备沈应乾给银谷恤被害者。应乾躬赴庄家，给银四两敛各尸，谷十石养遗孤。究由箭杆岭入，失事百户常继祯自经，俞景龙逃，请治参将提调等罪。

隆庆元年九月，东虏土蛮十万攻入界岭口，由台头四出杀掠焚伤。据勘被杀万二千五百余人。由棒棰崖出，自堕险伤者无算。诸将尾之，冒血战邀击功。虏由恶木林犯界岭等口，为炮伤退，续二三万，各抱桲栳叶一束填崖即平，援拥上墙杀军六人。拆河岭等空边墙二十九处，入杀百户金銮等，并军三百六十余人。次日开营杀掠抚宁、卢龙、昌黎、乐亭各县、卫、屯、社。辽东总兵王治道，奉军门檄领兵入山海关策应。又二日，蓟镇总兵李世忠营于李家庄，巡抚耿随卿驻刘家营，发兵截杀。总督刘焘、督参将董一元及延绥游击张臣等兵赴援。游击钱胜军杀伤多，督抚诸将皆败。虏拆义院口等边墙，将出，总督令诸将尾之，副总兵杨贞等战败阵亡。百户黄世勋、王冬生、岳志羔，总旗刘尚礼等获十九颗。辽东巡抚魏学曾入关驻山海，遣参将李成梁等与治道合营。虏向义院口拆墙十六处出境，千户吴秉直战没，虏遂漫山去，各兵不敢追。虏至棒棰崖，未明，疑后若有追呼者，乃相逼而前不知陡峻堕陷。后酋马既鞭，势不能止，不知前之赴壑也。深涧十余丈填平。诸营漫尾之。适张臣部先至，微明前驱，惊喜反告，乃竞勾取首级以报战功，铺张于捷书。御史巡按郝杰、巡关王友贤会疏：棒棰崖之虏，原以迷失道路，自相践踏者居多。谓无诸将尾逐之力，固不敢苟责，以失众心；若谓尽诸众合战之力，亦岂敢随声以附众口。分别功罪以上部覆，奉制：焘降二级听用，随卿为民；世忠发遣；治道、学曾俱升职。张臣、董一元、郎得功加二级。奚伟论死。时昌黎知县陈良辅以城坏寇势大，与丞杨大伦督民拒堵三日，狱囚数人脱走欲投虏，追而杖杀之。贼退城全，以义劝乡官，运同齐宗尧首捐二千金修城。后修守功皆不录，乃谬以弃城逃及擅毙狱囚论罪。据勘，此番杀人卢龙五百余，抚宁五千余，昌黎七千余。

三年七月，建昌营中军袁勋等督军出冷口采木修边，遇贼夷捉军挟赏。勋众与战。虏窃至五重安，射死烧灰军，掳四人。前多匿不闻，总理戚继光闻于督抚，按论提调及瞭望军罪，军法始严。马兰谷报，虏在关外扑采木军十余名。总理议蓟镇向惟依墙为守，贼所素玩，当出口穷追，遂命精兵出边，追一百五十余里，遇贼斩一级，夺回被虏军丁，贼遁。

六年闰二月，虏于一片石边外捉军哨二名，关军追出夺回。六月，犯义院口关，南兵堵退。十一月，台头营谍为属夷所捉，路军出边索取与战，斩一级。

万历元年二月，虏犯义院口。提调陈忠及南北军堵退，追斩一颗。又，三百余骑至长谷口，迤北窟窿台边外，战十余阵乃去。

四月，属夷部落窥桃林口，提调刘德温追剿获功。虏百余骑趋桃林口，德温率通事赵见等上关城。夷分二股，一伏白腊谷，一突起河边，称讨赏图袭。见诘其盔甲、弓箭，不下马，虏即齐发射，见死。德温督兵二百余或依墙拒堵，或出关敌战，传烽，协守史刚、参将张爵等至，追剿乃遁，获三级。

五月，总理戚继光由界岭口出剿喜峰贼夷，获功全师而归。谍报喜峰贼夷屯住界岭儿，待砖难等同犯。总理筹之，俟齐，则并力乘其方至，而迅雷一鼓矣。乃图列险要，令南北诸将分道而进。暮由界岭口出关，期黎明进营围剿，虏尚不知。遵化马军违令出兵，争先扑杀，虏觉，分骁骑来迎，余奔入山林。我军且剿且搜，虏逐北，伤死获十五颗。砖难前锋过韭菜山，我分击之，暮全师归。

七月，虏攻大毛山，御之伤去。虏二百余骑分三股突至义院口关，大毛山偏坡下攻墙，御之，伤多乃去。

六年十二月，虏犯南海口、寺儿谷，御却之。救男妇二千余人。

七年二月，虏犯义院口，捉尖丁，路将追之，夺回四人。又攻青山口，台官堵回，路将张爵出追九十里，击虏伤退。用火器获三颗。燕河兵至，虏乃遁。三月，犯台头。东胜寨有追剿斩获功。

十五年三月，南兵下台，兵备叶梦熊、参将龚子敬谕散。中路南兵下台集罗文谷告归，讹言减饷，而要复旧东路，亦同日下台，各谕散。五月，奉旨杀造言首恶四人，以肃军律。

十九年五月，虏犯石门路。本路千总高如松领兵出花场谷，解参将陈愚闻围三出三入战没，中军王世兴阵亡。

二十七年，总督邢□平倭班师，七月驻山海。倭自壬辰入朝鲜，窥中国。王师声讨，夷情狡诈，方去忽来，既和复叛。数年间征天下兵，糜海内财，国家议事之臣多，任事之臣少。丁酉总督邢公玠，毅然以灭寇为己任，度鸭绿、屯高丽，发纵指示陈、刘、麻、董四大将，受方略且战且御。逾年，寇势穷溃遁，焚其巢，遂尔荡平凯旋。上以平倭诏天下，论功行赏。七月，旨报驻扎山海所建军门，以便蓟辽调发，特出宸衷，不淆众议。盖山海为天下第一关，建自开国，武宁王控扼极险，而沿边保障，则称中兴，戚少保皆武帅也。公以儒臣秉钺边关，扬威外国，勾当公事，克忠乃心壮猷哉！文武其我明之方叔吉甫乎？功在社稷，而永平切蒙其庥。时印玄子志役方终，因得纪其事于卒。亦若关雎之乱，云尔西狩获麟，《春秋》绝笔。东征唱凯，永志告成，事出偶逢，书非用意。

附议四事

管府事　徐准

窃惟本府入境四年以来，兵荒交作，税役繁兴。官有多事之艰，民有倒悬之苦，此救死扶颠之不赡，何暇更张故智，令民侧耳听新政耶！兹幸东事息肩，民生稍醒。一切裨于封疆，关于民隐者，方欲次第举行。不谓匪才历满叨蒙升任，凡所欲行未逮，有梦寐不能忘，愚衷不能已者四事，谨用条议如左：

一议漕运　洪武八年，颖川侯傅友德疏陈：宜通青河故道。上嘉其言，是后，抚按道府屡屡建议行勘，职亲体踏。自滦州城南十里马城地方，原系国初囤运之处，人烟辏集，城郭遗址尚存。自马城南八里至暖泉，即运粮故道。虽年久淤塞，可以挑浚暖泉即青河源头。自暖泉至新桥海口，不及百里，河水通流，但河身阔狭、深浅不同，稍加开浚，即可行舟。自新桥下海西至黑洋海口百三十里，又西至大直沽百二十里，不二百四五十里间，顺风一昼夜可到。又借海滨之水不甚深，中流遇风即下铁矛拉住，舟自无恐。且无磷石撞舟，即今为商贾贩卖粮食通行之路，不以为险。船到新桥即便乘潮入青河，起粮贮马城仓内。惟马城东北至滦河六里，地势颇高，难于浚凿，便赁车辆骡驴驮至滦河上船，分运诸仓，以实塞下。查得洪武三年，符下山东行省募水工于莱州，海洋运粮，以饷永平卫。此漕一复，则居民省挽输之劳，军士壮饱歌之气，所谓一劳而永逸，事少而功多者也。且一帆之便，船只往来有无贸迁，又足以通商阜财。此漕当复甚明，当复而久不复，其故伊何，以议事非难，任事为难。合无于府佐或州县正官内有才干者择选一员，以董其事。复选贤能佐贰，分效其劳，俟事告成，论功叙录。该挑丈尺约计九万余丈，所费钱粮即于丈尺可会。惟是国家大务，闾阎不堪朘削，宜出帑藏以需之。既有专官，又不乏财。不数月间便可底迹，其所利赖于永者，则千百世也。

一议城守 永平为东辅重地，南滨海，北邻边，倭患虏警时常不测。嘉靖三十七年，曾设游击一员，统领骑兵三千，驻扎府城以备防守。万历元年，移驻台头。迩者倭寇孔棘，武备单虚，复议海防游击一员，募兵二千以为备御，倭平乃罢。照得东路协守，原驻建昌营以故设车营都司，兵二千属协守调援。今协守移驻台头矣，建昌参将统兵三千足为捍御。乃都司复与路将并处，不为庞赘乎？且平原旷野，方利轻车。东协自山海关至喜峰口，绵亘三百里，皆崎岖险阻。每遇调操，则车兵抬车过岭，夫车以卫敌，而反以劳兵将，焉用之。况中路、西路游击，皆由都司所改，则建昌车营都司，亦宜改游击职衔，移驻永平城边海适中之地，南有倭报可以防海，北有虏警可以援边，亦可免临时添设之费矣。其屯兵宅舍，不得与城内居民杂处。查有城外河西教场前地方，起盖营房，每军房一间屯扎，以便操就于屯兵处以统之。有警则临期统入城内，以固城守。平居无事，免其修边，特使之服挑漕之役，则一举而两得矣。

一议审编 治国不可扰，烹鲜不可搅。搅则伤鱼，扰则伤民。

永平六属屯社，三年一次审编徭役。以数有乘除，气有消长，不能不视地则为差等。但本郡僻处边方，地非沃壤，民无上农，兴替时亦有之。三年间求其骤富骤贫者，百无一二。旧时审编，往往先差快手下乡密访，此辈乘机沿门索骗，应索者受赃入已，不应索者报名入官。审官大约亦三年一更，各任意见行事。于审编时，非骤增则骤减，以博新政之名。老书、猾吏遂得窥其意向，以为转移，恣行变乱。夫闾阎既无骤富骤贫之民，官府安得用骤增、骤减之法？每当审编合出榜晓示，并不差人密访，但令各社各屯自相推报。地亩最多家资最厚者，为上大户，金坐库子柜头，次则报为粮大户、草大户。每一社一屯合为一结送官，官即当堂公审，某为上大户，应服上役，某为中大户，应服中役。可增者略增，可减者略减，何事纷更太甚乎？近日，卢龙知县叶世英用此法审卫徭，一时承应如流，卫徭且然，民徭可知。三卫率服，六属无不服，可知此一州五县所当遵行，以便民者也。

　　一议解马　旧解大马，向地亩内每匹起银五十两，尚不给头役之费。马有物故，则尽鬻其地以赔之。及屯马御史奏准，每匹止银三十两，乃仍用马头解俵，不无偏累。万历六年，复将州县实征册按亩出银，投匦差官起解，全不扰民。自后渐弛，仍金头役，乃吏书作弊，通同揽头店家等指称俵解，各肆科敛侵渔，每马一匹，多索价银至五六十两者，以故各户苦累多至倾家，纷纷告扰。合无每匹征银三十两交贮在官，一应差官起解。即有物故，便于干湿马价中通融买补，不使偏累一人。但差官文移内，仍用马头姓名，庶太仆寺牙役不致嗔恨留难，则上下胥便，而吏胥不得肆其奸矣。

永平府志跋

永平府志，张创之，郭续之，涂君笔削之。稿脱且刻以传矣，乃郡守徐公之美政也。始末载在白吉士前序。余按志而书其后曰：夫志，事之纪也，而经世之道寓焉，感化之理昭焉。是故上之人观于象方也则知辨，于建置也则忧废，于政事也则欲因其利而利之，于职官也则惧旷，于选举也则尚贤，于人物、艺苑也则图令名，于备述也，则务达权。夫知辨则不惑，忧废则不堕，因其利而利则惠溥，惧旷则奋，尚贤则几于道，图令名则罔恣，务达权则通经世之道，备于斯矣。《易》曰："通其变，使民不倦，神而化之，使民宜之。"是故夷齐以清化，则顽者懦者变；召公以德爱化，则荫棠阴者变；昌黎氏以文教化，则士风之衰者变。上者化之，下者变之，天下万世皆然。孰谓人心之不古也，顾在上者之感化何如耳！世有作者不骋文词以为高，则炫物象以自侈，其于官箴民隐乃或若罔攸闻者，其亦弗思焉耳矣。庚自按历青齐后，告归钓鱼台十有四载。□论讲当世之务，而窃有望于经世者慎感化焉。谨跋。

赐进士第，巡按陕西、山东、福建道监察御史，郡人韩应庚书于月白楼。